唐代法律案例研究（碑志文书卷）

◎ 么振华 著

上海古籍出版社

目　　录

前言 ·· 1

上编　碑志文书中的唐代法律案例辑录与解析

高祖 ·· 3

  武德三年(620) ··· 3

    001. 工部尚书独孤怀恩率众谋叛投靠刘武周案 ················· 3

太宗 ·· 8

  贞观元年(627) ··· 8

    002. 利州都督李孝常与右武卫将军刘德裕等谋反伏诛案 ········ 8

  贞观三年(629) ··· 12

    003. 唐高宗堂舅长孙无傲娶唐高宗表姐窦胡娘案 ············· 12

  贞观十四年至二十三年间(640—649) ······························ 15

    004. 洋州洋源县令盖伯文坐事当死后被配流高昌案 ··········· 15

  贞观廿二年(648) ··· 16

    005. 洛州河南县张元隆、索法惠诉桓德琮典宅不付宅价案 ······ 16

006. 西州交河县三卫犯私罪纳课违番案 ………………… 19

高宗 ……………………………………………………… 25

永徽元年（650）………………………………………… 25
007. 中书令褚遂良抑买中书译语人史诃耽（担）宅案 ……… 25

永徽二年（651）………………………………………… 30
008. 田智未经父母同意私自休妻、诈病以逃避王徭案（拟判）
……………………………………………………… 30

永徽四年（653）………………………………………… 33
009. 睦州女子陈硕真与妹夫章叔胤举兵谋反被斩案 ……… 33
010. 太尉同中书门下三品长孙无忌诬告吴王李恪参与房遗爱谋反案………………………………………………… 37

显庆五年（660）………………………………………… 39
011. 右卫大将军慕容宝节爱妾投毒害死右屯卫将军杨思训案
……………………………………………………… 39

麟德二年（665）………………………………………… 42
012. 西州高昌县某曹主麹运贞用畦海员牛践麦案 ………… 42
013. 伊州镇人元孝仁、魏大帅造伪印等案 ………………… 45

麟德年间（664—665）…………………………………… 48
014. 安西都护府屯官郭微因私答挞有情被答四十案 ……… 48

乾封二年（667）………………………………………… 51
015. 歙州刺史崔万石之女14岁出嫁婺州金华县丞郑偘案 …… 51

乾封年间（666—668）…………………………………… 52
016. 齐州祝阿县某奴犯十恶案 ……………………………… 52

总章二年（669）………………………………………… 53

017. 沙州敦煌县赵师惠等五人被派送伊州违期案 …………… 53

咸亨五年(674) …………………………………………………… 56

018. 西州高昌县人王文欢诉肃州酒泉人张尾仁贷钱不还案 …… 56

永隆元年(680) …………………………………………………… 58

019. 左卫将军高真行、户部侍郎高审行以刀杀太子典膳丞高岐案 …………………………………………………………… 58

咸亨四年前(650—673) ………………………………………… 61

020. 长安胡商曹禄山诉汉人李绍谨归还借其兄曹炎延绢本息等案 …………………………………………………………… 61

太宗、高宗在位时期(627—683) ……………………………… 68

021. 南阳白水人处士张潜两妻案 ……………………………… 68

高宗中后期(664—683) ………………………………………… 70

022. 朝散大夫张良在己子张师卒后命儿媳晋氏改嫁孙氏案 …………………………………………………………… 70

武则天 ……………………………………………………………… 72

光宅元年(684) …………………………………………………… 72

023. 柳州司马徐敬业扬州谋反案 ……………………………… 72

垂拱元年(685) …………………………………………………… 78

024. 杭州於潜令王基之女王婉12岁出嫁大理评事郭诲案 …… 78

025. 太子中舍人刘濬违命不上劝进表长流岭南案 …………… 79

垂拱二年(686) …………………………………………………… 82

026. 凤阁侍郎刘祎之拒捍制使肃州刺史王本立被赐死案 …… 82

垂拱四年(688) …………………………………………………… 85

027. 蔡州刺史、越王李贞谋反被杀案 ………………………… 85

028. 太尉、泽州刺史、韩王李元嘉参与越王李贞谋反其妻女被贬庶人案 ……… 90

029. 博州长史萧某参与博州刺史琅耶王李冲谋反案 ……… 92

武太后时期(685—689) ……… 94

030. 平阳人郭思谟因母有疾值禁屠月不能屠宰案 ……… 94

永昌元年(689) ……… 95

031. 同中书门下三品韦待价孙女韦嘉娘14岁出嫁范阳卢处士案 ……… 95

032. 酷吏周兴等诬构怀远军经略大使黑齿常之与右鹰扬将军赵怀节等谋反案 ……… 96

天授二年(691) ……… 98

033. 酷吏来俊臣求金于左卫大将军泉献诚不成反诬其谋反案 ……… 98

武周 ……… 101

如意元年(692) ……… 101

034. 长安至相寺尼法澄坐将扶豫州刺史谋反被没掖庭案 ……… 101

证圣元年(695) ……… 102

035. 饶州乐平县令郑崇敬季女14岁嫁绛郡太守宋某案 ……… 102

圣历二年(699) ……… 103

036. 吉州司户杜审言之子杜并怀刃刺吉州司马周季重死以救父案 ……… 103

武周晚期(697—704) ……… 106

037. 张履贞岐山谋乱案 ……… 106

武周圣历以后(698—704) ……… 107

038. 宫闱令兼谒者监高延福以岭南冯盎曾孙为养子改其姓为高案 ………………………………………………… 107

武周时期(690—704) ……………………………… 109

039. 李勣孙女、右玉钤卫郎将王勖寡妻李氏迫于严旨改嫁潞州屯留县令温炜案 …………………………… 109

040. 阎府君寡妻郭氏叔父夺其志将其更醮张门案 ……… 111

041. 右屯卫将军杨知庆迫其女杨无量寿改嫁胡氏案 …… 112

042. 右台侍御史魏探玄诬告兖州龚丘县令程思义赃污十万案 ………………………………………………… 113

043. 左金吾将军、平狄军大使阎虔福以救援不接坐免官案 ………………………………………………… 115

武周晚期至中宗神龙初(698—705) ……………… 116

044. 康随风诈病避军役案(拟判) ………………… 116

中宗 ……………………………………………… 120

神龙元年(705) ……………………………………… 120

045. 卢正道除洛州新安县令以县名犯父绵州长史卢安寿讳更任荥阳县令案 ……………………………… 120

神龙二年(706) ……………………………………… 122

046. 驸马都尉、光禄卿王同皎召集壮士张仲之、宋之逊、祖延庆等谋于武后灵驾发日射杀武三思未遂案 …… 122

神龙三年(707) ……………………………………… 128

047. 节愍太子李重俊矫制发兵杀武三思父子案 ………… 128

景龙元年前(705—707) …………………………… 134

048. 忠武将军守右武卫将军员外置同正员乙速孤行俨命昆弟

　　　　　之子令从为嗣案·· 134

景龙三年(709) ··· 135
　　　　049. 西州高昌县宁昌乡董毳头受太平乡竹甎连死退常田案
　　　　　··· 135

中宗时期(705—710) ··· 138
　　　　050. 汝州武兴县主簿敬昭道被使宣州讨贼释放妖讹贼钟大日
　　　　　等案 ··· 138

武周长安年间至睿宗时期(701—712) ····························· 141
　　　　051. 宗正少卿、襄州都督韦令仪之妻在女婿卢某死后逼其女韦
　　　　　嘉娘改嫁案 ··· 141

高宗至玄宗开元初(650—713) ···································· 142
　　　　052. 扬州祖籍宋里仁兄弟养母案 ······················ 142
　　　　053. 同宿主人加药闷乱豆其谷遂盗窃其资案(拟判) ······· 145
　　　　054. 折冲杨师身年七十不请致仕案(拟判) ··············· 149

武周至玄宗开元初(690—713) ···································· 151
　　　　055. 右金吾将军独孤思庄次女独孤氏夫亡后本宗欲夺其志
　　　　　将其再嫁案 ··· 151

玄宗 ··· 153

开元初(约713年或稍后) ·· 153
　　　　056. 同州奉先县邑人发古冢盗古物案 ···················· 153
　　　　057. 都苑总监姬范之子姬义以姓声同唐玄宗李隆基讳改姓
　　　　　周案 ·· 155

开元七年(719) ··· 156
　　　　058. 西州镇人盖嘉顺诉郝伏憙负钱案 ···················· 156

约唐高宗后期至唐玄宗前期(677—719) ······ 157
 059. 海州司马李君会双妻案 ······ 157

开元十年(722) ······ 158
 060. 京兆人权梁山伪称襄王李重茂之子自称光帝与左右屯营官谋反案 ······ 158

开元十三年前(713—725) ······ 161
 061. 京兆少尹秦守一诬告殿中侍御史敬昭道致其被贬汴州尉氏县令案 ······ 161

开元中期(723—732) ······ 162
 062. 尚乘奉御卢全操迁邠州别驾以父名卢玢改泽州别驾案 ······ 162

开元二十年(732) ······ 163
 063. 幽州长史赵含章盗用库物被赐死案 ······ 163

开元二十四年(736) ······ 165
 064. 岐州郿县宋智在官侵夺私田案 ······ 165
 065. 岐州郿县朱本被诬牒上台使案 ······ 168
 066. 岐州郿县防丁诉衣资不充欲取济官役案 ······ 170

开元二十八年(740)前后 ······ 171
 067. 淮南道采访使李知柔以私怨匿和州水灾案 ······ 171

开元后期(728—741) ······ 173
 068. 赠绵州刺史曹元裕以外甥康惠琳为嗣案 ······ 173

开元时期(713—741) ······ 175
 069. 西州都督府处分阿梁诉卜安宝租佃其葡萄园违契寒冻不覆盖案 ······ 175
 070. 怀州河内县令王昇为子前乡贡明经王粲娶河内人范如

莲花怀为妾案 177
071. 西州都督府牒为张奉先田苗被赵悟那违法出卖案 178
072. 沧州刺史张之辅在水灾后擅自开仓救济饥民案 179

天宝二年（743） 181
073. 西州勘检仓史汜忠敏侵占仓物案 181

天宝三载（744） 184
074. 长安令柳升坐赃被杀其举荐者高平太守韩朝宗被贬吴
兴别驾案 184

天宝七载或之前几年（742—748） 185
075. 东平郡巨野县令李璀岁凶发廪擅贷案 185

天宝十五载（756） 187
076. 左领军卫胄曹参军王伷任燕政权伪职案 187
077. 河南府寿安县主簿寇锡受安史伪职被贬于虔州案 188
078. 尚书左丞崔伦季女崔绩11岁出嫁河南府司录卢公案 190

天宝时期（742—756） 191
079. 敦煌郡敦煌县龙勒乡卫士武骑尉程思楚、翊卫程什住等
诸程姓中老男一夫多妻案 191
080. 河南尹诬仇与贼通杀仇籍其家案 193

肃宗 195

至德元年（756） 195
081. 李白从江淮兵马都督、扬州节度大使永王李璘谋反案
.... 195

至德二年（757） 197
082. 武威郡商胡安门物等昭武九姓叛乱案 197

083. 河南尹达奚珣任安史政权左相被腰斩案 ………………… 199

084. 蜀郡健儿郭千仞谋逆伏诛案 ……………………………… 203

乾元二年(759) ……………………………………………………… 204

085. 交河郡赵小相立限纳负浆钱案 …………………………… 204

上元元年(760) ……………………………………………………… 205

086. 道士、谏议大夫申泰芝诬湖南防御使庞承鼎谋反案 …… 205

087. 温州长史摄行州事李皋擅发仓廪数十万石赈饿者案 …… 208

上元二年(761) ……………………………………………………… 209

088. 剑南东川节度兵马使、梓州刺史段子璋谋叛案 ………… 209

代宗 …………………………………………………………………… 212

宝应元年(762) ……………………………………………………… 212

089. 西州高昌县行客靳嗔奴扶车人康失芬行车伤人案 ……… 212

宝应二年(763) ……………………………………………………… 218

090. 安史叛军云麾将军、守左金吾卫大将军曹闰国归顺本朝
改授试光禄卿守镇恒岳案 ………………………………… 218

永泰元年(765) ……………………………………………………… 220

091. 殿中侍御史李钧、京兆府法曹参军李锷兄弟弃母不养、
母丧不时举案 ……………………………………………… 220

永泰时期(765—766) ……………………………………………… 222

092. 沙州刺史王怀亮擅破官物充使料案 ……………………… 222

093. 肃州刺史王崇正错用张璥伪官衔河西节度使案 ………… 224

大历七年(772) ……………………………………………………… 226

094. 敦煌客尼三空请追征李朝进、麹惠忠负麦案 …………… 226

大历前期(766—772) ……………………………………………… 228

095. 婺州州将阎伯玙左右受赂解救永康县奸吏杜泚案……… 228

大历十一年（776）……………………………………… 229

096. 江州司士参军郑光绍之女郑正 11 岁出嫁河南少尹崔微之子案 ……………………………………… 229

大历时期（766—779）…………………………………… 230

097. 试光禄卿曹闰国三妻案 ……………………… 230

098. 左龙武军大将军知军事陈守礼为吏谗毁案 ……… 231

肃代之际（756—779）…………………………………… 233

099. 洺州司兵郑叔向长女 12 岁出嫁怀州刺史太子左庶子崔朝之子崔程案 ……………………………… 233

德宗 ………………………………………………………… 235

建中初（780）……………………………………………… 235

100. 御史大夫浙西观察使李涵以父名少康辞太子少傅充代宗山陵副使被改为检校工部尚书兼光禄卿案 ……… 235

贞元元年至三年间（785—788）………………………… 238

101. 江州刺史韦应物拒绝廉使非法赋敛案 ……… 238

贞元四年（788）…………………………………………… 239

102. 陕虢观察使卢岳妾裴氏诉正妻分财不及己子而侍御史穆赞不许御史中丞卢佋重治裴氏罪被侍御史杜伦诬告受裴氏金案 ……………………………… 239

贞元二年至贞元七年间（786—791）…………………… 243

103. 东都留守崔纵密构洛阳令韦洳谗言案 ……… 243

贞元七年前（786—790）………………………………… 244

104. 蔡州吴房县令郑丹假蓄贾家钱百万不能偿被起诉案 …… 244

贞元九年前(785—793) …… 246
  105. 衢州贫民卖儿鬻女案 …… 246
贞元十六年(800) …… 248
  106. 平吴少诚谋叛之粮料使薛乂运粮不理移祸于判官张正则案 …… 248
贞元时期(785—805) …… 249
  107. 淮南节度使杜佑以嬖姬李氏为正嫡案 …… 249
  108. 盐铁支局官员卢侠为从祖兄鸣冤而反遭诬告缘坐受谴案 …… 251

宪宗 …… 253
元和元年(806) …… 253
  109. 华阴郡太守崔群为妹婿江南西道都团练副使郑高选李元余为嗣案 …… 253
元和四年(809) …… 254
  110. 潞将卢从史持二心阴与镇帅王士贞男留后王承宗勾结案 …… 254
元和五年(810) …… 259
  111. 河北营粮料使董溪、于皋谟盗军赀流封州中途赐死案 …… 259
元和元年至元和六年间(806—810) …… 263
  112. 羽林长上万国俊夺京兆府兴平县民田案 …… 263
元和七年(812) …… 265
  113. 永州刺史崔简因赃罪长流骧州案 …… 265
元和九年(814) …… 267

114. 宣徽五坊小使诬构华州下邽令裴寰大不恭案 …………… 267
元和十三年(818) ………………………………………………… 269
115. 京兆尹崔元略在渭南县令柏元封劝说下上报旱灾案 …… 269
元和时期(806—820) …………………………………………… 271
116. 兴元府户曹参军韦府君夫人李氏三子不奉养老母案 …… 271
117. 濮州僧道峦苦行惑民骗财案 ………………………… 273
118. 京兆府鄠县邑民杀妻案 ……………………………… 274

穆宗 …………………………………………………………… 276
长庆元年(821) …………………………………………………… 276
119. 中贵人受宿州刺史李直臣货数百万为其赎罪申理案 …… 276
长庆二年(822) …………………………………………………… 278
120. 镇海军将王国清谋乱伏诛案 ………………………… 278
长庆三年(823) …………………………………………………… 280
121. 嗣郐王左千牛卫将军李佑坐妄传禁中语于崖州安置案
  …………………………………………………………… 280
长庆四年(824) …………………………………………………… 282
122. 内染坊紫草人张韶与卜者苏玄明谋反案 …………… 282
长庆时期(821—824) …………………………………………… 288
123. 京兆府泾阳县权幸家占据白渠上游泉水溉田案 …… 288

敬宗 …………………………………………………………… 292
宝历元年(825) …………………………………………………… 292
124. 韦揆命仲子韦行宣为其弟青州户曹参军韦挺继嗣案 …… 292
宪宗元和至敬宗宝历时期(806—827) ………………………… 293

125. 同州冯翊尉刘行余笞部下名籍禁军之不法百姓被贬道州延唐尉案 ………………………………… 293

文宗 ………………………………………………… 295

大和初（827—829） ………………………………… 295

126. 高平郡太守孙公乂迁吉州刺史受馈不纳案 ………… 295

大和四年（830） …………………………………… 296

127. 高陵人李仕清等63人诣县请金石刻高陵令刘仁师遗爱碑案 ……………………………………………… 296

128. 兴元监军杨叔元以赐物薄激乱兴元军致节度使李绛被害案 ………………………………………………… 298

大和七年（833） …………………………………… 302

129. 虢州刺史崔玄亮命幼子听继绝承祧从祖弟崔仁亮案 … 302

大和九年（835） …………………………………… 303

130. 郑注与李训诬告京兆尹杨虞卿家人制造妖言案 …… 303

开成元年（836） …………………………………… 306

131. 闽人萧本诈称萧太后弟得任右赞善大夫、卫尉卿、金吾将军后流放爱州案 ……………………………… 306

开成四年（839） …………………………………… 310

132. 某京兆尹贿赂贵人授节梓潼案 ………………… 310

开成时期（836—840） ……………………………… 311

133. 檀州刺史周元长以外生男姜景异为嗣案 ………… 311
134. 金州判司刘方老遣妾妇诬告知金州事韦识于长安案 … 312
135. 同州长春营田耗折官米案 ……………………… 313

武宗 ·· 316

会昌三年(843) ······································ 316

136. 泽潞节度使刘从谏之子刘稹谋反案 ················ 316

会昌时期(841—846) ································ 321

137. 驾部郎中萧傪因其母松槚为狂盗所伤弃官捕逐降授太子右谕德案 ·································· 321

138. 博陵崔君以内堂弟李德裕之子李成相为嗣子案 ······· 323

约文宗、武宗时期(828—846) ························ 324

139. 长安某驿使吏卒侵夺邮亭案 ······················ 324

宣宗 ·· 326

大中元年(847) ······································ 326

140. 监察御史李俊素按劾明州百姓争田产案 ············ 326

大中三年(849) ······································ 327

141. 尚药奉御段文绚遗言以侄前右内率府兵曹参军段璲承嗣案 ······································ 327

大中九年(855) ······································ 329

142. 权判吏部东铨右丞卢懿铨管失实案 ················ 329

大中十一年(857) ···································· 331

143. 内园栽接使李敬实恃宠遇宰臣郑朗不避马被配南衙使役案 ···································· 331

大中十二年(858) ···································· 333

144. 都将石再顺等逐湖南观察使韩琮、杀都押牙王桂直被斩案 ······································ 333

大中十三年(859) ···································· 335

145. 长安炼师韩孝恭为盗所害案 …………………………… 335

懿宗 …………………………………………………………… 337
咸通十年(869) ……………………………………………… 337
146. 武宁军兵七百戍桂州六岁不得代拥庞勋叛乱案 ……… 337

僖宗 …………………………………………………………… 341
乾符时期(874—879) ………………………………………… 341
147. 泽潞支使检校礼部员外郎李裔伪降泽潞留后刘广被贬
随州司马案 ……………………………………………… 341
中和三年(883) ……………………………………………… 344
148. 群盗犯太原富室祁家祁振误抵锋刃案 ………………… 344
149. 左后院军副将兼云麾将军董可方之弟董元庆被狂徒刑
戮案 ……………………………………………………… 345
中和四年(884) ……………………………………………… 346
150. 群盗剽掠乡贡进士卢岳吉西别业并杀人案 …………… 346

昭宗 …………………………………………………………… 348
大顺二年(891) ……………………………………………… 348
151. 前潞州潞城县主簿李勋负笈求知遇盗中途而亡案……… 348
天复时期(901—904) ………………………………………… 349
152. 沙州百姓龙神力诉亡兄坟田被郎神达放水侵害案……… 349
唐后期(756—907) …………………………………………… 351
153. 留守都防御要籍将仕郎试太常寺奉礼郎张汉璋始生而
奉命出嗣诸父案 ………………………………………… 351

唐代(618—907) ……………………………………… 352
    154. 西州支女赃罪案 ……………………………… 352
    155. 西州王庆盗物计赃科罪案 …………………… 354

附表 ………………………………………………………… 356
    表一：上编碑志文书中唐代依法判案案例简表(依案件发生顺序排列) …………………………………………… 356
    表二：上编碑志文书中唐代未依法判案案例简表(以违律原因作为分类依据) ……………………………………… 370

下编　唐代社会司法运作实况及其法治化程度

第一节　唐代司法运作实况——对违律判案原因的探讨 …………………………………………………… 391
  一、某些治国思路、做法与依法治国相悖 …………… 394
    (一) 以德化民、调节为先 ………………………… 395
    (二) 恩赦免刑 ……………………………………… 398
    (三) 法外用刑 ……………………………………… 402
  二、皇帝、法官等官员的人为因素 …………………… 404
    (一) 皇帝以敕改法 ………………………………… 404
    (二) 权臣、重臣干预司法 ………………………… 408
    (三) 法官因各种原因曲法判案 …………………… 411
    (四) 宦官专权干涉司法 …………………………… 418
    (五) 为私仇或免除己祸而嫁祸他人 ……………… 422

（六）地方官员奉行慈惠之政 …………………………… 423
三、特殊政治和军事环境导致曲法判案 …………………… 424
　　（一）政治斗争影响判案 ………………………………… 424
　　（二）酷吏政治制造冤案 ………………………………… 429
　　（三）朝廷姑息跋扈藩镇 ………………………………… 430
　　（四）政局动荡、战争等导致政府职能缺位 …………… 433
四、合理的非主观因素导致的不合律现象 ………………… 435
　　（一）原告未予追究 ……………………………………… 435
　　（二）法律不完善，未有明确禁止 ……………………… 436
五、对案件灵活处理的需要 ………………………………… 438
　　（一）特殊时期或特殊情况朝廷对案件的灵活处理 … 438
　　（二）根据现实的具体需要对案件灵活处理 ………… 441
六、社会风习或惯例的影响 ………………………………… 444
七、其他因素 ………………………………………………… 447
　　（一）因人情以礼改法 …………………………………… 447
　　（二）有司失职不察 ……………………………………… 451
　　（三）法不责众 …………………………………………… 452
　　（四）出于某种重要考虑而重判严惩 ………………… 453

第二节　唐代社会的法治化程度 ………………………… 454
一、唐律随着社会的发展而逐渐完善 ……………………… 455
二、不同阶段的唐代法治情况 ……………………………… 458
　　（一）从上编案例发生时间看唐代不同时期的法治状况 … 459
　　（二）其他文献反映出的唐代不同时期的法治状况 … 463
三、不同地区的唐代法治状况 ……………………………… 473
　　（一）从上编案例发生地点看唐代不同地区的法治状况 … 473

(二) 其他墓志反映出的地方法治状况……………………… 476
四、公正执法有赖于法官公正无私和精通法律……… 482
(一) 法官公正执法是依法判案的保证……………………… 483
(二) 法官公正执法可能面临的窘境 ……………………… 493

主要参考论著 …………………………………………… 497

前　　言

本书名为《唐代法律案例研究（碑志文书卷）》，主要以唐人碑志、敦煌吐鲁番文书中所载唐代完整和相对完整的案件为资料来源。碑志资料来源包括地上之石碑与地下之墓志，唐代墓志资料中的法律案件数量较多，故墓志为本书最大的资料来源。本书中的墓志资料来源，除出土墓志之外，也包括传世文献中的墓志资料。[①] 书稿中的法律案例，既包括进行实际量刑的案例，也包括未进行实际量刑的案例，选择其中内容相对完整、有代表性的案例编入，故相对而言具有较高的分析价值。

书稿包括两编，上编为出土文献中的唐代法律案件释录与解析，在前人基础上，择墓志和敦煌吐鲁番文书中具有代表性的、完整或相对完整的唐代法律案件 155 例（包括拟判 4 例），进行全面

---

① 黄正建《出土唐代墓志与法律资料》一文对传世文献与出土墓志中墓志的同异曾进行辨析，指出：就墓志资料而言，既包括唐人文集和其他文选中的墓志，即传世墓志，也包括埋在墓里，千年后发掘出来的墓志，即出土墓志。据该文，收入文集的墓志与出土墓志基本相同，不同处只在于前者往往将墓主名字省略，卒日葬日也多所空缺，还有个别字词的异同。其实两者在性质上是基本相同的，就总体而言，文字差异的差别也不大。故就墓志资料而言，传世文献与出土资料其实是相同的，我们在重视出土墓志资料的同时，也不能夸大其价值，应该将传世文献中的墓志文字也作同一类资料考虑。载《中国古代法律文献研究》第 11 辑，2017 年，第 177—178 页。

系统的释析,按案件发生的时间先后排列。对案例的分析说明,尤其关注到案例发生的时间、地点,且标注出今地,结合案例发生的时代背景分析是否依法判案。以下对上编的写作体例予以说明:

1. 每则法律案例后依次列出文献出处、案情分析/案例内容、适用唐律条款或规定、是否依法判案/是否符合唐律规定、研究信息等相关内容。[①] 若案例本身为进行过实际量刑的案例,则相关案例下列出案情分析、是否依法判案两项;若案例本身并未经过司法程序,未能实际量刑,则于相关案例下列出案例内容、是否符合唐律规定两项。

2. 法律案例出处直接列于相关原始文献之后,原始文献出处在两条以上的案例,先列出土文献中的记载,次列传世文献中的记载。

3. 个别案例因罪行不明,无法确定适用唐律条款,则该案例下不列此项内容。无明确适用条款而依情理、事理等判案及有关民间纠纷等案例,第一条中是否依法判案或符合唐律规定,作是否符合情理。

4. 本书中常见引用文献的版本见《主要参考论著》,为方便起见,正文中出于其所列文献的引文出处仅列出书名及页码。

书稿下编为唐代社会司法运作实况及其法治化程度。首先主要从碑志文书中的法律案例出发(这些案例既有上编中的许多案例,也有唐人墓志、敦煌吐鲁番文书中所反映的其他案例或法制史

[①] 关于这方面,日本学者作过一些基础性的工作,如:滋贺秀三编:《中国法制史——基本资料的研究》,东京:东京大学出版会,1993年;辻正博著,周东平译:《敦煌·吐鲁番出土唐代法制文献研究之现状》(收入周东平、朱腾主编:《法律史译评》,北京:北京大学出版社,2013年,第118—145页)概括介绍了对新"发现"的唐代法制文献的研究。

相关内容),对其中反映的违法判案的诸种原因进行探讨。然后从唐律随着社会的发展而逐渐完善、法官因素、不同时期和不同地区的法治情况等若干方面,考察唐代社会的法治化程度。应该指出,唐代司法、行政不完全分开,表现之一是唐代官员均考察身、言、书、判,因此写判文、判案是唐代文官的基本技能。故书稿下编对唐朝法治状况的分析,涉及法官,也涉及法官之外的其他文官。

这部书稿是在中央高校基本科研业务费项目《出土文献中的法律案例研究》(13LZUJBWZY044)的基础上修订增补完成的,也是教育部人文社会科学研究规划基金项目唐代法律案例分类辑录与研究(13YJA770019)结项成果的一部分,在此对胡宝华、邢铁、毛阳光、冯金忠、彭炳金五位评审专家对书稿的评阅表示感谢。其中,胡宝华指出:"如果作者能够通过这近千的事例,对唐代君主专制社会的法治全过程,做出究竟人治始终占据主流,还是有阶段性规律的分析总结就更好了。"他认为在君主专制下,法治的成分也是不容忽视的。无论任何社会的治理,法治应该是首选。分析案例的时候,应该首先明确案例的性质,根据其性质才能判断案例的结果是否属于正常的法律制裁。毛阳光补充指出:要注意新出土的石刻墓志资料,补充遗漏案例。案情分析时要缜密,在细节问题上多斟酌取舍,要将相关记载全部囊括。应该对唐代现存的法律案例进行总体的评价与考量,对其特点与不足,抑或局限性加以阐释,这样会更加全面。正是因为专家们提出了中肯的评审意见,使得本书得以在修订过程中,避免了一些错误,并试图在一些关键问题上有所提高。当然,因笔者的时间、精力有限,所搜集的案例不免有所缺漏,敬请读者批评指正。

上 编

碑志文书中的唐代法律案例辑录与解析

高　祖

武德三年(620)

001. 工部尚书独孤怀恩率众谋叛投靠刘武周案

案例辑录

公讳俭,字茂约,太原晋阳人也。……禅代之日,加散骑常侍,位正三品行中书侍郎,赐以铁券,罪佑一死。图形麟阁,列于佐命。俄而马邑刘武周据有全晋,解人吕崇茂窃邑从之。寇逼三河,蹙国千里,征发老幼,扫地兴师。大将永安王全军尽陷,公奉使适到,遂同其没。乃察诸贼帅,皆是庸流,唯尉迟敬德识量弘远,说令择主,理会其心。于是独孤怀恩谋以众叛,阴遣间使连结武周,仍伺太宗入城,执以降贼。公于寇狱上书告变,逆谋垂发,元凶伏诛。及武周平,命公为并州道安抚大使,寻拜礼部尚书,赐以怀恩田宅,仍兼天策府长史,加位右光禄大夫,改戎秩为上柱国。……以显庆元年十月三日薨于安仁里第,春秋七十八。(许敬宗撰:《大唐故开府仪同三司特进户部尚书上柱国莒国公唐公(俭)墓志铭并序》,《全唐文补遗》第1辑,第27—29页)

〔武德三年二月〕工部尚书独孤怀恩谋反,伏诛。(《旧唐书》卷1《高祖纪》,第10页)

独孤怀恩,元贞皇后弟之子也。父整,隋涿郡太守。怀恩幼时,以献皇后之侄,养于宫中。后仕为鄠县令。高祖平京城,授长安令,在职严明,甚得时誉。及高祖受禅,擢拜工部尚书。时虞州刺史韦义节击尧君素于蒲州,而义节文吏怯懦,频战不利。高祖遣怀恩代总其众,怀恩督兵城下,为贼所拒,频战不利,高祖切让之,因是怨望。高祖尝戏之曰:"弟姑子悉为天子,次当舅子乎?"怀恩遂自以为符命,每扼腕曰:"我家岂女独富贵耶?"由是阴图异计。时虞乡南山多群盗,刘武周将宋金刚寇陷浍州,高祖悉发关中卒以隶太宗,屯于柏壁。怀恩遂与解县令荣静、前五原县主簿元君宝谋引王行本兵及武周连和,与山贼劫永丰仓而断柏壁粮道,割河东地以啖武周。事临发,会夏县人吕崇茂杀县令,据县起兵,应武周。高祖遣怀恩与永安王孝基、陕州总管于筠、内史侍郎唐俭攻崇茂。宋金刚潜兵来袭,诸将尽没,君宝与开府刘让亦同陷于贼中,遂泄怀恩之谋。既而怀恩逃归,高祖复令率师攻蒲州。唐俭在贼中,说贼将尉迟敬德,请使让还,连和罢兵,遂使发其事。会尧君素为其下所杀,小帅王行本以蒲州降,怀恩勒兵入据其城。高祖将济河,已御舟矣,会让至,乃使召怀恩,怀恩不知事已泄,轻舟来赴。及中流而执之,收其党按验,遂诛之,时年三十六,籍没其家。(《旧唐书》卷183《独孤怀恩传》,第4722—4723页)

王行本守蒲州城不降,敕工部尚书独孤怀恩率兵屯于其东以经略之。寻又夏县人吕崇茂以城叛,降于刘武周,高祖遣永安王孝基、工部尚书独孤怀恩、陕州总管于筠等率兵讨之。时俭使至军所,属武周遣兵援崇茂,俭与孝基、筠等并为所获。初,怀恩屯兵蒲州,与其属元君实谋反,时君实亦陷于贼中,与俭同被拘执,乃谓俭曰:"古人有言:'当断不断,反受其乱。'独孤尚书近者欲举兵图事,迟疑之间,遂至今日,岂不由不断耶?"俄而怀恩脱身得还,仍令依前屯守,君实又谓俭曰:"独孤尚书今遂拔难得还,复在蒲州屯守,可谓王者不死。"俭闻之,惧怀恩为逆,乃密令亲信刘世让以怀恩之谋奏闻。适遇王行本以蒲州归降,高祖将入其城,浮舟至中流,世让谒见,高祖读奏,大惊曰:"岂非天命也!"回舟而归,分捕反者按验之,怀恩自缢,余党伏诛。俄而太宗击破武周部将宋金刚,追至太原,武周惧而北走,俭乃封其府库,收兵甲,以待太宗。高祖嘉俭身没虏庭,心存朝阙,复旧官,仍为并州道安抚大使,以便宜从事,并赐独孤怀恩田宅赀财等。(《旧唐书》卷58《唐俭传》,第2306页)

寻领陕东道行军总管,与永安王孝基击吕崇茂于夏县,诸军败绩,世让与唐俭俱为贼所获。狱中闻独孤怀恩有逆谋,逃还以告高祖。时高祖方济河,将幸怀恩之营,闻难惊曰:"刘世让之至,岂非天命哉!"因劳之曰:"卿往陷薛举,遣弟潜效款诚,今复冒危告难,是皆忧国忘身也。"寻封弘农郡公,赐庄一区、钱百万。(《旧唐书》卷69《刘世让传》,第2522—2523页)

武德初,进内史舍人,迁中书侍郎、散骑常侍。吕崇茂以夏县反,与刘武周连和,诏永安王孝基、独孤怀恩、于筠率兵致讨,俭以使适至军。会孝基等为武周所虏,俭亦见禽。始,怀恩屯蒲州,阴与部将元君实谋反,会俱在贼中。君实私语俭曰:"独孤尚书将举兵图大事,犹豫不发,故及此。所谓当断不断而受乱者。"俄而怀恩脱归,诏复守蒲。君实曰:"独孤拔难归,再戍河上,宁其王者不死乎?"俭恐必乱,密遣刘世让归白发其谋。会高祖幸蒲津,舟及中流而世让至,帝惊,曰:"岂非天也!"命趣还舟,捕反者,怀恩自杀,余党皆诛。(《新唐书》卷89《唐俭传》,第3759页)

高祖悦,赐其家帛千匹。举平,授彭州刺史。俄领陕东道行军总管,从永安王孝基讨吕崇茂于夏县,军败,为贼所囚。闻独孤怀恩有逆谋,唐俭语世让曰:"怀恩谋行,则国难未息,可亡归,白发之。"世让逃还,高祖方济河幸怀恩营,惊曰:"世让之来,天也!"因封为弘农郡公,赐田百亩、钱百万。(《新唐书》卷94《刘世让传》,第3835页)

案例解析

案情分析:中书侍郎、散骑常侍唐俭(579—656)奉使至永安王军,因军败,陷于刘武周。工部尚书独孤怀恩率众谋叛投靠刘武周,他将此事上书告变,密遣亲信刘世让归发其谋。唐高祖执独孤怀恩,收其党按验,诛之,籍没其家。刘武周被平定后,唐俭被任命为并州道安抚大使,并赐以独孤怀恩的田宅。

适用条款:《唐律疏议》卷17《贼盗律》:251 诸谋叛者,绞。已上道者,皆斩(谓协同谋计乃坐,被驱率者非。余条被驱率者,准此)。疏议曰:谋叛者,谓欲背国投伪,始谋未行。事发者,首处绞,从者流。已上道者,不限首从,皆斩。

妻、子流二千里。若率部众百人以上,父母、妻、子流三千里。所率虽不满百人,以故为害者,以百人以上论(害,谓有所攻击、房掠者)。疏议曰:叛者身得斩罪,妻、子仍流二千里。若唯有妻,及子年十五以下合赎,妇人不可独流,须依留住之法,加杖、居作。若子年十六以上,依式流配。其母至配所免居作。在室之女,不在配限,名例律,缘坐者,女不同故也。若率部众百人以上,罪状尤重,故父母及妻、子流三千里。所率虽不满百人,以故为害者,以百人以上论。注云:害,谓有所攻击、房掠者。或攻击城隍,或房掠百姓,依百人以上论,各身处斩,父母、妻、子流三千里。其攻击城隍,

因即拒守,自依反法。(《唐律疏议》,第 274—275 页)

是否依法判案: 是。武德三年(620)二月,独孤怀恩率众谋叛投靠刘武周,独孤怀恩的行为属于背国从伪,乃谋叛行为。依律当处绞刑。本案中,独孤怀恩伏诛,籍没其家,余党皆被诛。

太　宗

贞观元年(627)

002. 利州都督李孝常与右武卫将军刘德裕等谋反伏诛案

案例辑录

　　夫人讳总持,河南人也。……祖威,随右卫率,敦煌、龙泉二郡太守……父权,随尚舍直长、通乐府鹰扬郎将、朝请大夫……甫十四,量越成人,时有英贤来求□媛。义安王孝常第六子太子左千牛、上大将军义余,侍潘杨之戚,慕齐秦之偶,藉彼良媒,祈诸作配。……忽于贞观季始,王坐刘裕身亡,夫人缘此入宫,寻蒙保傅。……大唐麟德二年季六月卅日,薨于东都修业里第。(《大唐故周国夫人姬氏(总持)墓志铭并叙》,齐渊编:《洛阳新见墓志》,上海:上海古籍出版社,2011年)

　　公讳默,字慎言,弘农人,后汉尚书令宽之后也。……曾祖瑗,隋□骑将军、上开府仪同三司、宋城县公。祖德裕,唐右武卫将军、上柱国、显武县公。父藏,唐将作少匠、司农太仆、光禄卿、复州、抚州刺史、上柱国、义城县子。……祖母齐国夫人,即唐高宗大帝为藩后储君时之阿保也。显庆元年,敕齐国夫人孙慎言可宣德郎。总章元年,敕齐国夫人孙慎言宜令事豫王。咸亨五年,敕依旧事冀王。……仪凤三年,拟雍州参军。永淳二年,授太常寺郊社署令。……垂拱元年,授尚乘局直长,其年拟始州司士。……长寿二年,授同州蒲城县令。延载四年,授绛州翼城县令。……万岁通天二年,宜州美原县令。……以大周圣历二年岁次己亥二月景戌朔廿日乙巳终于洛阳寓居之第,春秋四十有七。(《大周故朝请大夫上护军行宜州美原县令刘府君(默)墓志铭并序》,《西安碑林博物馆新藏墓志续编》上册,第205—206页,录文据图片有个别修正)

〔贞观元年十二月〕戊申,利州都督义安王孝常、右武卫将军刘德裕等谋反,伏诛。(《旧唐书》卷2《太宗本纪上》,第33页)

〔长孙皇后〕有异母兄安业,好酒无赖。献公之薨也,后及无忌并幼,安业斥还舅氏(即高士廉),后殊不以介意,每请太宗厚加恩礼,位至监门将军。及预刘德裕逆谋,太宗将杀之,后叩头流涕为请命曰:"安业之罪,万死无赦。然不慈于妾,天下知之,今置以极刑,人必谓妾恃宠以复其兄,无乃为圣朝累乎!"遂得减死。(《旧唐书》卷51《后妃列传上·太宗文德皇后长孙氏传》,第2165页)

异母兄安业无行,父丧,逐后、无忌还外家。后贵,未尝以为言。擢位将军。后与李孝常等谋反,将诛,后叩头曰:"安业罪死无赦。然向遇妾不以慈,户知之;今论如法,人必谓妾释憾于兄,无乃为帝累乎!"遂得减流越巂。(《新唐书》卷76《后妃列传上·文德长孙皇后传》,第3471页)

李孝常,隋兵部尚书圆通之子。高祖时为利州都督,每以佃猎为务。太宗嗣位,表请入朝,因留京师。其子义宗坐劫盗被诛,因此怨望,与刘德裕等阴图不轨。其子义立谓其友人蔡恽曰:"我常从齐王游猎,与王相失,道傍见一老母,眉发皓然。我问王所在,答曰汝即王也。因忽不见。"鄠县丞李延曰："往于太和谷得一石，其状如龟，外有圆郭，中有常字。又新钱文曰'开元通宝'，此即圆通之子孝常之符命也。"有刘文赞者，又言卫元高诗云"天道自常"，此则孝常之谶矣。德裕乃与孝常之甥统军元弘善及监门将军长孙业谋以入直之夜，勒兵以起大事，尊李孝常为帝。德裕，武德初自洛阳归国，为秦王府库直骑，历护军、太子左内率，迁为将军，与孝常通谋，克日将反。其子孝本又谓贺娄积善曰："我父好酒豁达，有汉高之风，手握禁兵，而左骁卫大将军刘宏基、右骑卫大将军长孙顺德、郎将元律、城门郎韦元整等深亲善，今起大事，啸命必成，不宜屈于人下。"刘文赞亦奖成其事。德裕曰："我生日有异，当汝请。又大业初童谣曰：'白杨树下一池水，决之则是刘，不决则为李。'但李在未决之前，刘居已决之后，明知李氏以后天下当归我家，当为决之。顺天之命耳。"后谋泄，及其党与皆伏诛，死者十二人。（《册府元龟》卷922《总录部·妖妄二》，第10888—10889页）①

〔贞观元年十二月〕戊申，利州都督李孝常等谋反，伏诛。孝常因入朝，留京师，与右武卫将军刘德裕及其甥统军元弘善、监门将军长孙安业互说符命，谋以宿卫兵作乱。安业，皇后之异母兄也，嗜酒无赖；父晟卒，弟无忌及后并幼，安业斥还舅氏。及上即位，后不以旧怨为意，恩礼甚厚。及反事觉，后涕泣为之固请曰："安业罪诚当万死。然不慈于妾，天下知之；今寘以极刑，人必谓妾所为，恐亦为圣朝之累。"由是得减死，流巂州。（《资治通鉴》卷192，唐太宗贞观元年十二月条，第6152页）

---

① 大业初童谣，中华书局1960年影印本《册府元龟》所载内容顺序错乱，此据（宋）王钦若等编《宋本册府元龟》卷922《总录部·妖妄二》改，第3659页。

案例解析

案情分析：贞观元年(627)，利州都督李孝常因其子李义宗坐劫盗被诛而怨望，与右武卫将军刘德裕及其甥统军元弘善、监门将军长孙安业等互说符命，欲以宿卫兵谋反，诸人伏诛，长孙安业减死，流放越巂。姬总持为太子左千牛上大将军李乂余之妻，李孝常儿媳，其墓志中所提到的刘裕，即右武卫将军刘德裕。墓志中之所以提刘德裕而未言及李孝常，当是为尊者讳之意。姬总持缘李孝常谋反，被籍没入宫。而刘德裕之妻应该因丈夫谋反被没入宫中，贞观二年六月，太宗第九子李治生于东宫丽正殿。① 而刘默墓志云"祖母齐国夫人，即唐高宗大帝为藩后储君时之阿保也"。说明刘德裕谋反被诛后，其妻被没入后宫，并在次年为高宗的保姆。其父刘藏很可能幼年随母入宫，刘默(653—699)当出生于宫中，为奴籍。在总章元年(668)他13岁时，奉高宗敕事豫王李旦，后官至宜州美原县令，于周圣历二年(699)47岁卒。

适用条款：《唐律疏议》卷17《贼盗律》：248 诸谋反及大逆者，皆斩；父子年十六以上，皆绞；十五以下及母女、妻妾(子妻妾亦同)、祖孙、兄弟、姊妹若部曲、资财、田宅，并没官；男夫年八十及笃疾、妇人年六十及废疾者，并免；伯叔父、兄弟之子，皆流三千里，不限籍之同异。即虽谋反，词理不能动众、威力不足率人者，亦皆斩(谓结谋真实而不能为害者。若自述休征、假托灵异、妄称兵马、虚说反由，传惑众人而无真状可验者，自从袄法)；父子、母女、妻妾，并流三千里；资财不在没限。其谋大逆者，绞。(《唐律疏议》，第270—271页)

是否依法判案：基本是。利州都督李孝常与右武卫将军刘德

---

① 《旧唐书》卷4《高宗本纪上》，第65页。

裕以宿卫兵谋反,伏诛。长孙安业为皇后小功以上亲,合当议亲,被减死,流放越巂。李孝常谋反,其家籍没,因此,其儿媳姬总持被没入宫。刘德裕之妻亦籍没入宫,次年成为皇子的保姆,其子刘藏年幼随母入宫。刘藏之子刘默出生于宫中,为奴籍,其祖母曾为高宗李治的保姆,后受封齐国夫人。总章元年(668),刘默13岁奉敕事豫王,终官宜州美原(陕西富平县美原镇)县令,卒于武周时期。刘默当因其祖母曾为皇帝保姆的关系,不仅少年时得脱奴籍,后来还得以为地方官,于律不合。

研究信息:姜望来:《太子勇之废黜与隋唐间政局变迁》指出李孝常在隋炀帝大业时期亦曾参与谋反。武汉大学中国三至九世纪研究所编:《魏晋南北朝隋唐史资料》第23辑,武汉:武汉大学文科学报编辑部编,2006年,第78页。仇鹿鸣:《新见〈姬总持墓志〉考释——兼论贞观元年李孝常谋反的政治背景》,荣新江主编:《唐研究》第17卷,北京:北京大学出版社,2011年,第221—249页。张建一:《〈唐律〉具文考述》认为:此案中,长孙安业因为是长孙皇后的异母兄,得减死,流越巂。载叶孝信、郭建主编:《中国法律史研究》,上海:学林出版社,2003年,第89页。张建一:《唐律实施考述》,杨一凡、尤韶华主编:《中国法制史考证》甲编第4卷《历代法制考·隋唐法制考》,北京:中国社会科学出版社,2003年,第164页。

贞观三年(629)

003. 唐高宗堂舅长孙无傲娶唐高宗表姐窦胡娘案

案例辑录

君讳无傲,字义庄,河南洛阳人也,皇帝之堂舅。……曾祖裕,魏左卫大将军,太常卿,冀、豫二州刺史。祖咒,魏散骑常侍,勋、绛二州刺史,平原郡开国公,并器蕴珪璋,家传鼎鼐,穷妙略于金韬,正雅音于玉律,刺举之方克著,侍臣之寄弥隆。考敞,皇朝散骑常侍,宗正少卿,将作少监,光禄大夫,都督幽、易、妫、檀、燕、平六州诸军事,幽州刺史。……年六十五,解褐左千牛,寻除左卫中郎将。……竟除慈、卫、果、邢四州诸军事,四州刺史。……蒙恩榜朝散大夫。……以咸亨二年十一月廿六日,薨于京师敦义里私第,春秋七十有二。……夫人窦氏,襄阳长公主第二女。……以咸亨三年岁次壬申二月癸亥朔廿二日,合葬于京兆高阳原礼也。(《大唐故邢州刺史长孙府君(无傲)墓志铭并序》,宁琰、辛龙:《唐长孙无傲及夫人窦胡娘墓志的发现与考释》,《文博》2017年5期,第62—64页)

夫人字胡娘,雍州长安县人也。……祖抗,将作大匠、侍中、左武候大将军、司空、陈容公。吐纳丝纶,阴阳变理。父诞,参旗军将、国子祭酒、刑部尚书、原州都督、领军大将军、大理卿、安丰郡公,加华国公。……年十三嫡(疑当作"适")长孙氏……以贞观十一年岁次景申五月乙酉朔廿一日申时,薨于京师延康坊第,春秋廿有一。……以其年六月甲寅朔十九日壬申窆于雍州万年县高平乡平泉里少陵原。(《大唐右勋卫郎将长孙义庄故妻窦夫人(胡娘)墓志铭并序》,宁琰、辛龙:《唐长孙无傲及夫人窦胡娘墓志的发现与考释》,《文博》2017年5期,第65页)

案例解析

案例内容:据墓志,长孙无傲(600—671),字义庄,河南洛阳人,为唐高宗堂舅父。长孙无傲与长孙皇后(601—636)及长孙无忌(约 597—659)的祖父是同一人,其父亲是亲兄弟。长孙皇后与长孙无傲是堂兄妹关系。① 按其生卒年份推算,长孙无傲应为长孙无忌的堂弟、长孙皇后的堂兄。窦胡娘(617—637)为右勋卫郎将长孙无傲之妻,小于其夫 17 岁。其祖窦抗、父窦诞,母亲是唐高祖李渊第二女襄阳公主。可知她是唐高祖李渊的外孙女。唐太宗长孙皇后的堂兄长孙无傲,娶唐太宗姐妹之女窦胡娘,即唐太宗的外甥女。据窦胡娘墓志,她卒于唐太宗贞观十一年,享年 21 岁,13 岁出嫁长孙无傲,可知她贞观三年(629)出嫁。这一年,长孙无傲 30 岁。

适用条款:《唐律疏议》卷 14《户婚律》:182 诸同姓为婚者,各徒二年;缌麻以上,以奸论。若外姻有服属而尊卑共为婚姻,及娶同母异父姊妹若妻前夫之女者(谓妻所生者),亦各以奸论。其父母之姑、舅、两姨姊妹及姨若堂姨、母之姑、堂姑、己之堂姨及再从姨、堂外甥女,女婿姊妹,并不得为婚姻,违者各杖一百,并离之。(《唐律疏议》,第 219—220 页)

是否符合唐律规定:否。长孙无傲作为窦胡娘的堂舅父,娶自己的堂外甥女为妻,属于外姻有服属而尊卑共为婚姻,违反唐律户婚律的规定。依律,长孙无傲和窦胡娘当各杖一百,并处离婚。实际上,亲上加亲的同辈婚在唐代非常普遍,此案例中,尽管二人辈分尊卑不同,他们的婚姻依旧。

---

① 《新唐书》卷 72 上《宰相世系表二上》载,长孙无忌和长孙无傲都是长孙晟之子,是亲兄弟,第 2412—2413 页。墓志则证明《新唐书》记载有误,长孙皇后与墓主长孙无傲二人的父亲是亲兄弟,他们是堂兄妹关系。

贞观十四年至二十三年间(640—649)

004. 洋州洋源县令盖伯文坐事当死后被配流高昌案

案例辑录

府君讳蕃，字希陈，鲁郡泗水人也。……小名叔文，后继从叔顺改焉。……幼孤，事兄嫂甚谨，乡邑称之。未弱冠，隋大业初，以父荫入为太庙斋郎。久之，授尧台府司马。……及皇唐威灵畅于东夏，以隋官降授文林郎，从时例也。……遂安之，无复宦情，唯以讲授为事。洛中后进李大师、康敬本等，并专门受业，其后咸以经术知名。……贞观中，兄伯文任洋州洋源县令，坐事幽繫，将置严刑，府君泣血申冤，辞令恳恻，见者莫不歔欷。使人汉王府参军兰陵萧德昭，孝友人也，不堪其悲；左仆射房玄龄特为奏请，得减死配流高昌。此国初平，碛途险涩，距长安七千余里，白兄曰：正尔而往，取达何期？某受彼官，庶几可济。于是起选，授西州蒲昌县丞，允所祈也。乘驲赴官，先兄而至，躬率人力渡碛东迎。德昭每言及天下友于，即引府君为称首。及秩满，兄亦当叙，接辔连车，共遵归路。以永徽元年至于京洛。……以总章二年十二月八日寝疾，薨于庄第，春秋八十一。(《唐故曹州离狐县丞盖府君(蕃)墓志铭》，《唐代墓志汇编》，咸亨015，第519页)

案例解析

案情分析：洋州洋源(陕西西乡县)县令盖伯文被关进监狱，坐事当死。其弟盖蕃(589—669)被过继给从叔，时以讲授为业，为兄申冤陈情，盖伯文得以减死配流高昌(新疆吐鲁番市高昌故城)。

据史载,贞观十四年(640)八月,交河道行军大总管侯君集平高昌,以其地置西州。① 此案发生于高昌国初平之时,故当发生于贞观十四年(640)之后。盖蕃担心路途遥远,兄长不能平安到达,特起选为西州蒲昌县丞,以便照顾兄长,其后兄弟二人同归洛阳。

适用条款: 不明。因盖伯文所犯之事在墓志中未有明确记载,无法确定适用法律。

是否依法判案: 否。因弟弟盖蕃为盖伯文申冤陈情,左仆射房玄龄特为奏请,得减死配流西州高昌县。

贞观廿二年(648)

005. 洛州河南县张元隆、索法惠诉桓德琮典宅不付宅价案

案例辑录

1 贞 观 廿二年八月十 六 日,河南县张□□(元隆)、
2 索 法惠等二人,向县诉桓德 琮 □宅价
3 钱,三月未得。今奉明府付坊正 追 向县。
4 坊正、坊民令遣两人和同,别立私契。
5 其利钱,限至八月卅日付了。其赎宅价
6 钱,限至九月卅日还了。如其违限不还,任
7 元隆宅,与卖宅,取钱还足,余乘(剩)任
8 还桓琮。两共和可,画指为验。
9 　　　　　负钱人桓德琮　琮

---

① 《旧唐书》卷3《太宗本纪下》,第51页。

10	男大义　义
11	同坊人　成敬嗣
12	嗣
13	坊正　李　差　经

［阿斯塔那204号墓出土，编号为72TAM204∶18。《唐贞观二十二年(公元六四八年)洛州河南县桓德琮典舍契》，国家文物局古文献研究室、新疆维吾尔自治区博物馆、武汉大学历史系编：《吐鲁番出土文书》第4册，北京：文物出版社，1983年，第269—270页，书前有图版。吴震主编：《中国珍稀法律典籍集成》甲编第4册《吐鲁番出土法律文献》，第846—847页。张传玺主编：《中国历代契约会编考释》(上)，北京：北京大学出版社，1995年，266页］

案例解析

案情分析：贞观廿二年(648)八月，西州(新疆吐鲁番市)桓德琮以宅舍作为抵押，向洛阳河南县(河南洛阳)张元隆、索法惠借贷，并订立契约，约定了归还本利及赎宅日期。至约定的时间，桓无钱赎宅，张元隆、索法惠"宅价钱三月未得"，遂向县司起诉桓德琮。县司首选以调解方式解决民事纠纷，派坊正李差经出面，诉讼双方在坊正及同坊人成敬嗣等见证下，别立书契，就赎宅事宜达成协议，限期还钱。若再次违限不还，因桓所抵押之房舍价值高于其所欠本利，张元隆可以自住或卖桓德琮房舍，取钱还足后，将余款还给桓德琮。

适用条款：《唐律疏议》卷26《杂律》：398 诸负债，违契不偿，一匹以上，违二十日笞二十，二十日加一等，罪止杖六十。三十四加二等，百匹又加三等。各令备偿。疏议曰：负债者，谓非出举之物，依令合理者。或欠负公私财物，乃违约乖期不偿者，一匹以上，违二十日笞二十，二十日加一等，罪止杖六十。三十匹加二等，谓负三十匹物，违二十日笞四十，百日不偿，合杖八十。百匹又加三等，谓负百匹之物，违契满二十日杖七十，百日不偿，合徒一年。各令备偿。若更延日及经恩不偿者，皆依判断及恩后之日，科罪如初。(《唐律疏议》，第414页)

《唐律疏议》卷26《杂律》：399诸负债，不告官司而强牵财物，过本契者，坐赃论。疏议曰：谓公私债负，违契不偿，应牵掣者，皆告官司听断。若不告官司，而强牵掣财物若奴婢、畜产，过本契者，坐赃论。若监临官共所部交关，强牵过本契者，计过剩之物，准于所部强市有剩利之法。(《唐律疏议》，第415页)

是否依法判案：是。西州桓德琮典宅后，无钱偿债，触犯杂律负债、违契不偿的相关条款。洛州河南县张元隆、索法惠诉至县司。县司判决两人别立私契，约定归还日期，如到期仍不能偿还，则任原告张元隆自住与卖宅，取钱还足，余剩还桓德琮。

研究信息：陈国灿《唐代的民间借贷：吐鲁番敦煌等地所出唐代借贷契券初探》(唐长孺主编：《敦煌吐鲁番文书初探》，武汉：武汉大学出版社，1983年，第217—274页)认为：这件出土于吐鲁番的契约，应该来自当时的中原河南。这件河南县文书出现在吐鲁番墓葬中的原因，存在两种可能：如果这个契约是桓德琮带回西州的，可以说明债务关系已经解除。如果是张元隆带回的，则可能案件依然没有结束。桓德琮典宅一案发生在洛州的河南县，它反映出典宅借贷在内地的流行。卢开万：《唐前期西州地区高利贷盘剥下均田百姓的分化》，《敦煌学辑刊》1984年2期，第104—111

页。陳國燦撰,關尾史郎譯《長安、洛陽よりトゥルファンに將來された唐代文書について》,《東洋學報》72卷第3・4號,1991年3月,65—93頁。陈国灿:《吐鲁番所出来自长安、洛阳的唐代文书》,陈锋、张建民主编:《中国古代社会经济史论——黄惠贤先生八十华诞纪念论文集》,武汉:湖北人民出版社,2010年,第449—464页。陈国灿《吐鲁番出土唐代文献编年》认为契约中的张元隆、索法惠可能原为高昌豪右,唐平高昌,遣诸豪右于洛州。永徽初,这批寓居洛州的高昌豪右被遣回故里,故此河南县之私契,亦携回西州。台北:新文丰出版公司,2002年,第32—33页。唐红林《初唐西州债法制研究》认为此事并非发生于西州当地,华东政法学院硕士学位论文,2004年,第38页。郑显文:《中国古代"农忙止讼"制度形成时间考述》,《法学研究》2005年3期,第152—160页。陈玺:《唐代拘捕制度考论》,《社会科学辑刊》,2012年2期,第132—137页。赵晓芳:《唐代西州争讼文书与解纷机制研究》,《甘肃政法学院学报》2013年4期,第119—126页。

006. 西州交河县三卫犯私罪纳课违番案

案例辑录

1 敕旨:有荫及承别恩者,方占宿卫,钩陈近侍,亲
2 □非轻。故立考第,量能进叙,有劳必录,庶不遗材。
3 □□之徒,情乖奉上,假托事故,方便解免。比徇
4 □□□□□今以后,三卫犯私罪应除免官,
5 □□□□□□须解官推勘辨定□□□
6 □□□□□本罪,轻□□□
7 □□依法征纳。所有考□□□

8 □起应叙年考校，比来□
9 其违番应配西□
10 　　　贞观廿二年□
11 　　　　　中书侍郎臣崔仁□（当作师）
12 　　　　　朝议郎守中书舍人柳□□
13 奉
14 敕旨如右，牒到奉行。
〔阿斯塔那221号墓出土文书，编号为73TAM221：55(a)〕
15 　　　贞观廿二年二□
16 侍中阙　　守门下□
17 太中大夫守黄门侍郎〔唐〕临
18 朝散大夫守给事中〔辛?〕茂将　主□
19 　　　　　二月廿六日未□
20 　　　　　中大夫太子少保□
21 尚书省
22 安西都护府主者：得行从□
23 敕旨连写如右。牒至准　敕者。□
24 敕，符到奉行。
25 　　　　　　主事能振
26 兵部员外郎礼　　　令史
27 　　　　　　书□
28 　　　贞观廿二年三□
29 　　　　　六月廿□
〔阿斯塔那221号墓出土文书，编号为73TAM221：56(a)〕
30 　　　　参军判□

31 都护府

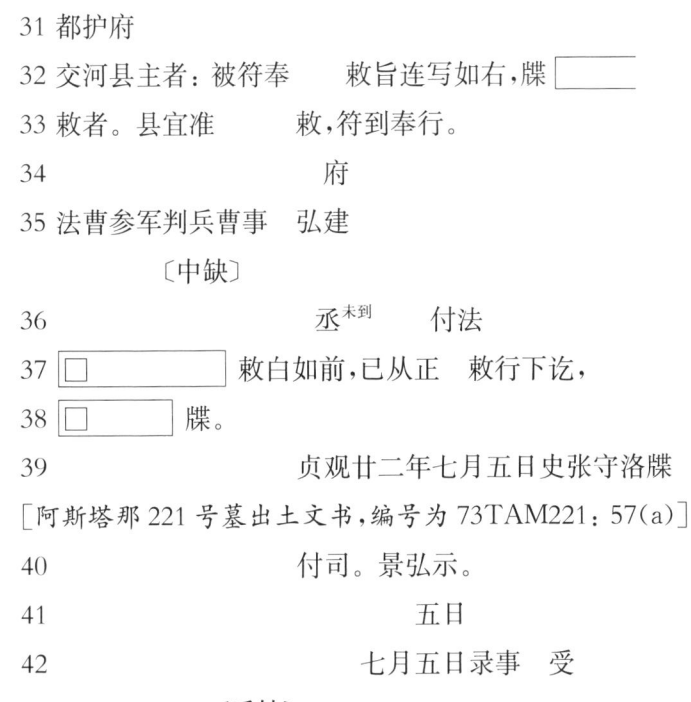

32 交河县主者：被符奉　　敕旨连写如右,牒☐

33 敕者。县宜准　　敕,符到奉行。

34　　　　　　　　府

35 法曹参军判兵曹事　弘建

　　〔中缺〕

36　　　　　　丞^(未到)　付法

37 ☐　　　敕白如前,已从正　敕行下讫,

38 ☐　　　牒。

39　　　　贞观廿二年七月五日史张守洛牒

〔阿斯塔那221号墓出土文书,编号为73TAM221：57(a)〕

40　　　　付司。景弘示。

41　　　　　　　五日

42　　　　七月五日录事　受

　　〔后缺〕

〔阿斯塔那221号墓出土文书,编号为73TAM221：58(a)。《唐贞观二十二年(公元六四八年)安西都护府承敕下交河县符为处分三卫犯私罪纳课违番事》,国家文物局古文献研究室、新疆维吾尔自治区博物馆、武汉大学历史系编：《吐鲁番出土文书》第7册,北京：文物出版社,1986年,第3—7页。刘俊文：《敦煌吐鲁番唐代法制文书考释》,第404—407页。《唐贞观二十二年(公元六四八年)安西都护府承敕下交河县符为处分三卫犯私罪纳课违番事》,吴震主编：《中国珍稀法律典籍集成》甲编第4册《吐鲁番出土法律文献》,第288—291页。陈国灿：《吐鲁番出土唐代文献编年》,台北：新文丰出版公司,2002年,第32页〕

案例解析

案情分析：三卫犯私罪纳课违番，司法史张守洛具牒执行朝廷下达兵部的敕旨，将其流配西州，景弘（疑为县令）命将敕符存档。

适用条款：《唐律疏议》卷7《卫禁律》：75 诸宿卫人应上番不到，及因假而违者，一日笞四十，三日加一等，过杖一百，五日加一等，罪止徒二年。疏议曰：宿卫人应上番而不到，及因得假而违者，一日笞四十，三日加一等，满十九日，合杖一百。若过杖一百，五日加一等，罪止徒二年，计三十四日即当罪止。……又问：应上不到、因假而违者，并罪止得徒二年。若准三十四日罪止，便是月番之外。今解下番之日不坐，恐理未尽。答曰：依式：三卫去京二千里外，六十日上，岭南为季上。三十四日罪止，为包远道生文。（《唐律疏议》，第133页）

《唐六典》卷5《尚书兵部》载："凡左、右卫亲卫·勋卫·翊卫，及左、右率府亲·勋·翊卫，及诸卫之翊卫，通谓之三卫。择其资荫高者为亲卫（取三品已上子、二品已上孙为之），其次者为勋卫及率府之亲卫（四品子、三品孙、二品已上之曾孙为之），又次者为翊卫及率府之勋卫（四品孙、职事五品子·孙、三品曾孙、若勋官三品有封者及国公之子为之），又次者为诸卫及率府之翊卫（五品已上并柱国若有封爵兼带职事官子孙为之），又次者为王府执仗、执乘（散官五品已上子孙为之）。凡三卫皆限年二十一已上；每岁十一月已后，本州申兵部团甲、进甲，尽正月毕（其入卫杂配并注甲长定，不得移改），量远迩以定其番第（五百里内五番，一千里内七番，一千里外八番，各一月上；三千里外九番，各倍其月）。……（三卫违番者，征资一千五百文，仍勒陪番；有故者，免征资。三番不到，注甲毁夺告身,有故者亦陪番。)"①

是否依法判案:否,属于以敕改法。三卫犯私罪纳课违番,依上番不到时间的长短,可处以笞刑、杖刑和徒刑,最高可徒二年。据《唐六典》卷5《尚书兵部》,三卫违番者,征资一千五百文,仍勒陪番,有故者,免征资。三番不到,注甲毁夺告身,有故者亦陪番。② 本案中,司法史张守洛具牒执行朝廷下达兵部的敕旨,将其配流西州,景弘(疑为县令)命将敕符存档,对于三卫违番的量刑与唐律规定并不相符。

研究信息:唐长孺:《唐西州差兵文书跋》,《敦煌吐鲁番文书初探》,武汉:武汉大学出版社,1983年,第439—454页。吴宗国:《唐贞观廿二年敕旨中有关三卫的几个问题——兼论唐代门荫制度》,《敦煌吐鲁番文献研究论集》第3辑,北京:北京大学出版社,1986年,第148—175页;又收入吴宗国:《中古社会变迁与隋唐史研究》上卷,北京:中华书局,2019年,第212—239页。陈国灿:《吐鲁番出土汉文文书与唐史研究》,黄约瑟、刘健明合编:《隋唐史论集》,香港:香港大学亚洲研究中心,1993年,第295—301页。刘俊文《敦煌吐鲁番唐代法制文书考释》认为对此案的处理是应对贞观晚期西州戍守士兵不足的临时措施,第408—413页。李锦绣:《唐代财政史》上卷,北京:北京大学出版社,1995年,第75—76页。张广达:《西域史地丛稿初编》,上海古籍出版社,1995年,第113—174页。中村裕一:《文书行政》,《魏晋南北朝隋唐时代史の基本问题》,东京:汲古书院,1997年6月,第303—337页。

---

① 《唐六典》卷5《尚书兵部》,第154—155页。《旧唐书》卷43《职官二》所载与此略同而简,第1833页。
② 《唐六典》卷5《尚书兵部》,第155页。

中村裕一:《唐代の敕符》,《東アジア史におけゐ國家と地域》,唐代史研究会编集:《唐代史研究会報告》第Ⅷ集,东京:株式會社刀水書房,1999年7月,第92—115页。张广达:《唐灭高昌国后的西州形势》,《新疆通史》编撰委员会编:《新疆历史研究论文选编(隋唐卷)》,乌鲁木齐:新疆人民出版社,2008年,第186—217页。

高　宗

永徽元年(650)

007. 中书令褚遂良抑买中书译语人史诃耽(担)宅案

案例辑录

公讳爽,字乾祐,陇西成人也。……父伟节,隋殿中侍御史、菊潭县令、侍御史、岐州渭滨县令、司隶刺史、朝请大夫、洛阳县令、皇朝通直散骑侍郎。……君明练宪章,善谈得失,讦谟之际,光价顿华,诏授御史大夫。第一见知,方升朝错;当时有昞,无易赵尧。遂绾银潢,用超绝轨。君以天资刚直,权豪惧惮,中书令褚遂良贸易之间,交涉财贿,既挥霜简,因触时蠹,遂良出为同州。寻而缘隙兴嫌,厚成诬毁,君坐迁邢州刺史,寻除魏州。崞方二伍,言甚三至。柳奭、遂良,共谋姜斐,因被贬黜,远托瓯、闽。……以总章元年七月四日卒于九成宫中御府之官舍,春秋七十六。(兰台侍郎崔行功撰:《大唐故银青光禄大夫守司刑太常伯李公(爽)墓志铭并序》,《全唐文补遗》第 1 辑,第 46—47 页。参见《唐代墓志汇编》,总章 020,第 493—494 页)

君讳诃耽,字说,原州平高县人,史国王之苗裔也。……寻奉敕直中书省翻译,朝会、禄赐,一同京职。贞观三年,加授宣德郎。

七年,又加授朝请郎。九年,又加授通义郎。十三年,又加授朝议郎。十九年,丁母忧……永徽四年,有诏:"朝议郎史诃耽,久直中书,勤劳可录,可游击将军,直中书省翻译如故。"名参省禁,卅余年,寒暑不易其勤,始终弥彰其恪。属日月休明,天地贞观,爰及升中告禅,于是更锡崇班,是用超迁,出临方岳。乾封元年,除虢州诸军事、虢州刺史。……至若门驰千驷,既无骄侈之心;家累万金,自有谦挹之誉。享年八十有六,以总章二年九月二十三日遘疾,终于原州平高县劝善里舍。(《故游击将军虢州刺史直中书省史公(诃耽,584—669)墓志铭并序》,录文见《隋唐史氏墓志》,载罗丰:《胡汉之间——"丝绸之路"与西北历史考古》,北京:文物出版社,2004年,第483—484页)

擢授[韦思谦]监察御史,由是知名。……时中书令褚遂良贱市中书译语人地,思谦奏劾其事,遂良左授同州刺史。及遂良复用,思谦不得进,出为清水令。(《旧唐书》卷88《韦思谦传》,第2861页)

中书令褚遂良市地不如直,[监察御史韦]思谦劾之,罢为同州刺史。及复相,出思谦清水令。(《新唐书》卷116《韦思谦传》,第4228页)

永徽元年(650)十月二十四日,中书令褚遂良抑买中书译语人史诃担宅,监察御史韦仁约劾之。大理丞张山寿断,以遂良当征铜二十斤;少卿张叡册以为非当,估宜从轻。仁约奏曰:"官市依估,私但两和耳,园宅及田,不在市肆,岂应用估?叡册曲凭估买,断为无罪,大理之职,岂可使斯人处之?"遂迁遂良及叡册官。(《唐会要》卷61《弹劾》,第1067页)

韦思谦为监察御史时,中书令褚遂良贱市中书译语人地,思谦奏劾其事。大理丞张山寿断遂良征铜二十斤，少卿张叡册以为价当官估，罪宜从轻。思谦奏曰："官市依估，私但两和，且园宅及田不在市肆，岂应用估？叡册侮弄文法，附下罔上，罪在当诛。"高宗曰："狱刑至重，人命所悬，叡册由凭估价，断为无罪，大理之职，岂可使此人处之？"遂良左授同州刺史，叡册亦贬官。及遂良复用，思谦不得进，出为清水令，谓人曰："吾狂鄙之性，假以雄权，触机便发，固宜为身灾也。大丈夫当正色之地，必明目张胆，以报国恩，终不能为碌碌之臣，保妻子耳。"（《册府元龟》卷515《宪官部·刚正第二》，第6158页。《册府元龟》卷915《总录部·废滞》略同，第10832页）

韦仁约为监察御史，高祖（当作高宗）永徽元年十月，劾中书令褚遂良抑买中书译语人宅地。大理丞张山寿断以当征铜二十斤，少卿张叡册以为准估无罪。仁约又奏曰："遂良贱买地宅，叡册准估断为无罪，然估价之设，属国家所须，非关臣下之事，私自交易，岂得准估为定？叡册舞弄文法，附下罔上，罪在当诛。"是日，左迁遂良为同州刺史，叡册为循州刺史。（《册府元龟》卷520上《宪官部·弹劾三上》，第6210页）

〔永徽元年十月〕己未，监察御史阳武韦思谦劾奏中书令褚遂良抑买中书译语人地。大理少卿张睿册以为准估无罪。思谦奏曰："估价之设，备国家所须，臣下交易，岂得准估为定！睿册舞文，附下罔上，罪当诛。"是日，左迁遂良为同州刺史，睿册循州刺史。思谦名仁约，以字行。……〔永徽三年正月〕己巳，以同州刺史褚遂良为吏部尚书、同中书门下三品。（《资治通鉴》卷199，永徽元年十月、永徽三年正月条，第6385—6386、6390页）

案例解析

案情分析：永徽元年，中书令褚遂良抑买67岁的中书译语人史诃耽（正史记作"担"，584—669）宅第，被监察御史韦思谦奏劾，大理丞张山寿断以征褚遂良铜20斤（相当于徒一年），大理少卿张叡册以为非当，估宜从轻。因韦思谦的坚持，褚遂良左迁同州刺史，张叡册为循州（广东惠州市）刺史。褚遂良复用后，韦思谦不得进，出为秦州清水令，御史大夫李爽（593—668）左迁邢州刺史，寻又除魏州刺史，又因柳奭、褚遂良一党的陷害，远贬瓯闽之地。永徽六年（655）武曌升为皇后①，长孙无忌、褚遂良一党彻底被打倒。至显庆初年（666），他才上言归京洛，方被授朝请大夫、守思州刺史。直至乾封二年（667），特授银青光禄大夫、守司刑太常伯（即刑部尚书）。

适用条款：《唐律疏议》卷11《职制律》：142 诸贷所监临财物者，坐赃论（授讫未上亦同）。若百日不还，以受所监临财物论。强者，各加二等。若卖买有剩利者，计利以乞取监临财物论。强市者，笞五十；有剩利者，计利准枉法论。（《唐律疏议》，第185—186页）

《唐律疏议》卷30《断狱律》：487 诸官司入人罪者（谓故增减情状，足以动事者，若闻知有恩赦而故论决，及示导令失实辞之类），若入全罪，以全罪论（虽入罪，但本应收赎及加杖者，止从收赎、加杖之法）；从轻入重，以所剩论。刑名易者，从笞入杖，从徒入流，亦以所剩论（从徒入流者，三流同比徒一年为剩。即从近流而入远流者，同比徒半年为剩。若入加役流者，各计加役年为剩）；从

---

① 《旧唐书》卷6《则天皇后本纪》，永徽六年，废王皇后而立武宸妃为皇后，第115页。

笞、杖入徒、流,从徒、流入死罪,亦以全罪论。其出罪者,各如之。即断罪失于入者,各减三等;失于出者,各减五等。若未决、放,及放而还获,若囚自死,各听减一等。(《唐律疏议》,第 477—479 页)

《唐律疏议》卷 11《职制律》:138 诸监临、主司受财而枉法者,一尺杖一百,一匹加一等,十五匹绞。疏议曰:监临、主司,谓统摄、案验及行案主典之类,受有事人财而为曲法处断者,一尺杖一百,一匹加一等,十五匹绞。(《唐律疏议》,第 183 页)

是否依法判案:否。中书令褚遂良贱市中书译语人史诃担宅,当依贷所监临财物有剩利论罪,计利准枉法论,褚遂良最低杖一百,最高处绞刑。本案中,褚遂良被贬为关内道同州刺史,属从轻判处。原因在于褚遂良与权臣长孙无忌同是顾命大臣,当得其庇佑。

大理少卿张叡册附下罔上,以为价当官估,准估无罪,属断罪失于出,当减褚遂良罪五等治罪。实际上,大理少卿张叡册被贬为岭南道循州刺史,重于对褚遂良的判处,属从重判处。

研究信息:彭炳金:《唐代官吏职务犯罪研究》,中国社会科学出版社,2008 年,第 313—314 页。谢红星《唐代受贿罪研究——基于现代刑法的视角》认为此案对褚遂良的处置,比执行除免当赎减轻许多,原因在于褚遂良与长孙无忌同为顾命大臣,得到长孙无忌的护佑之故。北京:中国政法大学出版社,2011 年,第 139、184 页。李锦绣《史诃耽与隋末唐初政治——固原出土史诃耽墓志研究之一》(载宁夏文物考古研究所编,罗丰主编:《丝绸之路上的考古、宗教与历史》,北京:文物出版社,2011 年,第 49—60 页)在第三部分"史诃耽与高宗、武后时政治"对中书令褚遂良抑买中书译语人史诃担宅一案进行了探讨,认为作为与长孙无忌"同心辅政"

的宰相褚遂良以中书省长官的身份以低价购买其部下史诃耽的宅地，表明史宅一定为精美奢华的甲第，而史诃耽甲第及其墓志所云"家累万金"，是因为史诃耽做为粟特人，虽然做官，但仍然从事其本民族擅长的商业活动，故而囤积了大量财富。史诃耽后来被委以重任，83 岁升任虢州刺史，原因在于史诃耽抗议褚遂良抑买其宅地，而褚遂良正是武则天要对抗的长孙无忌的同党，因此随着武则天的胜利，史诃耽也被视为功臣，受到奖励。

永徽二年(651)

008. 田智未经父母同意私自休妻、诈病以逃避王徭案（拟判）

案例辑录

184 奉判：田智先聘孔平妹为妻，去贞观十七年大归。至廿一年，智乃诈大疾县貌依定。至廿二年

185 智乃送归还平家，对村人作离书弃放。至永徽二年，智父身亡，遂不来赴

186 哀。智母令唤新妇赴哀，平云久已分别，见有手书，不肯来赴。其平妹仍有

187 妻名，在智籍下。其两家父母亦断绝。其妇未知离若为？

188 孔氏总角初笄，早归田族。交欢就宠，烝致寒暄，嫌婉绸缪，相期偕老。智乃

189 心图异计，规避王徭。不顾同穴之情，俄作参商之隔，诈称大疾。送归〔平家，对〕

190 彼亲邻，给书离放。放后即为行路，两族俱绝知闻。覆水

不可重

191 返。但事多开合,情或变通。法有画一之归,礼无再醮之义。违礼

192 如嫁女弃女,皆由父母。纵无恃怙,仍问近亲。智是何

193 一纸离书。离书不载舅姑,私放岂成公验。况田智籍□

194 便除。且贯为黔首之根由,籍是生人之大信。今弃□

195 之明条,顺匹妇之愚志,下材管见,窃所未通。追妇还□

196 作疾,罪实难容,下付县推,并自科上上(衍)。

(伯希和文书3813号背,P. 3813V《判文》。《法藏敦煌西域文献》28册,第156页。《P. 3813文明判集残卷》,刘俊文:《敦煌吐鲁番唐代法制文书考释》,第449页。《唐[公元七世纪后期?]判集》(伯3813号背),唐耕耦主编:《中国珍稀法律典籍集成》甲编第3册《敦煌法制文书》,第297—298页;并见唐耕耦、陆宏基编:《敦煌社会经济文献真迹释录》第二辑,北京:全国图书馆文献缩微复制中心,1990年,第608—609页。池田温:《敦煌本判集三种·唐判集》,载《中国法制史考证》丙编第二卷《魏晋南北朝隋唐卷》北京:中国社会科学出版社,2003年,第512—513页。陈尚君辑校:《全唐文补编》卷130,北京:中华书局,2005年,第1602页。王斐弘:《敦煌法论》,北京:法律出版社,2008年,第228—229页)

案例解析

案情分析:田智为规避王徭,谎称有病,与孔平之妹结婚后五

年,于贞观二十一年(647)离婚。但仅对村人作离书,其中不载舅姑,属于私放,户籍上田智与孔氏仍是夫妻。至永徽二年(651),田父身亡,田母令唤新妇赴哀,方从孔平口中得知其子与孔氏已离婚。法官判决田智擅自休妻行为无效,孔氏与田智的婚姻仍有效。此判文通篇不提及地点,只提及时间,很可能是高宗时期所作拟判。

适用条款:《唐律疏议》卷25《诈伪律》:381诸诈疾病有所避者,杖一百;若故自伤残者,徒一年半(有避、无避,等。虽不足为疾残,而临时避事者,皆是)。疏议曰:诈疾病以避使役、求假之类,杖一百。若故自伤残,徒一年半,但伤残者,有避、无避,得罪皆同。即无所避而故自伤,不成残疾以上者,从不应为重。故注云:有避、无避,等。虽不足为疾残,而临时避事者,皆是。(《唐律疏议》,第404页)

诸弃妻……男及父母伯姨舅,并女父母伯姨舅,东邻西邻,及见人皆署。若不解书,画指为记。(《唐令拾遗·户令第九》三十五[开元二十五年],第162—163页)

是否依法判案:是。田智心图异计,为规避王徭而诈称疾病,未经父母同意休弃妻子孔氏。触犯唐律诈伪律,当杖一百。本案中,田智未经过父母同意即休弃妻子孔氏,不符合法律程序。法官判决田智擅自休妻的行为无效,"追妇还智"。

研究信息:刘俊文《敦煌吐鲁番唐代法制文书考释》认为:此组判词写作上限为唐高宗永徽四年,下限为唐玄宗开元初年。第450—451页。齐陈骏《读伯3813号〈唐判集〉札记》考察了此文书的年代以及所反映的唐代判案特点和内容等问题。指出该件文书里保存的十九道判词,是为写判案文书者作参考之用的范文,因为案中所涉及的人名,多为人们所熟悉的古代名人,有的案件只讲事例而没有具体的当事人,故可认为不是实际判案的文书。载《敦煌学辑刊》1996年1期,第14—19页。董念清:《从唐代的判集看唐代对法律的适用》,《社科纵横》1996年1期,第50—52页。陈永胜《敦煌吐鲁番法制文书研究》认为P3813号《文明判集残卷》可能取材于现实,又加以虚拟润色而成,第183—185页。郑显文:《律令体制下的唐代民事诉讼制度研究》,樊崇义主编:《诉讼法学研究》第8卷,北京:中国检察出版社,2005年,第445—446页。王斐弘:《敦煌法论》,北京:法律出版社,2008年,第42—46页。

永徽四年(653)

009. 睦州女子陈硕真与妹夫章叔胤举兵谋反被斩案

案例辑录

　　君讳玄籍,字嗣宗,清河东武城人也。……父善福,唐秦王府库真上大将军。……起家文德皇后挽郎,寻授婺州司功参军。事属袄贼陈硕真挟持鬼道,摇动人心,以女子持弓之术,为丈夫辍耕之事。沴气浮于江波,凶徒次于州境,凡在僚属,莫能拒捍。刺史清河公崔义玄察君智勇,委令讨击。君用寡犯众,以正摧邪,破张鲁于汉中,殄卢循于海曲。功无与让,赏不踰时,永徽四年,加游击将军守右武卫崇节府果毅都尉。……〔万岁通天〕二年,除利州刺史。……春秋七十有九,圣历元年岁次戊戌三月辛酉朔十四日甲戌薨于通远坊之私第。(《大唐故银青光禄大夫使持节利州诸军事行利州刺史上柱国清河县开国子崔君(玄籍)墓志铭并序》,《唐代

墓志汇编》,圣历 010,第 929—930 页)

讳绚,字□,沛国谯人也。……〔永徽〕三年,授〔侯府君绚〕蜀王府长史兼行黄州长史。未几,王改巴州,又兼巴州长史,王府如故。四年,王以荆吴构逆,缘坐废府。授公使持节江州诸军事江州刺史。未行,会陈硕真伪徒猖起,妖类鸱张,江东之地,多从寇壤,式遏凶党,必俟忠良,改授使持节睦州诸军事睦州刺史。公运其智略,抚以温柔。遂使先反之谣,恨贾父之来晚,无叛之美,悦杜翁之勇功。……以永徽五年闰五月廿六日遘疾,薨于州镇,春秋六十。(《唐故使持节睦州诸军事睦州刺史夏侯府君(绚)墓志铭》,《唐代墓志汇编续集》,永徽 043,第 80—81 页)

永徽初,〔崔义玄〕累迁婺州刺史。属睦州女子陈硕真举兵反,遣其党童文宝领徒四千人掩袭婺州,义玄将督军拒战。时百姓讹言硕真尝升天,犯其兵马者无不灭门,众皆凶惧。司功参军崔玄籍言于义玄曰:"起兵仗顺,犹且不成,此乃妖诳,岂能得久。"义玄以为然,因命玄籍为先锋,义玄率兵继进。至下淮戍,擒其间谍二十余人。夜有流星坠贼营,义玄曰:"此贼灭之征也。"诘朝进击,身先士卒,左右以楯蔽箭,义玄曰:"刺史尚欲避箭,谁肯致死?"由是士卒勠力,斩首数百级,余悉许其归首。进兵至睦州界,归降万计。及硕真平,义玄以功拜御史大夫。(《旧唐书》卷 77《崔义玄传》,第 2688—2689 页)

〔永徽四年十月〕戊申,睦州女子陈硕真反,婺州刺史崔义玄讨之。十一月庚戌,陈硕真伏诛。(《新唐书》卷 3《高宗本纪》,第 55 页)

永徽中,〔崔义玄〕累迁婺州刺史。时睦州女子陈硕真举兵反。始,硕真自言仙去,与乡邻辞诀,或告其诈,已而捕得,诏释不问。

于是姻家章叔胤妄言硕真自天还,化为男子,能役使鬼物,转相荧惑,用是能幻众。自称文佳皇帝,以叔胤为仆射,破睦州,攻歙残之,分遣其党围婺州。义玄发兵拒之,其徒争言硕真有神灵,犯其兵辄灭宗,众凶惧不肯用。司功参军崔玄籍曰:"仗顺起兵,犹无成;此乃妖人,势不持久。"义玄乃署玄籍先锋,而自统众继之。至下淮戍,禽其谍数十人。有星坠贼营,义玄曰:"贼必亡。"诘朝奋击,左右有以盾鄣者,义玄曰:"刺史而有避邪,谁肯死?"敕去之。由是众为用,斩首数百级,降其众万余。贼平,拜御史大夫。(《新唐书》卷109《崔义玄传》,第4095—4096页)

高宗永徽四年十月,以睦州女子陈硕真率众反,扬州长史房仁裕平之。诏刑部尚书唐临驰传案覆,被诖误者悉免之,人吏为贼所杀者,官为殡敛。(《册府元龟》卷136《帝王部·慰劳》,第1645页)

初,睦州女子陈硕真以妖言惑众,与妹夫章叔胤举兵反,自称文佳皇帝,以叔胤为仆射。甲子夜,叔胤帅众攻桐庐,陷之。硕真撞钟焚香,引兵二千攻陷睦州及於潜,进攻歙州,不克,敕扬州刺史房仁裕发兵讨之。硕真遣其党童文宝将四千人寇婺州,刺史崔义玄发兵拒之。民间讹言硕真有神,犯其兵者必灭族,士众凶惧。司功参军崔玄籍曰:"起兵仗顺,犹且无成,况凭妖妄,其能久乎!"义玄以玄籍为前锋,自将州兵继之,至下淮戍,遇贼,与战。左右以楯蔽义玄,义玄曰:"刺史避箭,人谁致死?"命撤之。于是士卒齐奋,贼众大溃,斩首数千级。听其余众归首;进至睦州境,降者万计。十一月,庚戌,房仁裕军合,获硕真、叔胤,斩之,余党悉平。义玄以功拜御史大夫。(《资治通鉴》卷199,唐高宗永徽四年十月、十一月条,第6395—6396页)

案例解析

案情分析：永徽四年，睦州女子陈硕真以妖言惑众，与妹夫章叔胤举兵反，自称文佳皇帝，以叔胤为仆射，率兵攻打睦州（浙江建德），遣其党童文宝领徒四千人掩袭婺州（治浙江金华市）。一月后，扬州长史房仁裕、睦州刺史夏侯绚（695—654）、婺州刺史崔义玄及司功参军崔玄籍（620—698）先后用兵，陈硕真、章叔胤被斩。崔玄籍武周时期官至利州刺史卒。

适用条款：《唐律疏议》卷17《贼盗律》总248条，参见002利州都督李孝常与右武卫将军刘德裕等谋反案适用条款。

《唐律疏议》卷18《盗贼律》：268诸造袄书及袄言者，绞（造，谓自造休咎及鬼神之言，妄说吉凶，涉于不顺者）。疏议曰：造袄书及袄言者，谓构成怪力之书，诈为鬼神之语。休，谓妄说他人及己身有休征。咎，谓妄言国家有咎恶。观天画地，诡说灾祥，妄陈吉凶，并涉于不顺者，绞。

传、用以惑众者，亦如之（传，谓传言。用，谓用书）。其不满众者，流三千里。言理无害者，杖一百。即私有袄书，虽不行用，徒二年；言理无害者，杖六十。疏议曰：传、用以惑众者，谓非自造，传、用袄言、袄书，以惑三人以上，亦得绞罪。注云：传，谓传言。用，谓用书。其不满众者，谓被传惑者不满三人。若是同居，不入众人之限。此外一人以上，虽不满众，合流三千里。其言理无害者，谓袄书、袄言，虽说变异，无损于时，谓若预言水旱之类，合杖一百。即私有袄书，谓前人旧作，衷私相传，非己所制，虽不行用，仍徒二年。其袄书言理无害于时者，杖六十。（《唐律疏议》，第292—293页）

是否依法判案：是。睦州女子陈硕真与妹夫章叔胤举兵谋反,自称文佳皇帝,率兵攻打睦州,围婺州,依律当斩,籍没全家。本案中,陈硕真、章叔胤被斩。

研究信息:林梅村:《从陈硕真起义看火祆教对唐代民间的影响》,《中国史研究》1993 年第 2 期,第 140—142 页。王永平:《论唐代民间道教对陈硕真起义的影响——兼与林梅村同志商榷》,《首都师范大学学报》1995 年 1 期,第 100—107 页。陈登武《地狱·法律·人间秩序——中古中国的宗教、社会与国家》认为陈硕真为弥勒教徒,唐临为三阶教徒,台北:五南图书出版有限公司,2009 年,第 129—131 页。

010. 太尉同中书门下三品长孙无忌诬告吴王李恪参与房遗爱谋反案

案例辑录

恪,字厶,陇西狄道人也。太祖武皇帝之孙,太宗文皇帝之第二子也。弗遵大训,侮慢彝则。……〔贞观〕十一年,又与诸王同诏,代袭安州刺史。天爵弥厚,逸情转纵。……而思贷之旨,恕以更新。自是颇修外迹,怀卷凶戾。今上以大明篡位,敦序九族,饫赐加等,荣望益隆。策拜司徒,徙授凉州都督。寻又重授都督安随温沔复五州诸军事、安州刺史。任总方隅,位升台辅。履霜弗诫,坚冰转积。潜构之恶情,灭于人理;干纪之衅罪,极于常刑。皇帝冕疏常宁,思八辟而兴念;公卿进执,三刺而无舍。春秋卅有五,以永徽四年二月六日,罄于有司之别舍。……乃下诏曰:"恪等性各凶愚,识皆庸鄙,苞祸心于睥睨,彰逆节于家国。……"(《大唐故恪墓志铭并序》,《长安新出墓志》,第 62—63 页)

恪母,隋炀帝女也,恪又有文武才,太宗常称其类己。既名望素高，甚为物情所向。长孙无忌既辅立高宗，深所忌嫉。永徽中，会房遗爱谋反，遂因事诛恪，以绝众望，海内冤之。有子四人：仁、玮、琨、璄，并流于岭表。(《旧唐书》卷76《太宗诸子列传·吴王恪传》，第2650页)

永徽四年二月甲申，驸马都尉房遗爱、薛万彻、柴令武，高阳、巴陵公主谋反，伏诛；杀荆王元景、吴王恪。乙酉，流宇文节于桂州。戊子，废蜀王愔为庶人。(《新唐书》卷3《高宗本纪》，第55页)

案例解析

案情分析：吴王李恪(619—653)声望较高，之前受唐太宗器重，曾欲立其为太子，故太尉同中书门下三品长孙无忌担心其影响外甥唐高宗李治的皇位，而借房遗爱谋反案除去时任安州(湖北安陆市)刺史的李恪。

适用条款：《唐律疏议》卷23《斗讼律》：341 诸诬告谋反及大逆者，斩；从者，绞。若事容不审，原情非诬者，上请。若告谋大逆、谋叛不审者，亦如之。疏议曰：诬告谋反及大逆者，谓知非反、逆，故欲诬之，首合斩，从合绞。若事容不审者，谓或奉别敕阅兵，或欲修葺宗庙，见阅兵疑是欲反，见修宗庙疑为大逆之类，本情初非诬告者，具状上请听敕。若告谋大逆、谋叛不审，亦合上请，故云亦如之。(《唐律疏议》，第366页)

是否依法判案：否。太尉同中书门下三品长孙无忌忌惮吴王李恪的声望，借房遗爱谋反案诬告其参与谋反。依律，诬告谋反及大逆者，斩。长孙无忌当处斩刑。本案中，李恪被诛杀，其四子亦被流放，严重违反唐律，是政治斗争所导致的一件冤案。

显庆五年(660)

011. 右卫大将军慕容宝节爱妾投毒害死右屯卫将军杨思训案

案例辑录

夫人讳燕国(626—705),昌黎人也。……父宝节,皇朝右卫大将军,渔阳公,赠户部尚书,质性刚烈,执心忠鲠。朱轮苍佩;早参北阙之荣,身没名杨(扬),始曳南宫之履。……渔阳公家擅隆恩,夫人令名远著,求姻请瑗,车马盈门。……延载之岁,祸延先君,夫人变竹兴哀,崩城起恨,躬亲家事,十有余年。后以长安三年,长子经国授安州应城县令。……以神龙元年四月八日遘祸于应城县之官舍,春秋八十。(少子登封县丞慕容兼遂撰:《唐故曹州刺史尉公(亮)夫人慕容(燕国)墓志并序》,《洛阳新获七朝墓志》,第159页。郭茂育、赵水森等编著:《洛阳出土鸳鸯志辑录》,北京:国家图书馆出版社,2012年,第33—34页)

〔杨恭仁〕子思训袭爵。显庆中,历右屯卫将军。时右卫大将军慕容宝节有爱妾,置于别宅,尝邀思训就之宴乐。思训深责宝节与其妻隔绝,妾等怒,密以毒药置酒中,思训饮尽便死。宝节坐是配流岭表。思训妻又诣阙称冤,制遣使就斩之。仍改《贼盗律》,以毒药杀人之科更从重法。(《旧唐书》卷62《杨恭仁附子杨思训传》,第2382页)

子思训袭〔杨恭仁〕爵。显庆中,历右屯卫将军。从高宗幸并州。右卫大将军慕容宝节夜邀思训与谋乱,思训不敢对。宝节惧,毒酒以进,思训死。妻诉之,流宝节岭表,至龙门,追斩之。乃诏以

置毒人者重其法。(《新唐书》卷 100《杨恭仁附子思训传》,第 3927 页)

唐张玄靖,陕人也,自左卫仓曹拜监察。性非敦厚,因附会慕容宝节而迁。时有两张监察,号玄靖为"小张"。初入台,呼同列长年为兄。及选殿中,则不复兄矣。宝节既诛,颇不自安,复呼旧列为兄,监察杜文范,因使还,会郑仁恭方出使,问台中事意,恭答曰:"宝节败后,小张复呼我曹为兄矣。"时人以为谈笑。〔(唐)韩琬:《御史台记》,陶敏主编:《全唐五代笔记》第 1 册,西安:三秦出版社,2012 年,第 102 页〕

案例解析

案情分析:右卫大将军慕容宝节别宅爱妾,因愤怒于右屯卫将军杨思训深责宝节与其妻隔绝,以毒药置酒中,害死杨思训,慕容宝节被流岭表。杨思训妻诣阙称冤,慕容宝节至龙门,唐高宗遣使追斩慕容宝节,并诏以置毒人者重其法。此案在两《唐书·杨思训传》中的记载差别较大,《旧唐书·杨思训传》将其记录为单纯的慕容宝节爱妾因不满杨思训指责慕容宝节与妻隔绝,故将其毒死的个人恩怨。陈登武《从人间世到幽冥界:唐代的法制、社会与国家》据《御史台记》所载慕容宝节被诛后监察御史张玄靖内心颇不自安的言行,认为慕容宝节是因为涉及谋乱事件而被配流领表。黄楼《新出〈唐故曹州刺史尉公夫人慕容(燕国)墓志〉考释》一文认为《旧唐书·杨思训传》所载案件难以令人置信。案件当时是按照投毒案处置的,但依据《新唐书·杨思训传》与慕容宝节之女长孙燕国墓志,慕容宝节和杨思训欲谋乱反对武则天,但因杨思训不够坚定,故采取非常举措,冒险将之鸩杀,并抛出侍妾顶罪,试图掩盖真相。慕容宝节"谋乱"事被武则天视为"谋乱",玄宗开元时被李氏视为忠臣,获得平反,追赠户部尚书。基本可以断定,此案虽然是以毒药药人对慕容宝节予以治罪的,但实际上却是一件政治案件。

适用条款:《唐律疏议》卷18《贼盗律》:263 诸以毒药药人及卖者,绞(谓堪以杀人者。虽毒药,可以疗病,买者将毒人,卖者不知情不坐)。即卖买而未用者,流二千里。疏议曰:凡以毒药药人,谓以鸩毒、冶葛、乌头、附子之类堪以杀人者,将用药人,及卖者知情,并合科绞。

问曰:毒药药人合绞。其有尊卑、长幼、贵贱,得罪并依律以否? 答曰:律条简要,止为凡人生文。其有尊卑、贵贱,例从轻重相举。若犯尊长及贵者,各依谋杀已杀法;如其施于卑贱,亦准谋杀已杀论。如其药而不死者,并同谋杀已伤之法。(《唐律疏议》,第287页)

是否依法判案:否,从重判处。右卫大将军慕容宝节妾投毒害死右屯卫将军杨思训,依当时唐律,慕容宝节被流岭表。其后,杨思训妻诣阙称冤,唐高宗遣使追斩慕容宝节,并诏以置毒人者重其法。实际上,据黄楼对该案的研究,慕容宝节案实质为一政治案件,事发于高宗时期,谋乱反对武则天,可定性为谋反,但于李唐而言,则不构成案件,慕容宝节反而可以说是李唐的功臣。此案发生后,修改唐律贼盗条款,将以毒药杀人之罪科从重法。推测案发时,慕容宝节妾以毒药杀人当处流刑,案发后则将此罪行改为绞刑。

研究信息:刘俊文撰《唐律疏议笺解》"序论"(第19页)据《旧唐书》卷62《杨思训传》指出:"永徽律原规定以毒药杀人科流三千

里,显庆中始改为死刑。今本唐律以毒药杀人条:'诸以毒药杀人及卖者绞。'即是此次所改律文。"陈登武《从人间世到幽冥界:唐代的法制、社会与国家》据《太平广记》卷 259 引韩琬《御史台记》"张玄靖"条,认为慕容宝节是因为涉及谋乱事件而被配流领表,北京:北京大学出版社,2007 年,第 205—206 页。黄楼《新出〈唐故曹州刺史尉公夫人慕容(燕国)墓志〉考释——唐高宗显庆五年毒杀杨思训案发微》(黄楼:《碑志与唐代政治史论稿》,北京:科学出版社,2017 年,第 1—18 页)分析了两《唐书·杨思训传》之同异,认同《新唐书》的说法,认为慕容宝节和杨思训欲谋乱反对武则天,但因杨思训不够坚定,故采取非常举措,冒险将之鸩杀,并抛出侍妾顶罪,试图掩盖真相。慕容宝节"谋乱"事被武则天视为"谋乱",玄宗开元时被李氏视为忠臣,获得平反,追赠户部尚书。

麟德二年(665)

012. 西州高昌县某曹主麹运贞用畦海员牛践麦案

案例辑录

(一)坊正傅某牒为被帖追送畦海员身到事

1　□乂□

2　畦海员

3　右被帖追上件人送者。依追身到,今随

4　牒件状如前,谨牒。

5　　　　麟德二年五月十六日坊正傅

6　　　　　问。式　示。

　　　　　　　　十

（二）畦海员对案辩辞

1　畦海员年卅五
2 海员辩：被问"赁牛两头与麴运贞践麦,是何日赁与,□
3 □得多少价数者。谨审。"但："海员不是赁牛与麴运贞
4 □□日巳时许,麴运贞家内有一婢来,不得名,到海员
5 □'曹主遣,赁你两三个牛来,用践麦'。海员　　
6 □赁与,实借牛两头与运贞践麦是实。被问依
7 实,仅辩"。
8 □　式　　　麟德二年五月　日
9 　　　奴 有 宿 处,
10 　　　证 件 并 捡。
11 　　　既 不 是 □

〔后缺〕

［吐鲁番阿斯塔纳墓 61 号出土,编号分别为 66TAM61：21 (a),66TAM61：20(a)。《唐麟德二年（公元六六五年）追勘曹主麴运贞用畦海员牛践麦案残卷》,吴震主编：《中国珍稀法律典籍集成》甲编第 4 册《吐鲁番出土法律文献》,第 81—83 页］

案例解析

案情分析：麟德二年（665）五月,西州高昌县（新疆吐鲁番市高昌故城）某曹主麴运贞或因役使所部畦海员家牛两头践麦（打场）,被人纠告,麴运贞自称借牛,即不必给付役牛之值,而非役使,乃追牛主畦海员到案勘问,畦海员称赁牛而不是借牛,即当给付役牛之值。法官"式"发布追摄文牒,责成坊正傅某传唤被告麴运贞到案。此案例事实基本清楚,一般来讲,畦海员身为百姓,不会故

意诬陷官人,而麹运贞则试图利用官人身份,免费用百姓之牛。从案情来看,应该是曹主麹运贞无理狡辩。

适用条款:《唐律疏议》卷11《职制律》:143 诸监临之官私役使所监临,及借奴婢、牛、马、驼、骡、驴、车、船、碾、硙、邸、店之类,各计庸、赁,以受所监临财物论。疏议曰:监临之官私役使所部之人,及从所部借奴婢、牛、马、驼、骡、驴、车、船、碾、硙、邸、店之类,称奴婢者,部曲、客女亦同,各计庸、赁之价,人、畜、车计庸,船以下准赁,以受所监临财物论。强者,加二等。其借、使人功,计庸一日绢三尺。人有强弱,力役不同,若年十六以上、六十九以下,犯罪徒役,其身庸依丁例;其十五以下、七十以上及废疾,既不任徒役,庸力合减正丁,宜准当乡庸作之价。若准价不充绢三尺,即依减价,计赃科罪。其价不减者,还依丁例。(《唐律疏议》,第187页)

《唐律疏议》卷11《职制律》:140 诸监临之官受所监临财物者,一尺笞四十,一匹加一等,八匹徒一年,八匹加一等,五十匹流二千里。与者,减五等,罪止杖一百。疏议曰:监临之官不因公事而受监临内财物者,计赃一尺以上,笞四十,一匹加一等,八匹徒一年,八匹加一等,五十匹流二千里。与财之人,减监临罪五等,罪止杖一百。

乞取者,加一等。强乞取者,准枉法论。(《唐律疏议》,第184页)

是否依法判案:当是。曹主麹运贞用所部畦海员牛践麦(打场),欲利用官人身份,不给付役牛之值。麹运贞身为"曹主",畦海员为其所部百姓。麹运贞作为监临之官,借所监临之牛践麦(打场),当以受所监临财物论,据应付赁牛之值,计赃量刑决罚,一尺笞四十,一匹加一等,八匹徒一年,八匹加一等,最高50匹可处流

2 000 里。本案事实基本清楚,依法判案的可能性较大,曹主麹运贞至少应受笞刑。

研究信息:吴震主编:《中国珍稀法律典籍集成》甲编第 4 册《吐鲁番出土法律文献》,第 83 页。陈永胜:《敦煌吐鲁番法制文书研究》,第 200—201 页。唐红林:《初唐西州债法制研究》,华东政法学院硕士学位论文,2004 年,第 27 页。郑显文:《中国古代"农忙止讼"制度形成时间考述》,《法学研究》2005 年 3 期,第 152—160 页。

013. 伊州镇人元孝仁、魏大帅造伪印等案

案例辑录

15 奉判:伊州镇人元孝仁、魏大帅造伪印事。 大师游宕,绵历喧牒,

16 经科不归,再移年岁。亦为性非淳谨,违犯公私,触处不容,奔波

17 靡定。既惧本州杖罚,迁延遂至于今。往者递送伊州,并身已付

18 纳职。县司将为常事,防援稍似涉宽。临至伊吾,复来西出。后属

19 孝仁避镇,道路相逢。同恶小人,更为虚诈。刻印合当流坐,依律合

20 从重论。不可私送伊州,灼然须于此断,且孝仁至此,实且稽留,比

21 日送身,竟不肯去。虽是县官宽缓,终由惧责情深。以死为期,不能更

22 出。寄(继)之欲投弓月,状是戏剧之词,既无真实可寻,计罪过于此,伪

23 印事重,私狱极难。牒报伊州,请允不责。

(P.2754《唐安西判集》,《法藏敦煌西域文献》18册,第103页。《P.2754麟德安西判集残卷》,刘俊文:《敦煌吐鲁番唐代法制文书考释》,第465—466页;并见唐耕耦、陆宏基编:《敦煌社会经济文献真迹释录》第2辑,北京:全国图书馆文献缩微复制中心,1990年,第610—611页。陈尚君辑校:《全唐文补编》卷130,北京:中华书局,2005年,第1603页。池田温:《敦煌本判集三种·安西判集》,[日]冈野诚主编:《中国法制史考证》丙编第二卷《魏晋南北朝隋唐卷》,北京:中国社会科学出版社,2003年,第515—516页)

案例解析

案情分析:伊州(新疆哈密市)镇人魏大帅犯有游宕他所不归与私刻印二罪,元孝仁犯有避镇、稽留与私刻印三罪,判文认为伪造印章事重,当依此论罪。地方官不宜私自处理,故牒报伊州。

适用条款:《唐律疏议》卷25《诈伪律》:363 诸伪写官文书印者,流二千里;余印,徒一年(写,谓仿效而作,亦不录所用)。疏议曰:上文称伪造皇帝八宝,以玉为之,故称造。此云伪写官文书印,印以铜为之,故称写。注云,写,谓仿效而作,谓仿效为之,不限用泥用蜡等,故云不录所用,但作成者,即流二千里。余印,徒一年,余印谓诸州等封函印及畜产之印,亦不录所用。上文但造宝即坐,不须堪行用。此文虽写印,不堪行用,谓不成印文及大小悬别,如此之类,不合流坐,从下条造未成者减三等。

即伪写前代官文书印，有所规求封用者，徒二年（因之得成官者，从诈假法）。（《唐律疏议》，第 388 页）

《唐律疏议》卷 28《捕亡律》：462 诸非亡而浮浪他所者，十日笞十，二十日加一等，罪止杖一百。即有官事在他所，事了留住不还者，亦如之。若营求资财及学、宦者，各勿论。阙赋役者，各依亡法。疏议曰：非亡，谓非避事逃亡，而流宕他所者，十日笞十，二十日加一等，一百九十日，罪止杖一百。即有官事已了，留住不归者，亦同浮浪之罪。若营求资财者，谓贸迁有无，远求利润，及学、宦者，或负笈从师，或弃繻求仕，各遂其业，故并勿论。阙赋役者，各依亡法，谓因此不归，致阙赋役，各准逃亡之法，依状科罪：若全户者，罪止徒三年；非全户者，减二等。（《唐律疏议》，第 455—456 页）

《唐律疏议》卷 28《捕亡律》：458 诸防人向防及在防未满而亡者（镇人亦同），一日杖八十，三日加一等。疏议曰：防人向防，谓上道讫逃走，及在防年限未满而亡者，镇人亦同，一日杖八十，三日加一等。既无罪止之文，加至流三千里。亡日未到罪止，镇、防日已满者，计应还之日，同在家亡法，累并为罪。（《唐律疏议》，第 452 页）

《唐律疏议》卷 6《名例律》：45 诸二罪以上俱发，以重者论（谓非应累者，唯具条其状，不累轻以加重。若重罪应赎，轻罪应居作、官当者，以居作、官当为重）。疏议曰：假有甲任九品一官，犯盗绢五匹，合徒一年；又私有矟一张，合徒一年半；又过失折人二支，合赎流三千里，是为二罪以上俱发。从私有禁兵器，断徒一年半。用官当讫，更征铜十斤。既犯盗徒罪，仍合免官，是为以重者论。（《唐律疏议》，第 98 页）

是否依法判案：伊州镇人魏大帅、元孝仁并犯有二罪以上，当依重者私刻印章论。依《诈伪律》，伪造官文书印，处流二千里。判文认为伪造印章事重，不宜私自处理，故牒报伊州。案件事实清楚，当依法处理。

研究信息：P. 2754 号《唐麟德二年？（六六五年？）安西都护府判集》，唐耕耦主编：《中国珍稀法律典籍集成》甲编第 3 册《敦煌法制文书》，第 270 页。刘俊文撰：《唐律疏议笺解》，第 464 页。陈永胜：《敦煌吐鲁番法制文书研究》，第 196—197 页。解梅《P. 2754〈唐安西判集残卷〉研究》指出：在执行法律制度方面，官府对"伊州镇人元孝仁、魏大师造伪印事"的审判，无论刑事还是司法管辖，完全援引唐律，载《敦煌研究》2003 年 5 期，第 90—91、93 页。池田温《敦煌本判集三种》认为系西道（安西管下或者敦煌）官员从都护府的案牍中抄出，有时加入别的判集的资料以供判文练习之用，载［日］冈野诚主编：《中国法制史考证》丙编第二卷《魏晋南北朝隋唐卷》，北京：中国社会科学出版社，2003 年，第 515—516、535 页。

麟德年间(664—665)

014. 安西都护府屯官郭微因私笞挞有情被笞四十案

案例辑录

71 郭微先因傔从，爰赴二庭，遂补屯官，方牒万石。未闻检校之效，

72 遽彰罪过之踪。笞挞有情，岂缘公务。所为无赖，只事

73 阴私。握手足即破三人，役正副便轻一命。人闻驯燕，何

您而被嗔；

74 兵下养驹,驹何好而抑买。城局专行粗杖,岂是使人之方。牛子

75 无事再答,难见牧群之失。况营农之务,本资气力。悦喻之法,

76 诚表难容。寒耕热耘,沾体涂足。高宗所以遁野,帝舜由是号

77 天。带经之荣,于兹见矣。敬馌之贵,岂为别途。常合免诸,以诚

78 其事。何得不思其位,不恤其忧,浪有预忏,漫行威福。略问并今符

79 会,元情实可重科。但为再问即臣(承),亦足聊依轻典。按《杂律》云,

80 诸不应得为而为之者,笞卌☐☐☐☐☐

〔后缺〕

［伯希和文书 2754 号安西判集残卷,P. 2754《唐安西判集》。《法藏敦煌西域文献》18 册,第 104 页。《P. 2754 麟德安西判集残卷》,刘俊文：《敦煌吐鲁番唐代法制文书考释》,第 469—470 页。《唐安西判集残卷》(P. 2754 号),唐耕耦、陆宏基编：《敦煌社会经济文献真迹释录》第 2 辑,北京：全国图书馆文献缩微复制中心,1990 年,第 613—614 页。《唐麟德二年？（六六五年？）安西都护府判集》(P. 2754 号),唐耕耦主编：《中国珍稀法律典籍集成》甲编第 3 册《敦煌法制文书》,第 273—274 页。池田温：《敦煌本判集三种·安西判集》,《中国法制史考证》丙编第 2 卷《魏晋南北朝隋唐卷》,北京：中国社会科学出版社,2003 年,第 519—520 页。

陈尚君辑校:《全唐文补编》卷130,北京:中华书局,2005年,第1604—1605页]

案例解析

案情分析:二庭,即北庭、安西都护府,属陇右道,本为庭州(治新疆吉木萨尔县)、西州(治新疆吐鲁番)。郭微作为傔从人员,赴两都护府,因此得补安西大都护府屯官。他因私笞挞有情,被判依《唐律·杂律》不应得为而为之条款惩处。

适用条款:《唐律疏议》卷27《杂律》:450 诸不应得为而为之者,笞四十(谓律、令无条,理不可为者);事理重者,杖八十。疏议曰:杂犯轻罪,触类弘多,金科玉条,包罗难尽。其有在律在令,无有正条,若不轻重相明,无文可以比附。临时处断,量情为罪,庶补遗阙,故立此条。情轻者,笞四十;事理重者,杖八十。(《唐律疏议》,第445页)

是否依法判案:基本是。安西大都护府屯官郭微因私笞挞有情,本当重科,但因其认罪态度良好,故依《唐律·杂律》不应得为而为之条款,予以轻判,最低笞四十,事理重者,杖八十。因判文结尾残缺,不清楚郭微受到的笞刑还是杖刑。基本属于依律科罚。

研究信息:解梅《P.2754〈唐安西判集残卷〉研究》认为本案为官吏犯法按律令量刑、公正执法的典范,《敦煌研究》2003年5期,第92—93页。池田温《敦煌本判集三种》认为系西道官员从都护府的案牍中抄出,有时加入别的判集的资料以供判文练习之用。载《中国法制史考证》丙编第2卷《魏晋南北朝隋唐卷》,北京:中国社会科学出版社,2003年,第535页。

乾封二年(667)

015. 歙州刺史崔万石之女14岁出嫁婺州金华县丞郑偘案

案例辑录

夫人号上尊,姓崔氏,博陵安平人也。……祖弈,散骑常侍。父万石,歙州刺史。……夫人即歙州府君第二女。……年十四,适荥阳郑君讳偘。……初,歙州府君权窆近郊,未遑合祔。夫人孝思罔极,景福有凭。……长子璥,作宰元城,沿流就养。至魏月余日,以唐开元十年九月十三日,终于县之官舍,春秋六十有九。(《唐故婺州金华县丞郑君(偘)夫人崔氏墓志》,《大唐西市博物馆藏墓志》中册,第418—419页)

案例解析

案例内容:乾封二年,崔上尊(654—722)14岁出嫁婺州金华(浙江金华市)县丞郑偘,并伴其终老,为其安排合祔事宜。

适用条款:贞观元年(627)正月,唐太宗《令有司劝勉庶人婚聘及时诏》曰:"男年二十,女年十五以上","须申以媒媾。"[(宋)宋敏求编:《唐大诏令集》卷110《政事》,北京:商务印书馆,1959年,第569页]

是否符合唐律规定:否。高宗时期,崔氏14岁出嫁郑偘。当时唐朝国家规定女孩最低法定结婚年龄是15岁,这很可能是因为社会风气或惯例所致。

乾封年间(666—668)

016. 齐州祝阿县某奴犯十恶案

案例辑录

先妣武城夫人，本望南阳，……乾封中，〔薛〕颖丁艰阕，选为齐州祝阿县令。□未经吏，颇多纵诞，先妣导以清白，勖以公方。居才半年，谬为八县最，州将以折节之速，访而知之，由是盛称母仪，遂以清介公方荐。既而部内奴犯十恶，主以他故匿之，颖念清介之名，不可私身为利。因举正其犯，谢病去官。(左补阙判天官□(员)外郎殷徹征撰：《唐故使持节泉州诸军事泉州刺史上柱国河东薛府君(士通)夫人张氏墓志铭并序》，《洛阳新获七朝墓志》，第119页。并见《洛阳流散唐代墓志汇编》上册，第100—101页；赵君平、赵君成编：《秦晋豫新出土墓志搜佚》，北京：国家图书馆出版社，第319页)

案例解析

案情分析：齐州祝阿县(今山东济南长清区)部内奴犯十恶，主以他故匿之，令得隐避。齐州祝阿县令薛颖，泉州刺史薛士通与代州刺史张孝先之女张氏(622—695)之子，因受母亲教诲，考虑到奴犯主人的清介之名，虽依法举正主人的隐匿之罪，但也随后以病为由而辞官不做。

适用条款：《唐律疏议》卷28《捕亡律》：468 诸知情藏匿罪人，若过致资给(谓事发被追及亡、叛之类)，令得隐避者，各减罪人罪一等(藏匿无日限，过致资给亦同。若卑幼藏隐，匿状已成，尊长知而听之,独坐卑幼。部曲、奴婢首匿,主后知者与同罪。即尊长匿罪人,尊长死后,卑幼仍匿者,减五等。尊长死后,虽经匿,但已遣去而事发,及匿得相容隐者之侣,并不坐。小功已下,亦同减例。若赦前藏匿罪人,而罪人不合赦免,赦后匿如故,及不知人有罪容寄之,后知而匿者,皆坐如律。其展转相使而匿罪人,知情者皆坐,不知者勿论)。疏议曰:知情藏匿,谓知罪人之情,主人为相藏隐。过致资给者,谓指授道途,送过险处,助其运致,并资给衣粮,遂使凶人潜隐他所。注云,谓事发被追,若非事发,未是罪人,故须事发被追,始辨知情之状。及、亡叛之类,谓逃亡或叛国,虽未追摄,行即可知。过致资给,令隐避者,减罪人罪一等,合流三千里之类。称之类者,或有亡命山泽,不从追唤,皆是。(《唐律疏议》,第460页)

是否依法判案:是。齐州祝阿县(山东禹城)部内奴犯十恶,主以他故匿之,依律,主人藏匿奴犯,应减奴犯所犯之恶行一等定罪。本案中,祝阿县令薛颖依法举正主人的隐匿之罪,随后以病为由而辞官不做,虽然未知该奴具体触犯十恶中哪一种,但该案获祝阿县令薛颖的公正处理。

总章二年(669)

017. 沙州敦煌县赵师惠等五人被派送伊州违期案

案例辑录

84 程师惠马爪

85　右件人马去六月卅日差送使往伊州,八月三日

86　到县,计违二日。

87 赵君孝马爪　曹行政马爪　索万成驴青

88 叱干粪堆驴青

89　　右件人马、驴去七月四日差送铁器往伊州,八月

90　　七日到县,计违二日。

91 张才智驴青

92　　右件人驴,频追不到。

93 牒件勘如前。谨牒。

94　　　　八月廿日佐赵信牒。

95　　　　程师惠等五人使往伊

96　　　　州,计程各违二日,论

97　　　　情不得无责。据职制律,

98　　　　诸公使应行而稽留者,

99　　　　壹日笞三十,三日加壹

100　　　　等。计师惠等所犯合

101　　　　笞叁拾,益将身咨注

102　　　　其不违程者。记其张

103　　　　才智频追不到,牒坊

104　　　　到日,将返其新备驴

105　　　　及今月廿一日所阅马、驴

106　　　　并长官检阅讫记。咨。

107　　　　行恭白。

108　　　　　　廿五日。

109　　　　依判。迁示。

110　　　　廿五日。

111 马坊件状如前,牒至,准状,收牒。

112　　　　　总章二年八月廿五日

（P. 3714V⁰《乾封二年至总章二年传马坊牒案卷》,上海古籍出版社、法国国家图书馆编：《法藏敦煌西域文献》27 册,上海：上海古籍出版社,2002 年,第 56—57 页。录文见唐耕耦、陆宏基：《敦煌社会经济文献真迹释录》第 4 辑,北京：全国图书馆文献缩微复制中心,1990 年,第 423—425 页）

案例解析

案情分析：总章二年八月,沙州敦煌县（甘肃敦煌）赵师惠、赵君孝、曹行政、索万成及叱干等五人,被派往伊州送使或送铁器,违期二日至,佐赵信判笞三十,并上报上级长官。

适用条款：《唐律疏议》卷 10《职制律》：132 诸公事应行而稽留及事有期会而违者,一日笞三十,三日加一等,过杖一百,十日加一等,罪止徒一年半。疏议曰：凡公事应行者,谓有所部送,不限有品、无品,而辄稽留,及事有期会,谓若朝集使及计帐使之类,依令各有期会,而违不到者,一日笞三十,三日加一等,过杖一百,十日加一等,罪止徒一年半。但事有期限者,以违限日为坐；无限者,以付文书及部领物后,计行程为罪。

即公事有限,主司符下乖期者,罪亦如之。若误不依题署及题署误,以致稽程者,各减二等。疏议曰：公事有限,与上文事有期会义同。上文谓在下有违,此文谓主司下符乖期者,罪亦如之,并同违期会之罪。若使人不依题署错诣他所,及由曹司题署有误而致稽程者,减二等,谓违一日笞三十,减二等笞十；罪止徒一年半,减二等,各合杖一百。（《唐律疏议》,第 177—178 页）

是否依法判案：是。

研究信息：刘俊文撰《唐律疏议笺解》指出：判文中程师惠、赵君孝、曹行政、索万成及叱干等五人或被派送使,或被派送铁器至伊州,计行程各违二日,故县尉行恭引此律为断,科五人各笞三十。可见此律在当时曾被认真执行。第 840—842 页。

咸亨五年(674)

018. 西州高昌县人王文欢诉肃州酒泉人张尾仁贷钱不还案

案例辑录

　　1 □□□□□酒泉城人张尾仁。
　　2 □□□□件人去咸亨四年正月内立契,□□□□
　　3 □□□□银钱贰拾文,准乡法和立私契。□□□□
　　4 拾文后□□(月生)钱贰文。其人从取钱已来,□□□□
　　5 □□□□□□索,延引不还。酒泉去州□□□□
　　6 □□□□□来去常日空归。文欢□□□□
　　7 □□□□□□急。尾仁方便取钱人□□□□
　　　　　〔后缺〕

(1964 年新疆阿斯塔那墓出土,编号为 64TAM19∶36)

酒泉人张尾仁举钱契

　　1 □(咸)亨四年正月贰拾伍日,酒泉城人张尾
　　2 仁于高昌县王文欢边取银钱贰〔拾文〕
　　3 至当年□□月别生〔利钱□□□〕
　　4 日生利具还
　　5 钱直。□(若?)身东西不在,仰妻儿及收(后偿钱?)
　　6 □(两)和立契,画指为验。
　　7　　　　钱主王文欢

8	举钱人张尾仁
9	保人吴白师
10	知见人辛□

〔后缺〕①

（1964年新疆阿斯塔那墓出土，编号为64TAM19：45，46。《唐咸亨五年（公元六七四年）王文欢诉酒泉城人张尾仁贷钱不还辞》《唐咸亨四年（公元六七三年）张尾仁举钱契》，国家文物局古文献研究室、新疆维吾尔自治区博物馆、武汉大学历史系编：《吐鲁番出土文书》第6册，北京：文物出版社，1985年，第527—528、525—526页。《唐咸亨五年（公元六七四年）王文欢诉酒泉城人张尾仁贷钱不还辞》《唐咸亨四年（公元六七三年）张尾仁举钱契》，分别见吴震主编：《中国珍稀法律典籍集成》甲编第4册《吐鲁番出土法律文献》，第231—232、889—890页。郑显文：《律令体制下的唐代民事诉讼制度研究》，樊崇义主编：《诉讼法学研究》第8卷，北京：中国检察出版社，2005年，第447页）

案例解析

案情分析：咸亨四年（673）正月二十五日，西州高昌县（新疆吐鲁番市高昌故城）王文欢贷钱给肃州酒泉（甘肃酒泉）人张尾仁，每月生利钱二文，并订立私契，当时并有保人吴白师和知见人辛□。借贷当年到期后，张尾仁未予偿还，王文欢多次到酒泉要债，均空手而归。因此，王文欢于咸亨五年起诉张尾仁偿还本息。

适用条款：《唐律疏议》卷12《户婚律》总398、399条，参见005

---

① 录文见张传玺主编：《中国历代契约会编考释》，第345—346页。

洛州河南县张元隆、索法惠诉桓德琮典宅不付宅价案适用条款。

是否依法判案：是。西州高昌县王文欢贷钱给肃州酒泉人张尾仁，并订立私契，但到期后，张尾仁未予偿还，王文欢多次到酒泉要债，均空手而归。因负债而不告官司而强牵财物违法，王文依法起诉张尾仁偿还本息。

研究信息：孔祥星：《唐代前期的土地租佃关系——吐鲁番文书研究》，《中国历史博物馆馆刊》1982年4期，第49—68页；并见沙知、孔祥星编：《敦煌吐鲁番文书研究》，兰州：甘肃人民出版社，1984年，第236—276页。陈国灿：《唐代的民间借贷——敦煌吐鲁番所出唐代借贷契券初探》，《敦煌吐鲁番文书初探》，武汉：武汉大学出版社，1983年，第217—274页。赵吕甫：《从敦煌吐鲁番文书看唐代"乡"的职权地位》，《中国史研究》1989年2期，第9—19页。吴震主编：《中国珍稀法律典籍集成》甲编第4册《吐鲁番出土法律文献》，第232页。陈国灿：《唐代的经济社会》，台北：文津出版公司，1999年，第184页。［法］童丕著，余欣等译：《敦煌的借贷——中国中古时代的物质生活与社会》（北京：中华书局，2003年，第142页）指出：从"债权人把这一起诉书存入自己档案的事实，足以说明这件诉状曾被用于判决"。

永隆元年(680)

019. 左卫将军高真行、户部侍郎高审行以刀杀太子典膳丞高岐案

案例辑录

公讳真行，字处道，渤海蓨人也。……贞观十七年，加朝散大

夫,仍行通事舍人。寻授左卫率府郎将。……时公长兄驸马都尉,先为率更令,又诏公两弟,并事春宫。……上元三年,恩诏追入,授右骁卫将军,俄拜右卫将军。心膂之任,□贤是托。……公长子岐,先任东宫典膳,□□少海沸流,前星悖道,缘斯负谴,遂置严科。公以方回暮年,更累郄超之罪。子真洁已翻,婴刘夏之愆,降为睦□□史。寻以桂林复服,荔浦遐陬。贰彼要荒,是资旧德。文明元年,以公为潮州司马。……其年九月二日薨于虔州之旅舍,春秋五十七。(朝请大夫太子中允汝南县开国男周思茂撰:《大唐故前□□□□安 公 高府君(真行,628—684)墓志铭》,《珍稀墓志百品》,第84—86页)

〔高士廉〕六子:履行、至行、纯行、真行、审行、慎行。……履行弟真行,官至右卫将军。其子典膳丞岐坐与章怀太子阴谋事泄,诏付真行令自惩诫。真行遂手刃之,仍弃其尸于衢路。高宗闻而鄙之,贬真行为睦州刺史,卒。(《旧唐书》卷65《高士廉传》,第2445—2446页)

〔高士廉之子〕真行至左卫将军。其子岐连章怀太子事,诏令自诫切,真行以佩刀刺杀之,断首弃道上,高宗鄙其为,贬睦州刺史。(《新唐书》卷95《高俭传》,第3843页)

高真行为左卫将军,子岐为太子典膳丞。高宗以皇太子贤阴谋事泄,废为庶人。岐事连于贤,帝令付真行,自训责之。岐入门,而真行以佩刀刺其喉,真行兄户部侍郎审行又刺其腹,真行兄子琁断其首,而弃之街中。帝知不悦,贬真行为睦州刺史,审行为渝州刺史。(《册府元龟》卷941《总录部·残虐》,第11083页)

左卫将军高真行之子政为太子典膳丞,[①]事与贤连,上以付其

[①] 据《唐六典》卷26《太子左春坊》,太子典膳丞,正八品上,典膳局点膳郎之贰,掌进膳尝食之事。第667页。

父,使自训责。政入门,真行以佩刀刺其喉,真行兄户部侍郎审行又刺其腹,真行兄子璇断其首,弃之道中。上闻之,不悦,贬真行为睦州刺史,审行为渝州刺史。真行,士廉之子也。左庶子、中书门下三品张大安坐阿附太子,左迁普州刺史。其余宫僚,上皆释其罪,使复位,左庶子薛元超等皆舞蹈拜恩;右庶子李义琰独引咎涕泣,时论美之。(《资治通鉴》卷 202,唐高宗永隆元年八月,第 6513 页)

案例解析

案情分析:永隆元年九月,太子典膳丞高岐事涉太子李贤谋反案,高宗令付其父左卫将军高真行,使自训责。高岐入门后,真行以佩刀刺其喉,真行兄户部侍郎审行又刺其腹,真行兄子璇断其首,弃之道中。高真行被贬为睦州(浙江淳安市)刺史,高审行为渝州(重庆市)刺史。

适用条款:《唐律疏议》卷17《贼盗律》:253 即尊长谋杀卑幼者,各依故杀罪减二等;已伤者,减一等;已杀者,依故杀法。疏议曰:谓上文尊长谋杀卑幼,当条无罪名者,各依故杀罪减二等;已伤者,减一等。假如有所规求,谋杀期亲卑幼,合徒三年;已伤者,流三千里;已杀者,依故杀法合绞之类。言故杀法者,谓罪依故杀法,其首各依本谋论,造意者虽不行仍为首,从者不行,减行者一等。假有伯叔数人谋杀犹子讫,即首合流二千里,从而加功合徒三年,从者不加功徒二年半,从者不行,减行者一等,徒二年之类。略举杀期亲卑幼,余者不复备文,其应减者,各依本罪上减。(《唐律疏议》,第 276—277 页)

是否依法判案:否,从轻判处。左卫将军(从三品)高真行、户部侍郎高审行故意杀害太子典膳丞高岐,依律,尊长谋杀卑幼者,各依故杀罪减二等;已伤者,减一等;已杀者,依故杀法。则高真行、高审行兄弟当处绞刑,二人杀害卑幼,属于十恶之一的"不睦"。本案中,高真行被外贬为睦州刺史(从三品),高审行被贬为渝州刺史,这可能与高岐牵涉太子李贤谋反案、有罪在先有关。其兄子高琁断其首,但史书未提及对其的惩罚。

研究信息:孟宪实《唐高宗的真相》指出:根据高家的政治经验,对待朝廷的罪人,自己表现得缺少人性总比受到牵连、受到朝廷的制裁要好。这一幕人间悲剧,就这样发生了。反观这一震惊当时的案件,李贤的谋反计划一定是确实的,即使关于案件的细节史书留下的并不多。李贤的冤情主要在于被逼自杀。北京:北京大学出版社,2008年,第210—212页。孟宪实:《从新出高昱墓志看高士廉家族史事》,《新疆大学学报》2012年1期,第73—78页。

咸亨四年前(650—673)

020. 长安胡商曹禄山诉汉人李绍谨归还借其兄曹炎延绢本息等案

案例辑录

(一)

〔前缺〕

1 □□ 臣铿言:蒙恩得 □□

2 □□□,妻不便水土,又地下湿,遂 □□

　　坚二

3　高昌县　　牒上安西都护府

4　曹禄山年卅

　　□　　案内

5 □□上件人辞称："向西州长史□　　

6 □　　在弓月城,有京师汉名 李 □

7 □　　在弓月城举取二百七十五匹绢,向 龟

8 □　　相逐,从弓月城向龟兹。阿兄更有

9 □□ 匹 、驼两头、牛四头、驴一头,百匹绢价华

10 □并椀(碗),别有百匹绢价财物及汉鞍衣裳

11 调度。其李三两个相共从弓月城向龟兹,

12 不达到龟兹。其李三是汉,有气力,语行。(兄)

13 身是胡,不解汉语。身了知此间□

14 行恩泽于此间,请一箇(个)□

　　〔后缺〕

〔吐鲁番阿斯塔那六一号墓出土,编号为66TAM61:17(b)〕

(二)

　　〔前缺〕

1 □　　有所归,请乞禁身,与谨对当□

2 问禄山得款："李谨当时共兄同伴,向弓月□

3 并共曹果毅及曹二,并外甥居者,去□

4 其曹果毅及曹二留住弓月城,其李三□

5 兄边取练迄分明付。兄与李三 同 □

6 西。李三见到,唯兄不来,既是□　　安

7 西,兄不至安西,所以陈诉,更无□　　。"又问禄

8 山得款："别兄以来,经四年□　　(曹果)毅、曹二

〇〇〇〇多

9 胡辈处多指的同举练☐(李)三。身及外

10 甥儿逐李三后去。其 曹 果 毅、曹二是胡，

11 客京师，有家口在。身当来日，留住弓

12 月城在，身亦不在弓☐(月)☐ 当李三共

13 ☐ 去时 弓 ☐"

〔后缺〕

〔吐鲁番阿斯塔那六一号墓出土，编号为66TAM61：23(b)，27/2,27/1(b)〕

（三）

〔前缺〕

1 禄山得款：称"禄山兄 ☐

2 者等，从安西共李三同 ☐

3 一箇(个)曹果毅亦同去，安全到☐ 安西 ☐

4 即在弓月城住，取兄练二百七十五匹☐

5 是去年取，不记日月。所有文券总在兄

6 处，亦并有杂物。取绢讫还领，兄却还

7 安西。且同是京师人，是安西司马女夫， 不 得

8 名字。李三今至安西，兄不到来，任勘 ☐

9 所由者。"依追李绍谨至，问得款："前 ☐

10 弓月城不取胡练，亦不期共胡相随 ☐

11 还安西，既不与胡同伴，实不知是何 ☐

12 去者。"又问绍谨得款："向弓月城去时，从安☐☐(西兴)

13 生胡向弓月城去，前后相随，亦不记头数 ☐

14 姓名，来日更无人同伴。今被指 ☐

15 罪由。其胡既告谨不 ☐ "

〔后缺〕

[吐鲁番阿斯塔那六一号墓出土，编号为66TAM61：22(b)]

(四)

　　　〔前缺〕

1 □　　　捉将来，又有谁的知汉及□

2 □　　典马磨勒逃及致死。又从弓月城行百

3 里许，即逢安西有使西

　　　〔后缺〕

[吐鲁番阿斯塔那六一号墓出土，编号为66TAM61：26(b)]

(五)

　　　〔前缺〕

1 谨行不，即知虚实者"。又问绍谨得款：

2 □　　　　　　　相逐

3 □　　　　　问到弓月城日，绍

　　　〔后缺〕

[吐鲁番阿斯塔那六一号墓出土，编号为66TAM61：27/5(b)]

(六)

　　　〔前缺〕

1 人，从安西来，其人为突厥劫夺，弓箭、鞍马□

2 逢绍谨，若有胡共相逐，即合知见。二人□

3 敕函向玉河军。二人为向刘监军□

4 人是二月内发安西。请牒安西捡。去年　　）

5 使向刘监 箫(萧)乡军使人问有胡

　　　〔后缺〕

［吐鲁番阿斯塔那六一号墓出土，编号为66TAM61∶24(b)］
（七）
　　　　〔前缺〕
1〔前缺〕延为共毕娑○○○○○
2 ○○○委曲。付练之日，有曹毕娑及曹果（毅）□
3 知见。当绍谨来日，毕娑等在弓月城□
4 向已西去，今不知见在何处者。"
5 问绍谨得款："□弓月城欲发来日，□
6 共毕娑相打，○捉将向城是实。□
7 来已后，更更无消息，其禄山初
8 道'兄与绍谨相随'，绍谨为实□
9 □□道'不记名字'。绍谨既不知□
10 □　　禄山浪相构架，遂不道名□
11 □　　兄前后不同行，绍谨亦□
12 □　　实者。"又问绍谨得款："当于炎（延）□
13 □　　契并在，延炎（延）随身作契，□
14 □　　禄山前告绍谨元不执□
　　　　〔后缺〕

［吐鲁番阿斯塔那六一号墓出土，编号为66TAM61∶16(b)］
（八）
　　　　〔前缺〕
1 举炎延练是实不虚，比为不识禄□（山）□
2 知是曹炎延弟，不可以拒讳。今既□
3 炎延弟不虚，其所取之练，本利□
4 七十□匹请在外分付者。"又问曹禄□

5 □　　　□不在阿兄边,承闻李绍谨于□　　　□
6 □　　　□取二百匹绢至安□　　　□
〔后缺〕

［吐鲁番阿斯塔那六一号墓出土,编号为66TAM61∶25］

(《唐西州高昌县上安西都护府牒稿为录上讯问曹禄山诉李绍谨两造辩辞事》,国家文物局古文献研究室、新疆维吾尔自治区博物馆、武汉大学历史系编:《吐鲁番出土文书》第6册,北京:文物出版社,1985年,第470—479页。《唐西州高昌县上安西都护府牒稿为录上讯问曹禄山诉李绍谨两造辩辞事》,吴震主编:《中国珍稀法律典籍集成》甲编第4册《吐鲁番出土法律文献》,第222—229页)

案例解析

案情分析:居于长安的西域胡商曹炎延,与京师汉商李绍谨(又名李三)及曹果毅、曹二同行至龟兹。途中,李绍谨在天山北麓的弓月城(即伊犁阿力麻里),向曹禄山之兄曹炎延借绢200匹去做贸易,许诺给利息,知见人为曹毕娑。两人约定返至龟兹城后李绍谨还本利275匹。其后两人与曹果毅、曹二同行,从弓月城至龟兹城,在途中李绍谨与曹炎延"相逐",发生冲突而分开。四年后,李绍谨返回龟兹,而曹炎延不知去向。随后赶来的曹炎延之弟曹禄山到了龟兹后,没有见到其兄,正在这时吐蕃打过来,安西都护府从龟兹撤到西州,于是曹禄山就在西州向安西都护府状告李绍谨,要求李绍谨偿还所借财物及利息,并追查兄长的下落。[①] 此案属于跨地区的诉讼,由上级官府指定的机构管辖,安西都护府将此

---

① 据《旧唐书》卷38《地理志一》,安西节度使,抚宁西域,统龟兹、焉耆、于阗、疏勒四国。安西都护府治所,在龟兹国城内。第1385页。

案移交由高昌县(新疆吐鲁番市高昌故城)审理。经多方查询,是曹延炎与曹毕娑"相打",被突厥劫将,仅李绍谨按原定计划去了弓月城。李绍谨承认曾向曹延炎借绢一事,答应连本带利归还原告275匹。高昌县结案后将审判结果报覆。

适用条款:《唐律疏议》卷12《户婚律》总398条,参见005洛州河南县张元隆、索法惠诉桓德琮典宅不付宅价案适用条款。

是否依法判案:是。此案虽然没有最后完整的判案结果,但从对案件的审理情况来看,李绍谨已经承认向胡商曹炎延借绢二百匹,并有利钱。当地官府并未因曹为胡人而偏袒汉人,而是不分胡汉根据法律进行调查对质,给予公正处理。推测最后应依法判案,将本息归还曹炎延之弟曹禄山。此案中,当地官府并未因曹禄山为胡人而加以歧视,而是根据法律进行调查对质。

研究信息:黄惠贤:《〈唐西州高昌县上安西都护府牒稿为录上讯问曹禄山诉李绍谨两造辩辞事〉释》,载唐长孺主编:《敦煌吐鲁番文书初探》,武汉:武汉大学出版社,1983年,第344—363页。陈国灿:《唐代的民间借贷——敦煌吐鲁番所出唐代借贷契券初探》,载唐长孺主编:《敦煌吐鲁番文书初探》,武汉:武汉大学出版社,1983年,第217—274页。王明哲:《吐鲁番出土有关弓月城文书初析》,《西域史论丛》编辑组编:《西域史论丛》第1辑,乌鲁木齐:新疆人民出版社,1985年,第171—181页。陈国灿:《敦煌吐鲁番文书与魏晋南北朝隋唐史研究》,《中国敦煌吐鲁番学会研究通讯》1986年1期,第2—16页;并见朱绍侯主编:《中国古代史研究入门》,郑州:河南人民出版社,1989年,第312—339页。吴震主编《中国珍稀法律典籍集成》甲编第4册《吐鲁番出土法律文献》认为:《唐西州高昌县上安西都护府牒稿为录上讯问曹禄山诉李绍谨两造辩辞事》可能为草稿,其年代在麟德二年与咸亨四年之间,据案情,疑安西都护府贞观十四年至显庆三年初置于西州时,其长官与主要曹司官员可能与西州互相兼代,第 230 页。李方:《唐西州上佐编年考证——西州官吏考证(二)》,《敦煌吐鲁番研究》2,北京:北京大学出版社,1997 年,第 189—214 页。荒川正晴:《唐帝國とソゲド人の交易活動》,《東洋史研究》56 卷第 3 號,1997 年 12 月,第 171—204 页。吴震:《阿斯塔那—哈拉和卓古墓群考古资料中所见的胡人》,《敦煌吐鲁番研究》第 4 卷,北京:北京大学出版社,1999 年,第 245—264 页;并见殷晴:《吐鲁番学新论》,乌鲁木齐:新疆人民出版社,2006 年,第 265—277 页。陈永胜:《敦煌吐鲁番法制文书研究》,第 210—213 页。齐陈骏《敦煌、吐鲁番文书中有关法律文化资料简介》认为此案发生于唐高宗时期,但未说明原因,载《敦煌学辑刊》1993 年 1 期,第 1—10 页。郑显文:《律令体制下的唐代民事诉讼制度研究》,樊崇义主编:《诉讼法学研究》第 8 卷,北京:中国检察出版社,2005 年,第 434 页。陈登武《从人间世到幽冥界:唐代的法制、社会与国家》对此案的诉讼受理地点进行了分析,北京:北京大学出版社,2007 年,第 30 页。李功国主编:《敦煌莫高窟法律文献和法律故事》,兰州:甘肃文化出版社,2011 年,第 85 页。

太宗、高宗在位时期(627—683)

021. 南阳白水人处士张潜两妻案

案例辑录

君讳潜,字玄德,南阳白水人也。……祖仪,隋任扬州江宁县主簿;父政,全真养志;并以冰霜洁操,水镜澄怀,丹笔显自江都,清琴挥音洛邑。君以凝华绚彩,朗煦韶辉,全节自娱,不希干禄。……以咸亨五年八月十日殡于私第,春秋五十有二。夫人尉氏,以显庆四年五月五日亡,春秋卅有九。夫人尚氏,以永淳二年七月二日殒于私里,春秋五十有八。即以永淳二年岁次癸未八月景辰朔廿九日甲申,合葬于偃师县城北三里邙山之阳,礼也。嗣子敬仁等,宾终天之永隔,悲厚地之长遥,故勒嘉声,式彰厥善。(《唐故处士张君(潜,623—674)墓志铭并序》,《唐代墓志汇编续集》,永淳013,第263页)

案例解析

案情分析:南阳白水(陕西蒲城县)人处士张潜(623—674)有两位夫人,尉氏(611—659)和尚氏(626—683),尉氏年长其12岁,尚氏小其3岁。从张潜墓志中"清琴挥音洛邑"之语及张潜与两位夫人合葬于邙山来看,张潜与夫人很可能生活于洛阳。张潜有嗣子张敬仁,不明其生母为尉氏或尚氏,从墓志来看,对二人地位未作区分。唐代国家规定有法定结婚年龄。贞观元年(627)正月,唐太宗《令有司劝勉庶人婚聘及时诏》曰:"男年二十,女年十五以上","须申以媒媾。"[1]申明男孩年满20岁,女孩年满15岁是最低法定结婚年龄。依此,张潜满足结婚年龄时,尉氏已32岁,而尉氏逝世时,张潜37岁,尚氏25岁。一种可能是尉氏死后,张潜再娶尚氏;还有一种可能是,因尉氏年龄过大,他在尉氏生前便娶了尚氏,而且得到了尉氏的同意,张潜同时拥有两妻。后一种情况可能

---

[1] (宋)宋敏求编:《唐大诏令集》卷110《政事》,第569页。

性偏大,在此情况下,家庭关系较和谐,张敬仁对两位母亲都很尊重,在墓志中对二者地位未加区分。

适用条款:《唐律疏议》卷13《户婚律》:177 诸有妻更娶妻者,徒一年;女家,减一等。若欺妄而娶者,徒一年半,女家不坐。各离之。疏议曰:故有妻而更娶者,合徒一年。女家,减一等,为其知情,合杖一百。若欺妄而娶,谓有妻言无,以其矫诈之故,合徒一年半。女家既不知情,依法不坐。仍各离之。称各者,谓女氏知有妻、无妻,皆合离异,故云各离之。(《唐律疏议》,第214—215页)

是否符合唐律规定:否。处士张潜拥有两妻,有违唐律,但并未受法律惩处。

高宗中后期(664—683)

022. 朝散大夫张良在己子张师卒后命儿媳晋氏改嫁孙氏案

案例辑录

君讳师,字药,上党人也。祖儒,襄城令;父良,朝散大夫;并舞凤嘉荣,攀鳞显职。君早承芳祉,少怀聪敏,未登观国之光,遄见为郎之召。年廿有八,鳞(麟)德元年终。息太忠,幼倾庭荫,周游海内,绍以傍构,渐以微班,大周长安年,蒙授陪戎校尉。虽阶尺木,倏梁膏肓,长安三年七月廿四日,春秋卌,卒于私第。忠母晋氏,为早丧所天,少养孤幼,舅夺其志,再改孙门。虽重诞于韦珠,邃沉辉于巫岫。年卌二,以为忠之所生,孝心无绝。孙君以入道门,夫人愿从冥养,并以其年岁次癸卯八月一日,合窆于州西南二里之原,礼也。(《唐故处士张君(师)墓志铭》,《唐代墓志汇编》,长安037,

第 1017 页）

案例解析

案情分析：晋氏出嫁上党郡（山西长治市）张师（637—664）为妻，两人育有一子张太忠，武周末年官至陪戎校尉（从九品上，武散官）。张师 28 岁卒后，儿媳晋氏寡居，朝散大夫（从五品下，文散官）张良夺其志，迫其再嫁孙氏。因孙氏信道，反对合葬，可能因其子张太忠的关系，晋氏逝后与前夫张师合葬。

适用条款：《唐律疏议》卷 14《户婚律》：184 诸夫丧服除而欲守志，非女之祖父母、父母而强嫁之者，徒一年；期亲嫁者，减二等。各离之，女追归前家，娶者不坐。疏议曰：妇人夫丧服除，誓心守志，唯祖父母、父母得夺而嫁之。非女之祖父母、父母，谓大功以下，而辄强嫁之者，合徒一年；期亲嫁者，谓伯叔父母、姑、兄弟、姊妹及侄而强嫁之者，减二等，杖九十。各离之。女追归前家，娶者不坐。（《唐律疏议》，第 221 页）

是否依法判案：否。朝散大夫（从五品下，文散官）张良在儿子陪戎校尉张师卒后，将儿媳晋氏强嫁孙氏。依律，夫丧服除而欲守志，非女之祖父母、父母而强嫁之者，徒一年，本案中，张师违反儿媳意愿，迫使其改嫁，但并未受到任何法律惩罚，晋氏亦未与孙氏离婚。晋氏卒后，与前夫张师合葬。

武则天

光宅元年（684）

023. 柳州司马徐敬业扬州谋反案

案例辑录

公讳潜，字德深，汴州尉氏人也。后汉章帝子河间孝王开十九代孙，曹州使君之孙，尚书左丞相司空文献公之子。……年十七，从文献公平百济，功授熊津都督府参军，累迁太子通事舍人、宫门郎、著作佐郎、秘书郎、尚书郎、秘书丞。……文明岁，敬业作乱惟扬，王师未捷，授公江佐五州简募宣劳使，开恩信，制权宜，无不倒戈，有如破竹。因表言：敬业若不入海，即当自缢。飞奏不日，果如所料。虽孙膑削树，陈汤屈指，不足俦也。制曰：允膺八骏之荣，克定五湖之俗。遂加朝请大夫，兼赉口马金帛。无何，丁文献忧，太后俾宗族之臣，崇吊问之礼，拟为改革，潜为禅纂。收率土之望，先大臣之家。既作威福，令表劝进，事若风从，功当隗始。公曰："忠臣守节，不附邪谋，死而后已，未敢闻命。"便被密奏，长流岭南，终于广州，春秋卌有七。（家臣等纂序、外孙王进撰铭：《大唐故十学士太子中舍人上柱国河间县开国男赠率更令刘府君（浚）墓志》，《唐代墓志汇编》，开元304，第1365页。并见《全唐文补遗》

第 1 辑,第 119—120 页)

公讳元衡,字□□,范阳人也。……祖赤松,唐太子率更令、范阳郡公。父承基,襄、宋二州长史、郢州刺史。……秩满,授扬府功曹。……永淳之岁,大帝初崩。今上以圣敬龙潜,道弘三让;则天以文明虎据,势并七国。敬业狂贼,骤起逆徒。凭地险于淮海,傲天威于河洛。家国殷忧,朝野震悚。帝命细柳,卿讨惟扬。戈船万队以风驱,剑骑千群而电击。曾不逾月,轰□瓦解。于时藩寀,各参伪职。惟公心存梗正,比丹石而逾坚;志在忠贞,冒白刃而非惧。虽逢叛换,视死如归。虽遭窘迫,辞疾而免。论其诚节,深合优隆。不谓苍鹰吏酷,青蝇谤甚。不穷逆顺,咸奏播迁。□璧徒明,覆盆难鉴。……寻奉恩制,具委忠诚。除彼滥刑,复兹荣□。……□□年十月廿日,终于岭外,春秋□一。……夫人博陵崔氏,唐光禄卿万石之女。(《唐故杨府功曹卢公(元衡)墓志铭并序》,《洛阳新获墓志续编》,第 87、374 页)

□曰东平程君名思义,字思义,南充州刺史楼之孙也。……年十八,幽州贡明经及第……日月载初,圣人虚座以思义;弓旌交骛,群贤负鼎以干时。君应此搜扬,迁司刑评事。于时杨豫作逆,袄氛未殄,王侯将相,连头下狱,伤痍诛斩,不可胜数。(《唐故朝议大夫行兖州龚丘县令上柱国程府君(思义,629—703)墓志并序》,《唐代墓志汇编》,长安 030,第 1012 页)

〔嗣圣元年〕九月,大赦天下,改元为光宅。旗帜改从金色,饰以紫,画以杂文。改东都为神都,又改尚书省及诸司官名。初置右肃政御史台官员。故司空李勣孙柳州司马徐敬业伪称扬州司马,杀长史陈敬之,据扬州起兵,自称上将,以匡复为辞。冬十月,楚州司马李崇福率所部三县以应敬业。命左玉钤卫大将军李孝逸为大总管,率兵三十万以讨之。杀内史裴炎。丁酉,追削敬业父祖官爵,复其本姓徐氏。(《旧唐书》卷6《则天皇后本纪》,第117页)

光宅元年,徐敬业据扬州作乱,以孝逸为左玉钤卫大将军、扬州行军大总管,督军以讨之。……敬业初胜后败,孝逸乘胜追奔数十里,敬业窘迫,与其党携妻子逃入海曲。孝逸进据扬州,尽捕斩敬业等,振旅而还,以功进授镇军大将军,转左豹韬卫大将军,改封吴国公。(《旧唐书》卷60《宗室列传·淮安王神通传》,第2343—2344页)

勋孙敬业。高宗崩,则天太后临朝,既而废帝为庐陵王,立相王为皇帝,而政由天后,诸武皆当权任,人情愤怨。时给事中唐之奇贬授括苍令,长安主簿骆宾王贬授临海丞,詹事司直杜求仁黟县丞,敬业坐事左授柳州司马,其弟盩厔令敬猷亦坐累左迁,俱在扬州。敬业用前盩厔尉魏思温谋,据扬州。嗣圣元年七月,敬业遣其党监察御史薛璋先求使江都,又令雍州人韦超诣璋告变,云"扬州长史陈敬之与唐之奇谋逆",璋乃收敬之系狱。居数日,敬业矫制杀敬之,自称扬州司马,诈言"高州首领冯子猷叛逆,奉密诏募兵进讨"。是日开府库,令士曹参军李宗臣解系囚及丁役、工匠,得数百人,皆授之以甲。录事参军孙处行拒命,敬业斩之以徇。遂据扬州,鸠聚民众,以匡复庐陵为辞。乃开三府:一曰匡复府,二曰英公府,三曰扬州大都督府。敬业自称匡复府上将,领扬州大都督,以杜求仁、唐之奇、骆宾王为府属,余皆伪署职位。旬日之间,胜兵有十余万。(《旧唐书》卷67《李勣附孙徐敬业传》,第2490页)

〔唐临〕子之奇,调露中为给事中,坐尝为章怀太子僚属徙边。文明元年,起为括苍令,与徐敬业作乱伏诛。(《旧唐书》卷85《唐临传》,第2813页)

徐敬业之乱,扬州初平,所有刑名,莫能决定,〔右司郎中,检校司宾少卿刘〕延祐奉使至军所决之。时议者断受贼五品官者斩,六品者流。延祐以为诸非元谋,迫胁从盗,则置极刑,事涉枉滥,乃断受贼五品者流,六品已下俱除名而已。其得全济者甚众。(《旧唐书》卷190上《文苑上·刘胤之附弟子刘延祐传》,第4994页)

〔杨炯伯祖杨虔威之孙、相州刺史杨德干之子杨〕神让,天授初与徐敬业于扬州谋叛,父子伏诛。(《旧唐书》卷190上《文苑上·杨炯附伯祖孙杨神让传》,第5004页)

于是柳州司马李敬业、括苍令唐之奇、临海丞骆宾王疾太后胁逐天子,不胜愤,乃募兵杀扬州大都督府长史陈敬之,据州欲迎庐陵王,众至十万。楚州司马李崇福连和。盱眙人刘行举婴城不肯从,敬业攻之,不克。太后拜行举游击将军,擢其弟行实楚州刺史。敬业南渡江取润州,杀刺史李思文,曲阿令尹元贞拒战死。太后诏左玉钤卫大将军李孝逸为扬州道行军大总管,率兵三十万讨之,战于高邮,前锋左豹韬果毅成三朗为唐之奇所杀。又以左鹰扬卫大将军黑齿常之为江南道行军大总管,并力。敬业兴三月败,传首东都,三州平。(《新唐书》卷76《后妃列传上·高宗武皇后》,第3478页)

敬业,少从勣征伐,有勇名。历太仆少卿,袭英国公,为眉州刺史。嗣圣元年,坐赃,贬柳州司马。会给事中唐之奇贬括苍令,詹事府司直杜求仁贬黟令,长安主簿骆宾王贬临海丞,敬猷自盩厔令坐事免,俱客扬州,失职怏怏。时武后既废中宗,又立睿宗,实亦囚之。诸武擅命,唐子孙诛戮,天下愤之。敬业等乘人怨,谋起兵,先谕其党监察御史薛璋,求使江都。及至,令雍人韦超告州长史陈敬之反,璋乃收系之。敬业即矫制杀敬之,自称州司马,且言奉密诏募兵,讨高州叛酋。即开府库,令参军李宗臣释系囚、役工数百人,授甲,斩录事参军孙处行以徇。乃开三府,一曰匡复府,二曰英公府,三曰扬州大都督府。自称匡复府上将,领扬州大都督,以之奇为左长史,求仁右长史,宗臣左司马,璋右司马,江都令韦知止为英公府长史,宾王为艺文令,前盩厔尉魏思温为军师。旬日,兵十余万。传檄州县,疏武氏过恶,复庐陵王天子位。又索状类太子贤者奉之,诡众曰:"贤实不死。"楚州司马李崇福率所部三县应之。武后遣左玉钤卫大将军李孝逸兵三十万往击之,削其祖父官爵,毁冢藏,除属籍,赦扬、楚民胁从者。购得敬业首,授官三品,赏帛五千;得之奇等首,官五品,帛三千。……〔敬业〕使敬猷屯淮阴,韦超屯都梁山,自引兵击润州,下之,署宗臣为刺史。……武后又使黑齿常之将江南兵为孝逸援,进击,淮阴、都梁兵皆败。……敬业麾精兵居前,弱者在后,阵乱不能制,乃败,斩七千余级。敬业与敬猷、之奇、求仁、宾王轻骑遁江都,悉焚其图籍,携妻子奔润州,潜蒜山下,将入海逃高丽,抵海陵,阻风遗山江中,其将王那相斩之,凡二十五首,传东都,皆夷其家。中宗反正,诏还勋官封属籍,葺完茔冢焉。(《新唐书》卷 93《李勣附孙敬业传》,第 3822—3824 页)

有韩纪孝者,受徐敬业伪官,前已物故,推事使顾仲琰籍其家,诏已报可。有功追议曰:"律,谋反者斩。身亡即无斩法,无斩法则不得相缘。所缘之人亡,则所因之罪减。"诏从之,皆以更赦免,如此获宥者数十百姓。(《新唐书》卷 113《徐有功传》,第 4189 页)

〔韦〕维字文纪。进士对策高第,擢武功主簿。……坐徐敬业亲,贬五泉主簿。(《新唐书》卷 118《韦凑传》,第 4270 页)

〔骆宾王〕下除临海丞,鞅鞅不得志,弃官去。徐敬业乱,署宾王为府属,为敬业传檄天下,斥武后罪。……敬业败,宾王亡命,不

知所之。中宗时，诏求其文，得数百篇。(《新唐书》卷 201《文艺上·骆宾王传》，第 5742 页）

刘延祐，徐州彭城人。……后检校司宾少卿，封薛县男。徐敬业败，诏延祐持节到军。时吏议敬业所署五品官殊死，六品流。延祐谓诬胁可察以情，乃论授五品官当流，六品以下除名，全宥甚众。(《新唐书》卷 201《文艺上·刘延祐传》，第 5732 页）

初，则天欲通知天下之事，有鱼保宗者，颇机巧，上书请置瓯以受四方之书，则天悦而从之。徐敬业于广陵作逆，保宗曾与敬业造刀车之属。至是为人所发，伏诛。保宗父承晔自御史中丞坐贬义州司马。[(唐) 封演撰，赵贞信校注：《封氏闻见记校注》卷 4《瓯使》，北京：中华书局，2005 年，第 32 页]

案例解析

案情分析：武曌以太后临朝后，废中宗为庐陵王，政由己出，诸武当权。时大理卿唐临之子给事中唐之奇贬授处州括苍县令，长安主簿骆宾王贬授台州临海丞，詹事司直杜求仁被贬歙州黟县丞，眉州刺史李敬业坐赃左授柳州司马，其弟雍州盩厔令李敬猷坐事左迁，俱在扬州。光宅元年，李敬业、唐之奇、临海丞骆宾王疾太后胁逐天子，李敬业伪称扬州司马，自称上将，以匡复李氏为辞，募兵杀扬州大都督府长史陈敬之，据州欲迎，聚众至十万。太后武曌诏左玉钤卫大将军李孝逸为扬州道行军大总管，率兵三十万讨之，削李敬业祖李勣官爵，毁冢藏，除属籍，又以左鹰扬卫大将军黑齿常之为江南道行军大总管，并力讨伐。刘仁轨之子刘濬（约 648—694）断定徐敬业必败。三月后乱平，敬业传首东都，夷其家，追削敬业父祖官爵，复其本姓徐氏。中宗反正，方诏还李勣官封属籍。

因骆宾王为徐敬业作军中书檄,括苍令唐之奇参与作乱,兵败伏诛。相州刺史杨德干之子杨神让,天授初与徐敬业于扬州谋叛,父子伏诛。鱼保宗曾与敬业造刀车之属,为人所发,伏诛。保宗父承晔自御史中丞坐贬义州司马。雍州武功县主簿韦维坐徐敬业亲,贬兰州五泉县主簿。敬业所署授五品官当流,六品以下除名。高宗永淳年间,郓州刺史卢承基之子、光禄卿崔万石女婿卢元衡任扬府功曹,徐敬业之叛被平定后,他"虽遭窘迫,辞疾而免",没有任徐敬业伪职,但仍然被流放,死于岭南。

适用条款:《唐律疏议》卷17《贼盗律》总248条,参见002利州都督李孝常与右武卫将军刘德裕等谋反案适用条款。

是否依法判案:是。柳州司马李敬业据州欲迎庐陵王,聚众至十万,属于谋反性质,依律当斩,家属籍没。本案中,徐敬业被斩首,夷其家,除属籍。

研究信息:乔栋、李献奇、史家珍编著《洛阳新获墓志续编》推测卢元衡当在高宗永淳年间任扬府功曹,徐敬业之叛被平定后,当时在扬州任职的官员,不管对徐敬业是逆是顺,一律受到充军的惩罚。第375页。

垂拱元年(685)

024. 杭州於潜令王基之女王婉12岁出嫁大理评事郭诲案

案例辑录

郡君讳婉,琅耶沂水人也。大父敦,官至济阴治中。皇考基,虽有三命,终于於潜宰。郡君及於潜之女。……年十二,始嫔于君子矣。初归于大理评事太原郭诲,生二女。琴瑟改易,再归北平郡守邵承鼎。无何,以夫秩封沂水郡君。……开元之十七载也,邵公即世,郡君孀独,家于道政里。……天宝五载秋八月廿有七日丁未,凡年七十有四矣,寝疾终于所居之正寝。(右卫仓曹参军摄监察御史郭密之撰:《大唐故沂水郡君琅耶王夫人(婉)墓志铭并序》,《大唐西市博物馆藏墓志》中册,第558—559页)

案例解析

　　案例内容:垂拱元年(685),杭州於潜(浙江临安市於潜镇)县令王基之女王婉(673—746)12岁出嫁大理评事郭海,后改嫁北平郡守邵承鼎,终于洛阳道政里第。

　　适用条款:贞观元年(627)正月,唐太宗《令有司劝勉庶人婚聘及时诏》,诏书内容参见015歙州刺史崔万石之女14岁出嫁婺州金华县丞郑偘案。

　　是否依法判案:否。很可能因社会风气或习惯,王婉(673—746)12岁出嫁大理评事郭海,而依唐太宗诏,女孩为15岁以上才能婚配。

025. 太子中舍人刘濬违命不上劝进表长流岭南案

案例辑录

　　公讳濬,字德深,汴州尉氏人也。后汉章帝子河间孝王开十九代孙,曹州使君之孙,尚书左丞相、司空文献公之子。公利用崇德,精义入神;清明在躬,终始典学。年十七,从文献公平百济,功授熊津都督府参军,累迁太子通事舍人、宫门郎、著作佐郎、秘书郎、尚书郎、秘书丞。……文明岁,敬业作乱惟扬,王师未捷,授公江佐五州简募宣劳使,开恩信,制权宜,无不倒戈,有如破竹。因表言:敬业若不入海,即当自缢。飞奏不日,果如所料。虽孙膑□□,陈汤屈指,不足俦也。制曰:允膺八骏之荣,克定五湖之俗。遂加朝请大夫,兼赍马口金帛。无何,丁文献忧。太后俾宗族之臣,崇吊问之礼,拟为改革,潜为禅纂,收率土之望,先大臣之家,既作威福,令表劝进,事若风从,功当隗始。公曰:忠臣守节,不附邪谋,死而后已,未敢闻命。便被密奏,长流岭南,终于广州,春秋卅有七。……夫人陇西太原李氏,绛郡公六代孙,故右卫将军扬休之长姊。……及公枉殁南荒,夫人携幼度岭,行哭徒跣,扶榇还乡,寒暑四年,江山万里,一朝而止,谁不嗟伏。夫人之舅太常崔公,夫人妹婿使君王公,皆当时贵杰,各与昆季谋议,遣子女供承,冀染清规,争求近习,其钦望也如此。太后自永昌之后,宽典行焉,如公数家,例还资荫,夫人诫其子曰:"用荫足免征役,不可辄趁身名,汝祖父忠贞,亡身殉国,吾今食周粟,已愧明灵,汝傥事伪朝,如何拜扫!"二子亲承训诲,甘守乡园……〔玄宗〕制曰:故太子中舍人刘濬:俾荣充奉之礼,宜加宠饰之命,可赠太子率更令。以十八年五月十九日,合祔葬于文献公陪乾陵旧茔西次,礼也。(家臣等纂序、外孙王进撰铭:《大唐故十学士太子中舍人上柱国河间县开国男赠率更令刘府君(浚)墓志》,《唐代墓志汇编》,开元304,第1365—1366页)

案例解析

案情分析:秘书丞刘濬(640—686)是尚书左丞相、司空、文献公刘仁轨(602—685)之子,显庆时期,刘濬曾从其父平百济,因功授官,后累迁官至秘书丞。垂拱元年(685),刘仁轨病逝,刘濬丁忧在家。此时,临朝称制的武曌"拟为改革",欲作女皇,趁吊问之机,令刘濬拟表劝进,被其严辞拒绝。刘濬违反制敕,被长流于岭南,次年,47岁终于广州。刘濬政治立场坚定,很可能是受到其父母影响。刘濬之妻李氏亦见识不凡,夫唱妇随,告诫其子不能"食周粟",事伪朝。直到中宗即位,方修表为官。到玄宗开元时期,刘濬赠太子率更令,与其父刘仁轨合葬,因有玄宗制命,李氏葬于刘濬墓之西侧,陪葬乾陵。

适用条款:《唐律疏议》卷10《职制律》:122 诸指斥乘舆,情理切害者,斩(言议政事乖失而涉乘舆者,上请);非切害者,徒二年。对捍制使而无人臣之礼者,绞(因私事斗竞者,非)。疏议曰:谓奉制、敕使人有所宣告,对使拒捍,不依人臣之礼。既不承制命,又出拒捍之言者,合绞。注云,因私事斗竞者,非,谓不涉制、敕,别因他事私自斗竞,或虽因公事论竞,不干预制、敕者,并从殴、詈本法。(《唐律疏议》,第171页)

《唐律疏议》卷30《断狱律》:499 诸断罪,应绞而斩,应斩而绞,徒一年。自尽亦如之。失者,减二等。即绞讫别加害者,杖一百。疏议曰:犯罪应绞而斩,应斩而绞,徒一年,以其刑名改易,故科其罪。自尽亦如之。依狱官令:五品以上犯非恶逆以上,听自尽于家。若应自尽而绞、斩,应绞、斩而令自尽,亦合徒一年,故云亦如之。失者,减二等,谓原情非故者,合杖九十。即绞讫别加害者,谓绞已致毙,别加拉干、折腰之类者,杖一百。(《唐律疏议》,第487—488页)

《唐律疏议》卷2《名例律》:6 十恶:疏议曰:五刑之中,十恶尤切,亏损名教,毁裂冠冕,特标篇首,以为明诫。其数甚恶者,事类有十,故称"十恶"。然汉制九章,虽并湮没,其"不道""不敬"之目见存,原夫厥初,盖起诸汉。案梁陈已往,略有其条。周齐虽具十条之名,而无"十恶"之目。开皇创制,始备此科,酌于旧章,数存于十。大业有造,复更刊除,十条之内,唯存其八。自武德以来,仍遵开皇,无所损益。……六曰大不敬(谓盗大祀神御之物、乘舆服御物,盗及伪造御宝,合和御药误不如本方及封题误,若造御膳误犯食禁,御幸舟船误不牢固,指斥乘舆情理切害及对捍制使而无人臣之礼)。疏议曰:礼者,敬之本;敬者,礼之舆。故《礼运》云:礼者,君之柄,所以别嫌明微,考制度,别仁义。责其所犯既大,皆无肃敬之心,故曰大不敬。

注:及对捍制使而无人臣之礼。疏议曰:奉制出使,宣布四方,有人对捍,不敬制命,而无人臣之礼者。制使者,谓奉敕定名及令所司差遣者是也。(《唐律疏议》,第 6—7、10、12 页)

是否依法判案:基本是。武则天令太子中舍人刘㞯拟表劝进,刘㞯违反制敕,拒绝拟表劝进,属于抗旨不遵。依律,对捍制使,当处绞刑。此案中,此时武则天为太后,并未登基,刘㞯被长流岭南,较为合理。

垂拱二年(686)

026. 凤阁侍郎刘祎之拒捍制使肃州刺史王本立被赐死案

案例辑录

先府君讳祎之,字希羡,临淮阳乐人。……考子翼,皇朝朝散大夫、著作郎、昭文馆学士……府君积善余庆……寻同中书门下三品,封临淮县男,邑三百户。……中外无事,累承天泽,特冠朝伦……加忧惧,频表退让。天听不回,志在公清,户无私谒。……有犹子,逾于所生,至于朝廷诰命,吉凶制则,挥翰立成,文不加点,然以……兼崇定策之功,久掌丝纶,□□奸臣之忌,奄罹冤酷,上诉无日,以垂拱二年八月十二日,薨于河南崇业里之私第,春秋五十七。(嗣子润州司法参军刘扬名等撰述:《大唐故中书侍郎门下三品昭文馆学士临淮县开国男赠中书令刘氏先府君(祎之)墓志铭》,《秦晋豫新出墓志搜佚续编》第 2 册,第 497 页)

〔垂拱三年四月〕庚午,刘祎之赐死于家。(《旧唐书》卷 6《则天皇后本纪》,第 118 页)

后祎之尝窃谓凤阁舍人贾大隐曰:"太后既能废昏立明,何用临朝称制?不如返政,以安天下之心。"大隐密奏其言,则天不悦,谓左右曰:"祎之我所引用,乃有背我之心,岂复顾我恩也!"垂拱三年,或诬告〔刘〕祎之受归诚州都督孙万荣金,兼与许敬宗妾有私,则天特令肃州刺史王本立推鞫其事。本立宣敕示祎之,祎之曰:"不经凤阁鸾台,何名为敕?"则天大怒,以为拒捍制使,乃赐死于家,时年五十七。(《旧唐书》卷 87《刘祎之传》,第 2848 页)

后私语凤阁舍人贾大隐曰:"后能废昏立明,盍反政以安天下?"大隐表其言,后怒曰:"祎之乃负我!"垂拱中,或告祎之受归诚州都督孙万荣金,与许敬宗妾私通,太后遣肃州刺史王本立鞫治,以敕示祎之,祎之曰:"不经凤阁鸾台,何谓之敕!"后以为拒制使,赐死于家,年五十七。(《新唐书》卷 117《刘祎之传》,第 4251 页)

垂拱三年,凤阁侍郎刘祎之尝窃谓人曰:"太后何用临朝称制,不如返政,以安天下之心。"则天闻之,特令肃州刺史王本立推鞫。本立宣敕示祎之,祎之曰:"不经凤阁鸾台宣过,何名为敕?"则天大怒,以为拒捍制使,特赐死。(《唐会要》卷 54《中书侍郎》,第 933 页)

案例解析

案情分析：垂拱时期，武则天临朝称制，凤阁侍郎刘祎之（630—686）私语其下属凤阁舍人贾大隐，认为武则天应该返政以安天下之心，贾大隐密奏其言。其后，刘祎之被诬告受归诚州都督孙万荣金，与许敬宗妾私通，武则天遣肃州刺史王本立鞫治。刘祎之不承认其所宣敕文，被武则天以拒制使之罪，赐死于家。此事，刘祎之墓志中写的很隐晦："久掌丝纶，□□奸臣之忌，奄罹冤酷，上诉无日，以垂拱二年八月十二日，薨于河南崇业里之私第，春秋五十七。"但"奸臣之忌，奄罹冤酷，上诉无日"，与正史所载贾大隐密奏其私语及被诬告事暗合，武则天赐死，自然无法上诉。此案中，刘祎之被诬告受金，当是次要的表面的原因，他被赐死主要是因为私议武则天临朝称制，并违反敕命。关于刘祎之之死，正史和其墓志均载其年龄为 57 岁，但死亡时间记载不一，正史记载为垂拱三年（687），其墓志载垂拱二年（686）八月，当以后者为准，前者可能记载的是发丧时间。

适用条款：《唐律疏议》卷 10《职制律》总 122 条、《唐律疏议》卷 30《断狱律》总 499 条、《唐律疏议》卷 2《名例律》总 6 条。并参见案例 025 适用条款。

是否依法判案：是。肃州刺史王本立奉命推鞫凤阁侍郎刘祎之受金及私通一案，此事当是诬告，而且刘祎之认为武则天应当返政，拒绝王立本所宣敕命。依唐律，对捍制使无人臣之礼，属大不敬，当处绞刑，五品以上官员，听自尽。本案中，刘祎之被武则天赐死于家。

研究信息：刘俊文撰：《唐律疏议笺解》，北京：中华书局，1996 年，第 813 页。高明士《中国中古法制化的发展及其历史意义》认为武则天对此案的处置并无违法,荣新江主编:《唐研究》第17卷《"中古碑志与社会文化"研究专号》,北京大学出版社,2011年,第552—553页。

垂拱四年(688)

027. 蔡州刺史、越王李贞谋反被杀案

案例辑录

王讳贞,字贞,陇西狄道人也。元皇帝之曾孙。神尧皇帝之孙,太宗文武皇帝之第八子也。……乃授绵州刺史,又迁豫州刺史。十郡连衡,三州辐凑。……属高宗厌代,椒掖君临。履霜坚冰,乾道斯革。比干委命,忠净莫从;威公泪尽,空闻继血。王慷慨延首,暗呜誓心。乃七国而连师,申九伐于商野。小人道长,君子道消。明明上天,曾靡下鉴。恭然煨烬,夫何可言。呜呼!以垂拱二年九月十一日遇害,薨于州馆,春秋六十二。(《唐故太子少保豫州刺史越王(李)贞墓志铭》,《唐代墓志汇编》,开元065,第1199页)

则天临朝,加〔越王贞〕太子太傅,除蔡州刺史。自则天称制,贞与韩王元嘉、鲁王灵夔、霍王元轨及元嘉子黄国公譔、灵夔子范阳王蔼、元轨子江都王绪并贞长子博州刺史、琅邪王冲等,密有匡复之志。垂拱四年七月,譔作谬书与贞云:"内人病渐重,恐须早疗;若至今冬,恐成痼疾,宜早下手,仍速相报。"是岁,则天以明堂成,将行大享之礼,追皇宗赴集。元嘉因递相语云:"大享之际,神皇必遣人告诸王密,因大行诛戮,皇家子弟无遗种矣。"譔遂诈为皇帝玺书与冲云:"朕被幽絷,王等宜各救拔我也。"冲在博州,又伪为皇帝玺书云:"神皇欲倾李家之社稷,移国祚于武氏。"遂命长史萧

德琮等召募士卒，分报韩、鲁、霍、越、纪等五王，各令起兵应接，以赴神都。

初，冲与诸王连谋，及冲先发而莫有应者，惟贞以父子之故，独举兵以应之。寻遣兵破上蔡县，闻冲败，恐惧，索锁欲自拘驰驿诣阙谢罪。会其所署新蔡令傅延庆得勇士二千余人，贞遂有拒敌之意。乃宣言于其众曰："琅邪王已破魏、相数州，聚兵至二十万，朝夕即到，尔宜勉之。"征属县兵至七千人，分为五营，贞自为中营，署其所亲汝阳县丞裴守德为大将军、内营总管；赵成美为左中郎将，押左营；间弘道为右中郎将，押右营；安摩诃为郎将、后军总管；王孝志为右将军、前军总管。又以蔡州长史韦庆礼为银青光禄大夫，行其府司马。凡署九品上已上官五百余人。令道士及僧转读诸经，以祈事集，家童、战士咸带符以辟兵。其所署官皆迫胁见从，本无斗志，惟裴守德实与之同。守德骁勇，善骑射，贞将起事，便以女良乡县主妻之，而委以爪牙心腹之任。

则天命左豹韬卫大将军麹崇裕为中军大总管，夏官尚书岑长倩为后军大总管，率兵十万讨之，仍令凤阁侍郎张光辅为诸军节度。于是制削贞及冲属籍，改姓虺氏。崇裕等军至蔡州城东四十里，贞命少子规及裴守德拒战。规等兵溃而归，贞大惧，闭门自守。裴守德排阁入，问王安在，意欲杀贞以自购也。官军进逼州城，贞家童悉力卫贞，曰："事既如此，岂得受戮辱，当须自为计。"贞乃饮药而死。家童方始一时散，舍仗就擒。规亦缢其母自杀，守德携良乡县主亦同缢于别所。麹崇裕斩贞父子及裴守德等，传首东都，枭于阙下。贞起兵凡二十日而败。……神龙初，追复爵土，与子冲俱复旧姓。

冲，贞长子也。好文学，善骑射。历密、济、博三州刺史，皆有能名。初，冲自博州募得五千余人，欲渡河攻济州，先取武水县。县令郭务悌赴魏州请援，魏州莘县令马玄素领兵千七百人邀之于路，恐力不敌，先入武水城，闭门拒守。……有堂邑丞董玄寂为冲统帅兵仗，及冲击武水，玄寂曰："琅邪王与国家交战，此乃反也。"冲闻之，斩玄寂以徇。兵众惧而散入草泽，不可禁止，惟有家童左右不过数十而已。乃却走入博州城，为守门者所杀。则天命左金吾将军丘神勣为清平道行军大总管以讨冲，兵未至，冲已死，传首东都，枭于阙下。冲起兵凡七日而败。冲三弟。蒨，封常山公，历常州别驾，坐与父兄连谋伏诛。温，以告其朋党得实，减死流岭南，寻卒。（《旧唐书》卷76《太宗诸子列传·越王贞传》，第2661—2664页）

狄仁杰字怀英，并州太原人也。……转文昌右丞，出为豫州刺史。时越王贞称兵汝南事败，缘坐者六七百人，籍没者五千口，司刑使逼促行刑。仁杰哀其诖误，缓其狱，密表奏曰："臣欲显奏，以为逆人申理；知而不言，恐乖陛下存恤之旨。表成复毁，意不能定。此辈咸非本心，伏望哀其诖误。"特敕原之，配流丰州。（《旧唐书》卷89《狄仁杰传》，第2887页）

越王贞，始王汉，后徙原，已乃封越。贞善骑射，涉文史，有吏干，为宗室材王。武后初，迁累太子太傅、豫州刺史。中宗废居房陵，贞乃与韩王元嘉及王子黄公譔、鲁王灵夔、王子范阳王蔼、霍王元轨、王子江都王绪，及子琅邪王冲计议反正。垂拱四年，明堂成，悉追宗室行享礼，共疑后遂大诛戮不遗种，事且急，譔乃矫帝玺书赐冲曰："朕幽絷，诸王宜即起兵。"于是命长史萧德琮募兵，告诸王师期。八月，冲先发，诸王莫有应者，独贞将兵攻上蔡，破之，而冲已败。贞稍徇属县,得士七千,列五营:贞为中营,以裴守德为大将军,领中营;赵成美为左中郎将,领左营;闾弘道为右中郎将,领右营;安摩诃为郎将,领后军;王孝志为右将军,领前军。以韦庆礼为司马,署官五百。然胁诱无斗志,家童皆佩符以辟兵。九月,后遣左豹韬卫大将军麹崇裕、夏官尚书岑长倩率兵十万讨之,以凤阁侍郎张光辅为诸军节度,乃下诏削贞父子属籍,改氏"虺"。崇裕等次豫州,贞少子规及裴守德拒战,兵溃,贞乃闭门守。守德者,骁勇士。贞始起,以女妻之,委以腹心。至是,欲杀贞自赎。会军薄城,家人白贞:"今事乃尔,王岂受戮辱者邪?"即仰药死。规自杀,守德与主俱缢。起凡二十日败。

冲,贞长子也。好学,勇而才,累迁博州刺史。初发,有士五千,度河趣武水,武水令告急魏州,州遣莘令马玄素领兵先乘城,冲攻之,因风,积薪焚其门,火作风反,众心沮解。其属董元寂诵言:"王与国家战,乃反尔。"冲斩以徇,众惧,遂溃,唯家童数十从之。乃走博州,为当关刺死。后命丘神勣讨之,兵未至,冲已死,起七日败。二弟:蒨、温。蒨,常山公,坐死。温以前告,流岭南。(《新唐书》卷80《太宗诸子列传·越王贞传》,第3575—3576页)

太后潜谋革命,稍除宗室。绛州刺史韩王元嘉、青州刺史霍王元轨、邢州刺史鲁王灵夔、豫州刺史越王贞及元嘉子通州刺史黄公撰、元轨子金州刺史江都王绪、虢王凤子申州刺史东莞公融、灵夔子范阳王蔼、贞子博州刺史琅邪王冲,在宗室中皆以才行有美名,太后尤忌之。元嘉等内不自安,密有匡复之志。……越王贞闻冲起,亦举兵于豫州,遣兵陷上蔡。九月,丙辰,命左豹韬大将军麹崇裕为中军大总管,岑长倩为后军大总管,将兵十万以讨之,又命张光辅为诸军节度。削冲属籍,更姓虺氏。……〔贞〕发属县兵共得五千,分为五营,使汝南县丞裴守德等将之,署九品以上官五百余人。所署官皆受迫胁,莫有斗志,惟守德与之同谋,贞以其女妻之,署大将军,委以腹心。贞使道士及僧诵经以求事成,左右及战士皆带辟兵符。麹崇裕等军至豫州城东四十里,贞遣少子规及裴守德拒战,兵溃而归。……贞、规、守德及其妻皆自杀。与冲皆枭首东都阙下。(《资治通鉴》卷204,武后垂拱四年七月至九月条,第6564—6566页)

案例解析

案情分析:中宗被武曌废居房陵后,越王李贞与韩王元嘉及王子黄公譔,鲁王灵夔、王子范阳王蔼,霍王元轨、王子江都王绪及子琅邪王冲等计议反正,恢复中宗帝位。起兵20日失败,李贞仰药而死。李贞长子博州刺史李冲起兵七日兵败身死,其少子李规及女婿蔡州汝阳县丞裴守德拒战失败自杀,其子常州别驾李蒨坐与父兄连谋伏诛,李温以告其朋党得实,减死流岭南,寻卒。至神龙初,追复李贞爵土,与子冲俱复旧姓。

适用条款:《唐律疏议》卷17《贼盗律》总248条,参见002利州都督李孝常与右武卫将军刘德裕等谋反案适用条款。

是否依法判案:是。

研究信息:张建一:《〈唐律〉具文考述》,叶孝信、郭建主编:《中国法律史研究》,上海:学林出版社,2003年,第89页。又见张建一:《唐律实施考述》,杨一凡、尤韶华主编:《中国法制史考证》甲编第4卷《历代法制考·隋唐法制考》,北京:中国社会科学出版社,2003年,第164页。

028. 太尉、泽州刺史、韩王李元嘉参与越王李贞谋反其妻女被贬庶人案

案例辑录

　　县主法号弥勒，陇西狄道人。高祖神尧皇帝之孙，韩王元嘉之女，早封南海县主，已而归我。……寻而缘王坐事，随母处于人间，□神保真，绝俗去欲，远夫子如脱屣，遗形骸如释负。……春秋五十五，以大唐景云元年八月十五日终于洛州履顺里，即以其年九月十二日葬于平乐乡北原，礼也。……有子昒容等，箕裘共习，礼仪相薰，言寻受业之师，不见送终之礼。幼女八娘，左保右傅，苕姿舜颜，孝则因心，礼然后动，故县主钟爱，常在左右。自荣卫有违，暨乎大渐，不栉沐，不解衣，色取而神授，尝药而进餔。……请龟筮而论宅兆，棒杯棒而诉天地，允所谓生事之以礼，死葬之以礼，孝女之事亲终也。(《大唐故南海县主福昌县令长孙府君夫人李氏墓志铭并序》，《唐代墓志汇编》，景云002，第1116—1117页)

　　韩王元嘉，高祖第十一子也。母宇文昭仪，隋左武卫大将军述之女也。早有宠于高祖，高祖初即位，便欲立为皇后，固辞不受。元嘉少以母宠，特为高祖所爱，自登极晚生皇子无及之者。……〔贞观〕十年，改封韩王，授潞州都督。二十三年，加实封满千户。……其修身洁己，内外如一，当代诸王莫能及者，唯霍王元轨抑其次焉。高宗末，元嘉转泽州刺史。及天后临朝摄政，欲顺物情，乃进授元嘉为太尉，定州刺史、霍王元轨为司徒，青州刺史、舒王元名为司空，隆州刺史、鲁王灵夔为太子太师，苏州刺史、越王贞为太子太傅，安州都督、纪王慎为太子太保，并外示尊崇，实无所综理。其后渐将诛戮宗室诸王不附己者，元嘉大惧，与其子通州刺

史、黄公譔及越王贞父子谋起兵，于是皇宗国戚内外相连者甚广。遣使报贞及贞子琅邪王冲曰："四面同来，事无不济。"冲与诸道计料未审而先发兵，仓卒唯贞应之，诸道莫有赴者，故其事不成。元嘉坐诛。(《旧唐书》卷 64《高祖二十二子·韩王元嘉传》，第 2427—2428 页)

于是，韩王元嘉等谋举兵唱天下，迎还中宗。琅邪王冲、越王贞先发，诸王仓卒无应者，遂败。元嘉与鲁王灵夔等皆自杀，余悉坐诛，诸王牵连死灭殆尽，子孙虽婴褓亦投岭南。(《新唐书》卷 76《后妃列传上·高宗则天武皇后传》，第 3480 页)

垂拱中，〔韩王李〕元嘉徙绛州刺史，与子譔及越王子冲纠合宗室同举兵，未发。会武后诏宗室朝明堂，元嘉遣使告诸王曰："大享后，太后必尽诛诸王，不如先事起。不然，李氏无种矣。"乃为中宗诏，督诸王发兵。冲即以兵五千攻济州，而诸王仓卒兵不至，遂败。元嘉至京师，谋泄，后逼令自杀，年七十。诏改氏元嘉、鲁王、越王为"虺"。元嘉六子。……谌，上党公。譔，黄公，工为辞章……出为通州刺史，辞疾归，且谋应越王也。谌通音律，历杭州别驾，与譔俱死。(《新唐书》卷 79《高祖诸子·韩王元嘉传》，第 3551 页)

案例解析

案情分析：垂拱四年七月，太尉、泽州（一说绛州）刺史、韩王李元嘉参与越王李贞谋反被诛，妻女当没官。本案中，该次谋反被平定后，韩王李元嘉被诛，其妻、女"缘王坐事，随母处于人间"，应为贬为庶人。韩王元嘉之女临终时儿子在外寻师，女儿长孙八娘送葬。

适用条款：《唐律疏议》卷 17《贼盗律》总 248 条，参见 002 利州都督李孝常与右武卫将军刘德裕等谋反案适用条款。

《唐律疏议》卷2《名例律》：18 诸犯十恶、故杀人、反逆缘坐（本应缘坐，老、疾免者亦同），疏议曰：反逆缘坐者，谓缘谋反及大逆人得流罪以上者。

狱成者，虽会赦犹除名（狱成，谓赃、状露验，及尚书省断讫未奏者）。疏议曰：犯十恶等罪，狱成之后，虽会大赦，犹合除名。狱若未成，即从赦免。注云，赃、状露验者，赃谓所犯之赃，见获本物，状谓杀人之类，得状为验，虽在州县，并名狱成。及尚书省断讫未奏者，谓刑部覆断讫，虽未经奏者，亦为狱成。此是赦后除名，常赦不免之例。（《唐律疏议》，第34—36页）

是否依法判案：否，属于轻判。韩王李元嘉参与越王李贞谋反被诛，妻女当没官。本案中，不知何故，其妻女"缘王坐事，随母处于人间"，应是贬作了庶人。

029. 博州长史萧某参与博州刺史琅耶王李冲谋反案

案例辑录

公讳璿，字待价，南兰陵兰陵人。……高祖以虞宾在位，自梁徂周，寓居雍州之长安。仕周为七兵尚书、特进、少保、文贞公，子孙因而家焉，故今为长安人也。……祖龄之，皇朝散骑常侍，司农卿，邵、浙、华三州刺史，黔广二府都督，方阳县开国男。父德昭，皇朝中书舍人，兵部、礼部侍郎，雍州长史，右金吾将军，兰陵县开国子。……〔萧璿〕寻转太府主薄（簿），迁秘书郎、判詹府丞。……属王室多故，祸延宗盟，琅耶王举义博州，公叔父时任长史，忠邪未判，独正者危。公缘累谪居，被配安东为户。神龙首岁，皇历中兴，制命惟新，旧资式叙。……亨（享）年六十有六，以开元五年五月四日薨于河南府之官舍。（秘书监上柱国常山县开国公兼昭文馆学

士马怀素撰:《唐故河南尹上柱国鄢县开国男萧公(璿)墓志铭》,《西安碑林博物馆新藏墓志续编》上册,第244—247页)

〔垂拱四年八月〕丙午,博州刺史、琅邪郡王冲举兵以讨乱,遣左金吾卫大将军丘神勣拒之。戊申,冲死之。庚戌,越王贞举兵于豫州以讨乱。辛亥,曲赦博州。九月丙辰,左豹韬卫大将军麹崇裕为中军大总管、岑长倩为后军大总管,以拒越王贞,张光辅为诸军节度。削越王贞及琅邪郡王冲属籍,改其姓为虺氏。贞死之。丙寅,赦豫州。杀韩王元嘉、鲁王灵夔、范阳郡王霭、黄国公譔(元嘉子,通州刺史)、东莞郡公融(虢王凤子,申州刺史)及常乐公主,皆改其姓为虺氏。……十一月辛酉,杀济州刺史薛𫖮及其弟驸马都尉绍。十二月乙酉,杀霍王元轨、江都郡王绪及殿中监裴承光。大杀唐宗室,流其幼者于岭南。(《新唐书》卷4《则天顺圣武皇后本纪》,第87—88页)

案例解析

案情分析:垂拱四年七月,博州(治山东聊城)刺史琅邪王李冲于扬州谋反,广州都督萧龄之之子、詹府丞萧璿(652—717)叔父时任博州长史并参预了该事件,萧璿缘坐,被配安东为户。

适用条款:《唐律疏议》卷17《贼盗律》总248条,参见002利州都督李孝常与右武卫将军刘德裕等谋反案适用条款。

《唐律疏议》卷2《名例律》总18条,参见028太尉、泽州刺史、韩王李元嘉参与越王李贞谋反其妻女被贬庶人案适用条款。

是否依法判案:是。博州刺史琅邪王李冲谋反,詹府丞萧璿叔父时任博州长史参预叛乱,萧璿缘坐依律当流三千里。本案中,萧璿被配安东都护府(朝鲜平壤市)为户,符合唐律规定。

研究信息：李淑媛：《唐代的缘坐——以反逆缘坐下的妇女为核心之考察》，高明士编：《东亚传统教育与法制研究（二）唐律诸问题》，台北市：台湾大学出版中心，2005年，第324—326页。

武太后时期(685—689)

030. 平阳人郭思谟因母有疾值禁屠月不能屠宰案

案例辑录

公讳思谟，太原平阳人。……大父则，隋银青光禄大夫、尚书度支郎中、淮陵郡守、陇右巡农使。……严考敬同，皇幽素举高第，养亲不仕。……幽素府君有子，其季曰我公。俱仁孝绝伦，感通天地。太夫人尝有疾，□羊肉，时禁屠宰，犯者加刑。日号泣於昊天，而不知其所出。忽有慈乌衔肉，置之阶上，故得以馨洁其膳，犹疑其傥然。他时忆庵萝果，属髯发之辰，有类求芙蓉于木末，不可得也。兄弟仰天而叹，庭树为之犯雪霜，华而实矣。公取以充养，且献之北阙。于时天后造周，惊叹者久矣，命史臣褒赞，特加旌表。……公始以孝子征，解褐拜定州安平县丞。……招慰使奏，加公朱绂，撝让不受。属内忧，服阕，转江阳县丞。又应廉让举，擢武功尉。秩满，迁常熟令。……禀命不融，春秋五十九，开元九年正月二日，寝疾终于官舍。(孙翌：《苏州常熟县令孝子太原郭府君(思谟)墓志铭并序》，《全唐文》卷305，第3103—3104页)

案例解析

案例内容：平阳人郭思谟(663—721)，淮陵郡守郭则之孙，其母亲曾生病，想吃羊肉，因值断屠月(正月、五月及九月)，禁止宰杀,违者加刑。所谓"慈乌衔肉"恐是掩饰之语,疑为郭思谟借助神异事件掩盖肉的来源。

适用条款:《唐律疏议》卷 30《断狱律》: 496 诸立春以后、秋分以前决死刑者,徒一年。其所犯虽不待时,若于断屠月及禁杀日而决者,各杖六十。待时而违者,加二等。疏议曰:依狱官令:从立春至秋分,不得奏决死刑。违者,徒一年。若犯恶逆以上及奴婢、部曲杀主者,不拘此令。其大祭祀及致斋、朔望、上下弦、二十四气、雨未晴、夜未明、断屠月日及假日,并不得奏、决死刑。其所犯虽不待时,若于断屠月,谓正月、五月、九月;及禁杀日,谓每月十直日,月一日、八日、十四日、十五日、十八日、二十三日、二十四日、二十八日、二十九日、三十日。虽不待时,于此月日亦不得决死刑,违而决者,各杖六十。待时而违者,谓秋分以前、立春以前,正月、五月、九月及十直日不得行刑,故违时日者,加二等,合杖八十。其正月、五月、九月有闰者,令文但云正月、五月、九月断屠,即有闰者,各同正月,亦不得奏、决死刑。(《唐律疏议》,第 485—486 页)

是否符合唐律规定:否。

研究信息:刘淑芬著:《中古的佛教与社会》,上海:上海古籍出版社,2008 年,第 101—112 页。

永昌元年(689)

031. 同中书门下三品韦待价孙女韦嘉娘 14 岁出嫁范阳卢处士案

案例辑录

夫人讳嘉娘,字贞休,京兆杜陵人也。……祖待价,吏部尚书、同中书门下三品、金紫光禄大夫、尚书右丞相、扶阳元公。父令仪，司门郎中、少府少监、银青光禄大夫，宗正少卿、褒州都督、扶阳肃公。夫人即第五女也。年甫十四，归卢氏焉。……以大唐开元十年岁次壬戌九月己巳朔十三日辛巳，遘疾终于万年县洪固乡里第，春秋卌有七。(《大唐故处士范阳卢府君故妻京兆韦氏(嘉娘)墓志并序》，《大唐西市博物馆藏墓志》中册，第444—445页)

案例解析

案例内容：永昌元年，同中书门下三品韦待价孙女韦嘉娘(676—722)14岁出嫁范阳卢处士，后卒于京兆府万年县(陕西西安)。

适用条款：贞观元年(627)正月，唐太宗《令有司劝勉庶人婚聘及时诏》，诏书内容参见015歙州刺史崔万石之女14岁出嫁婺州金华县丞郑偘案。

是否符合唐律规定：否。很可能因社会风气或惯例，韦嘉娘14岁出嫁范阳卢处士，而依诏，女孩为15岁以上才能婚配。

032. 酷吏周兴等诬构怀远军经略大使黑齿常之与右鹰扬将军赵怀节等谋反案

案例辑录

府君讳常之，字恒元，百济人也。……出师有颂，入凯成歌，迁左鹰扬大将军、燕然道副大总管。垂拱之季，天命将革，骨卒禄，狂贼也，既不睹其微；徐敬业，逆恶也，又不量其力。南静淮海，北扫旄头，并有力焉，故威声大振。制曰：……可封燕国公，食邑三千户，仍改授右武威卫大将军，神武道经略大使，余如故。于是董兹哮勇，剪彼凶狂，胡马无南牧之期，汉使静北游之望。灵夏冲要，妖羯是瞻,君之威声,无以为代。又转为怀远军经略大使,以遏游氛也。属祸流群恶,衅起孤标,疑似一彰,玉石斯混。既从下狱,爰隔上穹,义等绝颔,哀同仰药,春秋六十。长子俊,幼丁家难,志雪遗愤,誓命庑庭,投躯汉节,频展诚效,屡振功名。圣历元年,冤滞斯鉴,爰下制曰:故左武威卫大将军、检校左羽林卫、上柱国、燕国公黑齿常之,早袭衣冠,备经驱策,亟总师律,载宣绩效,往遘飞言,爰从讯狱,幽愤殒命,疑罪不分,比加检察,曾无反状。言念非辜,良深嗟悯,宜从雪免,庶慰幽魂,增以宠章,式光泉壤。可赠左玉钤卫大将军,勋封如故。其男游击将军、行兰州广武镇将上柱国俊,自婴家咎,屡效赤诚,不避危亡,捐躯徇国,宜有褒录,以申优奖;可右豹韬卫翊府左郎将,勋如故。粤以圣历二年壹月廿二日敕曰:燕国公男俊所请改葬父者,赠物一百段,其葬事幔幕手力一事,以上官供,仍令京官六品一人检校。即用其年二月十七日奉迁于邙山南官道北,礼也。(《大周故左武威大将军检校左羽林军赠左玉钤卫大将军燕国公黑齿府君(常之)墓志文并序》,《唐代墓志汇编》,圣历 022,第 941—942 页)

〔垂拱〕三年,突厥入寇朔州,〔左武卫大将军检校左羽林军黑齿〕常之又充大总管,以李多祚、王九言为副。追蹑至黄花堆,大破之,追奔四十余里,贼散走碛北。时有中郎将爨宝璧表请穷追余贼,制常之与宝璧会,遥为声援。宝璧以为破贼在朝夕,贪功先行,竟不与常之谋议,遂全军而没。寻为周兴等诬构,云与右鹰扬将军赵怀节等谋反,系狱,遂自缢而死。(《旧唐书》卷 109《黑齿常之传》,第 3295 页)

〔永昌元年十月〕戊午,杀右武威卫大将军黑齿常之、右鹰扬卫将军赵怀节。(《新唐书》卷 4《则天顺圣武皇后传》,第 89 页)

会周兴等诬其与右鹰扬将军赵怀节反,捕系诏狱,投缳死。(《新唐书》卷110《黑齿常之传》,第4122页)

案例解析

案情分析:酷吏周兴等诬构安东都护府怀远军(治辽宁辽中县)经略大使黑齿常之与右鹰扬将军赵怀节等谋反,黑齿常之在狱中自缢而死。9年后,武则天为黑齿常之平反,特下制赠其为左玉铃卫大将军,勋封如故。第二年,周兴下狱,当诛,武则天特免之,徙于岭表。在道为仇人所杀。①

适用条款:《唐律疏议》卷23《斗讼律》总341条,参见010太尉同中书门下三品长孙无忌诬告吴王李恪参与房遗爱谋反案适用条款。

是否依法判案:否。怀远军经略大使黑齿常之被周兴等诬构谋反,依律,周兴当反坐,处以斩刑,但却未有任何惩罚。本案中,黑齿常之系狱后,不勘折磨自缢而死。此案为一冤案。原因在于在武则天实行酷吏政治时期,周兴为宠臣。直至9年后的武周圣历元年(698),此案才被平反,黑齿常之获赠左玉铃卫大将军,恢复原勋,时周兴已死7年。

天授二年(691)

033. 酷吏来俊臣求金于左卫大将军泉献诚不成反诬其谋反案

案例辑录

君讳献诚,字献诚,其先高勾骊国人也。……天授元年九月,

---

① 《旧唐书》卷186上《酷吏上·周兴传》,第4842页。

制授左卫大将军员外置同正员余并如故。二年二月,奉敕充检校天枢子来使,兼于玄武北门押运大仪铜等事,未毕,会逆贼来俊臣秉弄刑狱,恃摇威势,乃密于公处求金帛宝物,公恶以贿交,杜而不许。因诬隐他罪,卒以非命,春秋卌二。……久视元年八月,乃下制曰:故左卫大将军、右羽林卫上下、上柱国、卞国公泉献诚;望高藩服,宠被周行,情款深至,器怀温厚,擢居亲近,委以禁兵,诬构奄兴,冤刑莫究。岁月遄迈,状迹申明,言念过往,良深悼惜。哀崇靡及,宜在追荣,窆岁未周,当须改卜,式加缛礼,以慰营魂。可赠右羽林卫大将军,赐物一百段,葬日量□缦幕手力。其男武骑尉柳城县开国男玄隐可游击将军行左玉铃卫右司阶员外置同正员,勋封并如故。(朝议大夫行文昌膳部员外郎护军梁惟忠撰:《大周故左卫大将军右羽林卫上下上柱国卞国公赠右羽林卫大将军泉君墓志铭并序》,《唐代墓志汇编》,大足001,第984—985页)

献诚,天授中以右卫大将军兼羽林卫。……来俊臣尝求货,献诚不答,乃诬其谋反,缢杀之。后后知其冤,赠右羽林卫大将军,以礼改葬。(《新唐书》卷110《泉献诚传》,第4124页)

来俊臣求金于左卫大将军泉献诚,不得,诬以谋反,下狱,〔长寿元年一月〕乙亥,缢杀之。(《资治通鉴》卷205,则天后长寿元年一月条,第6597页)

案例解析

案情分析:酷吏来俊臣受武则天宠信,破家无数,其密于左卫大将军泉献诚处求金帛宝物,被其所拒。结果,来俊臣反诬告泉献诚谋反,将其缢杀。

适用条款:《唐律疏议》卷11《职制律》:148 诸因官挟势及豪

强之人乞索者,坐赃论减一等,将、送者为从坐(亲故相与者勿论)。疏议曰:或有因官人之威、挟恃形势,及乡闾首望、豪右之人乞索财物者,累倍所乞之财,坐赃论减一等。将、送者为从坐,谓领豪右人等乞索者,虽不将领而敛财送者,并为从坐。若强乞索者,加二等。注云:亲故相与者勿论。亲,谓本服缌麻以上,及大功以上婚姻之家;故,谓素是通家,或钦风若旧,车马不吝,缟纻相贻之类者,皆勿论。(《唐律疏议》,第191页)

《唐律疏议》卷26《杂律》:389 诸坐赃致罪者,一尺笞二十,一匹加一等,十匹徒一年,十匹加一等,罪止徒三年(谓非监临、主司而因事受财者)。与者,减五等。疏议曰:赃罪正名,其数有六,谓受财枉法、不枉法、受所监临、强盗、窃盗并坐赃。然坐赃者,谓非监临、主司因事受财,而罪由此赃,故名坐赃致罪,犯者一尺笞二十,一匹加一等,十匹徒一年,十匹加一等,罪止徒三年。假如被人侵损,备偿之外,因而受财之类,两和取与,于法并违,故与者减取人五等,即是彼此俱罪,其赃没官。(《唐律疏议》,第409页)

《唐律疏议》卷23《斗讼律》总341条,参见010太尉同中书门下三品长孙无忌诬告吴王李恪参与房遗爱谋反案适用条款。

是否依法判案:否。酷吏来俊臣求金于左卫大将军泉献诚,依律,因官挟势乞索,当依坐赃论减一等,最高可处徒两年半。本案中,来俊臣是武则天的宠臣,故不仅未受任何惩处,反而诬告泉献诚谋反,将其缢杀,制造了一起冤案。

研究信息:谢红星:《唐代受贿罪研究——基于现代刑罚的视角》,北京:中国政法大学出版社,2011年,第194—195页。

武　周

如意元年(692)

034. 长安至相寺尼法澄坐将扶豫州刺史谋反被没掖庭案

案例辑录

　　法师讳法澄,字无所得,俗姓孙氏,乐安人也。吴帝权之后。祖荣,涪州刺史;父同,同州冯翊县令。法师弟(第)二女。……托事蒋王,求为离俗。遂于上元二年出家,威仪戒行,觉观禅思,迹履真如,空用恒舍,遂持瓶钵一十八事,头陁山林,有豹随行,逢神拥护,于至相寺康藏师处听法。……如意之岁,淫刑肆逞,诬及法师,将扶汝南,谋其义举,坐入宫掖。故法师于是大开圣教,宣杨(扬)正法,归投者如羽翮趋林薮,若鳞介赴江海。……中宗和帝知名放出,中使供承,朝夕不绝。景龙二年,大德三藏等奏请法师为绍唐寺主,敕依所请。今上在春宫,幸兴圣寺,施钱一千贯,充修理寺。以法师德望崇高,敕补为兴圣寺主。法师修缉毕功,不逾旬月。……卧讫迁神,春秋九十。开元十七年十一月三日也。……法师仁孝幼怀,容仪美丽,讲经论义,应对如流。王公等所施,悉为功德。弟子嗣彭王女尼弥多罗等,恐人事随化,陵谷迁移,纪德镌功,乃为不朽。(宗正卿上柱国嗣彭王李志暕撰:《大唐故兴圣寺主尼法澄塔铭并序》,《金石萃编》卷 78,《石刻史料新编(一)》第 2 册,第 1321 页;又见《唐代墓志汇编》,开元 300,第 1362—1363 页;《全唐文》卷 100,第 1027—1028 页)

蒋王恽,太宗第七子也。贞观五年,封郯王。八年,授洺州刺史。十年,改封蒋王、安州都督,赐实封八百户。二十三年,加实封满千户。永徽三年,除梁州都督。……后历遂、相二州刺史。上元年,有人诣阙诬告恽谋反,惶惧自杀,赠司空、荆州大都督,陪葬昭陵。(《旧唐书》卷 76《太宗诸子·蒋王恽传》,第 2660 页)

案例解析

案情分析:涪州刺史孙荣之孙长安至相寺尼法澄(俗姓孙,640—729)在高宗时期,托事蒋王李恽,因其被告谋反,故她在上元二年(675)36 岁时出家为尼。于如意元年(692)酷吏政治盛行之时,"将扶汝南,谋其义举",后坐此没入宫掖。"汝南",地名,时为豫州,此处指时任豫州刺史、越王李贞。因宣法而归之者众,法澄后为绍唐寺主、兴圣寺主。

适用条款:《唐律疏议》卷 17《贼盗律》总 248 条,参见 002 利州都督李孝常与右武卫将军刘德裕等谋反伏诛案适用条款。

否依法判案:否。若法澄欲扶助越王李贞谋反,依律当斩,本案中,她被没入掖庭,属轻判。

证圣元年(695)

035. 饶州乐平县令郑崇敬季女 14 岁嫁绛郡太守宋某案

案例辑录

夫人,荥阳人也。皇连州司法和劼之孙,饶州乐平县令崇敬之季女。……年十四,归于宋。……既而太守府君,雄剑先坠,夫人均养子姓,率由义方。……以天宝四载正月遘疾,廿二日薨于东京温柔里第,春秋六十有四。(《大唐故绛郡太守宋府君夫人荥阳郡君郑氏墓志铭并序》,《新中国出土墓志·河南〔叁〕·千唐志斋〔壹〕》上册,第 247 页;下册,第 181—182 页)

案例解析

案例内容:证圣元年,饶州乐平县令郑崇敬季女郑氏(682—745)14 岁出嫁绛郡太守宋某,而当时的规定是女子最早 15 岁出嫁。

适用条款:贞观元年(627)正月,唐太宗《令有司劝勉庶人婚聘及时诏》,诏书内容参见 015 歙州刺史崔万石之女 14 岁出嫁婺州金华县丞郑偘案。

是否符合唐律规定:否。很可能因社会风气或惯例,饶州乐平县令郑崇敬季女郑氏(682—745)14 岁出嫁绛郡太守宋某,依诏,女孩为 15 岁以上才能婚配。

圣历二年(699)

036. 吉州司户杜审言之子杜并怀刃刺吉州司马周季重死以救父案

案例辑录

男子讳并,字惟兼,京兆杜陵人也。……圣历中,杜君(指洛阳县丞杜审言)公事左迁为吉州司户,子亦随赴官。僚者阿党比周,惑邪丑正,兰芳则败,木秀而摧,遂构君于司马周季童,妄陷于法。

君幽系之日，子盐酱俱断，形积于毁，口无所言。因公府宴集，手刃季童于座，期杀身以请代，故视死以如归。仇怨果复，神情无挠。呜呼！彼奚弗仁，子毙之以鞭挞；我则非罪，父超然于尉罗。……以圣历二年七月十二日终于吉州之厅馆，春秋一十有六。(《大周故京兆男子杜并墓志铭并序》，《唐代墓志汇编》，长安007，第994—995页)

〔杜审言〕累迁洛阳丞，坐事贬吉州司户参军。司马周季重、司户郭若讷构其罪，系狱，将杀之。季重等酒酣，审言子并年十三，袖刃刺季重于坐，左右杀并。季重将死，曰："审言有孝子，吾不知，若讷故误我。"审言免官，还东都。苏颋伤并孝烈，志其墓，刘允济祭以文。(《新唐书》卷201《文艺列传上·杜审言传》，第5735页)

杜审言雅善五言，尤工书翰，恃才謇傲，为时辈所嫉。自洛阳县丞贬吉州司户，又与群寮不叶。司马周季重与员外司户郭若讷共构之，审言系狱，将因事杀之。审言子并，年十三，伺季重等酬宴，密怀刃以刺季重。季重中刃而死，并亦见害。季重临死，叹曰："吾不知杜审言有孝子，郭若讷误我至此！"审言由是免官归东都，自为祭文以祭并。士友咸哀并孝烈，苏颋为墓志，刘允济为祭文。则天召见审言，甚加叹异，累迁膳部员外。(《大唐新语》卷5《孝行第十一》，第79页)

案例解析

案例内容：杜甫祖父洛阳丞杜审言恃才謇傲，因此为时辈所嫉，被贬为吉州司户。在吉州(治江西吉安市)，又因与同僚关系不好，圣历二年(699)七月，吉州司马周季重与员外司户郭若讷共同构杜审言系狱，打算将其杀害。据杜并墓志，杜并年仅16岁，利用公府宴集的机会,怀刃刺死周季重,他也随之被杀。正史、笔记均载其13岁,当误。

适用条款:《唐律疏议》卷17《贼盗律》:256 谋诸杀人者,徒三年;已伤者,绞。已杀者,斩;从而加功者,绞,不加功者,流三千里。造意者,虽不行,仍为首(雇人杀者亦同)。疏议曰:谋杀人者,谓二人以上;若事已彰露,欲杀不虚,虽独一人,亦同二人谋法,徒三年。已伤者,绞。已杀者,斩。从而加功者,绞,谓同谋共杀,杀时加功,虽不下手杀人,当时共相拥迫,由其遮遏,逃窜无所,既相因藉,始得杀之,如此经营,皆是加功之类,不限多少,并合绞刑。同谋,从而不加功力者,流三千里。造意者,谓元谋屠杀,其计已成,身虽不行,仍为首罪,合斩。余加功者,绞。注云,雇人杀者,亦同,谓造意为首,受雇加功者为从。(《唐律疏议》,第278页)

是否符合唐律规定:是。吉州司马周季重与员外司户郭若讷共同构杜审言系狱,打算将其杀害。审言之子杜并找机会怀刃刺死周季重,杜并依律当处斩刑。本案例中,杜并随之被杀,属于以命抵命。

研究信息:廖婉君《唐代杀人罪研究——以庶民六杀为中心的探讨》认为司马周季重与员外司户郭若讷虽欲杀杜审言,但尚未成罪,依律罪仅于徒。载王明荪主编:《古代历史文化研究辑刊》七编第5册,新北市:花木兰文化出版社,2012年,第128、129页。桂齐逊《国法与家礼之间——唐律有关家族伦理的立法规范》认为杜并为报父遭诬陷以至于死罪之仇,手刃仇人之一的周季重,自己也被杀,杜审言被免官,此案的处理结果,杜并的牺牲颇具代价。台北:龙文出版社股份有限公司,2007年,第202页。

武周晚期(697—704)

037. 张履贞岐山谋乱案

案例辑录

公讳孟德,字伯夏,魏郡顿丘人也。……祖恂,考功仓部二郎中、莱州刺史、顿丘男。父守约,大理少卿、户部侍郎。……转泰州司马。时王在成周,妖贼张履贞聚党岐山,窥窃神器。公密与留守、会稽王武攸望发兵讨袭,获伪玺及指日鞭。事平,敕赐杂彩一百匹、银器三事。迁仓部郎中、北都太原县令、出除宁州诸军事、宁州刺史。……以长安四年九月十九日遇疾终于宁州官舍,春秋六十有四。(从弟朝散郎行右骁卫仓曹参军李琚撰:《大唐故中大夫宁州诸军事守宁州刺史李府君(孟德)墓铭并序》,《洛阳流散唐代墓志汇编》上册,第316—317页)

案例解析

案情分析:武周时期,[1]张履贞聚党岐州岐山(陕西岐山县),窥窃神器,泰州司马李孟德(641—704)跟随留守、会稽王武攸望发兵讨袭,获伪玺及指日鞭。平叛成功后,李孟德获赐杂彩银器。

适用条款:《唐律疏议》卷17《贼盗律》总248条,参见002利州都督李孝常与右武卫将军刘德裕等谋反伏诛案适用条款。

是否依法判案:是。

研究信息:陈玺《唐代惩禁妖妄犯罪规则之现代省思》认为此

---

[1] 据《李孟德墓志》,李孟德在长安四年(704)卒于宁州刺史任上,之前担任北都太原县令、仓部郎中、泰州司马。由此可知,张履贞谋乱当发生于武周中后期。

案发生于开元中,《法学》2015 年 4 期,第 155 页。

武周圣历以后(698—704)

038. 宫闱令兼谒者监高延福以岭南冯盎曾孙为养子改其姓为高案

案例辑录

府君讳福,字延福,渤海人也。……府君幼而晦明,长而藏用,体敬仲之慎,兼伯楚之忠。解褐拜文林郎,守奚官丞。秩满,迁本局令,稍转宫闱令,兼谒者监。窃以圣人之教,父因子贵。府君之宠嗣曰力士,我大君之信臣也。顷国步多艰,而守谋立顺,以功拜右监门大将军,兼食本邑。尽力王室,志存匡辅,元勋烂然,天眷攸属。府君以大将军之故,特拜朝议大夫,守内侍员外置。寻迁中大夫,正除本官。……以开元十一年十二月二十五日,终于来庭里之私第,春秋六十有三。(孙翌撰:《高延福墓志铭并序》,《全唐文》卷 305,第 3104 页)

公本姓冯,初讳元一,则天圣后赐姓高,改名力士。冯之先,北燕人也,衣冠屡迁,不常厥所,章甫适越,遂为强家。曾祖盎,唐皇初高州都督、耿国公,广、韶等十八州总管,赠荆州大都督,干劢特建,岭峤为雄,颐指万家,手据千里。有三子曰智戣、智戴、智玳,耿公知而内举,请以分忧。朝廷许之,戣为高州刺史,戴为恩州刺史,玳为潘州刺史。圣历中,潘州府君捐馆舍,子君衡袭其位焉。父没子继,南州故事,且持镗戟,方俟丝纶。按察使摧折高标,摘抉瑕颣,祸心潜构,飞语上闻。帝闻难叩,家遂籍没。及公之鼎贵,恩赠广州大都督。公即广州之少子也,年未十岁,入于宫闱。……至尊以公夙遭闵凶,弱丧何怙,倍年存父事之礼,三州有天属之恩。帝曰:"俞以汝为内侍高延福男。"由是遂为高氏。君命,天也,天所授焉。……上元初遭谤迁摘,安置巫州,知与不知,皆为叹息。宝应元年,有制追赴上都,中路闻,天崩地坼,二圣下席,长号泣血,勺饮不入口,惜举臂而无极,俄易箦而长辞。其八月八日,终于朗州龙兴寺,享年七十三。(尚书驾部员外郎知制诰潘炎奉敕撰:《大唐故开府仪同三司兼内侍监上柱国齐国公赠扬州大都督高公(力士)墓志铭并序》,载陕西省考古研究所:《唐高力士墓发掘简报》,《考古与文物》,2002年第6期,第29—31页)

高力士,冯盎曾孙也。圣历初,岭南讨击使李千里上二阉儿,曰金刚,曰力士。武后以其强悟,敕给事左右。坐累逐出之,中人高延福养为子,故冒其姓。善武三思,岁余,复得入禁中,禀食司宫台。既壮,长六尺五寸,谨密,善传诏令,为宫闱丞。(《新唐书》卷207《宦者上·高力士传》,第5858页)

案例解析

案例内容:武则天圣历年间或稍后,宫闱令兼谒者监高延福(661—723)以没入宫中的冯盎曾孙冯力士(690—762)为养子,改其姓为高。其后,因高力士之功,高延福特拜朝议大夫,守内侍员外置。

适用条款:《唐律疏议》卷12《户婚律》:157 诸养子,所养父母无子而舍去者,徒二年。若自生子及本生无子,欲还者听之。疏议曰:依户令,无子者,听养同宗于昭穆相当者。既蒙收养,而辄舍去,徒二年。若所养父母自生子及本生父母无子,欲还本生者,并听。即两家并皆无子,去住亦任其情。若养处自生子,及虽无子,

不愿留养,欲遣还本生者,任其所养父母。(《唐律疏议》,第198—199页)

是否符合唐律规定:否。高延福以冯昂曾孙为养子,改其姓为高。据高力士墓志,这是奉武则天之命。但据《新唐书·高力士传》,高延福收其为养子,是在其被逐出禁中之后,墓志所载是为尊者讳。高延福当出于继嗣或其他原因,以冯昂之孙为养子,其未受任何惩罚,有违唐律。

武周时期(690—704)

039. 李勣孙女、右玉钤卫郎将王勖寡妻李氏迫于严旨改嫁潞州屯留县令温炜案

案例辑录

夫人号鲧上座,字功德山,滑州卫南人也。曾祖盖,散骑常侍、上柱国、济阴郡王,后固辞王,改封舒国公,赠特进、陵州刺史,谥节公。……祖勣,司空、上柱国、英国公,赠太尉、扬州大都督,谥英贞武公。……父思文,户部尚书、上柱国、卫国公,赠荆州大都督。……先适龙门公孙司农卿王弘福第二子右玉钤卫郎将勖。文明中,堂兄太仆卿业以河山旧勋,载在盟府,见非其种,岂暇先言,兵起惟杨,志怀匡复。夫人口陈祸福,如指诸掌,为言丧败,无违晷刻。故勖死王事,朝廷闻而嘉之,因抗节孀居,义形于色。两髦既没,三从靡依,且逼先后严旨,故不克徇柏舟之操,后适中书侍郎温彦将孙易州司马瓒第三子潞州屯留县令炜。炜太极元年六月十九日卒于晋阳私第,夫人帷堂昼哭,丧之以礼,乃归拜坟茔,克忠惟孝。季弟沧州刺史友于伯姊,何日忘之。顷者剖符海堧,跋予洛

汭,遣乘瞻迟,勤亦至矣。夫人知年命之将□尽,而笃爱天伦,扶病言归,不舍昼夜。以开元四年闰十二月三日至于沧州,鸡黍相欢,展叙情理,吉凶庆吊,悲喜交集。常以惠定加行,贪慕真如,临终乃建说一乘,分别三教,谈不增不减,以寂灭为乐,意乐出家,遂帔缁服,如如永诀,非复常情。以其月十九日辛卯,终于沧州之官舍,春秋六十有三,□□开元五年岁次丁巳二月壬申朔十三日甲申,式遵遗命,归葬于洛阳河阴乡北原先人旧茔左右礼也。(《故潞州屯留县令温府君李夫人墓志铭并序》,《唐代墓志汇编》,开元047,第1186—1187页)

〔嗣圣元年〕九月,大赦天下,改元为光宅。旗帜改从金色,饰以紫,画以杂文。改东都为神都,又改尚书省及诸司官名。初置右肃政御史台官员。故司空李勣孙柳州司马徐敬业伪称扬州司马,杀长史陈敬之,据扬州起兵,自称上将,以匡复为辞。冬十月,楚州司马李崇福率所部三县以应敬业。命左玉钤卫大将军李孝逸为大总管,率兵三十万以讨之。……丁酉,追削敬业父祖官爵,复其本姓徐氏。(《旧唐书》卷6《则天皇后本纪》,第117页)

案例解析

案例内容:李勣孙女右玉钤卫郎将王勖之妻李氏(654—716),在其兄弟徐敬业在扬州起兵反唐时,劝夫君右玉钤卫郎将王勖起兵维护朝廷。王勖死于此,李氏遂孀居。其后,因父母亡故,迫于武则天的"严旨",改嫁易州司马温瓒之子潞州屯留县令温炜(?—712)。后温炜于睿宗太极元年(712)亡故。孀居的李氏晚年去看望任沧州刺史的季弟,最终死于沧州官舍。临终之前李氏出家,死后归葬洛阳河阴乡北原先人旧茔左右。

适用条款：《唐律疏议》卷 14《户婚律》总 184 条，参见 022 朝散大夫张良在己子张师卒后命儿媳晋氏改嫁孙氏案适用条款。

是否符合唐律规定：否。李勣孙女、右玉钤卫郎将王勖之妻李氏，劝夫君右玉钤卫郎将王勖起兵维护朝廷，王勖被杀，李氏遂孀居。其后，因父母亡故，迫于女皇严旨，改嫁屯留县令温炜。此案中，云李氏"且逼先后严旨"而再嫁，因其父母、祖父母当时已离世，命其改嫁的行为似是出于朝廷意旨，故不得不再嫁。此例再嫁案例属于朝廷以敕改法，有违唐律夫丧服除而欲守志的相关条款。

040. 阎府君寡妻郭氏叔父夺其志将其更醮张门案

案例辑录

夫人讳□，太原人也。祖善志，大将军，唐史有传；父虔友，邻山郡太守，远近知名，勋鼎旧臣，河山茂族。夫人即邻山府君之第二女也。……年甫十六，适于常山阎府君，有一子焉。不幸府君，中年早逝，叔父夺志，更醮张门，念育前孤，允厘今馈，则雍雍锵锵，雅得其妇道矣。嗟乎，府君不造，弃代云亡，夫人乃保持名节，终始经礼，遂洁心道行，理极真筌，冀以福助遐年，袭兹余庆。何图彼苍不吊，积善无征，以天宝十载八月九日遘疾，终于河南惠和之私第，时年七十有三。嗣子伋等号天泣血，叩地摧心，永惟同穴之仪，未卜归祔之典。即以其月廿二日权殡于洛阳县平乐乡之原礼也。（《唐故中郎将献陵使张府君夫人太原郭氏临淄县君墓志铭并序》，《唐代墓志汇编》，天宝183，第1659页）

案例解析

案例内容：邻山郡太守郭虔友第二女郭氏（679—751）出嫁阎

府君，育有一子。约武周时期，阎府君中年早逝，郭氏叔父夺其志，将其更醮张门。

适用条款：《唐律疏议》卷 14《户婚律》总 184 条，参见 022 朝散大夫张良在己子陪戎校尉张师卒后命儿媳晋氏改嫁孙氏案适用条款。

是否符合唐律规定：否。郭氏前夫阎府君中年早逝，其叔父夺其志，将其更醮张门。依律，夫丧服除而欲守志，非女之祖父母、父母而强嫁之者，徒一年，期亲嫁者，减二等。各离之。本案中，郭氏叔父当杖九十，郭氏与张某离婚。但郭氏叔父未受惩罚，郭氏与张某亦未离婚。

研究信息：刘琴丽：《唐代夫妻分葬现象论析——以墓志铭为中心》，《中华文化论坛》2008 年 2 期，第 11—15 页。

041. 右屯卫将军杨知庆迫其女杨无量寿改嫁胡氏案

案例辑录

夫人讳无量寿，弘农人也。则天武后之外氏，右屯卫将军知庆之女，故节敏太子妃之姊也。夫人令淑早闻，芝兰独茂，德奉君子，操行逾申。属唐祚中缺，宗族迁播，公谪南陬，敕降西掖，爰及外氏，命离夫人。夫人赴镬道亡，从义守节。父恭荷造，旋乃迫离，胁夺志怀，改醮胡氏。君父之命，难以固违，闵夏之礼，或释其道，因兹遭疾，久积缠痾。返香无征，暮华有限，呜呼！以开元十九年六月六日，薨于鼎邑殖业里私第也，春秋六十有五。（《大唐故江王息故澧州刺史广平公夫人杨氏（无量寿）墓志》，《唐代墓志汇编》，开元 327，第 1383 页）

案例解析

案例内容：节愍太子李重俊妃之姊杨无量寿(667—731)出嫁息王之子澧州刺史、广平公李某。武周时期,广平公被贬南方远地,武则天降敕与杨氏离婚。杨氏与广平公离婚主要是因为政治原因,本欲守节不再嫁,但其父右屯卫将军杨知庆夺其志,迫其改醮胡氏。最后,杨氏从父命再嫁。

适用条款：《唐律疏议》卷14《户婚律》总184条,参见022朝散大夫张良在己子陪戎校尉张师卒后命儿媳晋氏改嫁孙氏案适用条款。

是否符合唐律规定：是。杨无量寿(667—731)与澧州刺史广平公李某离婚后,其父右屯卫将军杨知庆夺其志,迫其改醮胡氏。女之父母强嫁已离婚之女并不违律。

042. 右台侍御史魏探玄诬告兖州龚丘县令程思义赃污十万案

案例辑录

□曰东平程君名思义,字思义,南兖州刺史楼之孙也。……惜乎凶而未宥,信而见疑,谤讟盈箧,排摈长谢,出为兖州龚丘县令,十有余年。……属銮驾西幸,瀍洛东虚,右台侍御史魏探玄拔自常均,素无材行,倚宰辅之重戚,狎群小之流言,诬君十万之赃,切置三千之罚,横加拷察,久縶图圄。既而天鉴孔明,推鞫无状,摄履乖候,风疾弥留。春秋七十五,长安三年正月廿四日卒于洛阳县德懋里私第。(《唐故朝议大夫行兖州龚丘县令上柱国程府君(思义)墓志并序》,《唐代墓志汇编》,长安030,第1012页)

案例解析

案情分析：右台侍御史魏探玄诬告龚丘县令程思义（629—703），程思义久縶囹圄，推鞫无状，最后虽然冤情得雪，很快患风疾去世。魏探玄似未受任何惩罚。

适用条款：《唐律疏议》卷23《斗讼律》：342 诸诬告人者，各反坐。即纠弹之官，挟私弹事不实者，亦如之（反坐致罪，准前人入罪法。至死而前人未决者，听减一等。其本应加杖及赎者，止依杖、赎法。即诬官人及有荫者，依常律）。若告二罪以上，重事实，及数事等，但一事实，除其罪。重事虚，反其所剩。即罪至所止者，所诬虽多不反坐。其告二人以上，虽实者多，犹以虚者反坐（谓告二人以上，但一人不实，罪虽轻，犹反其坐）。若上表告人，已经闻奏，事有不实，反坐罪轻者，从上书诈不实论。（《唐律疏议》，第366—368页）

《唐律疏议》卷26《杂律》总389条，参见033 酷吏来俊臣求金于左卫大将军泉献诚不成反诬其谋反案适用条款。

是否依法判案：否。右台侍御史魏探玄诬告兖州龚丘县令程思义赃污十万，依律当反坐其赃罪。本案中，因魏探玄是"宰辅之重戚"，未受任何惩罚，而程思义久縶囹圄，推鞫无状，最终程思义冤情得雪，但出狱时已经风疾弥留。

研究信息：马强：《从出土墓志看唐高宗、武则天时期的政治》，王双怀、梁咏涛主编：《武则天与广元》，北京：文物出版社，2014年，第108页。马强、魏春莉：《从出土唐人墓志看唐高宗、武则天时期的政治侧影》，《社会科学战线》，2014年5期，第96页。

043. 左金吾将军、平狄军大使阎虔福以救援不接坐免官案

案例辑录

公讳虔福,字敬客,河南洛阳人也。……丁司马府君忧,创钜因心,柴毁过礼。寻有制,起为左金吾将军、平狄军大使。军次塞垣,与虏相遇,一日之内,九战皆捷。既至自代北,属寇扰河西,虽我师克全,而诸将丧律,宪司责以救援不接,竟坐免官,盖为法受恶,非其罪也。皇眷嘉庸,旋锡宠命,复改为天兵副使,仍拜右卫中郎将。今天子中兴之际,公自镇来朝,敷奏以言,启沃惟允,改授右卫亲府中郎将。……奇功未立,景命不融,春秋五十有二,以神龙三年四月八日遘疾,薨于京第。主上为之辍膳废朝,赗赠甚厚。追赠右金吾卫将军,葬事所须,并官给,仍令京官六品一人监护。(通直郎行汝州司功事崔坚撰:《唐故云麾将军右金吾卫将军上柱国渔阳县开国子阎公(虔福)墓志铭并序》,《唐代墓志汇编》,景龙002,第1077—1078页)

案例解析

案情分析:左金吾将军、平狄军(设置于代州雁门郡,治山西代县。又名大武军、神武军,武周天授二年至久视元年间名平狄军)①大使阎虔福(656—707)军次塞垣,与虏相遇。属寇扰河西,虽唐军克全,而诸将丧律,宪司责阎虔福以救援不接,阎虔福坐免官。

---

① 《新唐书》卷39《地理志三》,第1006页。

适用条款：《唐律疏议》卷16《擅兴律》：231 诸征人稽留者，一日杖一百，二日加一等，二十日绞。即临军征讨而稽期者，流三千里，三日斩。疏议曰：谓名已从军，兵马并发，不即进路，而致稽留者，一日杖一百，二日加一等，二十日绞，谓从军人上道日计，满二十日。即临军征讨者，谓钲鼓相闻，指期交战，而稽期者，流三千里，经三日者斩。

若用舍从权，不拘此律（或应期赴难，违期即斩，或舍罪求功，虽愆不戮，如此之类，各随临时处断，故不拘常律）。疏议曰：推毂寄重，义资英略，阃外之事，见可即为。军中号令，理贵机速，用舍从权，务在成济。故注云，或应期赴难，违期即斩，或舍罪求功，虽愆不戮者，谓或违于军令，别求异功，或虽即愆期，拟收后效，或戮或舍，随事处断，如此之类，不拘此律。（《唐律疏议》，第258—259页）

是否依法判案：是。从阎虔福墓志中"为法受恶"记载可知，对其的惩罚是依法行事。

武周晚期至中宗神龙初(698—705)

044. 康随风诈病避军役案(拟判)

案例辑录

1 康随风一介庸人，名霑简点之色，而乃避其军役。
2 于是妄作患由：臂肘蹉跌，遂非真病；挛拳手腕，
3 乃是诈为。使人将谓非虚，遂乃放从丁例。此□
4 □知，匪独一人□事。推穷状情□露，将为□□
5 推索氏之能为。诘问其人，□答知无谬，两家皆成

6 矫妄,彼此并合入军。宜牒府知,收领讫上。又斩啜猾
7 狂,蚁居玄塞,拥数千之戎卒,劳万乘之徒
8 师。奉　敕伊、西二州,占募强兵五百,官赐未期至
9 日,私家借便资装。凭虚藏帛万余,既相知于
10 百里,虚无事　上之意,令乖臣子之心。彼此二人,罪
11 非轻小,齐楚之失,失在□□两家。更细推寻,
12 　　断。咨,智通白。

［吐鲁番阿斯塔那墓出土文书,73TAM193∶38(a)。《武周周智通拟判为康随风诈病避军役等事》,国家文物局古文献研究室、新疆维吾尔自治区博物馆、武汉大学历史系编:《吐鲁番出土文书》第 8 册,北京:文物出版社,1987 年,第 492—493 页。吴震主编:《中国珍稀法律典籍集成》甲编第 4 册《吐鲁番出土法律文献》,第 55—56 页］

案例解析

案情分析:该判为康随风身隶军籍,诈为患由,逃避军役,"使人"检验不实,以为其为真病,将其"放从丁例"。康随风和使人均触犯法律,但均坦承知过,因查实二人并"未废事",判以"并合入军"。

适用条款:《唐律疏议》卷 25《诈伪律》:381 诸诈疾病有所避者,杖一百;若故自伤残者,徒一年半(有避、无避,等。虽不足为疾残,而临时避事者,皆是)。疏议曰:诈疾病以避使役、求假之类,杖一百。若故自伤残,徒一年半,但伤残者,有避、无避,得罪皆同。即无所避而故自伤,不成残疾以上者,从不应为重。故注云:有避、无避,等。虽不足为疾残,而临时避事者,皆是。(《唐律疏议》,

第404页）

《唐律疏议》卷16《擅兴律》：236 诸临军征讨而巧诈以避征役（巧诈百端，谓若诬告人、故犯轻罪之类），疏议曰：临对寇贼，即欲追讨，乃巧诈方便，推避征役。注云：巧诈百端。或有诬告人罪，以求推对，或故犯轻法，意在留连，或故自伤残，或诈为疾患，奸诈不一，故云百端，不可备陈，故云之类。

若有校试，以能为不能，以故有所稽乏者，以乏军兴论。未废事者，减一等。主司不加穷核而承诈者，减罪二等；知情者，与同罪，至死者加役流。疏议曰：有所校试，谓临军之时，一艺以上，应供军用。军中校试，故以能为不能，以巧诈不能之故，于军有所稽违及致阙乏、废事者，以乏军兴论。故、失俱合斩。若于事未废，减死一等。主司不加穷核，主司谓应检勘、校试之人，不加穷研核实而承诈依信者，减罪人罪二等。知情者，谓知巧诈之情，并与犯者同罪，至死者加役流。未阙事者，流三千里。（《唐律疏议》，第261—262页）

是否依法判案：否。康随风诈病避役，触犯唐律征人巧诈避役条及诈伪律诈病及死伤条，依诈伪律，当杖一百，并仍入军。而使人检验不实，以为其为真病，将其"放从丁例"，亦为违律。按唐律之擅兴律，当减康随风罪二等定罪，即杖八十。此案中，二人坦承知过，因查实并"未废事"，判以"并合入军"，属轻判。

研究信息：孙继民：《敦煌吐鲁番所出唐代军事文书初探》，北京：中国社会科学出版社，2000年，第52—65页。张建一《〈唐律〉具文考述》认为：此则虚判实际上是当时在检点兵役时，行贿装病、百般规避的社会现实的反映。《资治通鉴》卷232唐德宗贞元二年八月条记载可证，其曰："武后以来，承平日久，府兵浸堕，为人所贱;百姓耻之,至蒸熨手足以避其役。"叶孝信、郭建主编:《中国法律史研究》,上海:学林出版社,2003年,第75页。又见张建一:《唐律实施考述》,杨一凡、尤韶华主编:《中国法制史考证》甲编第4卷《历代法制考·隋唐法制考》,北京:中国社会科学出版社,2003年,第147—148页。

中　宗

神龙元年(705)

045. 卢正道除洛州新安县令以县名犯父绵州长史卢安寿讳更任荥阳县令案

案例辑录

　　祖讳宝素,隋晋州别驾。考讳安□,绵州长史。……恩除洛州新安宰,以犯讳更荥阳。(括州□□□撰:《唐故中大夫□□国□州刺史卢府君(正道)神道碑》,《金石萃编》卷85,收《石刻史料新编》第1辑第2册,第1446页)

　　皇唐开元十四年十月廿六日,中大夫、使持节鄂州诸军事、守鄂州刺史、上柱国范阳卢君,卒于东都行修里第。……〔晋州别驾卢〕宝素生绵州长史安寿。安寿生鄂州刺史正道。……〔卢正道〕历洛州新安、荥阳二县令,蒲州司马,左授阆州司马、常州司马、晋州长史。……时年八十。夫人郑大,隋民部尚书善果之孙,皇广州长史玄度之女。(河南府洛阳县尉京兆苏良嗣撰:《大唐故中大夫使持节鄂州诸军事鄂州刺史上柱国范阳卢府君(正道)墓志铭并序》,《洛阳新获墓志续编》,第115、393页)

案例解析

案例内容：卢正道(647—726)除洛州新安(河南新安)县令，以县名犯父绵州长史卢安寿讳，更任荥阳(河南荥阳市)县令。

适用条款：《唐律疏议》卷10《职制律》：121 诸府号、官称犯祖、父名，而冒荣居之；祖父母、父母老疾无侍，委亲之官；即妄增年、状，以求入侍，及冒哀求仕者，徒一年(谓父母丧，禫制未除及在心丧内者)。疏议曰：府有正号，官有名称。府号者，假若父名卫，不得于诸卫任官，或祖名安，不得任长安县职之类。官称者，或父名军，不得作将军，或祖名卿，不得居卿任之类。皆须自言，不得辄受。其有贪荣昧进，冒居此官。祖父母、父母老、疾，委亲之官，谓年八十以上，或笃疾，依法合侍，见无人侍，乃委置其亲而之任所。妄增年、状，以求入侍者，或未年八十及本非笃疾，乃妄增年八十及笃疾之状。及冒哀求仕者，谓父母之丧，二十五月大祥后，未满二十七月，而预选求仕。从府号、官称以下，各合处徒一年。注云：谓父母丧，禫制未除。但父母之丧，法合二十七月，二十五月内是正丧，若释服求仕，即当不孝，合徒三年。其二十五月外、二十七月内是禫制未除，此中求仕，名为冒哀，合徒一年。若释去禫服而求仕，自从释服从吉之法。及在心丧内者，谓妾子及出妻之子，合降其服，皆二十五月内为心丧。(《唐律疏议》，第170—171页)

是否符合唐律规定：是。

神龙二年(706)

046. 驸马都尉、光禄卿王同皎召集壮士张仲之、宋之逊、祖延庆等谋于武后灵驾发日射杀武三思未遂案

案例辑录

　　君讳同皎,字同皎,琅耶临沂人也。……制尚皇太子第三女新宁郡主,□朝散大夫、行太子典膳郎。时则天皇帝春秋高,加□风疾,张易之及弟昌宗共利颠□,俱承先□,居中专制,朝右慑伏。……既诛易之等,奉则天于上阳宫。孝和皇帝即位,以公□复辟,于□□参天功于天地,拜右千牛将军。驸马者,琅耶郡开国公,实食封五百户,崇象路也。无何,除光禄卿,古者以德诏爵,以功诏禄,以能诏事,以人奠食,其斯之谓与!公虽地居勋戚,声华内外,……时德静郡王武三思怙宠专威,回天转日,寻冯不轨,贼□夷□,无君之心,昏逾孔□。公又阴赂死士,誓将屠之。其日事泄,翻致诬构,陷以大□,见害于都亭之南街。时夏台缧囚,联狱未弊,□与王公同日而死者,略有数人,□迩闻之,皆为流涕。……景云二年十月八日陪葬于定陵,葬事优厚官给。(《大唐故驸马都尉光禄卿赠左卫大将军王公(同皎)墓志铭并序》,《秦晋豫新出墓志搜佚续编》2册,第499页)

　　府君讳执一,字太初,弘农华阴人也。……中宗践祚,以佐命匡复勋,加云麾将军,迁右鹰扬卫将军……初为武三思所愬,出为常州刺史,后转晋州,又潜与王同皎图废韦氏,复贬沁州。久之,三思以无礼自及,府君许归侍京第。景龙四载,维帝念功,擢拜卫尉卿,还复勋爵,俄除剑州刺史。……以开元十四年正月二日遘疾,

薨于官舍,享年六十有五。(右庶子集贤学士贺知章撰:《大唐故金紫光禄大夫行郴州刺史赠户部尚书上柱国河东忠公杨府君(执一)墓志铭并序》,《唐代墓志汇编》,开元263,第1337—1338页)

〔神龙二年三月〕庚戌,杀光禄卿、驸马都尉王同皎。(《旧唐书》卷7《中宗本纪》,第141页)

〔神龙〕二年,光禄卿、驸马都尉王同皎以武三思与韦氏奸通,潜谋诛之。事泄,为三思诬构,言同皎将废皇后韦氏,彦范等通知其情。乃贬彦范为泷州司马、敬晖崖州司马、袁恕己窦州司马、崔玄暐白州司马、张柬之新州司马,并仍令长任,勋封并削。彦范仍复其本姓桓氏。(《旧唐书》卷91《桓彦范传》,第2930—2931页)

姚绍之,湖州武康人也。解褐典仪,累拜监察御史。中宗朝,武三思恃庶人势,驸马都尉王同皎谋诛之,事泄,令绍之按问而诛同皎。绍之初按问同皎,张仲之、祖延庆谋衣袖中发调弩射三思,伺其便未果。宋之逊以其外妹妻延庆,曰:"今日将行何事,而以妻为?"之逊固抑与延庆,且洽其心矣。之逊子昙密发之,乃敕右台大夫李承嘉与绍之按于新开门内。初,绍之将直尽其事。诏宰相李峤等对问,诸相惧三思威权,但俛俯,佯不问。仲之、延庆言曰:"宰相中有附会三思者。"峤与承嘉耳言,复说诱绍之,其事乃变。遂密置人力十余,命引仲之对问,至,即为绍之所擒,塞口反接,送狱中。绍之还,谓仲之曰:"张三,事不谐矣!"仲之固言三思反状,绍之命棒之而臂折,大呼天者六七,谓绍之曰:"反贼,臂且折矣,命已输汝,当诉尔于天帝!"因裂衫以束之,乃自诬反而遇诛。(《旧唐书》卷186下《酷吏下·姚绍之传》,第4851—4852页)

神龙二年,〔光禄卿王〕同皎以武三思专权任势,谋为逆乱,乃招集壮士,期以则天灵驾发引,劫杀三思。同谋人抚州司仓冉祖雍，具以其计密告三思，三思乃遣校书郎李俊上言："同皎潜谋杀三思后，将拥兵诣阙，废黜皇后。"帝然之，遂斩同皎于都亭驿前，籍没其家。临刑神色不变，天下莫不冤之。睿宗即位，令复其官爵。执冉祖雍、李俊，并诛之。初与同皎叶谋，有武当丞周憬者，寿州寿春人也。事既泄，遁于比干庙中，自刎而死。（《旧唐书》卷187上《王同皎传》，第4878页）

〔宋〕之问弱冠知名，尤善五言诗，当时无能出其右者。初征令与杨炯分直内教，俄授洛州参军，累转尚方监丞、左奉宸内供奉。易之兄弟雅爱其才，之问亦倾附焉。预修《三教珠英》，常扈从游宴。……及易之等败，左迁泷州参军。未几，逃还，匿于洛阳人张仲之家。仲之与驸马都尉王同皎等谋杀武三思，之问令兄子发其事以自赎。及同皎等获罪，起之问为鸿胪主簿，由是深为义士所讥。（《旧唐书》卷190中《文苑中·宋之问传》，第5025页）

王琚，怀州河内人。少孤，敏悟有才略，明天文象纬。以从父隐客尝为凤阁侍郎，故数与贵近交。时年甫冠，见驸马都王同皎，同皎器之。会谋刺武三思，琚义其为，即与周璟、张仲之等共计。事泄亡命，自佣于扬州富商家，识非庸人，以女嫁之，厚给以赀，琚亦赖以济。睿宗立，琚自言本末，主人厚赍使还长安。（《新唐书》卷121《王琚传》，第4331—4332页）

王同皎，相州安阳人，陈驸马都尉宽曾孙也。……长安中，尚太子女安定郡主，拜典膳郎。太子，中宗也。……主进封公主，拜同皎驸马都尉，迁光禄卿。神龙后，武三思烝浊王室，同皎恶之，与张仲之、祖延庆、周憬、李俊、冉祖雍谋，须武后灵驾发，伏弩射杀三思。会播州司兵参军宋之逊以外妹妻延庆，延庆辞，之逊固请，乃成昏。延庆心厚之，不复疑。故之逊子昙得其实。之逊兄之问尝舍仲之家,亦得其谋,令昙密语三思。三思遣俊上急变,且言同皎欲拥兵阙下废皇后。帝殊不晓,大怒,斩同皎于都亭驿,籍其家。同皎且死,神色自如。仲之、延庆皆死。憬遁入比干庙自刭,将死,谓人曰:"比干,古忠臣,神而聪明,其知我乎!后、三思乱朝,虐害忠良,灭亡不久,可干吾头国门,见其败也。"憬,寿春人。后太子重俊诛三思,天下共伤同皎之不及见也。睿宗立,诏复官爵,谥曰忠壮。诛祖雍、俊等。(《新唐书》卷191《王同皎传》,第5507—5508页)

〔武三思〕与宗楚客兄弟、纪处讷、崔湜、甘元柬相驱煽,王同皎、周憬、张仲之等不胜愤,谋杀之,为冉祖雍、宋之逊、李俊所白,皆坐死。(《新唐书》卷206《外戚·武三思传》,第5841页)

武三思干纪乱常,海内忿恚。张仲之、宋之逊、祖延庆等,谋于袖中发铜弩射之,伺便未果。之逊子昙知之,以告冉祖雍。祖雍以闻,则天敕宰臣与御史大夫李承嘉于新开门案问。诸相惧三思,但俛俛,佯不应仲之等。唯李峤独与承嘉耳语,令御史姚绍之密致力士七十余,引仲之对问。至则塞口反接,送于系所。绍之谓仲之曰:"张三,事不谐矣。"仲之固言三思反状,绍之命棒之而臂折。仲之大呼天子者七八,谓绍之曰:"反贼,我臂且折,当诉尔于天曹。"请裂汗衫与绍之,乃自诬反而族。(《大唐新语》卷12《酷忍第二十七》,第186页)

唐洛阳丞宋之逊,太常主簿之问弟,罗织杀驸马王同皎。初,之逊谄附张易之兄弟,出为兖州司仓,遂亡而归,王同皎匿之于小房。同皎,慷慨之士也,忿逆韦与武三思乱国,与一二所亲论之,每至切齿。之逊于帘下窃听之,遣侄昙上书告之,以希韦之旨。武三思等果大怒,奏诛同皎之党。兄弟并授五品官,之逊为光禄丞,之问为鸿胪丞,昙为尚衣奉御。天下怨之,皆相谓曰:"之问等绯衫,王同皎血染也。"诛逆韦之后，之逊等长流岭南。[（唐）张鷟撰：《朝野佥载·补辑》，北京：中华书局，1979年，第162页]

初，少府监丞弘农宋之问及弟兖州司仓之逊皆坐附会张易之贬岭南，逃归东都，匿于友人光禄卿、驸马都尉王同皎家。同皎疾武三思及韦后所为，每与所亲言之，辄切齿。之逊于帘下闻之，密遣其子昙及甥校书郎李悛告三思，欲以自赎。三思使昙、悛及抚州司仓冉祖雍上书告同皎与洛阳人张仲之、祖延庆、武当丞寿春周憬等潜结壮士，谋杀三思，因勒兵诣阙，废皇后。上命御史大夫李承嘉、监察御史姚绍之按其事，又命杨再思、李峤、韦巨源参验。仲之言三思罪状，事连宫壸。再思、巨源阳寐不听；峤与绍之命反接送狱。仲之还顾，言不已，绍之命榲之，折其臂。仲之大呼曰："吾已负汝死，当讼汝于天！"庚戌，同皎等皆坐斩，籍没其家。周憬亡入比干庙中，大言曰："比干古之忠臣，知吾此心。三思与皇后淫乱，倾危国家，行当枭首都市，恨不及见耳！"遂自刭。之问、之逊、昙、悛、祖雍并除京官，加朝散大夫。武三思与韦后日夜谮敬晖等不已，复左迁晖为朗州刺史，崔玄暐为均州刺史，桓彦范为亳州刺史，袁恕己为郢州刺史；与晖等同立功者皆以为党与坐贬。（《资治通鉴》卷208，唐中宗神龙二年三月，第6716—6718页）

案例解析

案情分析：神龙二年，光禄卿、驸马都尉王同皎因武三思与唐中宗韦皇后通奸，欲于武后灵驾发日伏弩射杀武三思。因事机不密，被多人泄密于武三思，因此，王同皎被武三思诬构将废韦皇后。侍中杨再思与吏部尚书李峤、刑部尚书韦巨源受制考按其狱。武三思诬构桓彦范、敬晖、袁恕己、崔玄暐、张柬之知情不报，五人均被贬为边远外州官。武三思又谮晋州刺史杨执一与王同皎图废韦氏,致其被贬为沁州刺史,从杨执一仅被贬官来看,当确属诬告。宋之问与其弟并授五品官,之逊为光禄丞,之问为鸿胪丞,宋昙为尚衣奉御。韦氏一党被诛后,宋之逊等方长流岭南。

适用条款:《唐律疏议》卷 17《贼盗律》:256 谋诸杀人者,徒三年;已伤者,绞。已杀者,斩;从而加功者,绞,不加功者,流三千里。造意者虽不行,仍为首(雇人杀者亦同)。疏议曰:谋杀人者,谓二人以上;若事已彰露,欲杀不虚,虽独一人,亦同二人谋法,徒三年。(《唐律疏议》,第 278 页)

《唐律疏议》卷 6《名例律》:55 称众者,三人以上。称谋者,二人以上(谋状彰明,虽一人同二人之法)。疏议曰:称谋者,贼盗律云,谋杀人者徒三年,皆须二人以上。(《唐律疏议》,第 115 页)

《唐律疏议》卷 23《斗讼律》总 341 条,参见 010 太尉同中书门下三品长孙无忌诬告吴王李恪参与房遗爱谋反案适用条款。

是否依法判案:否。驸马都尉王同皎召集壮士张仲之、祖延庆、宋之逊等,欲因则天灵驾发引之机谋杀武三思。事既泄,武三思诬告其欲废韦皇后。依律,谋杀人未果,最高徒三年,本案中,涉案诸人均被杀,王同皎等被斩,全家籍没。这属重判,严重违律。武三思还利用此案诬构桓彦范、敬晖、袁恕己、崔玄暐、张柬之知情不报,五人被贬为边州司马,晋州刺史杨执一被谮与王同皎图废韦氏,贬沁州刺史。诬告者武三思,依律,诬告谋反及大逆者,本案中,他却未受惩罚。此案为政治冤案。睿宗即位,令复王同皎官爵。

研究信息:周晉著《唐碑志研究(一):女子身份与生活部分》(收《古代历史文化研究辑刊》四编第 16 册,新北市:花木兰文化出版社，2010年，第17—18页）指出：按唐律，谋杀未伤只处以满徒，且仅倡议者须受重刑，余犯可依序免罪，本案判决明显不合于律。审案的御史大夫李承嘉、监察御史姚绍之、李峤等因为畏惧韦后及武三思的势力，不但没有详细审问，还将武三思之事扩大为黜后谋反，政治考虑影响法律判决，是典型的政治冤案。陈俊强《唐代前期流放官人的研究》（《中国古代法律文献研究》第8辑，2014年，第183、210页）指出：景云元年，越州长史宋之问、饶州刺史冉祖雍因党附韦、武被远逐，最终被赐死桂州。

神龙三年（707）

047. 节愍太子李重俊矫制发兵杀武三思父子案

案例辑录

公讳瑱，字良玉，赵郡赞皇人也。……国家崇方岳之寄，纳胤子于京师，以府君共理营丘，授公左卫司戈。求贤审官，虑非其任，改授左清道率府胄曹。而卫府初开，英寮是选，除公法曹，俄迁录事。马卿曳绶于梁国，吴质飞毫于陈苑。属王登明两（按：李重俊为太子），主贵臣迁，授太子斋师。神龙之中，王室多难，太子荐湖城之祸，宫寮遘庚园之责，贬公梧州司户。岁满，凶渠殄戮，区夏贞明，三老理青宫之冤，千秋讼白头之教，录资授怀州获嘉县令，转河南府陆浑县令。……以开元十年二月廿九日寝疾，终于洛阳县乐城里之私第，春秋三百卌八甲子（即58岁）。（《大唐故朝议郎行河南府陆浑县令上柱国李府君（瑱）墓志铭并序》，《唐代墓志汇编》，开元148，第1259页）

王讳千里，字仁，陇西成纪人也。神尧皇帝之曾孙，高宗天皇之犹子;实长吴嗣,别封郁林。……武三思因后族之亲,叨天人之位。罪浮于梁冀,谋深于霍禹。忠良钤口,道路以目。王志协青宫,精贯白日,虑彼鸩毒,斩兹枭镜。而萧墙伺隙,椒掖回天;翻闻戾园之祸,更甚长沙之酷。神龙四年七月五日遇害,春秋六十有二。(《大唐故左金吾卫大将军广益二州大都督上柱国成王(李千里)墓志铭并序》,《唐代墓志汇编》,景云 005,第 1119 页)

〔神龙三年〕秋七月庚子,皇太子重俊与羽林将军李多祚等,率羽林千骑兵三百余人,诛武三思、武崇训,遂引兵自肃章门斩关而入。帝惶遽登玄武楼,重俊引兵至下,上自临轩谕之,众遂散去,杀李多祚。重俊出奔至鄠县,为部下所杀。(《旧唐书》卷 7《中宗本纪》,第 144 页)

楚王智云,高祖第五子也。……〔智云嗣孙李福嗣〕子承况,神龙中为右羽林将军,与节愍太子同举兵,入玄武门,为乱兵所杀。(《旧唐书》卷 64《高祖二十二子列传·楚王李智云附李承况传》,第 2423 页)

〔李恪〕有子四人:仁、玮、琨、璄,并流于岭表。……又封仁为郁林县侯。永昌元年,授襄州刺史,不知州事。后改名千里,天授后,历唐、庐、许、卫、蒲五州刺史。……〔神龙〕三年,〔左金吾大将军成王李千里〕又领广州大都督、五府经略安抚大使。节愍太子诛武三思,千里与其子天水王禧率左右数十人斫右延明门,将杀三思党与宗楚客、纪处讷等。及太子兵败,千里与禧等坐诛,仍籍没其家,改姓蝮氏。睿宗即位,诏曰:"故左金吾卫大将军成王千里,保国安人,克成忠义,愿除凶丑,翻陷诛夷。永言沦没,良深痛悼。宜得旧班,用加新宠,可还旧官。"又令复姓。……璄,中兴初封归政郡王,历宗正卿,坐千里事贬南州司马,卒。(《旧唐书》卷 76《太宗

诸子列传·吴王恪附子李千里传》,第 2650—2651 页)

〔李敬玄〕子思冲,神龙初,历工部侍郎、左羽林军将军,从节愍太子诛武三思,事败见杀,籍没其家。(《旧唐书》卷 81《李敬玄传》,第 2756 页)

节愍太子重俊,中宗第三子也。……〔神龙〕二年秋,立〔李重俊〕为皇太子。……时武三思得幸中宫,深忌重俊。三思子崇训尚安乐公主,常教公主凌忽重俊,以其非韦氏所生,常呼之为奴。或劝公主请废重俊为王,自立为皇太女,重俊不胜忿恨。三年七月,率左羽林大将军李多祚、右羽林将军李思冲、李承况、独孤祎之、沙吒忠义等,矫制发左右羽林兵及千骑三百余人,杀三思及崇训于其第,并杀党与十余人。又令左金吾大将军成王千里分兵守宫城诸门,自率兵趋肃章门,斩关而入,求韦庶人及安乐公主所在。又以昭容上官氏素与三思奸通,扣阁索之,韦庶人及公主遽拥帝驰赴玄武门楼,召左羽林将军刘仁景等,令率留军飞骑及百余人于楼下列守,俄而多祚等兵至,欲突玄武门楼,宿卫者拒之,不得进。帝据槛呼多祚等所将千骑,谓曰:"汝并是我爪牙,何故作逆?若能归顺,斩多祚等,与汝富贵。"于是千骑王欢喜等倒戈,斩多祚及李承况、独孤祎之、沙咤忠义等于楼下,余党遂溃散。重俊既败,率其属百余骑趋肃章门,奔终南山,帝令长上果毅赵思慎率轻骑追之。重俊至鄠县西十余里,骑不能属,唯从奴数人,会日暮憩林下,为左右所杀。制令枭首于朝,又献之于太庙,并以祭三思、崇训尸柩。(《旧唐书》卷 88《中宗诸子列传·节愍太子重俊传》,第 2837—2838 页)

〔神龙〕三年秋,节愍太子起兵诛三思,元忠及左羽林大将军李多祚等皆潜预其事。太子既斩三思,又率兵诣阙,将请废韦后为庶人,遇元忠子太仆少卿昇于永安门,胁令从己。太子兵至玄武楼下，多祚等犹豫不战，元忠又持两端，由是不克，昇为乱兵所杀。中宗以元忠有平寇之功，又素为高宗、武后所礼遇，竟不以昇为累，委任如初。是时，三思之党兵部尚书宗楚客与侍中纪处讷等又执证元忠及昇，云素与节愍太子同谋构逆，请夷其三族，中宗不许。元忠惧不自安，上表固请致仕，手制听解左仆射，以特进、齐国公致仕于家，仍朝朔望。楚客等又引右卫郎将姚庭筠为御史中丞，令劾奏元忠，由是贬渠州员外司马。侍中杨再思、中书令李峤皆依楚客之旨，以致元忠之罪，唯中书侍郎萧至忠正议云当从宽宥。楚客大怒，又遣给事中冉祖雍与杨再思奏言："元忠既缘犯逆，不合更授内地官。"遂左迁思州务川尉。(《旧唐书》卷92《魏元忠传》，第2954页)

节愍太子既杀武三思，兵败，逃于鄠县，〔兵部尚书、同中书门下三品宗〕楚客遣使追斩之，仍令以其首祭三思及崇训丧柩。(《旧唐书》卷92《宗楚客传》，第2972页)

无何，〔郑惟忠〕守大理卿。节愍太子与将军李多祚等举兵诛武三思，事变伏诛。其诖误守门者并配流，将行，有韦氏党与密奏请尽诛之。中宗令推断，惟忠奏曰："今大狱始决，人心未宁，若更改推，必递相惊恐，则反侧之子，无由自安。"敕令百司议，遂依旧断，所全者甚多。(《旧唐书》卷100《郑惟忠传》，第3117—3118页)

节愍太子之杀武三思也，多祚与羽林大将军李千里等率兵以从。太子令多祚先至玄武楼下，冀上问以杀三思之意，遂按兵不战。时有宫闱令杨思勖于楼上侍帝，请拒其先锋。多祚子婿羽林中郎将野呼利为先军总管，思勖挺刃斩之，兵众大沮。多祚俄为左右所杀，并杀其二子，籍没其家。(《旧唐书》卷109《李多祚传》，第

3297页。《新唐书》卷110《李多祚传》所载与此略同,文字稍有不同,第4125—4126页)

三思既与韦庶人及上官昭容私通,尝忌节愍太子,又因安乐公主密谋废黜之。三年七月,太子率羽林大将军李多祚等,发左右羽林兵,杀三思及其子崇训于其第,并杀其亲党十余人。俄而事变,太子既死,中宗为三思举哀,废朝五日,赠太尉,追封梁王,谥曰宣。安乐公主又以节愍太子首致祭于三思及崇训灵柩前。睿宗践祚,以三思父子俱有逆节,制令斫棺暴尸,平其坟墓。(《旧唐书》卷183《外戚·武承嗣传》,第4736页)

重俊性明果,然少法度。既杨璬、武崇训为宾客,二人冯贵宠,无学术,惟狗马蹴踘相戏昵。……武三思挟韦后势,将图逆,内忌太子,而崇训又三思子,尚安乐公主,常教主辱重俊,以非韦出,詈为奴,数请废,自为皇太女。三年七月,重俊恚忿,遂率李多祚洎左羽林将军李思冲、李承况、独孤祎之、沙咤忠义,矫发左羽林及千骑兵杀三思、崇训并其党十余人,使左金吾大将军成王千里守宫城,自率兵趋肃章门,斩关入,索韦后、安乐公主、昭容上官所在。后挟帝升玄武门,宰相杨再思、苏瓌、李峤及宗楚客、纪处讷统兵二千余人守太极殿,帝召右羽林将军刘仁景等率留军飞骑百人拒之,多祚兵不得进。帝据槛语千骑曰:"尔乃我爪牙,何忽为乱?能斩贼者有赏。"于是士倒戈斩多祚,余党溃。重俊亡入终南山,欲奔突厥,楚客遣果毅赵思慎追之,重俊憩于野,为左右所杀。诏殊首朝堂,献太庙,并以告三思、崇训柩。(《新唐书》卷81《三宗诸子·节愍太子重俊传》,第3595页)

三思既私韦后,又与上官昭容乱,内忌节愍太子,即与主谋废之。太子惧,故发羽林兵围三思第,并崇训斩之,杀其党十余人。

(《新唐书》卷 206《外戚·武三思传》，第 5841 页）

案例解析

案情分析：神龙三年七月，武三思与中宗韦庶人及上官昭容私通，忌节愍太子，与安乐公主密谋废黜之。三思子武崇训尚安乐公主，常教主辱重俊，以非韦出，数请废太子，自为皇太女。太子重俊恚忿，率羽林将军李多祚、左金吾大将军成王李千里（647—708）等，矫发羽林千骑兵三百余人，杀三思及其子崇训于其第，并杀其亲党十余人，并索韦后、安乐公主、上官昭容所在。因千骑王欢喜等倒戈，斩李多祚及李承况、独孤祎之、沙吒忠义等于楼下，余党遂溃散。李重俊出奔至鄠县，为部下所杀，并杀其二子，籍没其家，东宫官员被贬，43 岁的太子斋师李瑱（665—722）被贬为梧州司户。太子兵败，李千里与与其子天水王李禧等坐诛，籍没其家，改姓蝮氏。魏元忠子魏昇被胁参加兵变，为乱兵所杀，武三思之党云其与节愍太子同谋构逆，因此致仕于家，后左迁思州务川尉。卫尉卿杨元琰因与李多祚厚善系狱，为萧至忠救免。中宗诏殊首朝堂，献太庙，并以告三思、崇训柩，其诖误守门者并配流。睿宗践祚，以三思父子俱有逆节，制令斫棺暴尸，平其坟墓。

适用条款：《唐律疏议》卷 17《贼盗律》总 248 条，参见 002 利州都督李孝常与右武卫将军刘德裕等谋反伏诛案适用条款。

是否依法判案：是。节愍太子李重俊矫制率李多祚、李千里等羽林将军，发兵杀武三思父子，并索韦后、安乐公主、上官昭容所在。诸人依律被斩，家口籍没。

研究信息：张建一《〈唐律〉具文考述》认为：此案中，魏元忠子魏昇参与李重俊谋反，依律谋反者之父当处绞刑，但中宗以魏元忠有功,且为高宗武后所重,故释不问。叶孝信、郭建主编:《中国法律史研究》,上海:学林出版社,2003年,第89页。又见张建一:《唐律实施考述》,杨一凡、尤韶华主编:《中国法制史考证》甲编第4卷《历代法制考·隋唐法制考》,北京:中国社会科学出版社,2003年,第164页。

景龙元年前(705—707)

048. 忠武将军守右武卫将军员外置同正员乙速孤行俨命昆弟之子令从为嗣案

案例辑录

公讳行俨,字行俨,本姓王氏,太原人也。五代祖有功于魏,始赐而氏焉,因居京兆之醴泉县。……神龙二年墨制授忠武将军守右武卫将军员外置同正员,特敕停南衙上下,专委北军事。……其岁夏中,遇病厅事,半体云废,经时未瘳。愿休摄于家庭,遂迟回于天阙,陈情拜疏,理切词殚。有感宸衷,特听致仕……而公素无息允,命昆弟之子令从为嗣,鞠育侔于己生,仕为太子通事舍人,坐外氏累左除溧州扶骧县令。……春秋七十有二,景龙元年十二月十五日,薨于大宁里第。(渝州刺史刘宪撰:《大唐故右武卫将军乙速孤府君(行俨)碑铭并序》,《全唐文》卷234,第2364—2366页)

案例解析

案例内容:忠武将军(正四品上,武散官)守右武卫将军(从三品)乙速孤行俨(636—707)无子,故命其弟之子乙速孤令从为后嗣。

适用条款：《唐律疏议》卷 12《户婚律》总 157 条，参见 038 宫闱令兼谒者监高延福以岭南冯盎曾孙为养子改其姓为高案适用条款。

是否符合唐律规定：是。忠武将军守右武卫将军乙速孤行俨无子，以其弟之子乙速孤令从为后嗣，属同宗于昭穆相当者，符合唐律收养养子的规定。

景龙三年(709)

049. 西州高昌县宁昌乡董毳头受太平乡竹甦连死退常田案

案例辑录

22 景龙三年十二月　日宁昌乡董毳头辞

23　太平乡大女竹 甦 连死退常田一段二亩城东廿里

　　东白永丰　西张未
　　南韩陶　　北渠

24 县司：毳头去年蒙给上件地充分，文案

25 分明，不 得 　　 凭推逐，请乞

　　〔中缺〕

26　　　　　〔前缺〕禾

　　〔中缺〕

45　　右件 　　

46　　　董毳头充分有实 　　

47 牒 件 检 如 前 仅 牒。

48　　　　景龙三年十二月　日佐赵　信□

49　　　　　付　司。睿宣　示

50　　　　　　　　廿　三　日

51　　　　　十二月廿三日录事┌─────┐

52　　□分谨辞。

53　　　　　付　司。睿宣　　示

54　　　　　　　　廿　四　日

55　　　十二月廿四日录事　孝

56　　　　　丞判主簿　　晏付

57　　　　　　　　连(?)。晏示

58　　　　　　　□□日

〔中缺〕

59　　　　　　　廿四日

122 大女竹甄┌──────┐城东廿里 东白永丰　西张未仁
　　　　　　　　　　　　　　　　南韩蒲桃　北渠

123　　〔前缺〕　　　　蒙　给　上　件　地　充

124　　〔前缺〕　　　　　　　　　准　□。

〔中缺〕

125　　　　　〔前缺〕廿一日行判

126　　　　　〔前缺〕检无稽失

127　　　　　丞判主簿自判

128 下宁昌等乡为追张┌─────┐

129 追董毳头为给口分地事

130 牒行案为□高屈富地事

〔中缺〕

141　董毳头□案

142 牒件状如前，牒至准状。□□

143 宁昌等乡主者件状如前，符到奉行。

144　　　　　景龙四年正月廿一日

〔中缺〕

145 景龙□□□

146 县司□□□

147 穷□□□

148　　　　景□□□

〔中缺〕

149　　文案分明，不得牒身，未牒无凭□□

150　　检案给牒者。依检案内上件地，去□□

151　　年十二月内，令注给董毳头充分有□□

152　　给案有凭，礼宜重牒。晏□□□

153　高屈富

154　　右得上件人辞称"户当第九，年老笃

155 〔前缺〕口分田地未蒙给受，□

156 〔前缺〕口　付　库　检　籍、□□

157 〔前缺〕二　〔后缺〕

158 〔前缺〕并　无　田　地　□□□

159 〔前缺〕须　准　式。晏□□

（吐鲁番阿斯塔那墓出土文书，75TAM239：9。《唐景龙三、四年间（公元七〇九至七一〇年）西州高昌县处分田亩案卷》，吴震主编：《中国珍稀法律典籍集成》甲编第 4 册《吐鲁番出土法律文献》，第 116、118—119、123—126 页。《唐景龙三年（公元七〇九年）十二

月至景龙四年(公元七一〇年)正月西州高昌县处分田亩案卷》,国家文物局古文献研究室、新疆维吾尔自治区博物馆、武汉大学历史系编:《吐鲁番出土文书》第 7 册,第 508、510—512、520—521 页)

案例解析

案情分析:景龙三年(709)十二月,西州高昌县(治新疆吐鲁番高昌故城)宁昌乡董毳头得受太平乡竹㔋连死退常田一段二亩充口分,但不得佃种(可能原佃人不肯让出),经勘属实。

是否符合情理:原件无最终判案结果,但事实清楚,且之前官府已经将太平乡竹㔋连死退常田给予宁昌乡董毳头充口分田,依理竹家人当归还。

研究信息:吴震主编《中国珍稀法律典籍集成》甲编第 4 册《吐鲁番出土法律文献》认为:原件虽残,计当符下宁昌等乡奉行。第 128 页。

中宗时期(705—710)

050. 汝州武兴县主簿敬昭道被使宣州讨贼释放妖讹贼钟大日等案

案例辑录

公讳昭道,字皎,河南缑氏人也。……解褐汝州武兴县主簿,被使宣州讨击妖讹贼钟大日等。公深谟远略,随事变通,玄关幽键,与时开合。明之以信,示之以威,而贼徒向风,罔不唯德。公乃手释其囚侣,解其桎梏,使各归乡党,别其宗亲。公先至惟扬,令其赴法。贼等相谓曰:敬公□□于吾侪特酌于人者,恩德若是,吾何忍欺之。及期,靡有不□,而皆伏其罪。寻秩满调选,转怀州获嘉县尉,寻转洛州王屋主簿,迁大理评事。时西戎叛唤,虔刘边邑,是时天子大□斯怒,亲齐六军,乃命凉州都督薛讷为前锋。公料其贼形,无庸必毙,乃抗表克日,请罢巡边。……以开元十三年九月十四日终于德懋里私第,春秋五十有三。(《唐故太子舍人敬府君(昭道)墓志铭并序》,《唐代墓志汇编》,开元222,第1310—1311页)

案例解析

案情分析:约中宗时期(705—710),①汝州武兴县(河南宝丰县)主簿敬昭道(673—725)被使宣州(安徽宣城市)讨击妖讹贼钟大日等,手释其囚侣,解其桎梏,使各归乡党,别其宗亲,然后赴扬州伏法。及期,诸人皆来伏罪。

适用条款:《唐律疏议》卷28《捕亡律》:466 诸主守不觉失囚者,减囚罪二等。若囚拒捍而走者,又减二等。皆听一百日追捕,限内能自捕得及他人捕得,若囚已死及自首,除其罪。即限外捕得及囚已死若自首者,各又追减一等。监当之官,各减主守三等。故纵者,不给捕限,即以其罪罪之。未断决间,能自捕得及他人捕得,

---

① 据敬昭道墓志所载,敬昭道任汝州武兴县主簿在薛讷任凉州都督之前,而《旧唐书》卷93《薛讷传》载薛讷卒于开元八年(720),年七十余,在致仕前充任凉州镇军大总管。可知敬昭道被使宣州讨伐钟大日之事至少发生在开元八年之前。又据《敬昭道墓志》载,敬昭道(673—725)释褐官为汝州武兴县主簿,被使讨伐钟大日后,"寻秩满调选,转怀州获嘉县尉,寻转洛州王屋主簿,迁大理评事"。其后擢拜监察御史、汴州尉氏县令,丁母忧后,授朝散大夫、行太子舍人,并于开元十三年卒于任上。而《大唐新语》卷4《持法第七》载:延和中(712),敬昭道任大理评事援赦文刊免沂州谋反错误连坐者400余人。根据上述,可以确定敬昭道释褐为汝州武兴县主簿是在唐中宗时期,也即此案的发生时间。

若囚已死及自首,各减一等。(谓此篇内监临、主司应坐,当条不立捕访限及不觉、故纵者,并准此法)。疏议曰:监当之官,谓检校专知囚者。即当直官人在直时,其判官准令合还,而失囚者,罪在当直之官,各减主守三等,谓减囚罪五等,囚若拒捍而走,得减囚罪七等之类。故纵者,不给捕限,谓主守及监当之官故纵囚逃亡者,并不给限捕访,即以其罪罪之者,谓纵死囚得死罪,纵流、徒囚得流、徒罪之类。未断决间,谓官当收赎者未断,死及笞杖者未决,能自捕得及他人捕得,若囚已死及自首,各减一等。注:谓此篇内监临、主司应坐,当条不立捕访限及不觉、故纵者,并准此法。(《唐律疏议》,第457—458页)

《唐律疏议》卷28《捕亡律》:465 诸被囚禁,拒捍官司而走者,流二千里;伤人者,加役流。杀人,斩;从者,绞。若私窃逃亡,以徒亡论(事发未囚而亡者,亦同)。疏议曰:被囚禁,不限有罪无罪,但据状应禁者,散禁亦同。拒捍官司而强走者,流二千里。伤人者,谓因拒捍伤主司及捕捉之人者,加役流。杀人者,斩;从者,绞。不至死者,依首从法。(《唐律疏议》,第457页)

是否依法判案:否。汝州武兴县主簿敬昭道出使宣州讨击妖讹贼钟大日等,手释囚徒,使各回乡别其宗亲,然后赴扬州伏法。此举有违唐律故纵囚徒的相关条款,依律,监临、主司故纵囚者,不给捕限,即以其罪罪之。未断决间,能自捕得及他人捕得,若囚已死及自首,各减一等。敬昭道故纵囚,但因在限内返回受刑罚,当以钟大日等罪人之罪减一等治罪,即处以流刑。本案中,武兴县主簿敬昭道未受到任何法律惩处,不符合唐律的相关规定,而是唐代以德化民,实行慈惠之政的体现。

武周长安年间至睿宗时期(701—712)

051. 宗正少卿、襄州都督韦令仪之妻在女婿卢某死后逼其女韦嘉娘改嫁案

案例辑录

　　夫人讳嘉娘,字贞休,京兆杜陵人也。……祖待价,吏部尚书、同中书门下三品、金紫光禄大夫、尚书右丞相、扶阳元公。父令仪,司门郎中、少府少监、银青光禄大夫、宗正少卿、襄州都督、扶阳肃公。夫人即第五女也。年甫十四,归卢氏焉。……执筐帚十载,育男子二人。并苗而不秀,冲幼丧尽。晚孕女子,生孩一月廿有四,而所天夭殁。三从无托,一志固留。闃寂因依,形影相吊。严慈哀茕是念,议图抑夺;夫人柏舟自誓,必死无移。援刀截耳,以露诚请。感通幽明,叶从所志。可以敦薄伪之行,可以变轻举之心。遂得上闻宸旒,用以光华简册。……以大唐开元十年岁次壬戌九月己巳朔十三日辛巳,遘疾终于万年县洪固乡里第,春秋卅有七。(《大唐故处士范阳卢府君故妻京兆韦氏(嘉娘)墓志并序》,《大唐西市博物馆藏墓志》中册,第444—445页)

案例解析

　　案例内容:宗正少卿、襄州都督韦令仪第五女韦嘉娘14岁出嫁范阳卢处士,婚后十年内生二子,均夭折。后生一女,但在其不足两月时,"所天夭殁",卢处士去世。韦嘉娘之母在女婿卢处士卒后,因担心女儿后半辈子太过孤单,强迫其改嫁,但韦嘉娘发誓守节,因为其以刀截耳,其母才不再逼女儿改嫁。

适用条款：《唐律疏议》卷 14《户婚律》总 184 条,参见 022 朝散大夫张良在己子张师卒后命儿媳晋氏改嫁孙氏案适用条款。

是否依法判案：是。宗正少卿、襄州都督韦令仪之妻在女婿卢某死后逼其女韦嘉娘改嫁。依律,夫丧服除而欲守志,非女之祖父母、父母而强嫁之者,徒一年。本案例中,韦嘉娘之母逼女改嫁,并不违律。从韦嘉娘墓志来看,其母出于好意,欲为女儿后半生着想,故使用强硬手段逼女改嫁,但韦嘉娘立志守节,发誓不嫁二夫,并用截耳这一自残方式表明决心,最后其母让步,不再逼其改嫁。

高宗至玄宗开元初(650—713)

052. 扬州祖籍宋里仁兄弟养母案

案例辑录

156 奉判:宋里仁兄弟三人,随(隋)日离乱,各在一所。里仁贯属甘州,弟为(美)贯属鄂县,美

157 弟处智贯属幽州,母姜元贯扬州不改。今三处兄弟,并是边贯,三人俱悉如军,

158 母又老疾,不堪运致,申省户部听裁。

159 昔随(隋)季道销,皇纲弛紊,四溟波骇,五岳尘飞。兆庶将落叶而同漂,

160 簪裾共断蓬而俱逝。但宋仁昆季,属此凋残,因而播迁,东西异壤。遂使

161 兄居张掖,弟住蓟门;子滞西州,母留南楚。俱沾边贯,俱入军团。各限宪章,

162 无由觐谒。瞻言圣善,弥凄冈极之心;眷彼友于,更轸陟

岗之思。悙悙老母,绝彼璠玙。

163 悠悠弟兄,阻斯姜被。慈颜致参商之隔,同气为胡越之分。抚事顺情,实抽肝胆。

164 方今又文明御历,遐迩乂安;书轨大同,华戎混一。唯兄唯弟,咸曰王臣;此州彼州,

165 俱沾率土。至若名沾军贯,不许迁移,法意本欲防奸,非为绝其孝

166 道。即知母年八十,子被配流,据法犹许养亲,亲殁方至配所。此则意存

167 孝养,俱显条章。举重明轻,昭然可悉。且律通异议,义有多途。不可

168 执军贯之偏文,乖养亲之正理。今若移三州之兄弟,就一郡之慈亲,庶子

169 有负米之心,母息倚闾之望。无亏户口,不损王徭。上下获安,公私允惬。移

170 子从母,理在无疑。

（P.3813V《判文》,《法藏敦煌西域文献》28 册,第 155 页。《P.3813 文明判集残卷》,刘俊文:《敦煌吐鲁番唐代法制文书考释》,第 447—448 页。《唐［公元七世纪后期？］判集》（伯 3813 号背）,唐耕耦、陆宏基编:《敦煌社会经济文献真迹释录》第 2 辑,北京:全国图书馆文献缩微复制中心,1990 年,第 607 页;并见唐耕耦主编:《中国珍稀法律典籍集成》甲编第 3 册《敦煌法制文书》,第 295—296 页。池田温:《敦煌本判集三种·唐判集》,载《中国法制史考证》丙编第二卷《魏晋南北朝隋唐卷》,第 509—511 页。陈尚君辑校:《全唐文补编》卷 130,北京:中华书局,2005 年,第

1601页。王斐弘:《敦煌法论》,第225—226页)

案例解析

案情分析:因隋朝末年离乱,宋里仁三兄弟分散,各在一处,到唐初均属边贯,俱悉入军,而母亲则一直在原籍扬州生活。因母老疾,不堪运致,申省户部意见。最终,户部判三兄弟回原籍。

适用条款:诸先有两贯,从边州为定,次从关内未定,又复从军府州为定。即俱是边州关内,俱军府州,从先贯为定。其于法不合分析,而因失乡分贯,应合户者,亦如之。(《唐令拾遗·户令第九》十七[开元七年][开元二十五年],第145页)

是否依法判案:否。出于方便侍奉老母,同时无亏户口,不损王徭的目的,户部判各在一处已入军籍的三兄弟回原籍,与母亲合户。依唐令,诸先有两贯,从边州为定。对本案的判决并不符合唐律有关规定。

研究信息:刘俊文《敦煌吐鲁番唐代法制文书考释》认为:此组判词写作上限为唐高宗永徽四年,下限为唐玄宗开元元年。并据判文中"方今文明御历"一语,判断判集当系初唐之作,有可能作于文明之时。第450—451页。唐耕耦主编:《中国珍稀法律典籍集成》甲编第3册《敦煌法制文书》,第309—310页。黄玫茵《编户管理的法制化》认为此例之合贯于赋役无损,于是被允许;但若合贯于赋役有损,是否允合贯还难定论。载高明士主编:《唐律与国家社会研究》,台北市:五南图书出版公司,1999年,第307页。朱海:《从判文看唐代的执法以情——以家庭关系为中心》,武汉大学中国三至九世纪研究所编:《魏晋南北朝隋唐史资料》18辑,武汉:武汉大学出版社,2001年,第71页。池田温《敦煌本唐判集三种》认为第 165 行"文明御历"中的"文明"系指睿宗的年号,从而认为该判集的制定以 7 世纪后半期较为稳当,并因此认为文中引用的律令应该是永徽律令。载《中国法制史考证》丙编第 2 卷《魏晋南北朝隋唐卷》,北京:中国社会科学出版社,2003 年,第 527 页。陈尚君辑校《全唐文补编》卷 130 则认为刘俊文意见"未尽允当。'文明御历'之类文句,为唐人文中习语,仅可视为泛称,未必即为特指"。北京:中华书局,2005 年,第 1601 页。李淑媛《争财竞产——唐宋的家产与法律》认为:宋礼仁兄弟能顺利由边境均给予合户,除了孝道的考虑外,关键在于合乎需不损及国库征收之王瑶为优先原则。北京:北京大学出版社,2007 年,第 27—28 页。王斐弘:《敦煌法论》,北京:法律出版社,2008 年,第 34—38 页。

053. 同宿主人加药闷乱豆其谷遂盗窃其资案(拟判)

案例辑录

71　　　　　　　　奉判:豆其谷遂本自风牛同宿,主人遂

72 邀其饮,加药令其闷乱,困后遂窃其资。所得之财,计当十匹。事发

73 推勘,初拒不承。官司苦加拷捽,遂乃挛其双脚,后便吐实,乃承

74 盗药不虚。未知盗药之人,若为科断?九刑是设,为四海之堤防;

75 五礼爰陈,信兆庶之纲纪。莫不上防君子,下禁小人,欲使六合同风,万

76 方攸则。谷遂幸沾唐化,须存廉耻之风,轻犯汤罗,自挂吞

舟之网。

77 行李与其相遇,因此蹔款生平。良宵同宿,主人遂乃密怀奸匿。

78 外结金兰之好,内包溪壑之心。托风月以邀期,指临泉而命赏。唉兹芳

79 酎,诱以甘言。意欲经求,便行酖毒。买药令其闷乱,困后遂窃其

80 资。语窃虽似非强,加药自当强法。始发犹生拒讳,肆情侮弄官

81 司。断狱须尽根源,据状便加拷捽,因拷遂挛双脚,挛后方始承赃。

82 计理虽合死刑,挛脚还成笃疾。笃疾法当收赎,虽死只合输铜,正赃与倍

83 赃,并合征还财主。按律云:犯时幼小,即从幼小之法;事发老疾,听依

84 老疾之条。但狱赖平反,刑宜折衷。赏功宁重,罚罪须轻。虽云十匹之

85 赃,断罪宜依上估。估既高下未定,赃亦多少难知。赃估既未可明,与夺

86 凭何取定?宜牒市定估,待至量科。

(P.3813V《判文》,《法藏敦煌西域文献》28 册,第 153—154 页。录文见《P.3813 文明判集残卷》,刘俊文:《敦煌吐鲁番唐代法制文书考释》,第 441—442 页;《唐[公元七世纪后期?]判集》(伯3813 号背),唐耕耦、陆宏基编:《敦煌社会经济文献真迹释录》第 2 辑,第 602—603 页;唐耕耦主编:《中国珍稀法律典籍集成》甲编

第3册《敦煌法制文书》,第290页;池田温:《敦煌本判集三种·唐判集》,载《中国法制史考证》丙编第2卷《魏晋南北朝隋唐卷》,2003年,第503—504页;王斐弘:《敦煌法论》,第16—18页)

案例解析

案情分析:同宿主人加药闷乱豆其谷遂,盗窃其资,得财十匹。在审讯过程中,挛同宿主人双脚,致其笃疾。判决该同宿主人输铜赎死,正赃与倍赃,均应征还豆其谷遂。

适用条款:《唐律疏议》卷19《贼盗律》:281 诸强盗(谓以威若力而取其财。先强后盗、先盗后强,等。若与人药、酒及食,使狂乱取财,亦是。即得阑遗之物,殴击财主而不还,及窃盗发觉,弃财逃走,财主追捕,因相拒捍,如此之类,事有因缘者,非强盗),疏议曰:强盗取人财,注云,谓以威若力,假有以威胁人,不加凶力,或有直用凶力,不作威胁,而劫掠取财者。先强后盗,谓先加迫胁,然后取财。先盗后强,谓先窃其财,事觉之后,始加威、力。如此之例,俱为强盗。若饮人药、酒,或食中加药,令其迷谬,而取其财者,亦从强盗之法。即得阑遗之物,财主来认,因即殴击,不肯还物,及窃盗取人财,财主知觉,遂弃财逃走,财主逐之,因相拒捍。如此之类,是事有因缘,并非强盗,自从斗殴及拒捍追捕之法。

不得财徒二年,一尺徒三年,二匹加一等,十匹及伤人者绞,杀人者斩(杀伤奴婢亦同。虽非财主,但因盗杀伤,皆是)。其持仗者,虽不得财,流三千里,五匹绞,伤人者斩。疏议曰:盗虽不得财,徒二年。若得一尺,即徒三年。每二匹加一等。赃满十匹,虽不满十匹及不得财,但伤人者,并绞,杀人者,并斩,谓因盗而杀、伤人者。注云:杀伤奴婢亦同。诸条奴婢多悉不同良人,于此杀伤奴婢，亦同良人之坐。虽非财主，但因盗杀伤，皆是，无问良贱，皆如财主之法。盗人若持仗，虽不得财，犹流三千里，赃满五匹合绞。持仗者虽不得财，伤人者斩，罪无首从。(《唐律疏议》，第 303—305 页)

《唐律疏议》卷 4《名例律》：30 诸年七十以上、十五以下及废疾，犯流罪以下，收赎(犯加役流、反逆缘坐流、会赦犹流者，不用此律，至配所免居作)；八十以上、十岁以下及笃疾，犯反、逆、杀人应死者，上请；盗及伤人者，亦收赎(有官爵者，各从官当、除、免法)；余皆勿论。(《唐律疏议》，第 62—65 页)

《唐律疏议》卷 4《名例律》：31 诸犯罪时虽未老、疾，而事发时老、疾者，依老、疾论。疏议曰：假有六十九以下犯罪，年七十事发，或无疾时犯罪，废疾后事发，并依上解收赎之法。七十九以下犯反、逆、杀人应死，八十事发，或废疾时犯罪，笃疾时事发，得入上请之条。八十九犯死罪，九十事发，并入勿论之色。故云，依老、疾论。(《唐律疏议》，第 66 页)

《唐律疏议》卷 4《名例律》：33 诸以赃入罪，正赃见在者，还官、主(转易得他物及生产蕃息，皆为见在)。疏议曰：在律，正赃唯有六色：强盗、窃盗、枉法、不枉法、受所监临及坐赃。自外诸条，皆约此六赃为罪。但以此赃而入罪者，正赃见在未费用者，官物还官，私物还主。转易得他物者，谓本赃是驴，回易得马之类。及生产蕃息者，谓婢产子、马生驹之类。

已费用者，死及配流，勿征(别犯流及身死者，亦同)；余皆征之(盗者倍备)。(《唐律疏议》，第 69—70 页)

是否依法判案：是。同宿主人加药闷乱豆其谷遂，盗窃其资，得财十匹，属于强盗。依贼盗律，得财达绢十匹及伤人者绞。同宿主人当处绞刑。本案例中，因审讯过程中，同宿主人双脚挛废，判其输铜赎死,正赃与倍赃均应征还豆其谷遂。

研究信息:《唐[公元七世纪后期?]判集》(伯 3813 号背),载唐耕耦主编:《中国珍稀法律典籍集成》甲编第 3 册《敦煌法制文书》,第 306—307 页。齐陈骏《读伯 3813 号〈唐判集〉札记》考察了此文书的年代以及所反映的唐代判案特点和内容等问题。指出该件文书里保存的十九道判词,是为写判案文书者作参考之用的范文,因为案中所涉及的人名,多为人们所熟悉的古代名人,有的案件只讲事例而没有具体的当事人,故可认为不是实际判案的文书,载《敦煌学辑刊》1996 年 1 期。陈永胜《敦煌吐鲁番法制文书研究》认为 P.3813 号《文明判集残卷》可能取材于现实,又加以虚拟润色而成,第 183—185 页。董念清:《从唐代的判集看唐代对法律的适用》,《社科纵横》1996 年 1 期。吴谨伎《论唐律"计赃定罪量刑"原则——以名例律之规定为主》认为依律主人理应处死刑,但因官司考讯时挛其双脚,可视同笃疾,允许收赎,可输铜抵罪,主人所盗之正赃及倍赃应还财主。判文作者引律判决,极为准确。载高明士主编:《唐代身份法制研究——以唐律名例律为中心》,台北:五南图书出版股份有限公司,2003 年,第 223—224 页。王斐弘:《辉煌与印证:〈敦煌文明判集残卷〉研究》,《现代法学》2003 年 4 期。王斐弘:《敦煌法论》,北京:法律出版社,2008 年,第 219—220 页。

054. 折冲杨师身年七十不请致仕案(拟判)

案例辑录

176 奉判:折冲杨师,身年七十,准令合致仕。师乃自比廉颇,云己筋力堪用,遂不□□□(请致仕)

177 □(款)言告得实。其男彦琮年廿一,又不宿卫。款云:患痔,身是残疾,不合宿卫。未知若□□

178 四十强仕,往哲之通规;七十悬车,前王之茂范。杨师职班通贵,久积寒暄;年迫桑榆,志□(下)

179 蒲柳。故可辞荣紫极,解袂衡门。何得自比廉颇,安居爵禄。苟贪荣利,意有□□(叨据),

180 钟鸣漏尽,夜行不息。宜依朝典,退守丘园。以状下知,勿令叨据,但师男彦琮,幸承父

181 荫,年余弱冠,尚隐檐间。托疾推延,不令侍卫。父既贪荣显职,已犯朝章;子

182 又规免王徭,更罹刑网。前冒后诈,罪实难容。款云:患痔不虚,冀欲图残疾。□(疾)

183 仍未验,真伪莫知。即欲悬科,恐伤猛浪。宜下本贯检勘,待实量科。

(《P.3813文明判集残卷》,刘俊文:《敦煌吐鲁番唐代法制文书考释》,第448页;《唐[公元七世纪后期?]判集》(伯3813号背),唐耕耦、陆宏基编:《敦煌社会经济文献真迹释录》第2辑,第608页;《唐[公元七世纪后期?]判集》(伯3813号背),唐耕耦主编:《中国珍稀法律典籍集成》甲编第3册《敦煌法制文书》,第296—297页。池田温:《敦煌本唐判集三种》,载《中国法制史考证》丙编第二卷《魏晋南北朝隋唐卷》,第511—512页;P.3813V《判文》,《法藏敦煌西域文献》28册,第156页)

案例解析

案情分析:折冲杨师贪荣显职,身年七十合当致仕,却称筋力

堪用,不请致仕。判令下本贯检勘查清真伪后,依法量科。

适用条款:诸职事官,年七十以上,听致仕。五品以上上表,六品以下申省奏闻。(《唐令拾遗·选举令第十一》十四[开元二十五年],第204页)

是否依法判案:是。折冲杨师贪荣显职,身年七十不请致仕,触犯唐代选举令。法官判决核查真伪后,对其行为依法科决。

武周至玄宗开元初(690—713)

055. 右金吾将军独孤思庄次女独孤氏夫亡后本宗欲夺其志将其再嫁案

案例辑录

夫人姓独孤,河南洛阳人。曾义顺,右光禄大夫。祖元恺,给事中。父思庄,右□(金)吾将军。夫人即将军之弟(第)二女也。家承教义,地袭勋华,曰日笃年,作嫔君子。……[夫丧后,]及本宗将欲夺志,乃剪发自誓,义不再适。贞节孤立,诚贯幽明。……春秋卅六,终以开元九年岁辛酉十月十一日,归祔葬于亡夫旧茔,礼也。(《大唐故鹰扬卫兵曹琅耶王府君故夫人河南独孤氏墓志铭并序》,《西安碑林博物馆新藏墓志汇编》中册,第328—329页)

案例解析

案情分析:鹰扬卫兵曹王府君亡后,其妻右金吾将军独孤思庄之女独孤氏(686—721)的本宗欲夺其志,将其再嫁。独孤氏剪发自誓,义不再适,其家人只得遵从其个人意志。

适用条款:《唐律疏议》卷14《户婚律》总184条,参见022朝散大夫张良在己子陪戎校尉张师卒后命儿媳晋氏改嫁孙氏案适用条款。

是否依法判案：是。

玄　宗

开元初(约713年或稍后)

056. 同州奉先县邑人发古冢盗古物案

案例辑录

　　先府君讳宪,字志平,族高氏,弱冠明经高第,补汴州参军、陕州司兵,尉万年一岁,宰郾城,考五载,许之襄城,数月同之蒲城。蒲城者,左辅之地也,开元始,睿宗崩,山则奉为园陵,邑则编为畿甸,复居奉先令。五岁,制为邓司马。一年迁遂长史,始进朝散大夫勋上柱国。三载奏课,除秦之别驾,□加朝请焉。到官视事累月而寝疾,有唐开元十五年岁丁卯春正月十日,弃背于郡之官舍,享年六十有五。嗣子盖。……理畿甸,①邑人有发古冢得奇物,半似铜铁,至十数种,磨则雕莹,巧妙殊绝,阴求致胾,竟不之受,悉分群下,罕留一焉,义也。(嗣子前乡贡进士高盖:《先府君(高宪)玄堂刻石记》,《唐代墓志汇编》,开元264,第1339页)

---

① 按:此畿甸,指前述奉先令,据《新唐书·地理志一》,同州蒲城县,开元四年更名为奉先县。

案例解析

案例内容：同州奉先县（陕西蒲城）有百姓发古冢得奇物，半似铜铁，至十数种之多，暗中献给奉先令高宪。高宪悉分其群下，自己一件不留。

适用条款：《唐律疏议》卷19《贼盗律》：277 诸发冢者，加役流（发彻即坐。招魂而葬，亦是）；已开棺椁者，绞；发而未彻者，徒三年。疏议曰：有发冢者，加役流。注云：发彻即坐。招魂而葬亦是。谓开至棺椁，即为发彻。先无尸柩，招魂而葬，但使发彻者，并合加役流。已开棺椁者，绞，谓有棺有椁者，必须棺椁两开，不待取物触尸，俱得绞罪。其不用棺椁葬者，若发而见尸，亦同已开棺椁之坐。发而未彻者，谓虽发冢而未至棺椁者，徒三年。

其冢先穿及未殡而盗尸柩者，徒二年半；盗衣服者，减一等；器、物、砖、版者，以凡盗论。（《唐律疏议》，第301页）

《唐律疏议》卷19《贼盗律》：282 诸窃盗，不得财笞五十，一尺杖六十，一匹加一等，五匹徒一年，五匹加一等，五十匹加役流。疏议曰：窃盗人财，谓潜形隐面而取。盗而未得者，笞五十。得财一尺，杖六十，一匹加一等，即是一匹一尺杖七十，以次而加，至赃满五匹，不更论尺，即徒一年。每五匹加一等，四十匹流三千里，五十匹加役流。其有于一家频盗及一时而盗数家者，并累而倍论。倍，谓二尺为一尺。若有一处赃多，累倍不加重者，止从一重而断，其倍赃依例总征。（《唐律疏议》，第305页）

是否符合唐律规定：否。同州奉先县某邑人发古冢得奇物十数种，触犯贼盗律。依律，发冢者，加役流。盗器、物、砖、版，以凡盗论。本案例中，该邑人盗得奇物十数种，价值不菲，若赃值五匹，至少徒一年，五十匹处加役流。奉先令高宪实际上没收了盗冢者所得之宝物并分给群下,但并未对盗窃行为进行处罚。

057. 都苑总监姬范之子姬义以姓声同唐玄宗李隆基讳改姓周案

案例辑录

君讳义,字敬本,其先邰国人也。自尧命弃为稷官,封之于邰,食邑于姬,故有姬姓焉。……开元初,以姓声同帝讳,遂改为周。……殆数十年,恨无禄及亲,耻有道不仕,乃投笔东洛,奉慰西戎,边烽罢虞,汗马入奏,遂因常调,拜相州录事。秩满,又授泾州阴盘县尉。……春秋六十五,以开元七年六月十五日,卒于洛阳私第,葬于北邙清风乡之原,礼也。(弟朝议郎行濮州鄄城县令姬敬友撰:《大唐故宣义郎行泾州阴盘县尉骑都尉周君(义)墓志铭并序》,《唐代墓志汇编》,开元312,第1372页)

案例解析

案例内容:开元初,都苑总监(从五品下,位于东都)姬范之子姬义(655—719)姓声同唐玄宗李隆基之名,改姓为周,时姬义已40余岁,他后来官至泾州阴盘(甘肃平凉市)县尉。

适用条款:《唐律疏议》卷10《职制律》:115 诸上书若奏事,误犯宗庙讳者,杖八十。口误及余文书误犯者,笞五十。疏议曰:上书若奏事,皆须避宗庙讳,有误犯者,杖八十。若奏事口误及余文书误犯者,各笞五十。

即为名字触犯者,徒三年。若嫌名及二名偏犯者,不坐(嫌名,谓若禹与雨、丘与区。二名,谓言征不言在,言在不言征之类)。疏议曰:普天率土,莫匪王臣,制字立名,辄犯宗庙讳者,合徒三年。

若嫌名者,则《礼》云禹与雨,谓声嫌而字殊;丘与区,意嫌而理别。及二名偏犯者,谓复名而单犯,并不坐,谓孔子母名征在,孔子云,季孙之忧不在颛臾,即不言征,又云,杞不足征,即不言在。此色既多,故云之类。(《唐律疏议》,第 165 页)

是否符合唐律规定:是。都苑总监姬范之子姬义姓声同唐玄宗李隆基名讳,并不违律。至唐玄宗开元初,姬义改姓为周,可能是出于谨慎起见,后来他官至泾州阴盘县尉。

开元七年(719)

058. 西州镇人盖嘉顺诉郝伏憙负钱案

案例辑录

　　开元七年四月　　日镇人盖嘉顺辞
　　　　同镇下等人郝伏憙 负钱壹阡文
　　府司:前件人去三月内,与嘉顺便上件钱,将前蒙司马判命就索,其人迁延与,既被将藏避,请乞处分,谨辞。

(2004 年阿斯塔那 396 墓出土。荣新江、李肖、孟宪实主编:《新获吐鲁番出土文献》上册,第 15 页)

案例解析

　　案情分析:开元七年(719)四月,西州(新疆吐鲁番市)镇人盖嘉顺诉郝伏憙负钱,司马判命就索,郝伏憙迁延,并将藏避,因此盖嘉顺再次起诉要求郝伏憙还钱。

　　适用条款:《唐律疏议》卷 12《户婚律》总 398 条,参见 005 洛州河南县张元隆、索法惠诉桓德琮典宅不付宅价案适用条款。

是否依法判案：是。

约唐高宗后期至唐玄宗前期(677—719)

059. 海州司马李君会双妻案

案例辑录

　　君讳君会，赵郡人也，太上老君之后。祖勖，父惠，并器宇淹通，风标迥拔，琴书纵志，礼乐居怀，道化一门，庆传后嗣。岂期运毕穷泉，翻及清居之叹，以开元九年十二月廿四日，时年八十二。夫人太原王氏，以开元七年十二月十五日，时年七十八。夫人渤海南氏，以开元廿四年四月十一日，时年七十四，并同终于河南县修善里之私第。有子三：孟僧大超，仲仁献，季仁寿。呜呼！秦医不理，膏肓之疾以成；齐客去瞻，腹膪之征将结。以开元廿四年十一月十五日合葬于河南县龙门乡龙门北洛水南之野。（《大唐故海州司马赵郡李公（君会）墓志铭并序》，《唐代墓志汇编续集》，开元150，第557页）

案例解析

　　案例内容：海州司马李君会(640—721)有妻太原王氏(642—719)、渤海南氏(663—736)，同时，由三人生卒年可知，李君会不可能在先娶妻王氏死后再娶南氏，当曾同时拥有两妻，时间约为渤海南氏嫁李君会(至早为她15岁时，即仪凤二年，677年)至李君会去世(719)。

　　适用条款：《唐律疏议》卷13《户婚律》总177条，参见021南阳白水人处士张潜两妻案适用条款。

是否符合唐律规定：否。海州司马李君会同时有妻太原王氏、渤海南氏双妻，有违唐律有妻不能更娶的规定，依律李君会当徒一年，并处与南氏离婚。本案例中，李君会与南氏显然并未离婚，还同年而终，并未受任何法律惩处。

开元十年(722)

060. 京兆人权梁山伪称襄王李重茂之子自称光帝与左右屯营官谋反案

案例辑录

〔开元〕八年，〔宋璟〕拜开府仪同三司，进爵广平郡开国公，策勋上柱国。狂竖权梁山构逆长安，有司深探其狱，敕公按覆。如京兆司录李如璧等百余家，皆以借宅假器，悉当连坐。公以婚姻假借，天下大同。至于京城，其例尤众。知情即是同反，无罪不合论辜。凶渠之外，一切原免，天下欣服焉。〔（唐）颜真卿撰：《有唐开府仪同三司行尚书右丞相上柱国赠太尉广平文贞宋公(璟)神道碑铭》，《金石萃编》卷97，收入《石刻史料新编》第1辑第3册，第1611—1612页〕

〔开元十年九月〕乙卯①夜，京兆人权梁山伪称襄王男，自号光帝，与其党权处璧，以屯营兵数百人，自景风、长乐等门斩关入宫城构逆。至晓兵败，斩梁山，传首东都。（《旧唐书》卷8《玄宗本纪上》，第184页）

〔兵部尚书李迥秀〕子齐损，开元十年，与权梁山等构逆伏诛，

---

① 据《新唐书》卷5《玄宗本纪》，当作己卯日。

籍没其家也。(《旧唐书》卷 62《李迥秀传》，第 2391 页)

明年，京兆人权梁山构逆伏诛，制河南尹王怡驰传往长安穷其枝党。怡禁系极众，久之未能决断，乃诏璟兼京兆留守，并按覆其狱。璟至，惟罪元谋数人，其余缘梁山诈称婚礼因假借得罪及胁从者，尽奏原之。(《旧唐书》卷 96《宋璟传》，第 3034 页)

〔开元〕十年，有京兆人权梁山伪称襄王男，自号光帝，与其党及左右屯营押官谋反。夜半时拥左屯营兵百余人自景风、长乐等门斩关入宫城，将杀〔京师留守〕志愔，志愔逾墙避贼。俄而屯营兵溃散，翻杀梁山等五人，传首东都，志愔遂以骇卒。(《旧唐书》卷 100《王志愔传》，第 3123 页)

权怀恩，雍州万年人，周荆州刺史、千金郡公景宣玄孙也。……侄楚璧，官至左领军卫兵曹参军。开元十年，驾在东都，楚璧乃与故兵部尚书李迥秀男齐损、从祖弟金吾淑、陈仓尉卢汸及京城左屯营押官长上折冲周履济、杨楚剑、元令琪等举兵反。立楚璧兄子梁山，年十五，诈称襄王男，号为光帝。拥左屯营兵百余人，梯上景风门，逾城而入，踞长乐恭礼门。入宫城，求留守、刑部尚书王志愔，不获。属天晓，屯营兵自相翻覆，尽杀梁山等，传首东都，楚璧并坐籍没。(《旧唐书》卷 185 上《良吏上·权怀恩传》，第 4798—4799 页)

〔开元十年九月〕己卯，京兆人权梁山反，伏诛。(《新唐书》卷 5《玄宗本纪》，第 129 页)

〔权〕楚璧，为左领军卫兵曹参军。玄宗在东都，楚璧乃与李迥秀子齐损、陈仓尉卢汸、左屯营长上折冲周履济等谋反，以兄子梁山诈为襄王子，号光帝，拥营兵百余夜入宫城，欲劫留守王志愔，不克。迟明，兵斩楚璧等，传首东都，籍其家。(《新唐书》卷 100《权

万纪传》,第 3940—3941 页)

京兆人权梁山谋逆,敕河南尹王怡驰传往按。牢械充满,久未决,乃命璟为京留守,覆其狱。初,梁山诡称婚集,多假贷,吏欲并坐贷人。璟曰:"婚礼借索大同,而狂谋率然,非所防亿。使知而不假,是与为反。贷者弗知,何罪之云?"平纵数百人。(《新唐书》卷 124《宋璟传》,第 4393 页)

开元九年,帝幸东都,诏〔王志愔〕留守京师。京兆人权梁山妄称襄王子,与左右屯营官谋反,自称光帝,夜犯长乐门,入宫城,将杀志愔,志愔逾垣走,而屯营兵悔,更斩梁山等自归,志愔惭悸卒。(《新唐书》卷 128《王志愔传》,第 4464 页)

〔开元十年九月〕已卯夜,左领军兵曹权楚璧与其党李齐损等作乱,立楚璧兄子梁山为光帝,诈称襄王之子(景云二年,重茂改封襄王),拥左屯营兵数百人入宫城,求留守王志愔,不获。比晓,屯营兵自溃,斩楚璧等,传首东都。志愔惊怖而薨。楚璧,怀恩之侄;齐损,迥秀之子也。壬午,遣河南尹王怡如京师,按问宣慰。……王怡治权楚璧狱,连逮甚众,久之不决;上乃以开府仪同三司宋璟为西京留守。璟至,止诛同谋数人,余皆奏原之。(《资治通鉴》卷 212,唐玄宗开元十年九月,第 6752 页)

案例解析

案情分析:开元十年九月,左领军卫兵曹参军权楚璧与故兵部尚书李迥秀男齐损、陈仓尉卢玢、左屯营长上折冲周履济等举兵谋反,立楚璧兄子梁山,诈称襄王李重茂之子,号为光帝,拥营兵百余夜入宫城,欲劫留守王志愔,不克。迟明,因屯营兵自相翻覆,尽杀梁山等,传首东都,楚璧、李齐损坐籍没。玄宗敕河南尹王怡驰传往按,牢械充满,久未决。梁山诡称婚集,多假贷,吏欲并坐贷人。京兆司录李如璧等百余家,皆以借宅假器,悉当连坐。宋璟受命京都留守,覆其狱,凶渠之外,一切原免,平纵数百人。

适用条款:《唐律疏议》卷 17《贼盗律》总 248 条,参见 002 利州都督李孝常与右武卫将军刘德裕等谋反伏诛案适用条款。

是否依法判案:基本是。此案先由河南尹王怡治狱,连逮甚众,久之不决;后以开府仪同三司宋璟为西京留守,止诛同谋数人,余皆奏原之。

开元十三年前(713—725)

061. 京兆少尹秦守一诬告殿中侍御史敬昭道致其被贬汴州尉氏县令案

案例辑录

公讳昭道,字皎,河南缑氏人也。……俄迁殿中侍御史。盗憎主人,人恶其上,时京兆少尹秦守一有不正于家,公欲纠而劾之,守一内诬厥愆,诣阙先奏。所司不之察,左迁公为汴州尉氏县令。……以开元十三年九月十四日终于德懋里私第,春秋五十有三。以其年十一月廿二日,归葬于河南河阴乡百乐里北原,礼也。(《唐故太子舍人敬府君(昭道)墓志铭并序》,《唐代墓志汇编》,开元 222,第 1310—1311 页)

案例解析

案情分析:开元前期,京兆少尹秦守一有不正于家,殿中侍御史敬昭道(673—725)欲纠而劾之,反为其诣阙先奏,诬告敬昭道。

结果,由于所司失察,敬昭道反由殿中侍御史被贬汴州尉氏(河南尉氏县)县令,而京兆少尹秦守一未受到任何惩处。

适用条款:《唐律疏议》卷 23《斗讼律》总 342 条,参见 042 右台侍御史魏探玄诬告兖州龚丘县令程思义赃污十万案适用条款。

是否依法判案:否,严重违律。京兆少尹秦守一恶人先告状,诬告殿中侍御史敬昭道,而所司失职不察,导致敬昭道被贬汴州尉氏县令,成为冤案。

开元中期(723—732)

062. 尚乘奉御卢全操迁邠州别驾以父名卢玢改泽州别驾案

案例辑录

君讳全操,字全操,涿郡范阳人也。……皇父承业,皇银青光禄大夫、尚书左、右丞、雍、洛二州长史,使持节同、并二州诸军事;父玢,皇银青光禄大夫、使持节虢、贝、绛三州刺史,并州长史,左屯卫将军;……公□业克崇,尤工词令,调高气笔,取与不杂。年十六,解褐右千牛备身……以考绩转尚乘奉御,又迁邠州别驾,以父讳改泽州别驾。(《太中大夫使持节房州诸军事房州刺史上柱国魏县开国子卢府君(全操)志铭并序》,《唐代墓志汇编》,开元 421,第 1447—1448 页)

案例解析

案例内容:尚乘奉御卢全操(682—735)迁邠州别驾,以父名卢玢,求改授,改任泽州别驾。

适用条款：《唐律疏议》卷10《职制律》总121条，参见045卢正道除洛州新安县令以县名犯父绵州长史卢安寿讳更任荥阳县令案适用条款。

是否符合唐律规定：是。尚乘奉御卢全操父名卢玢，迁转邠州别驾。依唐律规定，因邠州别驾冒犯父讳，需自言之，不能辄受。卢全操上言后，改授为泽州别驾。

开元二十年(732)

063. 幽州长史赵含章盗用库物被赐死案

案例辑录

公讳孚，字若虚，京兆杜陵人也。……始以门荫补皇庙寝郎中参吏曹，调仙州西平尉，才大任小，安卑效初，虽迹屈州县，而心尽戎旅。开元中，幽州节度赵含章特相器重，引摄渔阳县兼知判营田。属林胡不庭，皇赫斯怒，而幽州称天之罚，绝漠以讨，乃总徒率驭，负糗束甲，熊罴万族，辎軿千里，爰征假护，见推才略，遂转授公静塞军司马假绯鱼袋，始筹运帷幄，终折冲垣翰，卒使东胡歼夷，北房穷逐，赤地草薙，黄沙骨铺，虽任专将帅，盖力展裨辅，斯则公之效也。而赵将军凯奏未毕，诽书纵横，功归庙堂，身系下狱，对主吏以魂夺，援征骖而骨飞，尸僵路隅，名削勋府，部曲且死，占募何从。岂任安独存；逝虞卿偕去，适免所假，遂安初服。感栾生之义，哀赵氏之孤，扶血无依，吞声莫辩。怏怏终日，将成祸胎，悠悠苦思，奄缺中寿。虽生死恒理，诚今古所难，知己之分，未之有也。春秋五十一，启手足于河南乐城里之私第。……以开元廿年十一月十日属纩，至廿一日迁窆于邙山之后原，礼也。(《大唐故静塞军司马杜

府君(孚)墓志铭并序》,《唐代墓志汇编》,开元 360,第 1404—1405 页)

开元二十年三月,信安王祎与幽州长史赵含章大破奚、契丹于幽州之北山。五月戊辰,信安王献奚、契丹之俘,上御应天门受之。六月庚寅,幽州长史赵含章坐盗用库物,左监门员外将军杨元方受含章馈饷,并于朝堂决杖,流瀼州,皆赐死于路。(《旧唐书》卷 8《玄宗本纪上》,第 197—198 页。《册府元龟》卷 152《帝王部·明罚一》略同,第 1844 页)

开元二十年六月,赵含章坐赃巨万,杖于朝堂,流瀼州,道死。(《资治通鉴》卷 213,唐玄宗开元二十年六月,第 6917 页)

案例解析

案情分析:幽州(北京市)长史赵含章盗用库物,数额巨大,左监门员外将军杨元方受含章馈饷,皆于朝堂决杖,流瀼州(治广西上思县),赐死于路。赵含章所部静塞军(设置于北庭大都护府轮台县,即今新疆米泉县境)司马假绯鱼袋杜孚(682—732)亦因此受连累,半年后郁郁而终。

适用条款:《唐律疏议》卷 19《贼盗律》:283 诸监临、主守自盗及盗所监临财物者(若亲王财物而监守自盗,亦同),加凡盗二等,三十匹绞(本条已有加者,亦累加之)。疏议曰:假如左藏库物,则太府卿、丞为监临,左藏令、丞为监事,见守库者为主守,而自盗库物者,为监临、主守自盗。又如州县官人盗部内人财物,是为盗所监临。……注云,本条已有加者,亦累加之,谓监临、主守自盗所监主不计赃之物,计赃重者,以凡盗论加一等,即是本条已有加,于此又加二等。假有武库令自盗禁兵器,计赃直绢二十四。凡人盗者,二十匹合徒二年半;以盗不计赃而立罪名,计赃重者,加凡盗一等,徒三年;监主又加二等,流二千五百里。如此之类,是本条已有加者,亦累加之。(《唐律疏议》,第305—306页)

《唐律疏议》卷19《贼盗律》总282条,参见056同州奉先县邑人发古冢盗古物案适用条款。

是否依法判案:是。幽州长史赵含章盗用库物,左监门员外将军杨元方受含章馈饷,依律,诸监临、主守自盗及盗所监临财物者(若亲王财物而监守自盗,亦同),加凡盗二等,三十匹绞。本案中,赵含章、杨元方并于朝堂决杖,流瀼州,皆赐死于路。

开元二十四年(736)

064. 岐州郿县宋智在官侵夺私田案

案例辑录

59 判问宋智咆悖第廿九:

60 初资助防丁,议而后举。不是专擅,不涉私求。因人之辞,遂其

61 遗俗。务济公役,或慰远心。有宋智,众口之凶,惟下之蠹,

62 资其亲近,独越他人,且妄指麾,是以留问。判曰:

63 百姓彫残,强人侵食,今发丁防,其弊公私。昨以借便衣

64 资,长官不许。中得众人引诉,再三方可。如宋智阖门尽为

65 老吏,吞剥田地,其数甚多。昨乃兼一户人共一毡装,助其贫

66 防，不着百钱，乃投此状来，且欲沮（止也）。议，既善言不率，亦法语

67 不恭，怒气高于县官，指麾似于长吏。忝为职守，谁复许

68 然。宋智帖狱留问，毡装别求人助。

[P.2979 号《唐开元二十四年岐州郿县县尉判集》，《法国国家图书馆藏敦煌西域文献》20 册，第 309 页。录文见《唐开元二十四年九月岐州郿县县尉勋牒判集》(伯 2979 号)，唐耕耦、陆宏基编：《敦煌社会经济文献真迹释录》第 2 辑，第 618 页；《唐开元二十四年(七三六年)九月岐州郿县尉勋牒判集》(伯 2979 号)，唐耕耦主编：《中国珍稀法律典籍集成》甲编第 3 册《敦煌法制文书》，第 322 页；陈尚君辑校：《全唐文补编》卷 131，第 1607 页]

案例解析

案情分析：防丁系百姓服役烽火台，衣资亦须自备，家贫无力者，给予资助。而岐州郿县(陕西眉县)宋智吞剥田地，却不肯资助他人，反而扰乱秩序，指挥他人，出言不恭，被收监。

适用条款：《唐律疏议》卷 13《户婚律》：167 诸在官侵夺私田者，一亩以下杖六十，三亩加一等，过杖一百，五亩加一等，罪止徒二年半。园圃，加一等。疏议曰：律称在官，即是居官挟势。侵夺百姓私田者，一亩以下杖六十，三亩加一等，十二亩有余杖一百。过杖一百，五亩加一等，三十二亩有余，罪止徒二年半。园圃，谓莳果实、种菜蔬之所而有篱院者，以其沃塉不类，故加一等。若侵夺地及园圃，罪名不等，亦准并满之法。或将职分官田贸易私家之地，科断之法，一准上条贸易为罪。若得私家陪贴财物，自依监主诈欺。其官人两相侵者，同百姓例。即在官时侵夺、贸易等，去官

事发,科罪并准初犯之时。(《唐律疏议》,第 206 页)

《唐律疏议》卷 25《诈伪律》:368 诸对制及奏事、上书诈不以实者,徒二年;非密而妄言有密者,加一等(对制,谓亲见被问。奏事,谓面陈,若附奏亦是。上书,谓书奏特达。诈,谓知而隐欺及有所求、避之类)。疏议曰:对制,谓亲被顾问。奏事,谓面陈事由。若附他人而奏,亦同自奏之。上书,谓特达御所。此等若有诈不以实者,徒二年。……诈,谓知而隐欺,谓知事不实,故为隐欺,及有所求、避,或妄求功赏,或回避罪戾之类。若被官司责罚,情在咆哮,或有因斗忿争,欲相恐迫,口虽告密,问即不承,既无文牒入司,坐当不应为重。其有已陈文牒,问始承虚,或口称有密,下辩仍执,于后承妄者,并同未奏减一等,徒二年。(《唐律疏议》,第 392—393 页)

《唐律疏议》卷 6《名例律》总 45 条,参见 013 伊州镇人元孝仁、魏大帅造伪印等案适用条款。

是否依法判案:是。宋智阖门尽为老吏,吞剥田地,其数甚多,触犯户婚律在官侵夺私田相关条款,依律可处杖刑至徒二年半。又因咆哮公堂,触犯诈伪律对制及奏事、上书,诈不以条相关条款规定,依律,最高可科以杖刑一百。二罪俱发,以重者论,至少科罚在杖一百以上。本案中,郿县县尉对其暂予收监,基本符合唐律规定。

研究信息:薄小莹、马小红:《唐开元廿四年岐州郿县县尉判集(敦煌文书伯二九七九号)研究——兼论唐代勾征制》,北京大学中国中古史研究中心编:《敦煌吐鲁番文献研究论集》,北京:中华书局,1982 年。潘春辉:《P. 2979〈唐开元廿四年岐州郿县县尉牒判集〉研究》,《敦煌研究》2003 年 5 期,第 79、81—82 页。李功国主编：《敦煌莫高窟法律文献和法律故事》，兰州：甘肃文化出版社，2011年，第16—17页。

065. 岐州郿县朱本被诬牒上台使案

案例辑录

22　　　　　　　朱本被诬牒上台使台使第廿七：

23 初里正朱本据户通齐舜着幽州行。舜负恨至京，诣台讼朱

24 本隐强取弱，并或乞敛乡村。台使推研，追摄颇至。再三索上，

25 为作此申牒使曰：

26 此县破县，人是疲人。一役差科，群口已议，是何里正，能作过

27 非。如前定行之时，所由简送之日，其人非长大不可，非久

28 行不堪。在朱本所差，与　　敕文相合。类皆壮健，悉是老

29 行。简中之初，十得其四。余所不送，例是尪羸，不病不贫，即伤

30 即荐役者准　　敕不取，交贫者于法亦原。其中唯吕萬一人，

31 稍似强壮，不入过簿，为向陇州，且非高勋，又异取限。如齐舜

32 所讼，更有何非。或云遍历乡村，乞诸百姓。昨亦令人访问，兼

33 且追众推研，总无所凭，浑是虚说。至如州县发役，人间

34 难务。免者即无响无声，着者即称冤称讼。此摇动在乎

35 群小,政令何关有司。众证即虚,朱本何罪。昨缘此事,追
36 摄亦勤。廿许人,数旬劳顿,农不复理,身不得宁。忝是职
37 司,敢不衔恤,具状,牒上御史台推事使。

(P.2979《唐开元廿四年岐州郿县县尉判集》,《法国国家图书馆藏敦煌西域文献》20 册,第 308 页。录文并见唐耕耦、陆宏基编:《敦煌社会经济文献真迹释录》第 2 辑,第 616—617 页;唐耕耦主编:《中国珍稀法律典籍集成》甲编第 3 册《敦煌法制文书》,第 319—320 页。陈尚君辑校:《全唐文补编》卷 131,第 1606—1607 页)

案例解析

案情分析:岐州郿县(陕西眉县)里正朱本征发所部齐舜往幽州服役,齐舜不服遂诣御史台诉朱本征发无度,索要贿赂。御史台因诉事人举告,遣使赴地方州县办案,推事使在实地勘察和讯问证人后,断定齐舜所诉虚妄,朱本依敕征派赋役,无可指摘,而齐舜则因此承担诬告罪责。

适用条款:《唐律疏议》卷 23《斗讼律》总 342 条,参见 042 右台侍御史魏探玄诬告兖州龚丘县令程思义赃污十万案适用条款。

是否依法判案:当是。岐州郿县里正朱本征发所部齐舜往幽州服役,齐舜诣御史台诉朱本征发无度,索要贿赂。此案未有明确判决,但御史台已经遣使赴州县查清基本事实,当依诬告人之罪给予齐舜相应科罚。

研究信息:胡如雷:《两件敦煌出土的判牒文书所反映的社会经济状况》,《唐史论丛》第 2 辑,西安:陕西人民出版社,1987 年,第 53—79 页。潘春辉:《P.2979〈唐开元廿四年岐州郿县县尉牒

判集〉研究》,《敦煌研究》2003年5期,第78页。陈玺:《诣台诉事惯例对唐御史台司法权限的影响》,《湘潭大学学报》2011年1期。

066. 岐州鄜县防丁诉衣资不充欲取济官役案

案例辑录

38 许资助防丁第廿八:

39 初防丁竞诉,衣资不充,合得亲怜(当作邻)借助。当为准法无例,长

40 官不令。又更下状云,虽无所凭,旧俗如此。况某等往日并

41 资前人,今乃身行,即无后继。非唯取恨而去,亦恐不办

42 更逃。以故遂其所言,取济官役。判署曰:

43 频遭凶年,人不堪命,今幸小稔,俗犹困穷。更属征差,何

44 以供办。既闻倾年防者,必扰亲邻。或一室使办单衣,或数

45 人共出裌服。此乃无中相恤,岂为有而济赖。昨者长官见

46 说,资助及彼资丁,皆叹人穷,不堪其事,几欲判停此助,

47 申减资钱。不奈旧例先成,众口难抑。以为防丁一役,不请

48 官赐,只是转相资助,众以相怜。若或判停,交破旧法,

49 已差者即须逃走,未差者不免祇承。以是至再至三,

50 惟忧惟虑,事不获已,借救于人。既非新规,实是旧例。

51 亦望百姓等体察至公之意,自开救恤之门。一则仁义

52 大行,二固风俗淳古。天时亦因此而泰,水旱则何由以兴,

53 是事行之于人,益之以政,百姓何患乎辛苦,一境何忧乎

54 不宁。勋忝守下司,敢忘百姓,实由事不得已,理不合违。
55 亦望众人无以为憾。其应办衣资等户,衣服者最
56 精,故者其次,唯不得破烂及乎垢恶。仍限续得续纳,无
57 后无先,皆就此衙,押付官典。至今月廿日大限令毕。辄
58 违此约,或有严科。恐未遍知,因以告谕。仍牓示。

(P.2979《唐开元二十四年岐州郿县县尉判集》,《法国国家图书馆藏敦煌西域文献》20 册,第 308—309 页。录文并见唐耕耦、陆宏基编:《敦煌社会经济文献真迹释录》第 2 辑,第 617—618 页;唐耕耦主编:《中国珍稀法律典籍集成》甲编第 3 册《敦煌法制文书》,第 320—322 页;陈尚君辑校:《全唐文补编》卷 131,第 1607 页)

案例解析

案例内容:防丁诉衣资不充,往年为亲邻借助,恐不办,欲取济官役。岐州郿县(陕西眉县)县尉判仍维持旧例。

是否符合情理:是。

研究信息:唐耕耦主编《中国珍稀法律典籍集成》甲编第 3 册《敦煌法制文书》在注解中对防丁作了解释,第 327 页。潘春辉:《P.2979〈唐开元廿四年岐州郿县县尉牒判集〉研究》,《敦煌研究》2003 年 5 期,第 78—79 页。

开元二十八年(740)前后

067. 淮南道采访使李知柔以私怨匿和州水灾案

案例辑录

〔公〕讳无择,字无择。……擢拜和州刺史。公在郡,奉诏条,

恤人隐而已,不知其他。无何,水潦害农,公请蠲谷籍之损者什七八。时李知柔为本道采访使,素不快公之刚直,密疏诬奏,以附下为名,遂贬苏州别驾。老幼攀泣而遮道者数百人,信宿方得去。移曹州别驾。岁余,谢病归老于家。天宝十三载,正月二十一日,终于东都利仁里私第。……享年八十三。(白居易撰:《唐故通议大夫、和州刺史吴郡张公(无择)神道碑铭》,《白居易集》卷41《碑碣》,顾学颉校点,北京:中华书局,1979年,第906—907页)

案例解析

案情分析:开元末期,开元二十八年前后,[①]淮南道采访使李知柔因不满部下和州刺史张无择之刚直而匿和州水灾,并密疏诬告张无择附和偏袒下级,张无择由和州刺史(从三品)被贬为苏州别驾(从四品下)。

适用条款:《唐律疏议》卷13《户婚律》:169 诸部内有旱、涝、霜、雹、虫、蝗为害之处,主司应言而不言及妄言者,杖七十。覆检不以实者,与同罪。若致枉有所征、免,赃重者,坐赃论。疏议曰:旱,谓亢阳。涝,谓霖霪。霜,谓非时降霣。雹,谓损物为灾。虫、蝗,谓螟螽、蟊贼之类。依令:十分损四以上,免租;损六,免租、调;损七以上,课、役俱免。若桑、麻损尽者,各免调。其应损免者,皆主司合言。主司谓里正以上。里正须言于县,县申州,州申省,多者奏闻。其应言而不言及妄言者,所由主司杖七十。其有充使覆检不以实者,与同罪,亦合杖七十。若不以实言上,妄有增减,致

[①] 据《唐会要》卷69《县令》,开元二十八年六月,淮南道采访使李知柔奏:"县令考满,准格交付户口食粮。……"敕旨:"依奏。诸道亦宜准此。"可知,李知柔于开元二十八年前后任淮南道采访使,第1216—1217页。

枉有所征、免者,谓应损而征,不应损而免,计所枉征、免,赃罪重于杖七十者,坐赃论,罪止徒三年。既是以赃致罪,皆合累倍而断。(《唐律疏议》,第 207 页)

《唐律疏议》卷 23《斗讼律》总 342 条,参见 042 右台侍御史魏探玄诬告兖州龚丘县令程思义赃污十万案适用条款。

是否依法判案:否。淮南道采访使李知柔以私怨匿和州水灾,依唐律,李知柔至少当杖七十,最重可徒三年。本案例中,因李知柔密疏诬奏张无择上言灾害为附下之举,导致此案成为冤案,不仅灾民不获蠲免,张无择亦被贬为苏州别驾,李知柔却未受任何法律制裁。

开元后期(728—741)

068. 赠绵州刺史曹元裕以外甥康惠琳为嗣案

案例辑录

大历己未岁夏四月廿七日丁酉,遂葬于京兆府万年县龙首原,命我志之,从周礼也。公讳惠琳,本望敦煌康氏也。曾祖锃,秦州清德府果毅;祖澄芝,居高不仕;考宁,游击将军、邠州嘉阳府折冲;并以冕服威边,忠贞献主。公立身干蛊,智策纵横,体刚毅之姿,出酋豪之右。未韶龀,舅氏赠绵州刺史元裕见而奇之,毓为后嗣。礼均天属,遂称曹氏焉。义毕恩终,宜归本族,君子韪之。乾元初,起家拜延州延长府别将,次迁果毅都尉。广德岁,累迁折冲。二年秋,敕以宿卫功劳,勤于扞御,特授游击将军、守左领军卫翊府郎将、赐紫金鱼袋、上柱国。前后历五政崇班,圣朝牙爪也。然后志于道,游于艺,养正浮云。载五十四,逾知命之秋,遘疾不救,薨于通化里之私第。(章敬寺大德令名叙:《唐故游击将军守左领军卫翊府郎将上柱国曹府君(惠琳)墓版文》,《唐代墓志汇编续集》,大历041,第720页)

案例解析

案例内容:赠绵州刺史曹元裕初无子,遂以未龆龀的外甥康惠琳(726—779)为后嗣,将其改姓曹氏。后因其有了亲生之子,惠琳复归康氏本族。

适用条款:《唐律疏议》卷12《户婚律》:157 诸养子,所养父母无子而舍去者,徒二年。若自生子及本生无子,欲还者听之。疏议曰:依户令,无子者,听养同宗于昭穆相当者。既蒙收养,而辄舍去,徒二年。若所养父母自生子及本生父母无子,欲还本生者,并听。即两家并皆无子,去住亦任其情。若养处自生子,及虽无子,不愿留养,欲遣还本生者,任其所养父母。

即养异姓男者,徒一年;与者,笞五十。其遗弃小儿年三岁以下,虽异姓,听收养,即从其姓。疏议曰:异姓之男,本非族类,违法收养,故徒一年。违法与者,得笞五十。养女者不坐。其小儿年三岁以下,本生父母遗弃,若不听收养,即性命将绝,故虽异姓,仍听收养,即从其姓。如是父母遗失,于后来识认,合还本生,失儿之家量酬乳哺之直。(《唐律疏议》,第198—199页)

是否符合唐律规定:否。曹元裕以外甥康惠琳为后嗣,将其改姓曹氏,违反唐律户婚律不许收养异姓之子的规定,但似并未受到法律惩处。

开元时期(713—741)

069. 西州都督府处分阿梁诉卜安宝租佃其葡萄园违契寒冻不覆盖案

案例辑录

1 府司：阿梁前件萄，为男先安西镇，家无手力，去春租

2 与彼城人卜安宝佃。准契，合依时覆盖如法。其人至今

3 不共覆盖，今见寒冻。妇人既被下脱，情将不伏，请将不伏，请乞商

4 量处分。谨辞。

5 　　付　识　　□□勒　藏

6 　　盖　分　勿　重　□。

7 　　诸　如　小　事，便　即

8 　　与　夺　讫　申。济

9 　　示。

10 　　　　　十　三　日

（出土于吐鲁番哈拉和卓墓，收藏于中国科学院图书馆。黄文弼：《吐鲁番考古记》，图30，37页。[日]池田温著，龚泽铣译：《中国古代籍帐研究》，第232页。吴震主编：《中国珍稀法律典籍集成》甲编第4册《吐鲁番出土法律文献》，第244页）

案例解析

案情分析：开元时期，西州都督府（治新疆吐鲁番市高昌故城）阿梁因丈夫在安西镇戍守，家中无劳力，在去年春天将葡萄

园租与城人卜安宝佃种，准契，合依时覆盖如法。但今年天气寒冻，而卜安宝承租后"不共覆盖"，造成葡萄树冻伤。阿梁将被告告上了法庭，请求覆盖。司法官员济批示依契约，勒令藏盖。

适用条款：此案为经济纠纷，律无明文。

是否符合情理：是。阿梁状告卜安宝租佃其葡萄园，违契不依时覆盖，请求官府令被告覆盖。当地官府官员济批令被告藏盖，并指示下属，如以后有"诸如小事，便即与夺讫申"，下属可直接处理，不必实行诉讼程序。

研究信息：池田温：《唐代均田制をめぐつて》，《法制史研究》14，1964年11月，第49—71页。小口彦太：《中国土地所有法史序说——均田制研究のための预备的作业——》，《比较法学》9—1，1974年6月，第67—158页。孔祥星：《唐代前期的土地租佃关系——吐鲁番文书研究》，《中国历史博物馆馆刊》1982年4期，第49—68页。陈永胜：《敦煌吐鲁番法制文书研究》，第202页。沙知、孔祥星编：《敦煌吐鲁番文书研究》，兰州：甘肃人民出版社，1984年，第236—276页。刘俊文：《敦煌吐鲁番唐代法制文书考释》，第562—563页。李方：《唐西州长官编年考证——西州官吏考证（一）》，《敦煌吐鲁番研究》1，北京：北京大学出版社，1996年，第271—296页。郑显文：《律令体制下的唐代民事诉讼制度研究》，樊崇义主编：《诉讼法学研究》第8卷，北京：中国检察出版社，2005年，第436—437、446—447页。

070. 怀州河内县令王昇为子前乡贡明经王察娶河内人范如莲花怀为妾案

案例辑录

夫人姓范,讳如莲花怀,河内人也。……始以色事朝请大夫、行河内县令、上柱国琅邪王昇次子,前乡贡明经察。……以天宝三载闰二月十四日因□覆疮中风,终于河内之私第,春秋载卅七。(《大唐故范氏夫人(如莲花怀)墓志铭》,《金石萃编》卷86,《石刻史料新编》第1辑第2册,第1466页)

案例解析

案情分析:怀州河内县令王昇为子前乡贡明经王察娶河内(河南沁阳)人范氏,由"以色事"王察,可知范氏身份为妾,但王昇未受任何惩罚,其子与范氏亦未依唐律离婚。

适用条款:《唐律疏议》卷14《户婚律》:186 诸监临之官娶所监临女为妾者,杖一百。若为亲属娶者,亦如之。其在官非监临者,减一等。女家不坐。即枉法娶人妻妾及女者,以奸论加二等(为亲属娶者,亦同)。行求者,各减二等。各离之。(《唐律疏议》,第222页)

《唐律疏议》卷14《户婚律》:194 诸违律为婚,当条称离之、正之者,虽会赦犹离之、正之。定而未成,亦是。聘财不追,女家妄冒者追还。(《唐律疏议》,第227页)

是否依法判案:否。河内县令王昇为子前乡贡明经王察娶河内人范氏,触犯唐律监临之官枉法为亲属娶妻之条,依律,王昇当杖一百,其子王察与范氏当离婚。本案中,河内县令王昇未受任何惩罚,其子与范氏亦未依律离婚。

研究信息:周叁著:《唐碑志研究(一):女子身份与生活部分》,《古代历史文化研究辑刊》四编第16册,台北:花木兰文化出版社,2010年,第91页。

071. 西州都督府牒为张奉先田苗被赵悟那违法出卖案

案例辑录

张奉先

  右□上件人诉辞称:去开〔元〕〔后残〕

  与赵悟那,准法不合〔后残〕

  先元契在悟那处,去〔后残〕

  都督判付希违,据状〔后残〕

  麦苗是实。不见举〔后残〕

  今寻检文契知错,□〔后残〕

  明赵〔悟〕那甘心伏罪。谨连〔后残〕

  〔后缺〕

(吐鲁番哈拉和卓旧城出土,藏于中国历史博物馆,编号为K7683。黄文弼:《吐鲁番考古记》,中国科学院考古研究所编印,1954年,第45页,图45。)

案例解析

  案情分析:开元时期,[1]西州都督府(治新疆吐鲁番市高昌故

---

[1] 据1972年吐鲁番阿斯塔那七十八号墓出土4号文书"为唐开元二十八年土石下建忠赵伍那牒为访捉配交河兵张式玄事",此件中赵伍那,很可能就是本件中赵悟那。如此,将本件时间定为唐玄宗开元时期当问题不大。

城)张奉先租地与赵悟那,"准法不合"买卖,但赵"麦苗是实",经官府据状检勘,赵"今寻验文契知错"、"甘心伏罪"。

适用条款:《唐律疏议》卷13《户婚律》:166 诸妄认公私田若盗贸卖者,一亩以下笞五十,五亩加一等,过杖一百,十亩加一等,罪止徒二年。疏议曰:妄认公私之田称为己地,若私窃贸易或盗卖与人者,一亩以下笞五十,五亩加一等,二十五亩有余杖一百。过杖一百,十亩加一等,五十五亩有余,罪止徒二年。贼盗律云,阑圈之属,须绝离常处;器物之属,须移徙其地。虽有盗名,立法须为定例。地既不离常处,理与财物有殊,故不计赃为罪,亦无除、免、倍赃之例。妄认者,谓经理已得。若未得者,准妄认奴婢、财物之类未得法科之。盗贸易者须易讫,盗卖者须卖了。依令,田无文牒辄卖买者,财没不追,苗、子及买地之财并入地主。(《唐律疏议》,第205—206页)

是否依法判案:当是。赵悟那承认非法出卖其所租张奉先之土地,依律,妄认公私田若盗贸卖者,一亩以下笞五十,五亩加一等,过杖一百,十亩加一等,罪止徒二年,赵悟那认罪,当依法判案。

研究信息:饶宗颐主编,陈国灿著:《吐鲁番出土唐代文献编年》,台北:新文丰出版公司,2002年,第283页。

072. 沧州刺史张之辅在水灾后擅自开仓救济饥民案

案例辑录

公讳之辅,字□□,南阳白水人也。……考仁愿,皇兵部尚书、同中书门下三品、韩国公、赠特进,谥曰成烈公。……迁沧州也,咸怀惠爱,复立碑祠。属濒海水灾,连□粟贵,人负子,舟乘城。公以奏报历时,幼艾蒙袂。请以一身之罪,庶解万人之悬,乃开仓救之。

飞章列之,优诏允纳,并赐衣一副,迁太子少詹事、上柱国,袭韩国公。(前陈州刺史江夏李邕撰:《唐故太子少詹事张公(之辅)墓志铭并序》,赵君平、赵文成编:《河洛墓刻拾零》,北京:北京图书馆出版社,2007年,第277页)

案例解析

案情分析:开元时期,[1]前兵部尚书同中书门下三品张仁愿(卒于714年)之子沧州刺史张之辅,在水灾后擅自开仓救济饥民,但皇帝特下诏褒奖,并从地方官迁为朝官。

适用条款:《唐律疏议》卷15《厩库律》:212 诸监临、主守以官物私自贷若贷人及贷之者,无文记,以盗论;有文记,准盗论(文记,谓取抄、署之类)。立判案,减二等。疏议曰:监临、主守,谓所在之处,官物有官司执当者,以此官物私自贷若将贷人及贷之者,此三事无文记,以盗论;有文记,准盗论。文记,谓取抄、署之类,谓虽无文案,或有名簿或取抄及署领之类,皆同。无文记,以盗论者,与真盗同。若监临、主守自贷,亦加凡盗二等。有文记者,准盗论,并五匹徒一年,五匹加一等。立判案,减二等,谓五匹杖九十之类。

即充公廨及用公廨物,若出付市易而私用者,各减一等坐之(虽贷亦同。即主守私贷,无文记者,依盗法)。(《唐律疏议》,第244—245页)

《唐律疏议》卷19《贼盗律》总282条,参见056同州奉先县邑人发古冢盗古物案适用条款。

是否依法判案:否,严重违律。沧州刺史张之辅擅自开仓救

---

[1] 杨晓、吴炯炯《〈唐刺史考全编〉补正(二)》认为张之辅在沧州任刺史的时间在唐玄宗开元中,《甘肃社会科学》2011年第1期,第174—175页。

济水灾饥民,依律,监临、主守以官物私自贷准盗论,处以从答至加役流,五匹徒一年,五十匹加役流。因是开仓赈济灾民,擅贷粮食数量必不会少,至少当处徒以上刑,但玄宗特下诏褒奖张之辅,并将其从地方官迁为朝官。

天宝二年(743)

073. 西州勘检仓史汜忠敏侵占仓物案

案例辑录

(一)

〔前缺〕

1〔上缺〕是从政等 ☐☐☐

2〔上缺〕本色蹹被汜敏独 自 ☐☐

3〔上缺〕屈苦,汜敏等身并见在,望乞 勘 ☐☐

4〔上缺〕状 如 前 仅 牒。

5　　　　　　　天宝二年二月　日前仓史雷思彦

6　　　　　　　　　　前仓督张从政 何思忠

7　　　　　　　帖追汜忠敏对问珎〔下缺〕

〔后缺〕

Ast. Ⅲ. 3. 015　　　Ma267

(二)

1 仓史汜忠敏

2 右件人先将已知 ☐☐☐

3 赤亭馆牒,盗与☐ ☐☐

4 取本䴬入己，去天☐

5 不虚，蒙判䴬征汜☐

6 牒汜敏☐

　　〔后缺〕

Ast.Ⅲ.3.022　　　　　Ma265

　　　（三）

1〔上缺〕　　案内乃无牒☐

2〔上缺〕　入䴬五十石送狼井馆，脚出高昌☐

3〔上缺〕　德子领送，据其月日，是从政等当☐

4 ☐☐忠敏偷牒仓付历与新人入破数，本色䴬被汜

5 敏独自办将入己，债负摊征从政等，情将屈苦。汜敏

6 等身☐　　　　勘问处分。

　　〔后缺〕

Ast.Ⅲ.3.033　　　　　Ma266

　　　（四）

1〔上缺〕　可与即速对定，连状同来者。但承前例

2〔上缺〕　人应勾纸笔，众人供给案纸贰佰以下，次纸

3〔上缺〕伯张，状伯张已来，即足粮食一两石，亦有一升不得

4〔上缺〕　用练两匹，三匹，不过四匹。今汜敏广破数☐

5 论当，已于邓方取练十匹；杨师住处☐

6 笔当时供送，计总不损〔下缺〕

7 请不摊征诸〔下缺〕

8 贯☐〔下缺〕

　　〔后缺〕

Ast.Ⅲ.3.032　　　　　Ma269

（五）

〔前缺〕

1 〔上缺〕□□
2 〔上缺〕据氾敏所破，并在□□□
3 〔上缺〕问邓方、杨住即知虚实。谨
4 〔上缺〕件　状　如　前，仅　牒。
5 　　　　　　　　　　天宝
6 　　　　　　　　　　问邓

〔后缺〕

Ast. Ⅲ. 3. 014　　　　　　Ma268

（六）

〔前缺〕

1 　〔上缺〕勾会支供，宁
2 　可勒同均出。欠踏
3 　氾敏实用，即须氾
4 　敏独知。纸笔□
5 　□□用，多须

〔后缺〕

Ast. Ⅲ. 3. 030　　　　　　Ma270

（七）

〔前缺〕

1 　□□右件练□
2 　案用充纸笔，
3 牒件状如前，谨　□
4 　　　　天宝二年

〔后缺〕

Ast.Ⅲ.3.016　　　　　　Ma271

(阿斯塔那三区 3 号墓出土。陈国灿:《斯坦因所获吐鲁番文书研究(修订本)》,第 215—221 页)

案例解析

案情分析:天宝二年(743),以西州都督府(治新疆吐鲁番市高昌故城)前仓督张从政为首的仓官们,与仓史汜忠敏之间,围绕仓物破除额的责任问题,展开激烈的争辩。都司调查后,勾会支供部分"勒同均出",共同承担责任。而汜忠敏实用的欠踏(马料,指青麦、粟一类粮食)由其独自归还。

适用条款:《唐律疏议》卷 19《贼盗律》总 283 条,参见 063 幽州长史赵含章盗用库物被赐死案适用条款。

是否依法判案:基本是。

研究信息:陈国灿:《斯坦因所获吐鲁番文书研究(修订本)》(武汉大学出版社,1997 年,第 215—221 页)为此案例拟标题为《唐天宝二年(公元七四三年)交河郡勘检仓史汜忠敏侵占仓物案卷》。

天宝三载(744)

074. 长安令柳升坐赃被杀其举荐者高平太守韩朝宗被贬吴兴别驾案

案例辑录

公讳朝宗,字某。本出昌黎,今为京兆人也。……父讳思复,御史大夫、太子宾客,进封常山县伯。……公即长山府君之长子也……顷坐营谷口别业贬高平太守。又坐长安令有罪,贬吴兴郡别驾。诸葛田园,未启明主;华阴倾巧,卒败名儒。天宝九载六月二十一日,寝疾薨於官舍,享年六十有五。(王维撰:《大唐吴兴郡别驾前荆州大都督府长史山南东道采访使京兆尹韩公(朝宗)墓志铭》,《全唐文》卷 327,第 3315—3316 页)

〔天宝三载五月〕戊寅,长安令柳升坐赃,于朝堂决杀之。(《旧唐书》卷 9《玄宗本纪下》,第 218 页)

〔天宝〕三载,长安令柳升以贿败。初,韩朝宗为京兆尹,引升为京令。朝宗又于终南山下为苟家觜买山居,欲以避世乱。玄宗怒,敕锹推之,朝宗自高平太守贬为吴兴别驾。(《旧唐书》卷 105《王锹传》,第 3229 页)

案例解析

案情分析:长安令柳升坐赃被杀,其举荐者韩朝宗由高平太守贬为吴兴别驾。

适用条款:唐律中无相关规定,但是由皇帝通过诏令方式发布了举主连坐法律。

是否依法判案:是。

研究信息:彭炳金:《论唐代官吏职务连坐法律制度》,《人文杂志》2004 年 5 期。

天宝七载或之前几年(742—748)

075. 东平郡巨野县令李璀岁凶发廪擅贷案

案例辑录

公讳璀,字璀。……祖文礼,皇朝侍御史、尚书刑部员外郎、扬州大都督府司马；父明允，太中大夫淄州长史，衣冠旧地，儒学门业。……弱冠以门子宿卫出身，选授右司御率府仓曹参军，中年出摄汉州金堂县丞，又改汝州鲁山县丞，满授亳州司士参军，复改东平郡巨野县令。岁凶，哀其鳏寡，发廪擅贷。朝廷贤汲黯之仁政，寝有司之简书，其后吏有不谨于法，公当青师之罪，贬武陵郡武陵县丞。……以天宝七载九月十六日终于武陵，养年七十有二。（朝请郎行河南府洛阳县丞韦应物撰：《大唐故东平郡巨野县令丘顿李府君（璀）墓志铭并序》，《唐代墓志汇编》，永泰003，第1758页）

案例解析

案情分析：东平郡巨野县令李璀（677—748）岁凶时，发廪擅贷，"朝廷贤汲黯之仁政，寝有司之简书"。即朝廷默许了其做法，并未对其加以治罪。其后，因下吏守法不严，李璀被贬武陵郡武陵县丞。

适用条款：《唐律疏议》卷15《厩库律》总212条，参见072沧州刺史张之辅在水灾后擅自开仓救济饥民案适用条款。

《唐律疏议》卷19《贼盗律》总282条，参见056同州奉先县邑人发古冢盗古物案适用条款。

是否依法判案：否。巨野县令李璀逢岁凶，发廪擅贷，依律，监临、主守以官物私自贷准盗论，五匹徒一年，五十匹加役流。因是开仓赈济灾民，擅贷粮食数量必不会少，至少当处徒以上刑。本案中，玄宗因李璀行仁政，对其做法未予追究，未对其进行任何惩罚，根据情况对此事予以灵活处理。

天宝十五载(756)

076. 左领军卫胄曹参军王佀任燕政权伪职案

案例辑录

维大历十四年太子左赞善大夫王公终于东都私第,春秋六十有六。嗣子河南府参军素,以建中元年二月廿五日葬于洛阳三川郡之南原。……公讳佀,字敬祖,琅邪临沂人也。……祖弘,皇朝散大夫、洪州司马,考崇古,中大夫、深州长史。……以生天宝初,进士登科,晋宋州襄邑县尉,天朝以此官为士之初袟。采访使李公彦允奏充支使,以优选授左领军卫胄曹参军。后使郭纳表请如前职,其奉事以广平称。十四年,禄山叛于幽都,兵及二京,胡臣衣冠,戮辱寇庭。公逃居陆浑南山,凶徒大搜山泽,不从逆命者,诛无遗类。公慷慨激愤,陷于迫胁,勒充萧华判官、河北道宣慰。后元凶殪于都城。其明年,大司徒、汾阳王奉肃宗皇帝龚行天罚,克清关中,暨于东夏。禄山子庆绪走保相州,又为所胁受职,乃与友人邵说间行诣史思明于幽州。时思明以所部归降,而公得以投焉。朝廷嘉其忠节,诏拜东宫文学。后思明潜谋大逆,引兵趣邺城杀庆绪,遂惊王师,济河而南。公苍黄于戎马之间,不得奔去,卒为所执。胡人以专杀为威。而公以死无所益,不若受职而图之,外虽缨縻,内守忠鲠,奋行阴谋,潜表国朝。其欲有所攻取,无不沮议。宝应初,大军临东都,思明子朝义将保河阳,决谋于公。公虑其凭险守固,矫陈利害,贼竟奔走,而官军整行。上闻,召至阙下,拜襄王友,又除侍御史。汾阳王表授尚书司门郎兼河东县令,迁金部郎中,领河东少尹。莅官多能。诏居中朝,累拜驾部、考功、吏部三郎中，佐于天官。……太夫人源氏居陆浑，以春秋高，每岁归宁，视寝膳不如常，其忧见于色。竟以勤劳遘疾，十四年五月五日，终于太夫人之内寝，享年五十有三。（河阳主簿刘复撰：《唐故太子赞善大夫赐绯鱼袋琅耶王公（伷）墓志铭并序》，《秦晋豫新出墓志搜佚续编》第4册，第904—905页）

案例解析

案例内容：天宝末，安禄山反于幽州，左领军卫胄曹参军王伷（714—779）逃居老家河南府陆浑县（河南嵩县）南山，被搜出后，出任安禄山燕政权萧华判官、河北道宣慰。其后，又先后出任安庆绪、史思明伪官。在史思明投降唐朝后，王伷出任东宫文学，其后史思明又杀安庆绪称帝，王伷暗中阻其攻唐之谋。唐朝平定安史之乱后，肃宗拜其为襄王友，又除侍御史。

适用条款：《唐律疏议》卷17《贼盗律》总251条，参见001工部尚书独孤怀恩率众谋叛投靠刘武周案适用条款。

是否依法判案：否。左领军卫胄曹参军王伷任燕政权伪职，其行为属于背国从伪，乃谋叛行为，依律当处斩刑。但安史之乱被平定后，王伷因其有立功表现，拜襄王友，又除侍御史，并未受到任何惩罚。王伷因侍奉其母源氏而"勤劳遘疾"，卒于大历十四年（779）。

研究信息：仇鹿鸣：《一位"贰臣"的生命史——〈王伷墓志〉所见唐廷处置陷伪安史臣僚政策的转变》，《文史》2018年2期。

077. 河南府寿安县主簿寇锡受安史伪职被贬于虔州案

案例辑录

尚义含章之士上谷寇锡，字子赐，后汉雍奴侯恂之后，皇朝中书舍人、兵部侍郎,宋、定等四州刺史,上谷子泚之仲子,享年七十一,以大历十二年十月廿五日终于京师永宁里之私第。……少以门子为太庙斋郎,解褐尉郑之荥阳,入为丰王府参军,迁右领军卫骑曹,转左威卫仓曹,改寿安主簿。荥阳控东道之剧参,寿安主西郊之邮馹,送迎馆饩,事无违者。崇高者与欢之,赤困者倚济其勤敏,藉甚于朝廷矣。至于王门禁卫,则优游其位,淑问有融。天宝季年,房马饮于瀍涧,公拔身无地,受羁伪职。乘舆返正,以例播迁,迁于虔州,为法□屈也。复以才能,授高安令。俄转大理司直,擢为监察御史,风宪克举。受命监岭南选事,藻鉴惟精,迁殿中侍御史。累迁尚书、膳部员外郎,工部郎中。谨于法度,修其废缺,台署之职行焉。……公之曾祖,皇朝归州刺史览,王父曹州长史思远,皆硕行高节,晖映士林。(中书舍人博陵崔祐甫述:《有唐朝议郎守尚书工部郎中寇公(锡)墓志铭并序》,《唐代墓志汇编》,大历064,第 1805 页。并见《全唐文补遗》第 1 辑,第 206—207 页;洛阳古代艺术馆编,陈长安主编:《隋唐五代墓志汇编》(洛阳)第 12 册,天津:天津古籍出版社,1991 年,第 76 页)

初收东京,受伪官陈希烈已下数百人,崔器希旨深刻,奏皆处死;上意亦欲惩劝天下,欲从器议。时岘为三司使,执之曰:"夫事有首从,情有轻重,若一概处死,恐非陛下含弘之义,又失国家惟新之典。且羯胡乱常,无不凌据,二京全陷,万乘南巡,各顾其生,衣冠荡覆。或陛下亲戚,或勋旧子孙,皆置极法,恐乖仁恕之旨。昔者明王用刑,歼厥渠魁,胁从罔理。况河北残寇未平,官吏多陷,苟容漏网,适开自新之路,若尽行诛,是坚叛逆之党,谁人更图效顺?困兽犹斗,况数万人乎!"崔器、吕諲,皆守文之吏,不识大体,殊无变通。廷议数日,方从岘奏,全活甚众。(《旧唐书》卷 112《李岘附

弟李岘传》,第 3345 页)

案例解析

案情分析：天宝末,河南府寿安县(河南宜阳县)主簿寇锡(707—777)任安史政权伪职,安史之乱平后,被贬于虔州(江西赣州)。

适用条款：《唐律疏议》卷 17《贼盗律》总 251 条,参见 001 工部尚书独孤怀恩率众谋叛投靠刘武周案适用条款。

是否依法判案：否。寿安主簿寇锡任安史伪职,其行为属于背国从伪,乃谋叛行为,依律当处斩刑。但因三司使李岘之奏,经过廷议,全活者甚众,寇锡只是依例被贬于虔州。

研究信息：仇鹿鸣：《一位"贰臣"的生命史——〈王伷墓志〉所见唐廷处置陷伪安史臣僚政策的转变》,《文史》2018 年 2 期。

078. 尚书左丞崔伦季女崔绩 11 岁出嫁河南府司录卢公案

案例辑录

元和甲午岁有夫人崔氏,粤华宗令人,德门贤妇,以首秋再旬旬外五日,终于东都正俗里之私第,享年六十九。……夫人讳绩,号尊德性,博陵安平人也。……曾大父通,许州司马。王父知慤,秘书丞,赠国子祭酒。父伦,代宗朝以前御史中丞使吐蕃,拜尚书左丞,殁谥敬公。伯曰谭,左司郎中。伯曰荣,右补阙。叔曰殷,衡州刺史。……夫人即敬公之季女也。年十有一,归于范阳卢公。……贞元己卯岁,先夫人而屈于命。(殿中侍御史内供奉窦从直撰：《唐故河南府司录卢夫人崔氏(绩)志铭》,《金石萃编》卷 106,《石刻史料新编》第 1 辑第 3 册,第 1795 页)

案例解析

案例内容：天宝十五载,尚书左丞(正四品上)崔伦季女、秘书丞(从五品上)崔知悫之孙女崔绩(746—814)11岁出嫁河南府司录范阳卢公(？—799),育有一子二女,但并未受到任何法律惩罚。婚后43年,卢公去世。

适用条款：诸男年十五,女年十三以上,并听嫁娶。(《唐令拾遗·户令第九》二十八[开元二十五年],第158页)

唐玄宗开元二十二年(734)二月,敕:"男年十五,女年十三以上,听婚嫁。"(《唐会要》卷83《嫁娶》,第1529页)

是否依法判案：否。崔绩出身博陵崔氏、官宦世家,[1]11岁出嫁河南府司录范阳卢公,早于唐代户令所规定的13岁,有违唐律。崔绩早嫁非出于经济原因。很可能因社会风气或惯例之故。

天宝时期(742—756)

079. 敦煌郡敦煌县龙勒乡卫士武骑尉程思楚、翊卫程什住等诸程姓中老男一夫多妻案

案例辑录

户主程思楚47岁,卫士、武骑尉,有"妻马"、"妻常"、"妻郑"三妻,分别是36、32和41岁。程什住78岁,老男、翊卫,有"妻茹"、

---

[1] 据《旧唐书》卷196上《吐蕃传上》(第5237页),宝应二年(763)三月,崔伦为左庶子(正四品上)兼御史中丞(正五品上),副左散骑常侍兼御史大夫李之芳出使吐蕃,被留其境。当时崔绩已出嫁7年。又据《册府元龟》卷654《奉使部·恩奖》(第7834页),直至大历四年(769),崔伦以绝域功为尚书左丞(正四品上)。崔伦很可能被留在吐蕃达6年,归唐后,由原来东宫官属升至尚书省实权部门。

"妻王""妻茹阿妙",分别是62、47、57岁。程仁贞77岁,老男、翊卫,有"妻宋""妻安",分别是69、61岁。程大忠51岁,上柱国,有"妻张""妻宋",分别是53、22岁。程大庆47岁,武骑尉,有"妻画""妻卑",分别是45、36岁。程智意49岁,卫士、飞骑尉,有"妻郑""妻薛",分别是45、36岁。(P.3354《唐天宝六载敦煌郡敦煌县龙勒乡都乡里籍》,上海古籍出版社、法国国家图书馆编:《法国国家图书馆藏敦煌西域文献》23册,上海:上海古籍出版社,2002年,第307—311页)

案例解析

案例内容:敦煌郡敦煌县龙勒乡卫士武骑尉程思楚、老男翊卫程什住分别有三妻,翊卫程仁贞、上柱国程大忠、武骑尉程大庆、飞骑尉程智意分别有二妻,但诸程姓男子未与第一任妻子之外的妻子离婚。

适用条款:《唐律疏议》卷13《户婚律》总177条,参见021南阳白水人处士张潜两妻案适用条款。

是否符合唐律规定:否。敦煌县龙勒乡都乡里若干中老男拥有多位妻子,属于有妻更娶,犯重婚罪。依律程思楚、程什住等人当徒一年,并处与第一任妻子之外的妻子离婚,但并未受任何法律惩处,有违唐律有妻不能更娶的规定。时属安史之乱前的盛唐,敦煌陷蕃前,按理婚姻应依唐律。可能是敦煌地处边疆,战事较多导致男子远少于女子,故而造成特殊的婚姻状况。

研究信息:唐安志:《唐代婚姻中的并嫡现象探析》,《上饶师范学院学报》2006年5期。么振华:《唐人离婚探析》,《首都师范大学学报》2009年3期,第18页。

080. 河南尹诬仇与贼通杀仇籍其家案

案例辑录

处士讳於陵,其先范阳人。父贻,为河南法曹参军。河南尹与人有仇,诬仇与贼通,收掠取服。法曹曰:"我官司也。我在,不可以为是。"廷争之以死。河南怒,命牵捽之。法曹争尤强,遂并收法曹,竟奏杀仇,籍其家而释法曹。法曹出,径归卧家,念河南势弗可败,气愤弗食,呕血卒。东都人至今犹道之。……年三十六,元和二年五月壬辰以疾卒。(韩愈撰:《处士卢君(卢於陵)墓志铭》,《韩愈文集汇校笺注》卷24,第2649页)

案例解析

案情分析:约天宝时期,河南尹与人有仇,诬该仇人与贼通,收掠取服。处士卢於陵(771—807)之父河南法曹参军卢贻,与河南尹争之,亦被其收监。河南尹奏杀仇,籍其家而释卢贻。卢贻因气愤不食而死。

适用条款:《唐律疏议》卷23《斗讼律》总342条,参见042右台侍御史魏探玄诬告兖州龚丘县令程思义赃污十万案适用条款。

《唐律疏议》卷6《名例律》:53 诸称反坐及罪之、坐之、与同罪者,止坐其罪(死者,止绞而已)。疏议曰:称反坐者,斗讼律云,诬告人者,各反坐。及罪之者,依例云,自首不实、不尽,以不实、不尽之罪罪之。坐之者,依例,余赃应坐,悔过还主,减罪三等坐之。与同罪者,诈伪律,译人诈伪,致罪有出入者,与同罪。止坐其罪者,谓从反坐以下,并止坐其罪,不同真犯。死者止绞而已者,假若甲告乙谋杀周亲尊长,若实,乙合斩刑,如虚,甲止得绞罪,故云死者

止绞而已。(《唐律疏议》,第 111 页)

是否依法判案:否。河南尹诬仇人与贼通,收掠取服,奏杀仇,并籍其家。此举有违唐律诬告人条,依律当反坐,河南尹当处绞刑。本案中,河南法曹参军卢贻争之,被河南尹收监,最终河南尹奏杀仇而籍其家,卢贻也因此愤愤而终。这是一件冤案。

肃 宗

至德元年(756)

081. 李白从江淮兵马都督、扬州节度大使永王李璘谋反案

案例辑录

〔李白〕客并州,识郭汾阳于行伍间,为免脱其刑责而奖重之。后汾阳以功成官爵请赎翰林,上许之,因免诛,其报也。(裴敬:《翰林学士李公(白)墓碑》,《全唐文》卷764,第7946页)

有唐故中书舍人、集贤院学士、安陆郡太守、馆陶县开国男苑公,以至德三年正月廿九日薨于扬州之官舍,享年卅九。权窆于禅智寺北原。世贫家难,久未归葬。……公讳咸,字咸……天宝末,权臣怙恩,公道直,不容于朝,出守永阳郡,又移蕲春,旋拜安陆郡太守。属羯胡构患,两京陷覆,玄宗避狄。分命永王都统江汉,安陆地亦隶焉。永王全师下江,强制之吏。公因至扬州,将赴阙廷,会有疾,竟不果行,呜呼哀哉!(孙朝议郎前殿中侍御史内供奉赐绯鱼袋苑论撰:《唐故中书舍人集贤院学士安陆郡太守苑公(咸)墓志铭并序》,吴钢主编《全唐文补遗》第9辑,西安:三秦出版社,2007年,第389—391页。图版、录文见郭茂育:《唐苑咸墓志考释》,杨作龙、赵水森等编著:《洛阳新出土墓志释录》,北京:北京图书馆出版社,

2004年，第156—159页）

禄山之乱，玄宗幸蜀，在途以永王璘为江淮兵马都督、扬州节度大使，白在宣州谒见，遂辟为从事。永王谋乱，兵败，白坐长流夜郎。后遇赦得还，竟以饮酒过度，醉死于宣城。(《旧唐书》卷190中《李白传》，第5053—5054页）

安禄山反，〔李白〕转侧宿松、匡庐间，永王璘辟为府僚佐。璘起兵，逃还彭泽；璘败，当诛。初，白游并州，见郭子仪，奇之。子仪尝犯法，白为救免。至是子仪请解官以赎，有诏长流夜郎。会赦，还寻阳，坐事下狱。时宋若思将吴兵三千赴河南，道寻阳，释囚辟为参谋，未几辞职。(《新唐书》卷202《李白传》，第5763页）

案例解析

案情分析：安史之乱期间，唐玄宗逃往成都，永王李璘为江淮兵马都督、扬州节度大使，以稳定江淮地区。李白被永王辟为府僚佐，后永王谋乱，兵败，李白被长流夜郎(今贵州省正安县)。时安陆郡太守苑咸(710—758)亦入为璘下属，其墓志亦可证永王李璘初始是奉玄宗之命赴江淮，肃宗于灵武称帝后，永王璘的行动便成谋叛之举了。

适用条款：《唐律疏议》卷17《贼盗律》总248条，参见002利州都督李孝常与右武卫将军刘德裕等谋反伏诛案适用条款。

《唐律疏议》卷3《名例律》：25 诸流配人在道会赦，计行程过限者，不得以赦原（谓从上道日总计，行程有违者）。疏议曰：行程，依令：马日七十里，驴及步人五十里，车三十里。其水程，江河、余水沿泝，程各不同。但车、马及步人同行迟速不等者，并从迟者为限。注：谓从上道日总计行程有违者。

有故者，不用此律。若程内至配所者，亦从赦原。(《唐律疏

议》,第 52—53 页）

是否依法判案：否。李白从江淮兵马都督、扬州节度大使永王李璘谋反,依律当斩,因郭子仪请解官以赎,在重臣求情之下,肃宗诏长流李白于夜郎。

研究信息：贾二强：《唐永王李璘起兵事发微》,《陕西师范大学学报》1991 年 1 期。刘俊文撰《唐律疏议笺解》指出：李白在长流夜郎途中遇赦,肃宗因关内大旱大赦,流罪以下放免。而李白自至德二年十二月起程,至乾元二年三月遇赦,属在程限之内遇赦,故方得免。第 268—269 页。陈俊强《从唐代法律的角度看李白长流夜郎》试图从权力斗争角度考察永王璘事件的性质,继而从唐代法律角度探讨李白的罪和刑以及遇赦的时间。认为永王之乱其实是玄宗与太子李亨马嵬之乱后的余波,是两大集团斗争的最后阶段。永王所犯为"谋反"罪,李白身为从事,应属谋反罪的从犯,依律亦当处死。因郭子仪营救而长流夜郎,除非特旨赦免,否则纵逢恩赦,亦不在宽免之限。作者认为李白被流放至夜郎这类黔中地区,其实是"安史之乱"期间的普遍现象。长流非三流（居役一年）之一,亦非加役流（加役流一律流三千里,居役三年,不得减赎）,比三流要严重。后因上元二年九月二十一日肃宗去上元年号大赦,李白蒙恩赦免。载《台湾师大历史学报》第 42 期,2009 年,第 21—50 页。

至德二年（757）

082. 武威郡商胡安门物等昭武九姓叛乱案

案例辑录

公讳晓,字善,本先农后稷之裔。……先考伔,河西节度使、开府仪同三司、鸿胪卿、兼御史大夫、上柱国、真阳县开国男、赠凉州都督。公即凉州府君之弟(第)三子也。……初凉州府君之为节制也,公亦随侍河西。……其所匡益,无惭古人。天子闻之,召拜赞善大夫,兼赐金印紫绶,仍许从其温清,随所任使。至德二年,五凉之间,九姓谋叛。州闾崩散,公府合围。贼众若林,我徒则寡。事起仓促,计无从生。坐而待之,则以肉馁为虎矣。公勇能致命,义欲安亲。壮发指冠,愤气凌敌。誓不苟免,挺身力战。彼应弦而毙者众矣。于是凶党大骇,更为诡谋。诈欲归降,请公为质。初谓不信,刺血以盟。公以其必诚,乃随之而往。岂图丑虏之约,素不由衷。盟且莫从,质又奚取。竟以其年正月十九日,为胡贼所害,春秋一十有七。(《唐故赞善大夫赠使持节都督原州诸军事原州刺史赐紫金鱼袋上柱国周府君(晓)墓志铭并序》,《长安新出墓志》,第198—199页。又见《唐代墓志汇编续集》,乾元005,第677—678页)

〔至德元载七月〕以御史中丞裴冕为中书侍郎、同中书门下平章事。河西兵马使周佖为河西节度使,陇右兵马使彭元晖为陇右节度使,前蒲州刺史吕崇贲为关内节度使兼顺化郡太守。……〔至德二载正月〕丙寅,武威郡九姓商胡安门物等叛,杀节度使周佖,判官崔称率众讨平之。(《旧唐书》卷10《肃宗本纪》,第243、245页)

〔至德二载正月〕河西兵马使盖庭伦与武威九姓商胡安门物等杀节度使周泌,聚众六万。武威大城之中,小城有七,胡据其五,二城坚守。支度判官崔称与中使刘日新以二城兵攻之,旬有七日,平之。(《资治通鉴》卷219,肃宗至德二年正月条,第7133页)

案例解析

案情分析:至德二载,武威郡(甘肃武威市)昭武九姓谋叛。

武威大城之中,小城有七,胡据其五,二城坚守。虽然敌众我寡,但河西节度使周佖之子赞善大夫周晓(741—757)英勇能战。谋叛者遂诈降,请以周晓为人质。结果,周晓不幸被害,周佖亦被害。后支度判官崔称与中使刘日新以二城兵攻之,17日后叛乱被讨平。

适用条款:《唐律疏议》卷 17《贼盗律》总 251 条,参见 001 工部尚书独孤怀恩率众谋叛投靠刘武周案适用条款。

是否依法判案:是。

083. 河南尹达奚珣任安史政权左相被腰斩案

案例辑录

先府君讳珣,字子美,河南洛阳人也。……府君进士出身,解褐授临清县主簿……拜正议大夫、河南尹、上柱国、南阳县开国子,食邑七百户。天宝十四载夏六月,至洛邑。其年冬,安禄山叛逆,或称河尹之拜出自禄山。府君正直刚简,性不苟合,不自意遭此谤谪。陈状于御史大夫封常清,请诣阙待罪,常清不然其言,遂以所陈状奏闻。不逾信宿,俄有制称:达奚珣此,拜简在朕心。如闻东京官寮妄云禄山荐用,以此疑惧,是何道理? 宜即依旧知事。诏书既至,众议冰消。居无何,戎□充斥,洛城陷没,官军败丧,节使逃亡,窜身无路,遂被拘执。积忧成疾,日益衰羸,孰谓众宇再清,素诚莫达,享年六十八,以至德二年十二月廿九日奄弃孝养。(男达奚说撰:《唐故先府君河南尹达奚公(珣)墓志铭一首并序》,载赵菲菲:《唐达奚珣夫妇墓志考释》,《洛阳考古》2015 年 1 期,第 80 页;又见洛阳市文物考古研究院:《洛阳唐代达奚珣夫妇墓发掘简报》,《洛阳考古》2015 年 1 期,第 36—37 页)

公讳巽,字巽,范阳涿人也。……公弱冠明经及第,因随常调,侍郎达奚珣特赏书判,授汝阳县主簿。……内作使、亚相王公美其政绩,辟为判官。……旋河洛寇覆,逃名山林;及挽抢涤除,胁从比屋。时达奚珣伪授宰相,寘于征缰,人惧法网,莫敢过问。公感一言之重,径造圆扉,叙以艰厄,赠之以缟纻。珣曰:"仆托身非据,自陷刑典,知音扫迹,谁肯见哀?忽辱厚贶,死生佩服,虽栾向之报遇,何以加此?"兴平节度、中丞李公闻其风而器之,辟公授左金吾卫兵曹参军,以倅戎幕。(外甥前河南县尉杜贤述:《大唐故京兆府云阳县令卢府君(巽)墓志铭并序》,《洛阳流散唐代墓志汇编》下册,第460、462—463页)

〔至德二载十二月〕庚午,制:"人臣之节,有死无二;为国之体,叛而必诛。况乎委质贼廷,宴安逆命,耽受宠禄,淹延岁时,不顾恩义,助其效用,此其可宥,法将何施?达奚珣等或受任台辅,位极人臣;或累叶宠荣,姻联戚里;或历践台阁,或职通中外。……达奚珣等一十八人,并宜处斩;陈希烈等七人,并赐自尽;前大理卿张均特宜免死,配流合浦郡。"是日斩达奚珣等于子城西南隅独柳树,仍集百僚往观之。(《旧唐书》卷10《肃宗本纪》,第250—251页)

及冢臣怀邪,边将内侮,乘舆幸于巴、蜀,储副立于朔方。曾未逾年,载收京邑,书契以来,未有克复宗社若斯之速也。而两京衣冠,多被胁从,至是相率待罪阙下。而执事者务欲峻刑以取威,尽诛其族,以令天下。议久不定,竟置三司使,以御史大夫兼京兆尹李岘、兵部侍郎吕諲、户部侍郎兼御史中丞崔器、刑部侍郎兼御史中丞韩择木、大理卿严向等五人为之。……器、諲多希旨深刻,而择木无所是非,独李岘力争之,乃定所推之罪为六等,集百僚尚书省议之。肃宗方用刑名,公卿但唯唯署名而已。于是河南尹达奚珣等三十九人,以为罪重,与众共弃。珣等十一人,于子城西伏

诛。……而达奚珣、韦恒乃至腰斩。(《旧唐书》卷 50《刑法志》,第 2151—2152 页)

器素与吕谭善,谭引为御史中丞、兼户部侍郎。从肃宗至凤翔,加礼仪使。克复二京,为三司使。器草仪注,驾入城,令陷贼官立于含元殿前,露头跣足,抚膺顿首请罪,以刀杖环卫,令扈从群官宰臣已下视之。及收东京,令陈希烈已下数百人如西京之仪。器性阴刻乐祸,残忍寡恩,希旨奏陷贼官准律并合处死。肃宗将从其议,三司使、梁国公李岘执奏,固言不可,乃六等定罪,多所原宥,唯陈希烈、达奚珣斩于独柳树下。(《旧唐书》卷 115《崔器传》,第 3374 页)

安、史之乱,伪官陆大钧等背贼来归,及庆绪奔河北,胁从者相率待罪阙下,自大臣陈希烈等合数百人。以御史大夫李岘、中丞崔器等为三司使,而肃宗方喜刑名,器亦刻深,乃以河南尹达奚珣等三十九人为重罪,斩于独柳树者十一人,珣及韦恒腰斩,陈希烈等赐自尽于狱中者七人,其余决重杖死者二十一人。以岁除日行刑,集百官临视,家属流窜。(《新唐书》卷 56《刑法志》,第 1416 页)

崔器、吕谭上言:"诸陷贼官,背国从伪,准律皆应处死。"上欲从之。李岘以为:"贼陷两京,天子南巡,人自逃生。此属皆陛下亲戚或勋旧子孙,今一概以叛法处死,恐乖仁恕之道。且河北未平,群臣陷贼者尚多,若宽之,足开自新之路;若尽诛,是坚其附贼之心也。《书》曰:'歼厥渠魁,胁从罔理。'谭、器守文,不达大体。惟陛下图之。"争之累日,上从岘议,以六等定罪,重者刑之于市,次赐自尽,次重杖一百,次三等流、贬。壬申,斩达奚珣等十八人于城西南独柳树下,陈希烈等七人赐自尽于大理寺;应受杖者于京兆府门。

(《资治通鉴》卷 220,唐肃宗至德二载十一月,第 7167 页)

案例解析

案情分析:天宝十四载(755)十二月,洛阳陷于安禄山之手,河南尹达奚珣(690—757)任安禄山燕政权左相。[①] 期间,其同僚故旧惧于法网,不敢谒问。因卢巽(721—791)明经及第后的起家官汝阳县主簿当是在达奚珣任礼部侍郎时所授,卢巽感其恩曾前往探望。叛乱被平后,至德二载(757)十二月,肃宗听从御史大夫李岘、中丞崔器之议,严惩陷贼官,腰斩达奚珣。达奚珣墓志记载其是冤枉的,并未任伪官,而是在洛阳城被攻占后被叛军拘执,积忧成疾而死。其记载的达奚珣死法与正史完全不同,而根据正史,可以确定达奚珣是被腰斩而亡。个人认为墓志所载是其子达奚说为父亲的回护之辞。

适用条款:《唐律疏议》卷 17《贼盗律》总 251 条,参见 001 工部尚书独孤怀恩率众谋叛投靠刘武周案适用条款。

是否依法判案:否,属于法外用刑。安史叛乱中,洛阳陷于安禄山之手,河南尹达奚珣任安禄山大燕政权宰相,犯谋叛罪,依律当斩首。本案中,平叛后,达奚珣被腰斩,属于法外用刑。

研究信息:刘俊文撰:《唐律疏议笺解》,第 1258 页。赵菲菲《唐达奚珣夫妇墓志考释》(《洛阳考古》2015 年 1 期,第 82—83 页)根据墓志记载,结合《谭宾录》、两《唐书》等记载认为达奚珣是被冤枉的,并未投降于安禄山。

[①] 据《新唐书》卷 225 上《逆臣上·安禄山传》,天宝十五载正月,安禄山僭称雄武皇帝,国号燕,建元圣武,子庆绪王晋,庆和王郑,达奚珣为左相,张通儒为右相,严庄为御史大夫,署拜百官。第 6418—6419 页。

084. 蜀郡健儿郭千仞谋逆伏诛案

案例辑录

公讳朝俭,字觐,冯翊合阳人也。……公克绍先业,练达武经。年十三,则为玄宗殿前射生将。后破郭千仞及收复两都,皆领偏师,共成茂绩。……既谐谢病之志,克享期颐之寿。以〔贞元〕十二年四月十日,终于上都宣阳里之私第,春秋八十有二。以其年七月十日安神于万年县浐川乡之龙首原,陪都督府君之茔,礼也。(乡贡进士裴询撰:《唐故开府仪同三司行左领军卫上将军致仕阳城郡王秦公(朝俭)墓志铭并序》,《唐代墓志汇编续集》,元和067,第848—849页)

〔至德二载〕七月庚戌夜,蜀郡军人郭千仞谋逆,上皇御玄英楼,节度使李峘讨平之。(《旧唐书》卷10《肃宗本纪》,第246页)

李峘,太宗第三子吴王恪之孙。……〔天宝〕十四载,入计京师。属禄山之乱,玄宗幸蜀,峘奔赴行在,除武部侍郎,兼御史大夫。俄拜蜀郡太守、剑南节度采访使。上皇在成都,健儿郭千仞夜谋乱,上皇御玄英楼招谕,不从,峘与六军兵马使陈玄礼等平之,以功加金紫光禄大夫。(《旧唐书》卷112《李峘传》,第3342页)

〔至德二载七月〕庚午,剑南健儿郭千仞反,伏诛。(《新唐书》卷5《玄宗本纪》,第153页)

〔李峘〕方入计,而玄宗入蜀,即走行在。除武部侍郎,兼御史大夫。俄拜蜀郡太守、剑南节度采访使。郭千仞反,与陈玄礼共讨平之。上皇还京,迁户部尚书,改越国。(《新唐书》卷80《太宗诸子列传·郁林王恪传》,第3568—3569页)

〔肃宗之女〕和政公主,章敬太后所生。……下嫁柳潭。……从玄宗至蜀,始封,迁潭驸马都尉。郭千仞反,玄宗御玄英楼谕降之,不听。潭率折冲张义童等殊死斗,主毂弓授潭,潭手斩贼五十级,平之。(《新唐书》卷83《诸帝公主列传·和政公主传》,第3660—3661页)

案例解析

案情分析:安禄山谋叛后,唐玄宗逃难于蜀。因政局不稳,发生多起健儿谋反事件。至德二载七月,蜀郡(治四川成都)健儿郭千仞夜谋乱,蜀郡太守、剑南节度采访使李峘与六军兵马使陈玄礼等受命平叛。玄宗殿前射生将秦朝俭(715—796)领偏师参与平郭千仞;驸马都尉柳潭从玄宗至蜀,率折冲张义童等殊死斗。郭千仞伏诛。

适用条款:《唐律疏议》卷17《贼盗律》总248条,参见002利州都督李孝常与右武卫将军刘德裕等谋反案。

是否依法判案:是。蜀郡健儿郭千仞谋逆依律当斩,本案中,唐军成功平叛,郭千仞伏诛。

乾元二年(759)

085. 交河郡赵小相立限纳负浆钱案

案例辑录

1　□小相并妻左负阎庭浆六石,今平章取壹仟伍伯文。
2　　陆伯文限今月八日纳,叁伯文限二月十五日纳
3　　陆伯限五月十日纳　右缘家细累,请立限。请此输纳,不向交河县。
4　　右件通三限如前。如违一限,请夫妇
5　　各决十下。如东西逃避,一仰妻翁代纳。

6 牒件状如前。仅牒。
7　　　　　　乾元二年正月　日负浆人赵小相牒
8　　　　　　　　　　妻左年卅
9　　　　　　　　　　保人妻翁左义琛年六十

（吐鲁番阿斯塔那 19 号墓出土，编号为 73TAM506：4/34。《唐乾元二年（公元七五九年）赵小相立限纳负浆钱牒》，国家文物局古文献研究室、新疆维吾尔自治区博物馆、武汉大学历史系编：《吐鲁番出土文书》第 10 册，第 243 页。唐耕耦主编：《中国珍稀法律典籍集成》甲编第 3 册《敦煌法制文书》，第 488—489 页）

案例解析

案例内容：乾元二年（759），交河郡（治新疆吐鲁番市）赵小相和妻子左氏欠阎庭浆六石，约定 600 文限五月十日纳，300 文限二月十五日纳。

适用条款：《唐律疏议》卷 12《户婚律》总 398、399 条，参见 005 洛州河南县张元隆、索法惠诉桓德琮典宅不付宅价案适用条款。

是否依法判案：是。

研究信息：田振洪：《唐代契约实践中的国家法律与民间规则：以民间借贷契约违约责任为视角》，《东南学术》2012 年 4 期。

上元元年（760）

086. 道士、谏议大夫申泰芝诬湖南防御使庞承鼎谋反案

案例辑录

君讳结，字次山，皇家忠烈义激文武之直清臣也。……父延

祖，清净恬俭，历魏成主簿、延唐丞，思闲辄自引去，以鲁县商余山多灵药，遂家焉。及终，门人谥曰太先生。……君聪悟宏达，倜傥而不羁……吕谞为节度使，谞辞以无兵……乃拜君水部员外郎兼殿中侍御史，充谞节度判官。君起家十月，超拜至此，时论荣之。属道士申泰芝诬湖南防御使庞承鼎谋反，并判官吴子宜等皆被决杀，推官严郢坐流，俾君按覆。君建明承鼎，获免者百馀家。……乃拜著作郎，遂家于武山之樊口。……〔大历七年〕夏四月庚午，薨于永崇坊之旅馆，春秋五十，朝野震悼焉。（颜真卿：《唐故容州都督兼御史中丞本管经略使元君（结）表墓碑铭并序》，《全唐文》卷344，第3494—3495页）

妖人申泰芝以左道事李辅国，擢为谏议大夫。辅国奏于道州界置军，令泰芝为军校，诱引群蛮，纳其金帛，赏以绯紫，用囊中敕书赐衣以示之，人用听信。军人例衣朱紫，作飓溪洞，吏不敢制，已积年矣。潭州刺史庞承鼎忿之，因泰芝入奏，至长沙，縶之，首赃巨万，及左道文记，一时搜获，遣使奏闻。辅国党芝，奏召泰芝赴阙。既得召见，具言承鼎曲加诬陷。诏鞫承鼎诬罔之罪，令荆南府按问。谞令判官、监察御史严郢鞫之。谞上疏论其事，肃宗怒，流郢于建州。承鼎竟得雪，后泰芝竟以赃败流死。（《旧唐书》卷185下《良吏下·吕谞传》，第4825页）

吕谞镇江陵，表为判官。方士申泰芝以术得幸肃宗，遨游湖、衡间，以妖幻诡众，奸赃巨万，潭州刺史庞承鼎按治。帝不信，召还泰芝，下承鼎江陵狱。郢具言泰芝左道，帝遣中人与谞杂讯有状，帝不为然。御史中丞敬羽白贷泰芝，郢方入朝，亟辩之。帝怒，叱郢去。郢复曰："承鼎劾泰芝诡沓有实，泰芝言承鼎验左不存。今缓有罪，急无罪，臣死不敢如诏。"帝卒杀承鼎，流郢建州。泰芝后坐妖妄不道诛。代宗初,追还承鼎官,召郢为监察御史,连署帅府司马。(《新唐书》卷145《严郢传》,第4727—2728页)

敬羽为御史中丞,时道士申泰芝托使鬼物却老之术,得幸于肃宗。因使往湖南宣慰,受奸赃巨万,又以讹言惑众,潭州刺史庞承鼎按其事以闻。肃宗不之信,召泰芝赴京师,下承鼎于江陵狱,诏严郢穷理之。郢具以泰芝奸状闻,肃宗又令中使与吕諲同验,諲亦执奏泰芝无状。肃宗皆不纳。羽希旨附会泰芝,肃宗大怒,竟杖杀承鼎。(《册府元龟》卷521《宪官部·希旨》,第6225—6226页)

案例解析

案情分析:肃宗上元元年,①道士谏议大夫申泰芝以方术得幸于唐肃宗,遨游湖、衡间,以妖幻诡众,奸赃巨万。潭州刺史、湖南防御使庞承鼎对其加以按治。申泰芝诬庞承鼎谋反,以诬罔之罪,令荆南府按问,承鼎被杖杀,判官吴子宜等皆被决杀,判官、监察御史严郢坐流建州。泰芝后坐妖妄不道诛。代宗初,吕諲节度判官水部员外郎兼殿中侍御史元结(723—772)奉命按覆此案,方追还承鼎官,百余家获免,召严郢为监察御史,连署帅府司马。

适用条款:《唐律疏议》卷23《斗讼律》总341条,参见010太尉同中书门下三品长孙无忌诬告吴王李恪参与房遗爱谋反案适用条款。

《唐律疏议》卷6《名例律》总53条,参见080河南尹诬仇与贼通杀仇籍其家案适用条款。

是否依法判案:否,此案为一冤案。道士申泰芝诬潭州刺史、

---

① 据郁贤皓《唐刺史考全编》卷166,庞承鼎任潭州刺史,唐肃宗上元元年为节度使,第2410页。

湖南防御使庞承鼎谋反，依律，申泰芝当处斩刑。本案中，庞承鼎、判官吴子宜等蒙冤被杀。申泰芝后坐妖妄不道诛。至唐代宗即位后，吕諲节度判官元结奉命按覆此案，方平反此案，后追还庞承鼎官，召严郢为监察御史。

087. 温州长史摄行州事李皋擅发仓廪数十万石赈饿者案

案例辑录

　　王讳皋，字子兰，自初调及册赠，凡命官廿四政。其初累历清望而后荐居列城，再授连帅，三拥旄钺。……王在温州时，岁凶多殣，发仓库以赈之，苟活于人，无避于法，可不谓仁乎？（山南东道节度观察处置等使朝请大夫检校礼部尚书襄州刺史兼御史大夫上柱国上党县开国男南阳樊泽纂：《有唐山南东道节度使赠尚书右仆射嗣曹王墓铭并序》，《唐代墓志汇编》，贞元093，第1903页）

　　王姓李氏，讳皋，字子兰，谥曰成。……上元元年除温州长史，行刺史事。江东新刬于兵，郡旱，饥民交走，死无吊。王及州，不解衣，下令掊锁扩门，悉弃仓实与民，活数十万人。奏报，升秩少府。（韩愈：《曹成王碑》，《全唐文》卷561，第5683—5684页）

　　上元初，京师旱，米斗直数千，死者甚多。皋度俸不足养，亟请外官，不允，乃故抵微法，贬温州长史。无几，摄行州事。岁俭，州有官粟数十万斛，皋欲行赈救，椽吏叩头乞候上旨，皋曰："夫人日不再食，当死，安暇禀命！若杀我一身，活数千人命，利莫大焉。"于是开仓尽散之，以擅贷之罪，飞章自劾。天子闻而嘉之，答以优诏，就加少府监。（《旧唐书》卷131《李皋传》，第3637页）

　　上元初旱歉，皋禄不足养，请补外，不许，乃故抵轻法，贬温州长史，俄摄州事。州大饥，发仓廪数十万石赈饿者，僚史叩庭请先以闻,皋曰:"人日不再食且死,可俟命后发哉？苟杀我而活众,其利大矣!"(《新唐书》卷80《太宗诸子·曹王明附嗣曹王皋传》,第3580页)

案例解析

案情分析：肃宗上元元年,温州长史摄行州事李皋(733—792)值岁俭而州有官粟数十万斛的情况下,年仅28岁的他擅自决定发仓廪数十万石赈饿者。后奏报上达,肃宗答以优诏,升其为少府监。

适用条款：《唐律疏议》卷15《厩库律》总212条,参见072沧州刺史张之辅在水灾后擅自开仓救济饥民案适用条款。

《唐律疏议》卷19《贼盗律》总282条,参见056同州奉先县邑人发古冢盗古物案适用条款。

是否依法判案：否,严重违律。温州长史摄行州事李皋擅发仓廪数十万石赈饿者,依律,监临、主守以官物私自贷准盗论,处以从笞至加役流,五匹徒一年,五十匹加役流。因是开仓赈济灾民,擅贷粮食数量必不会少,至少当处徒以上刑。但奏报上达,朝廷不仅未对其加以治罪,反而升其为少府监。

上元二年(761)

088. 剑南东川节度兵马使、梓州刺史段子璋谋叛案

案例辑录

乾元中,〔徐秀〕奉使巴渝,属段子璋构逆,流辈十人皆被屠害,以〔侍御史徐〕缜高名,欲留同恶,期之以死,承剑不回。时诸道征

求,人不堪命,缜至之邦,必荷仁信,如期而毕。(颜真卿撰:《朝议大夫赠凉州都督上柱国徐府君(秀,685—754)神道碑铭》,《全唐文》卷343,第3482页。并见(唐)颜真卿撰:《颜鲁公集》卷8,上海:上海古籍出版社,1992年,第53页)

〔上元二年四月〕壬午,梓州刺史段子璋叛,袭破遂州,杀刺史嗣虢王巨。东川节度使李奂战败,奔成都。五月乙未,剑南节度使崔光远率师与李奂击败段子璋于绵州,擒子璋杀之,绵州平。(《旧唐书》卷10《肃宗本纪》,第261页)

〔上元〕二年,〔崔光远〕兼成都尹,充剑南节度营田观察处置使,仍兼御史大夫。及段子璋反,东川节度使李奂败走,投光远,率将花惊定等讨平之。将士肆其剽劫,妇女有金银臂钏,兵士皆断其腕以取之,乱杀数千人,光远不能禁。肃宗遣监军官使按其罪,光远忧恚成疾,上元二年十月卒。(《旧唐书》卷111《崔光远传》,第3319页)

梓州副使段子璋反,以兵攻东川节度使李奂,〔彭州刺史高〕适率州兵从西川节度使崔光远攻子璋,斩之。西川牙将花惊定者,恃勇,既诛子璋,大掠东蜀。天子怒光远不能戢军,乃罢之,以适代光远为成都尹、剑南西川节度使。(《旧唐书》卷111《高适传》,第3331页)

属剑南东川节度兵马使、梓州刺史段子璋反,以众袭节度使李奂于绵州,路经遂州,〔遂州刺史、嗣虢王李〕巨苍黄修属郡礼迎之,为子璋所杀。(《旧唐书》卷112《李巨传》,第3347页)

〔上元二年四月〕壬午,剑南东川节度兵马使段子璋反,陷绵州,遂州刺史嗣虢王巨死之,节度使李奂奔于成都。……〔五月〕,剑南节度使崔光远克东川,段子璋伏诛。(《新唐书》卷6《肃宗本

纪》,第 164 页)

案例解析

案情分析:肃宗上元二年四月,剑南东川(治梓州,今四川三台县)①节度兵马使、梓州刺史段子璋谋反,攻陷绵州,杀遂州刺史嗣虢王李巨。次月,剑南节度使崔光远率西川牙将花惊定等克东川,段子璋伏诛。信都郡长史徐秀(685—754)奉使巴渝,正值段子璋谋乱,流辈十人皆被屠害。在平叛过程中,花惊定等将士肆其剽劫,且乱杀数千人,崔光远不能禁。肃宗遣监军官使按其罪,崔光远忧恚成疾,五月后卒。

适用条款:《唐律疏议》卷 17《贼盗律》总 251 条,参见 001 工部尚书独孤怀恩率众谋叛投靠刘武周案适用条款。

是否依法判案:是。

---

① 据《旧唐书》卷 38《地理志一》,剑南东川节度使。治梓州,管梓、绵、剑、普、荣、遂、合、渝、泸等州。第 1391 页。

代　宗

宝应元年(762)

089. 西州高昌县行客靳嗔奴扶车人康失芬行车伤人案

案例辑录

(一)

1　　　　男金儿八岁……
2 牒：拂那上件男在张鹤店门前坐，乃被行客
3 靳嗔奴家生活人将车辗损，腰已下骨并碎破。
4 今见困重，恐性命不存，请处分。谨牒。
5　　　　元年建未月　日，百姓史拂那牒。
6　　追问。　铮[①]　　示。
7　　　　　　　　四日
8 元年建未月　日，百姓曹没冒辞。
9　　女想子八岁
10 县司：没冒前件女在张游鹤店门前坐，乃
11 被行客靳嗔奴扶车人，将车碾损，腰骨

---

① 另作"舒"。

12 损折,恐性命不存,请乞处分。谨辞。
13　　　　付　本　案。　铮
14　　　　示
15　　　　　　　　　　四日
16 靳嗔奴扶车人康失芬年卅。①
17　　史拂那男金儿　曹没冒女想子
18　　问:"史拂那等状称:上件儿女并
19 在门前坐,乃被靳嗔奴扶车人碾损,腰
20 胯折,见今重困。仰答虚实!但失芬身
21 是处密部落百姓,靳嗔奴雇使年作。今日
22 使将车牛向城外搬墼却回,行至城南门
23 口,遂辗前件人男女损伤有实。被问依
24 实谨辞。②"铮
25　　元年建未月　日
26　　康失芬年卅
27　　问:"身既扶车牛行,劈路见人,即合唱唤,
28 何得有此辗损良善！仰答,更有情故具状。"
29 答:"失芬为是借来车牛,不谙性行,拽挽不
30 得,力所不逮,遂辗前件人男女损伤有实,
31 亦更无情故。所有罪愆,伏听处分。被问,依实
32 谨辩。"铮
33　　　　元年建未月　日

---

① 原卷此处有指节印。
② 辞,《吐鲁番出土文书》作"辩"。

34 靳嗔奴扶车人康失芬年卅①
35 　　问："扶车路行,辗损良善,致令
36 困顿,将何以堪？款占损伤不虚,今
37 欲科断,更有何别理。"仰答："但失芬扶
38 车,力所不逮,遂使辗史拂那等男女损伤
39 有实。今情愿保辜,将医药看待。如不
40 差身死,情求准法科断。所答不移前
41 款,亦无人抑塞,更无别理。被问,依实谨铮辩。"
42 　　　　元年建未月　日
〔中缺〕
43 　　　检 诚　白
44 　　　　　　十九日
45 靳嗔奴并作人康失芬
46 　右得何伏昏等状称："保上件人在外看养史拂那等
47 　男女,仰不东西。如一保已后,忽有东西逃避,及翻
48 　覆与前状不同,连保之人情愿代罪,仍各请求
49 　受重杖廿者。"具检如前。请处分。
50 牒件检如前,谨牒。
51 　　　建月末　日,吏张奉庭牒。
52 　　　靳嗔奴并作人责保到,
53 　　　随案引过谘,取处分讫。各
54 　　　牒所由。谘。诚白。十九日
55 　　　依判。咨。曾示。

————
① 原卷此处有指节印。

56　　　　　　　　　　十九日

57 放出。靳保辜，

58 仍随牙。余依判。

59 铮示

60　　　　廿二日

［吐鲁番阿斯塔那509号墓出土，编号为73TAM509：8/1(a)、8/2(a)。《唐宝应元年(公元七六二年)六月康失芬行车伤人案卷》，吴震主编：《中国珍稀法律典籍集成》甲编第4册《吐鲁番出土法律文献》，第190—195页。又见刘俊文：《敦煌吐鲁番唐代法制文书考释》，第566—570页；《唐宝应元年(公元七六二年)六月康失芬行车伤人案卷》，国家文物局古文献研究室、新疆维吾尔自治区博物馆、武汉大学历史系编：《吐鲁番出土文书》第9册，第128—134页；陈永胜：《敦煌吐鲁番法制文书研究》，第203—204页］

案例解析

案情分析：宝应元年六月，西州高昌县(治新疆吐鲁番市高昌故城)处密部落靳嗔奴所雇扶车人康失芬在通往城内的道路上驾车快速行驶，致使车马不能控制，辗损在张游鹤店门前玩耍的两名8岁儿童：金儿、想子，导致两人腰骨损折。官府调查后认为康失芬行车过程中过失伤人，认定损伤属实，审问了交通肇事者、过失伤人的康失芬，责令被告出伤者的医药费用，实行保辜，保辜期依律当为20天，并随时听从官府传唤。扶车人康失芬行车过程中过失伤人，经审理，依保辜律相关条款审理。

适用条款：《唐律疏议》卷26《杂律》：392诸于城内街巷及人

众中无故走车马者,笞五十;以故杀伤人者,减斗杀伤一等(杀伤畜产者,偿所减价。余条称减斗杀伤一等者,有杀伤畜产并准此)。疏议曰:有人于城内街衢、巷街之所,若人众之中,众谓三人以上,无要速事故,走车马者,笞五十。以走车马唐突杀伤人者,减斗杀伤一等。注云,杀伤畜产者,偿所减价,余条称减斗杀伤一等者,有杀伤畜产并准此,谓下条向城及官私宅若道径射、放弹及投瓦石、施机枪、作坑阱杀伤人者,减斗杀伤一等,若以故杀伤畜产,并偿减价之类。

若有公私要速而走者,不坐;以故杀伤人者,以过失论。其因惊骇,不可禁止,而杀伤人者,减过失二等。疏议曰:公私要速者,公谓公事要速及乘邮驿并奉敕使之辈,私谓吉凶、疾病之类须求医药并急追人,而走车马者,不坐。虽有公私要急而走车马,因有杀伤人者,并依过失收赎之法。其因惊骇,力不能制,而杀伤人者,减过失二等,听赎,其铜各入被伤杀家。若杀伤祖父母、父母,并同名例律过失杀伤祖父母、父母法。因惊骇不可禁止,得减二等者,亦同减例。(《唐律疏议》,第410—411页)

《唐律疏议》卷21《斗讼律》:307 诸保辜者,手足殴伤人限十日,以他物殴伤人者二十日,以刃及汤、火伤人者三十日,折跌肢体及破骨者五十日(殴、伤不相须)。限内死者,各依杀人论。其在限外,及虽在限内,以他故死者,各依本殴伤法(他故,谓别增余患而死者)。疏议曰:限内死者,各依杀人论,谓辜限内死者,不限尊卑、良贱及罪轻重,各从本条杀罪科断。其在限外,假有拳殴人保辜十日,计累千刻之外,是名限外;及虽在限内,谓辜限未满,以他故死者,他故谓别增余患而死,假殴人头伤,风从头疮而入,因风致死之类,仍依杀人论,若不因头疮得风,别因他病而死,是为他故:

各依本殴伤法。故注云,他故,谓别增余患而死。其有堕胎、瞎目、毁败阴阳、折齿等,皆约手足、他物、以刃、汤、火为辜限。(《唐律疏议》,第333—334页)

是否依法判案:是。西州高昌县处密部落勒嗔奴所雇扶车人康失芬在道路行驶时因不能控制车马伤人,辗损两名8岁儿童金儿、想子,两人腰骨折损。西州高昌县县官审理后,查明康失芬行车过程中过失伤人,事实基本清楚,责令康失芬出伤者的医药费用,实行保辜,并随时听从官府传唤。虽未出最后结果,但文书所显示的案件调查与审判属于依法判案,当依据伤者病情及被告康失芬对伤者的医治,决定对康失芬的量刑。

研究信息:刘俊文《敦煌吐鲁番唐代法制文书考释》认为"铮"为高昌县令,"曾"为高昌县丞,第566—574页。黄清连《说"保辜——唐代法制史料试释"》认为文书中署名"诚"者是高昌县录事或高昌主簿,中国唐代学会主编:《第二届国际唐代学术会议论文集》,台北:文津出版社,1993年,第986—992页。刘俊文撰:《唐律疏议笺解》,第1790—1791页。陈永胜:《敦煌吐鲁番法制文书研究》,第204—205页。郑显文:《从73TAM509(1)、(2)号残卷看唐代的保辜制度》,《法律史论集》第3卷,北京:法律出版社,2001年。陈永胜:《〈宝应元年六月高昌县勘问康失芬行车伤人案〉若干法律问题探析》,《敦煌研究》2003年5期,第85—88页。张艳云、宋冰:《论唐代保辜制度的实际运用——从〈唐宝应元年(762)六月康失芬行车伤人案卷〉谈起》,《陕西师范大学学报》2003年6期。刘成安《试论唐代侵权责任制度》(叶孝信、郭建主编:《中国法律史研究》,上海:学林出版社,2003年,第386—387页)认为:该案康失芬行车伤人课比照斗殴杀人法减一等处置。康失芬请求保辜,但当被监禁,因有人作保,所以释放,随牙,留在县衙驻地,延医治疗受害人之伤。唐红林:《初唐西州债法制度研究》,华东政法学院硕士学位论文,2004年4月,第37—38页。郑显文:《敦煌吐鲁番文书中所见的唐代交通管理的法律规定》,《西南师范大学学报》2005年6期。陈登武:《论唐代交通事故处理的法律课题——以"康失芬行车伤人案"为中心》,《兴大人文学报》35卷下,2005年,第577—609页。陈登武:《地狱·法律·人间秩序——中古中国的宗教、社会与国家》,台北:五南图书出版有限公司,2009年,第378—380、392—422页。

宝应二年(763)

090. 安史叛军云麾将军、守左金吾卫大将军曹闰国归顺本朝改授试光禄卿守镇恒岳案

案例辑录

　　公字闰国,含州河曲人也。……公行旅边蓟,幼闲戎律,于天宝载,遇禄山作孽,思明袭祸,公陷从其中,厄于锋刃,拔擢高用,为署公云麾将军、守左金吾卫大将军,俯仰随代。夫天不长恶,二凶殄丧,皇威再曜,公归顺本朝,不削官品,改授公试光禄卿,发留河北成德节下,效其忠克,守镇恒岳。次于大历十□春,公再属承嗣起乱中原,倾覆河朔。公有子房之策,蔡易之勇,委公马军都虞候,百战决胜,将兵千人,从略显能,佐辅王国。公□□艺术而遘疾□□□其年六月十九日薨于冀方城也,春秋四十有七。元戎感其信竭,追赠赠襚。至八月六日,陪葬于灵寿城西南灵化川界。(《唐故试光禄卿曹府君(闰国)墓志并序》,《唐代墓志汇编》,大历043,

第 1787—1788 页）

代宗性仁恕，常以至德以来用刑为戒。及河、洛平，下诏河北、河南吏民任伪官者，一切不问。得史朝义将士妻子四百余人，皆赦之。仆固怀恩反，免其家，不缘坐。剧贼高玉聚徒南山，啖人数千，后擒获。会赦，代宗将贷其死，公卿议请为菹醢，帝不从，卒杖杀之。谏者常讽帝政宽，故朝廷不肃。帝笑曰："艰难时无以逮下，顾刑法峻急，有威无恩，朕不忍也。"即位五年，府县寺狱无重囚。故时，别敕决人捶无数。宝应元年，诏曰："凡制敕与一顿杖者，其数止四十；至到与一顿及重杖一顿、痛杖一顿者，皆止六十。"（《新唐书》卷 56《刑法志》，第 1416—1417 页）

案例解析

案情分析：含州河曲人曹闰国（729—775），当为昭武九姓人，在安史之乱期间担任伪云麾将军、守左金吾卫大将军。宝应二年（763），[①]在安、史"二凶殄丧"之后，曹闰国归顺本朝，代宗改变肃宗时期严惩任安史伪职的唐朝官员的做法，对于曹闰国不削官品，改授试光禄卿，于成德节度使下效力，并为平叛田承嗣之乱做出贡献。

适用条款：《唐律疏议》卷 17《贼盗律》总 251 条，参见 001 工部尚书独孤怀恩率众谋叛投靠刘武周案适用条款。

是否依法判案：否。含州河曲人曹闰国在安史之乱期间担任伪云麾将军、守左金吾卫大将军，依属谋叛，依律当处斩刑。但曹

[①] 据《旧唐书》卷 200 上《史思明附子史朝义传》："（宝应）二年正月，贼伪范阳节度李怀仙于莫州生擒之，送款来降，枭首至阙下。……思明乾元二年（759）僭号，至朝义宝应元年（762）灭，凡四年。"第 5382—5383 页。

闻国归顺本朝后,代宗不削其官品,改授试光禄卿,发留河北成德节下,效其忠克,守镇恒岳,严重违反唐律。

永泰元年(765)

091. 殿中侍御史李钧、京兆府法曹参军李锷兄弟弃母不养、母丧不时举案

案例辑录

王讳皋,字子兰,自初调及册赠,凡命官廿四政。其初累历清望而后荐居列城,再授连帅,三拥旄钺。……又尝遇媪于涂,血泣甚哀,王愍而问之,曰州民李氏之妻也。二子宦学廿年矣,季锷掾神州,长钧职柱史,皆莫反乎面,莫问所安,荐于饥馑,将死沟壑。乃愀然矙而养之,即日以其状上闻,兼除名没齿以劝养亲者,可不谓激清风教乎?(山南东道节度观察处置等使朝请大夫检校礼部尚书襄州刺史兼御史大夫上柱国上党县开国男南阳樊泽纂:《有唐山南东道节度使赠尚书右仆射嗣曹王(皋,733—792)墓铭并序》,《唐代墓志汇编》,贞元093,第1903页)

时殿中侍御史李钧与其弟京兆法曹参军锷宦既遂,不肯还乡,母穷不自给。〔李〕皋行县见之,叹曰:"入则孝,出则悌,有余力则学。若二子者可与事君乎哉?"举劾之,并锢死。召还,未得见,即上书言治道,诏授衡州刺史。(《新唐书》卷80《太宗诸子·曹王明附李皋传》,第3580页)

代宗永泰元年,殿中侍御史内供奉李钧、钧弟京兆府法曹参军锷,并不守名教,配钧于施州,锷于辰州,纵会非常之赦,不在免限。钧、锷,温州人也。天宝中,州举道举,咸赴京师。既升第参官,遂

割贯长安,与乡里绝凡二十余载,母死不举。温州别驾知州事嗣曹王皋具以事闻,下宪司讯问,钧等具伏罪。帝叹息久之,曰:"三千之刑,莫大于此,合置轘裂,岂止谪窜焉?"(《册府元龟》卷152《帝王部·明罚一》,第1847页。又见《册府元龟》卷923《总录部·不孝》,第10900—10901页,文字稍有不同,"李钧"作"李均")

嗣曹王皋为温州长史,摄行州事。州人李钧及弟锷,弃其亲不养,凡十余年。时钧为殿中侍御史,锷为京兆法曹,皋奏钧、锷不孝,皆除名勿齿。(《册府元龟》卷695《牧守部·刺举》,第8286—8287页)

案例解析

案情分析:殿中侍御史李钧与其弟京兆法曹参军锷在京城仕宦顺利,割贯长安,与温州(浙江温岭市)老家绝凡20余载,母穷不自给,母死不举。温州长史嗣曹王李皋在途中遇到二人之母,因饥馑而哀哭,遂对二人加以弹劾。最终,李钧流配于施州(湖北恩施县),李锷流配于辰州(湖南沅陵县),纵会非常之赦,不在免限。李皋因维护名教升为衡州刺史。

适用条款:《唐律疏议》卷10《职制律》:120 诸闻父母若夫之丧,匿不举哀者,流二千里;丧制未终,释服从吉,若忘哀作乐(自作、遣人等),徒三年;杂戏,徒一年;即遇乐而听及参预吉席者,各杖一百。(《唐律疏议》,第168页)

《唐律疏议》卷24《斗讼律》:348 诸子孙违犯教令及供养有阙者,徒二年(谓可从而违、堪供而阙者。须祖父母、父母告乃坐)。(《唐律疏议》,第375页)

《唐律疏议》卷12《户婚律》:155 诸祖父母、父母在而子孙别籍、异财者,徒三年(别籍、异财不相须)。若祖父母、父母令别籍及以子孙妄继人后者,徒二年,子孙不坐。(《唐律疏议》,第198页)

《唐律疏议》卷6《名例律》总45条,参见013伊州镇人元孝仁、魏大帅造伪印等案适用条款。

是否依法判案:是。殿中侍御史李钧与其弟京兆法曹参军李锷割贯长安,与老家温州郡里绝二十余载,母穷不自给,母死不举。依律,母死匿不举哀,当流二千里;对母供养有阙,当徒二年;祖父母、父母在而子孙别籍、异财者,徒三年。二罪以上俱发,以重者论,李钧兄弟当流二千里。本案中,李均流于施州,李锷流于辰州,因不孝,纵会非常之赦,不在免限。

研究信息:刘俊文撰《唐律疏议笺解》指出:唐后期执行此律轻重颠倒,是非混淆,非常混乱,第806页。张建一《〈唐律〉具文考述》(叶孝信、郭建主编:《中国法律史研究》,上海:学林出版社,2003年,第68页)指出:此案由地方官员奏劾,非其母亲告;两人均处流,非徒二年,施州、辰州皆属黔中道,距温州逾三千里,且常赦不免,可见处罚是相当重的,然代宗犹以为轻。张建一:《唐律实施考述》,杨一凡、尤韶华主编:《中国法制史考证》甲编第4卷《历代法制考·隋唐法制考》,北京:中国社会科学出版社,2003年,第140页。

永泰时期(765—766)

092. 沙州刺史王怀亮擅破官物充使料案

案例辑录

71 故沙州刺史王怀亮擅破官物充使料,征半放半。

72 王亮在官，颇非廉慎，擅破财物，不惧章程。妄布目前之恩，

73 果贻身后之累。既违令式，难免征收。后件无多，伏缘公用。守〔文〕

74 犹恐未免，论情须为商量。

（P.2942 号《唐永泰年间河西巡抚使判集》，《法国国家图书馆藏敦煌西域文献》20 册，第 182 页）

案例解析

案情分析：沙州刺史王怀亮擅破官物充使料，在河西危急时期，对于其违反令式，擅破官物的行为，征半放半。

适用条款：《唐律疏议》卷 15《厩库律》：222 诸出、纳官物，给、受有违者，计所欠、剩坐赃论（违，谓重受轻出及当出陈而出新，应受上物而受下物之类）。其物未应出给而出给者，罪亦如之。官物还充官用而违者，笞四十。其主司知有欠、剩不言者，坐赃论减二等。疏议曰：其物未应出给者，依令，应给禄者，春秋二时分给，今未至给时而给者，亦依前坐赃科罪。若给官物，还充官用，有违者笞四十。其主司知有欠、剩而不举言者，计所欠、剩，坐赃论减二等。（《唐律疏议》，第 249 页）

《唐律疏议》卷 26《杂律》总 389 条，参见 033 酷吏来俊臣求金于左卫大将军泉献诚不成反诬其谋反案适用条款。

是否依法判案：否。沙州刺史王怀亮擅破官物充使料，违反厩库律出纳官物的相关条款，当依据擅用官物数量以坐赃罪论处，最高可处徒三年。本案中，采取了"征半放半"的科罚，属于特殊时期从轻权宜判处。

研究信息：P.2942 号《唐永泰年代（七六五—七六六）河西巡抚使判集》，唐耕耦主编：《中国珍稀法律典籍集成》甲编第 3 册《敦煌法制文书》，第 333—334 页。僧海霞：《从 P.2942 文书看河西陷蕃前后变通运用律令的问题》，《西藏民族学院学报》2006 年 5 期，第 43—44 页。

093. 肃州刺史王崇正错用张瓘伪官衔河西节度使案

案例辑录

97 肃州刺史王崇正错用官张瓘伪官衔

98 王使君植性沉和，为官审慎。实谓始终勿替，岂期岁寒有

99 渝。使用伪衔，不曾下问。强索进马，有忤中官。初似知情，诚宜

100 正法。后能闻义，或可全生。宜舍深刑，终须薄责，罚军粮一百石。

181 张瓘诈称节度

182 张使君，性本凶荒，志非忠谨。有正卯之五盗，无日䃅之一心。

183 潜构异端，公然纵逆。伪立符敕，矫授旄麾。动摇军州，

184 结托戎狄。恣行险勃，妄有觊觎。文牒太半死人，虚诳䡎

185 求进马。论情巨蠹，在法难容。牒张判官与关东兵马使

186 对推问得，实状具申。仍所在收禁讫报。管内官吏，尽是

187 贤良。无混淄渑，须明详顺。细宜详审，勿陷刑名。甘州具僚

188 尤须择地。傥被尘点，不得怨人。如到覆亡，卒难回

避。各

189 求生路,无事守株。

(P.2942 号《唐永泰年间河西巡抚使判集》,《法国国家图书馆藏敦煌西域文献》20 册,第 183—185 页。录文并见 P.2942 号《唐永泰年代(七六五—七六六)河西巡抚使判集》,唐耕耦主编:《中国珍稀法律典籍集成》甲编第 3 册《敦煌法制文书》,第 335、341 页;陈尚君辑校:《全唐文补编》卷 131,北京:中华书局,2005 年,第 1611、1614 页)

案例解析

案情分析:安史乱后河西一度处于混乱状态,在永泰时期,张瓘诈称河西(治凉州,今甘肃武威市)节度使,肃州(治甘肃酒泉市)刺史王崇正用张瓘伪官衔。判文认为应判处罚王崇文军粮一百石。

适用条款:《唐律疏议》卷 25《诈伪律》:370 诸诈假官,假与人官及受假者,流二千里(谓伪奏拟,及诈为省司判补,或得他人告身施用之类)。疏议曰:诈假官,谓虚伪诈假以得官,若虚假授与人官及受诈假官者,并流二千里。注云,谓伪奏拟,但流内九品以上官皆注讫奏拟,及诈为省司判补视品、流外等官,或得他人正授告身,或同姓字,或改易己名,妄冒官司以居职任。称之类者,亦有己之告身应合追毁,私自盗得而假诈之者。若诈画"闻"及增减重者,从重法。

其于法不应为官(谓有罪谴,未合仕之类)而诈求得官者,徒二年。(《唐律疏议》,第 395 页)

《唐律疏议》卷 4《名例律》:35 诈假官、假与人官及受假者;疏议曰:诈假官者,身实无官,假为职任。流内流外,得罪虽别,诈假之义并同。或自造告身,或雇、倩人作,或得他人告身而自行用,但于身不合为官,诈将告身行用,皆是。其假与人官者,谓所司假授人官,或伪奏拟,或假作曹司判补。及受假者,谓知假而受之。(《唐律疏议》,第 74 页)

是否依法判案:部分是。对于肃州刺史王崇正从轻判处,灵活处理;对于张璟诈假节度,追究其刑责。张璟诈称节度使,王崇正不查,用张璟伪官衔,违反诈伪律诈假官的相关条款,依律均当处流二千里。但当时河西处于艰难的混乱时期,前任节度使杨志烈已死,后任节度使杨休明还没有就任。判文认为肃州刺史王崇正用张璟伪官衔,但知错能改,可以免予刑责,仅处以经济惩罚,罚军粮一百石。对于张璟则严格追究其刑责。

研究信息:安家瑶:《唐永泰元年(765)—大历元年(766)河西巡抚使判集(伯二九四二)研究》,载《敦煌吐鲁番文献研究论集》,北京:中华书局,1982 年,第 232—264 页。僧海霞:《从 P.2942 文书看河西陷蕃前后变通运用律令的问题》,《西藏民族学院学报》2006 年 5 期,第 43 页。

大历七年(772)

094. 敦煌客尼三空请追征李朝进、麴惠忠负麦案

案例辑录

1　百姓李朝进、麴惠忠共负麦两石九斗。

2　右件人,先负上件麦,频索付,被推延。去前日

3　经□□状,蒙判追还,至今未蒙处分。三

4　　　空贫客,衣钵悬绝,伏乞追征,请分处。
5　　牒件　状　如　前,仅　牒。
6　　　　　　　大历七年九月　日客尼三空牒
7　　　先状征还,至今延引,公私俱
8　　　慢,终是顽狠,追过对问。九日。纼(?)

(P.3854v1《大历七年客尼三空征李朝进负麦牒》,《法藏敦煌西域文献》28 册,第 380 页。唐耕耦主编:《中国珍稀法律典籍集成》甲编第 3 册《敦煌法制文书》,第 437—438 页。王震亚、赵荧:《敦煌残卷争讼文牒集释》,第 3 页)

案例解析

案情分析:敦煌(甘肃敦煌)百姓李朝进、麹惠忠共负客尼三空麦两石九斗,迟迟不还,三空多次索要,均无果。三空依法起诉后,获判追还,但仍未得到偿还。因此,客尼三空再次上诉追征,要求二人还麦。

适用条款:《唐律疏议》卷 12《户婚律》总 398 条,参见 005 洛州河南县张元隆、索法惠诉桓德琮典宅不付宅价案适用条款。

是否依法判案:是,但未得到有力执行。李朝进、麹惠忠欠客尼三空麦两石九斗,及期不予归还,三空遂上诉,官府判命二人偿还。这是符合唐代诉讼程序的。但判令归还后,二人仍未予归还,三空依法律程序,再次上诉。

研究信息:陈登武《从内律到王法:唐代僧人的法律规范》指出:此案显示出的判决的法律效力问题,因资料残缺,难以厘清。载《政大法学评论》第 111 期,2009 年,第 36—37 页。

大历前期(766—772)

095. 婺州州将阎伯玙左右受赂解救永康县奸吏杜泚案

案例辑录

先府君讳渭,字君□,其先炎帝之胤也。……公弱冠举进士高第,归宁浙上,遇越州府君以家政去职。杜相国鸿渐代领其镇,表授公左金吾卫兵曹参军,充节度掌书记。是岁越州府君捐馆旧部。公以继太夫人在堂,而归路阻寇,从权寓殡,违难安亲,展转江淮间数岁。兵部尚书薛义训平山越□浙东,又辟公为节度巡官,假婺州永康令。既下车,收奸吏杜泚,州将阎伯玙左右受赂,乘驿来救,公先置法而后视符,连境风生,悍独相贺。俄以薛氏政乱,解印济江。……不图□店疾,以〔贞元〕十六年七月一日薨于镇,享年六十有六。(孤子将仕郎前守集贤殿秘书郎温撰:《唐故通议大夫使持节都督潭州诸军事守潭州刺史兼御史中丞充湖南都团练观察处置等使赐紫金鱼袋赠陕州大都督东平吕府君(渭)墓志铭并序》,《唐代墓志汇编续集》,贞元60,第777—778页)

案例解析

案情分析:约大历早期,假婺州永康令吕渭(735—800)上任后,收奸吏杜泚。该州(浙江金华)州将阎伯阎左右受赂,乘驿来救,吕渭先将杜泚置于法而后视符。

适用条款:《唐律疏议》卷11《职制律》:136 诸受人财而为请求者,坐赃论加二等;监临、势要,准枉法论。与财者,坐赃论减三等。疏议曰:受人财而为请求者,谓非监临之官,坐赃论加二等,即一尺以上笞四十,一匹加一等,罪止流二千五百里。监临、势要,准枉法论,即一尺以上杖一百,一匹加一等,罪止流三千里。无禄者,减一等。与财者,坐赃论减三等,罪止徒一年半。若受他人之财,许为嘱请,未嘱事发者,止从坐赃之罪。若无心嘱请,诡妄受财,自依诈欺科断。取者虽是诈欺,与人终是求请,其赃亦合追没。其受所监临之财为他司嘱请,律无别文,止从坐赃加二等,罪止流二千五百里,即重于受所监临。若未嘱事发,止同受所监临财物法。(《唐律疏议》,第 182 页)

是否依法判案:部分是。婺州(浙江金华市)州将阎伯阎左右受赂,乘驿至永康县(浙江永康市古里镇)解救奸吏杜泚,依律,州将阎伯阎左右受人财而为请求者,当依坐赃论加二等治罪,视受贿数额的多少,最高可流 2 500 里。在本案中,假永康令吕渭将杜泚置于法,符合唐律规定,但州将阎伯阎左右似未受任何法律惩戒,有违唐律。

大历十一年(776)

096. 江州司士参军郑光绍之女郑正 11 岁出嫁河南少尹崔微之子案

案例辑录

夫人讳正,荥阳人也。……曾祖邠卿,皇朝宋州刺史;大父令谭,颍州司功参军。烈考光绍,江州司士参军;并守著婚,事等齐宋,故二代未显于官业焉。外族卢氏,祖御史中丞贞烈公讳弈,有大勋节,铭于天宝鼎彝。相国元舅,实司庙器;馆甥贰室,礼视孩提。故夫人小字曰卢,从外亲也。年十有一,归于崔公。崔公刑部尚书、赠太保隐甫之孙,河南少尹微之子,敬亲尊祖,故娶也。(内弟朝议郎守河南县令上柱国赐绯鱼袋崔元辅撰:《唐故太常少卿清河崔公故夫人荥阳郑氏(正)合祔墓志铭并序》,《唐代墓志汇编续集》,元和044,第831页)

案例解析

案情分析:大历十一年(776),郑正11岁出嫁刑部尚书崔隐甫之孙,但并未受到任何法律惩罚。

适用条款:诸男年十五,女年十三以上,并听嫁娶。(《唐令拾遗·户令第九》二十八[开元二十五年],第158页)

唐玄宗开元二十二年(734)二月,敕:"男年十五,女年十三以上,听婚嫁。"(《唐会要》卷83《嫁娶》,第1529页)

是否符合唐律规定:否。很可能因社会风气或惯习惯,郑正11岁出嫁崔隐甫之孙,早于唐代户令所规定的13岁,明显有违唐律。

大历时期(766—779)

097. 试光禄卿曹闰国三妻案

案例辑录

公字闰国,岢州河曲人也。……公行旅边蓟,幼闲戎律,于天宝载,遇禄山作孽,思明袭祸,公陷从其中,厄于锋刃,拔擢高用,为署公云麾将军、守左金吾卫大将军,俯仰随代。夫天不长恶,二凶殄丧,皇威再曜,公归顺本朝,不削官品,改授公试光禄卿,发留河北成德节下,效其忠克,守镇恒岳。次于大历十□春,公再属承嗣起乱中原,倾覆河朔。公有子房之策,蔡易之勇,委公马军都虞候,百战决胜,将兵千人,从略显能,佐辅王国。公□□艺术而遘疾□□□其年六月十九日薨于冀方城也,春秋四十有七。元戎感其信竭,追赠赗襚。至八月六日,陪葬于灵寿城西南灵化川界。……男晏清,恨公之早背,夫人石氏、刘氏、韩氏,悲公之永诀。……大历缺八月壬戌朔六日丁卯立此铭记。(《唐故试光禄卿曹府君(闰国)墓志并序》,《唐代墓志汇编》,大历043,第1787—1788页)

案例解析

案例内容:试光禄卿曹闰国有夫人石氏、刘氏、韩氏,且三位夫人在曹闰国卒后均在世,显然曹闰国是同时拥有三位妻子。

适用条款:《唐律疏议》卷13《户婚律》总177条,参见021南阳白水人处士张潜两妻案适用条款。

是否符合唐律规定:否。曹闰国有夫人石氏、刘氏、韩氏,依律,当徒一年,并判处与后娶二位夫人离婚。本案例中,曹闰国显然并未与后娶二位夫人离婚,也并未受任何法律惩处。

098. 左龙武军大将军知军事陈守礼为吏谗毁案

案例辑录

先君讳守礼,字守礼。本姓李氏,其先陇西狄道人,承袭昭然。父金紫光禄大夫、同安郡王琳,素不繁育,晚年而诞先君。虑不宜尔,爰寄于颍川陈氏以长之。何图有子未举,奄丁鞠凶,太夫人武昌支氏相次崩捐,悲夫!承祧遂隔于吾宗,继体乃留于他族,今则为陈氏矣。……上(指代宗)以藩邸旧臣,宜委北军之政,乃擢明威将军、守左龙武军将知军事。……转本军大将军知军事。麾下颁赏有差,常以执法守官,画一从政,乃为吏所害,谗毁生焉。中构上闻,遂留徽缰,帝知无状,本军元从将军王罗俊等一千余人诣阙自耻,理大将军功,乃出于泾陲,会刘文喜□□军枭首。是策也,先君画焉。进位开府仪同三司,兼太常卿,待诏阙下,遇贼臣朱泚以泾原群逆窃据京师,乃随司徒李公驱除枭镜,改太子宾客,进封淮阳郡开国公,仍赐名奉天定难功臣。以贞元二年七月三日疾,大渐,薨于上都永兴里私第。享年五十有七。(第十二男奉义郎前左卫长史陈锽撰:《大唐陈氏先君(守礼)元从宝应功臣奉天定难功臣开府仪同三司试太子宾客前左龙武军大将军知军事淮阳郡开国公墓志铭并序》,《大唐西市博物馆藏墓志》中册,第667—668页)

案例解析

案情分析：同安郡王李琳之子、左龙武军大将军(正三品)知军事陈守礼(730—786)为吏谗毁,本军元从将军王罗俊等一千余人诣阙自耻,申理大将军功,为其鸣冤。会陈守礼画策平定刘文喜之乱,其冤情得到平反。据《旧唐书·德宗本纪》,建中元年(780)四月朔,泾原裨将刘文喜据城叛,[①]可知陈守礼的冤案发生于大历时期(766—779)。

适用条款：《唐律疏议》卷23《斗讼律》总342条,参见042右台侍御史魏探玄诬告兖州龚丘县令程思义赃污十万案适用条款。

是否依法判案：是。左龙武军大将军知军事陈守礼为吏谗毁,但因本军元从将军王罗俊等一千余人诣阙自耻,为其鸣冤理功。会陈守礼画策平定刘文喜之乱,其冤情得到平反。

---

① 《旧唐书》卷12《德宗本纪上》,第325页。

肃代之际(756—779)

099. 洺州司兵郑叔向长女 12 岁出嫁怀州刺史太子左庶子崔朝之子崔程案

案例辑录

贞元十四年秋九月辛酉,河南府河南县主簿崔公卒于东都福先之佛寺。明年秋八月甲申,葬于洛阳县平阴乡陶村先茔之东南一百八十步,前夫人荥阳郑氏祔焉,礼也。公讳程,字孝武,清河东武城人也。……祖湛,郑州长史赠郑州刺史;父朝,怀州刺史左庶子赠秘书监。……公即怀州府君第三子也。……弱冠,乡举进士,擢第,解褐授秘书省正字,以书判茂异,秩满,调补河南府参军。以人物籍甚,又从常选,署河南县主簿。……岂谓享年五十有一,历官三政而亡,呜呼哀哉!公两娶一门,女弟继室,即颍川太守长裕之曾孙,殿中侍御史欢之孙,洺州司兵叔向之长女,今相国余庆、河南尹珣瑜、信安守式赡、高平守利用,皆诸父也。门风家范,振古耀今。夫人和顺自天,礼乐传训,恭俭可配,蘋藻唯修,归我九年,生一男二女,遘疾而终,享年廿;后夫人柔德克比,是以嗣之,亦生一女,又不幸先公而殂。且闻生无并配,葬宜异处,先长同穴,情合礼中,君子以为宜。故后夫人之墓共域并阡,列于西次。(登仕郎守河南府参军事陆复礼述:《唐故河南府河南县主簿崔公(程)墓志铭并序》,《唐代墓志汇编》,贞元 096,第 1906 页)

案例内容:崔程(?—798)卒于东都福先佛寺,前妻为荥阳郑氏,殿中侍御史郑欢之孙、洺州司兵郑叔向长女。据崔程墓志所载"归我九年,生一男二女,遘疾而终,享年廿"。可知郑氏 12 岁即出嫁崔程,时间约在肃代之际,但并未受到任何法律惩罚,其后又娶前妻之妹为继室。

适用条款: 诸男年十五,女年十三以上,并听嫁娶。(《唐令拾遗·户令第九》二十八[开元二十五年],第158页)

唐玄宗开元二十二年(734)二月,敕:"男年十五,女年十三以上,听婚嫁。"(《唐会要》卷83《嫁娶》,第1529页)

是否符合唐律规定: 否。很可能因社会风气或习惯,郑氏11岁出嫁崔程,早于唐代户令所规定的13岁,有违唐律。

德 宗

建中初(780)

100. 御史大夫浙西观察使李涵以父名少康辞太子少傅充代宗山陵副使被改为检校工部尚书兼光禄卿案

案例辑录

先府君讳渭,字君□,其先炎帝之胤也。……居岁余,御史大夫李公涵领浙江西道,表授公大理评事、充观察支使。田承嗣以魏州叛,李公奉诏宣抚两□,□英洛府,独以公从慰。公反侧感激,义勇筹策,简札悉出于公。使还,李大夫即真,公授监察御史,转殿中侍御史。今上嗣统,权臣长备,以李公为太子少傅,官名抵李氏家讳。公据礼法,抗表极言,因论其劳能,不宜退斥。上特嘉纳,擢拜尚书司门员外郎,赐绯鱼袋。同府崔河图时为谏议大夫,深怀愧嫉,密□诬构,贬歙州司马。(孤子将仕郎前守集贤殿秘书郎温撰《唐故通议大夫使持节都督潭州诸军事守潭州刺史兼御史中丞充湖南都团练观察处置等使赐紫金鱼袋赠陕州大都督东平吕府君(渭)墓志铭并序》,《唐代墓志汇编续集》,贞元60,第777页)

德宗即位,以涵和易,无专割之才,除太子少傅,充山陵副使。涵判官殿中侍御史吕渭上言:"涵父名少康,今官名犯讳,恐乖礼典。"宰相崔佑甫奏曰:"若朝廷事有乖舛,群臣悉能如此,实太平之道。"除渭司门员外郎。寻有人言:"涵昔为宗正少卿,此时无言,今为少傅,妄有奏议。"诏曰:"吕渭僭陈章奏,为其本使薄诉官名。朕以宋有司城之嫌,晋有词曹之讳,叹其忠于所事,亦谓确以上闻。乃加殊恩,俾膺厚赏。近闻所陈'少'字,往岁已任少卿,昔是今非,罔我何甚!岂得谬当朝典,更厕周行,宜佐遐藩,用诫薄俗。可歙州司马同正。"由是改涵为检校工部尚书、兼光禄卿,仍充山陵副使。(《旧唐书》卷126《李涵传》,第3562页)

居五岁,〔李涵〕入朝,拜御史大夫、京畿观察使。德宗嗣位,以涵和易无所绳举,除太子少傅、山陵副使。以父讳徙光禄卿。(《新唐书》卷78《宗室·永安壮王孝基传》,第3517页)

〔吕〕渭第进士,从浙西观察使李涵为支使,进殿中侍御史。大历末,涵为元陵副使,渭又为判官。涵由御史大夫擢太子少傅,〔殿中侍御史吕〕渭建言:"涵父名少康,当避。"宰相崔祐甫善其言,擢司门员外郎。御史共劾渭:"昔涵再任少卿,不以嫌,今谓少傅为慢官,疑渭为涵游说。"乃贬渭歙州司马。(《新唐书》卷160《吕渭传》,第4966页)

德宗嗣位,以御史大夫、浙西观察使李涵和易无搏击之才,除太子少傅。以父讳少康,改检校工部尚书兼光禄卿。(《册府元龟》卷69《帝王部·审官》,第779页)

李涵为太子少傅,充代宗山陵副使,涵判官殿中侍御史吕渭上言:"涵父名少康,今官名犯讳,恐乖礼典。"宰相崔祐甫奏曰:"若朝廷事有乖舛,群心悉能如此,实太平之道。"除渭司门员外郎。寻有人言:"涵昔为宗正少卿,此时无言,今为少傅,渭妄有奏议。"诏曰:"吕渭潜陈章奏,为其本使,薄诉官名。朕以宋有司城之嫌,晋有辞曹之讳,叹其忠于所事,亦谓确以上闻,乃加殊恩,俾膺厚赏。近闻所陈少字,往岁已任少卿,昔是今非,罔我何甚,岂得谬当朝奖,更厕周行？宜佐遐藩,用诫薄俗,可歙州司马同正。"由是改涵简校工部尚书,兼光禄卿。(《册府元龟》卷 863《总录部·名讳》,第 10249 页)

案例解析

案情分析：建中初,德宗任命御史大夫、浙西观察使李涵为太子少傅,其父名少康,官名抵其家讳。其判官殿中侍御史吕渭上言谓应请辞太子少傅。因此,宰相崔祐甫奏吕渭任司门员外郎。但因有人奏李涵前任宗正少卿时,同样犯父讳,当时却并未请辞。德宗转李涵为检校工部尚书兼光禄卿,吕渭抗表上言被疑为李涵游说,被贬歙州司马。

适用条款：《唐律疏议》卷 10《职制律》总 121 条,参见 045 卢正道除洛州新安县令以县名犯父绵州长史卢安寿讳更任荥阳县令案适用条款。

《唐律疏议》卷 10《职制律》总 115 条,参见 057 都苑总监姬范之子姬义以姓声同唐玄宗李隆基讳改姓为周案适用条款。

是否符合唐律规定：否。御史大夫、浙西观察使李涵,父名少康,德宗即位后,李涵被任命为太子少傅充代宗山陵副使。李涵判官殿中侍御史吕渭抗言上表,谓应请辞太子少傅。依律,名字触犯宗庙讳,徒三年。若嫌名及二名偏犯者,不坐。李涵擢官太子少傅,与父亲李少康的名字属于二名偏犯,依律不坐。本案中,李涵任太子少傅,于律无犯。但李涵本身的做法前后不一致,之前其任宗正少卿,同样属于二名偏犯,抵犯家讳,却并未上言请辞。此次被任命为太子少傅,其判官殿中侍御史吕渭抗表上言,被疑为其游说,被贬官歙州司马,处罚偏重。

贞元元年至三年间(785—788)

101. 江州刺史韦应物拒绝廉使非法赋敛案

案例辑录

君讳应物,字义博,京兆杜陵人也。……皇宣州司法参军銮,君之烈考。君司法之第三子也。……诏以滁人凋残,领滁州刺史。负戴如归,加朝散大夫,寻迁江州刺史,如滁上之政。时廉使有从权之敛,君以调非明诏,悉无所供。因有是非之讼,有司详按。圣上以州疏端切,优诏赐封扶风县开国男,食邑三百户。征拜左司郎中,总辖六官,循举戴魏之法。寻领苏州刺史……以贞元七年十一月八日窆于少陵原,礼也。(守尚书祠部员外郎骑都尉赐绯鱼袋吴兴丘丹纂:《唐故尚书左司郎中苏州刺史京兆韦君(应物)墓志铭并序》,《西安碑林博物馆新藏墓志续编》下册,第 419—421 页)

案例解析

案情分析:贞元初,[1]廉使在江州(江西九江市)有非法赋敛,刺史韦应物以调非明诏,悉无所供,被有司调查。真相调查清楚后,德宗优诏赐封韦应物扶风县开国男,食邑三百户。

适用条款:《唐律疏议》卷 13《户婚律》:173 诸差科赋役违法及不均平,杖六十。疏议曰:依令,凡差科,先富强后贫弱,先多丁

---

[1] 郁贤皓著《唐刺史考全编》卷 158《江州》据傅璇琮《唐代诗人丛考》,已指出韦应物贞元元年至贞元三年(785—787)在江州刺史任上,第 2279 页。

后少丁。差科赋役违法及不均平,谓贫富、强弱、先后、闲要等差科不均平者,各杖六十。

若非法而擅赋敛及以法赋敛而擅加益,赃重入官者,计所擅,坐赃论;入私者,以枉法论,至死者加役流。(《唐律疏议》,第211页)

《唐律疏议》卷26《杂律》总389条,参见033酷吏来俊臣求金于左卫大将军泉献诚不成反诬其谋反案适用条款。

是否依法判案:否。廉使于江州非法赋敛,江州刺史韦应物以调非明诏,悉无所供。依律,廉使非法而擅赋敛,赃重入官当计所擅,坐赃论,最高可处徒三年。本案中,该廉使的违法行为未受任何惩罚,而江州刺史韦应物因正常履行职责受到德宗的奖赏。

贞元四年(788)

102. 陕虢观察使卢岳妾裴氏诉正妻分财不及己子而侍御史穆赞不许御史中丞卢佋重治裴氏罪被侍御史杜伦诬告受裴氏金案

案例辑录

先君讳镇,字某。……四年,作阌乡令。考绩皆最,吏人怀思,立石颂德。迁殿中侍御史,为鄂岳沔都团练判官。……后数年,登朝为真,会宰相与宪府比周,诬陷正士,以校私雠。〔孙曰〕贞元四年,陕虢观察使卢岳卒,岳妻分赀不及妾子。妾诉之,御史中丞卢佋欲重妾罪,侍御史穆赞不听。佋与窦参共诬赞受金,捕送狱。有登击闻鼓以闻于上,上命先君总三司以听理,至则平反之。〔孙曰〕镇时为殿中侍御史。诏镇与刑部员外郎李、大理卿杨瑀为三司,覆治无之。为相者不敢恃威以济欲，为长者不敢怀私以请间，群冤获宥，邪党侧目，封章密献，归命天子，遂莫敢言。（柳宗元：《先侍御史府君（柳镇）神道表》，《柳宗元集》卷12《表志》，第293、295—296页）

〔穆赞〕累迁京兆兵曹参军、殿中侍御史，转侍御史，分司东都。时陕州观察使卢岳妾裴氏，以有子，岳妻分财不及，诉于官，赞鞫其事。御史中丞卢佋佐之，令深绳裴罪，赞持平不许。宰臣窦参与佋善，参、佋俱持权，怒赞以小事不受指使，遂下赞狱。侍御史杜伦希其意，诬赞受裴之金，鞭其使以成其狱，甚急。赞弟赏，驰诣阙，挝登闻鼓。诏三司使覆理无验，出为郴州刺史。参败，征拜刑部郎中。因次对，德宗嘉其才，擢为御史中丞。（《旧唐书》卷155《穆宁附子穆赞传》，第4115—4116页）

〔穆〕赞字相明，擢累侍御史，分司东都。陕虢观察使卢岳妻分赀不及妾子，妾诉之。中丞卢佋欲重妾罪，赞不听。佋与宰相窦参共诬赞受金，捕送狱。弟赏上冤状，诏三司覆治，无之，犹出为郴州刺史。参败，召为刑部郎中，对延英，擢御史中丞。（《新唐书》卷163《穆宁附子穆赞传》，第5015—5016页）

穆赞为侍御史分司东都时，故陕州卢岳妾裴氏以有子，岳妻分财不及，诉于官。赞鞫其事，御史中丞卢佋佑岳之家，令深绳裴罪，穆赞持平不许。〔窦〕参与佋恃权，怒穆赞以小事不受指使，遂下赞狱。侍御史杜伦希其意，诬赞受裴金，鞭其走使，以成狱。及急，赞弟赏赍驰诣阙，挝登闻鼓，诏三司覆理，无验，出为郴州刺史。（《册府元龟》卷337《宰辅部·专恣》，第4003页）

〔贞元〕五年正月，司勋员外郎判考功赵宗儒复行贬考之令。自至德已来，考绩失实，朝官刺史悉以中上考褒之，善恶不别。及是右司郎中独孤良器、殿中侍御史杜伦，各以过犯免官。尚书右丞裴郁、御史中丞卢佋考之中上，宗儒抗令，又贬良器及伦考居中中。又秘书少监郑云逵考其同官孙昌裔入上下，宗儒覆按其考，降入中上，以云逵褒进失中，考之中，以儆之。又刺史核其课效，考之中上者，不过五十人，余贬入中中，褒贬稍明，人知戒惧。帝善之，迁考功郎中。（《册府元龟》卷636《铨选部·考课二》，第7626页）

案例解析

案情分析：陕虢（方镇名，治河南三门峡市）观察使卢岳卒，其妾裴氏有子，但卢岳妻分财不及庶子，故裴氏诉于官。裴氏当因资财分配纠纷在陕州方未获申理，就近向东都洛阳御史台申诉，由侍御史穆赞推按。御史中丞卢佋欲重治卢岳妾裴氏之罪，侍御史穆赞持平不许。宰臣窦参与卢佋善，故卢佋恃权，怒穆赞以小事不受指使，下赞狱。侍御史杜伦希其意，诬穆赞受裴氏金，鞭其走使，以成其狱。因其弟穆赏诣阙，挝登闻鼓申冤，穆赞被出为郴州（湖南郴州市）刺史。侍御史杜伦诬告穆赞受裴氏金，鞭其使以成其狱，当时似未受法律制裁。

适用条款：《唐律疏议》卷12《户婚律》：162 诸同居卑幼私辄用财者，十匹笞十，十匹加一等，罪止杖一百。即同居应分不均平者，计所侵，坐赃论减三等。疏议曰：即同居应分，谓准令分别，而财物不均平者，准户令：应分田宅及财物者，兄弟均分。妻家所得之财，不在分限。兄弟亡者，子承父分。违此令文者，是为不均平。谓兄弟二人均分百匹之绢，一取六十匹，计所侵十匹，合杖八十之类，是名坐赃论减三等。（《唐律疏议》，第202—203页）

应分田宅及财物者，兄弟均分。妻家所得之财，不在分限。兄弟亡者，子承父分；兄弟俱亡，则诸子均分，其未娶妻者别与娉财；姑姊妹在室者，减男娉财之半，寡妻无男者，承夫分。若兄弟皆亡，同一子之分。(《唐令拾遗·户令第九》二十七[开元七年][开元二十五年]，第 155 页)

《唐律疏议》卷 11《职制律》总 136 条，参见 095 婺州州将阎伯玙左右受赂解救永康县奸吏杜泚案适用条款。

《唐律疏议》卷 23《斗讼律》总 342 条，参见 042 右台侍御史魏探玄诬告兖州龚丘县令程思义赃污十万案适用条款。

是否依法判案：部分是。陕虢观察使卢岳妾裴氏有子，卢岳之妻分财不及庶子，依律，应分田宅及财物者，兄弟均分，故裴氏诉于官。其后，东都御史台受理此案，御史中丞卢佋欲重卢岳裴氏妾罪，侍御史穆赞持平不许。卢佋与宰臣窦参善，故恃权，怒穆赞以小事不受指使，下穆赞狱。御史中丞卢佋恃权，非法逮捕部下穆赞，并未受法律惩处，只是在第二年考课时，其考课等第被降为中中。最终，穆赏诣阙挝登闻鼓，为其兄穆赞申冤，但穆赞终被出为郴州刺史。对于穆赞的处理属于不依法判案。

侍御史杜伦希御史中丞卢佋之意，诬穆赞受裴氏金，鞭其走使，以成其狱。依律，侍御史杜伦诬告同僚穆赞受人财许为嘱请，当反坐其罪，依坐赃论加二等治罪，最高可处流 2 500 里。本案中，杜伦似并未受法律制裁，只是在第二年考课时因"过犯"被免官，疑杜伦所谓"过犯"指诬陷穆赞受金一事。对于杜伦的处理，有违唐律。

研究信息：李淑媛《争财竞产——唐宋的家产与法律》认为：本案原为单纯诉产之讼，却因承办官司对判决的歧见而沦为政争之工具，反使原案无疾而终。指出此案未依法行事。北京：北京大学出版社，2007 年，第 81—83 页。陈玺：《诣台诉事惯例对唐御史台司法权限的影响》,《湘潭大学学报》2011 年 1 期。

贞元二年至贞元七年间(786—791)

103. 东都留守崔纵密构洛阳令韦沨谗言案

案例辑录

　　公讳沨,字士温,京兆万年人也。……曾王父琬,皇成州刺史,赠礼部尚书。……生大父安石,皇开府仪同三司、尚书左仆射、中书令、郇国文贞公。……生烈考斌,皇临汝郡太守赠太子少保、平乐公。……调补河南府功曹参军,换司录参军。尹守以能闻,超迁洛阳令。……旧有水坊,惠下钟物,缮貌之害,岁费百万。淄黄病力,以任役赋。公独智默运,掩其游言,起废制,峻圻岸,水常停居,土无善崩。故老聚族,拭视相弁。先是木橦河,外接里落,中注都庄。公束其流滥,决其拥害,一勺之寡,无得散迁,析薪之委,通波市道,野夫宽力,居者盈利。无何,居守崔公纵兼尹正河洛,内忌休声,密构谗言,荧惑帝聪,组织忠良,黜放沧剥,历岁荒徼。抱道清处,不尘其心。后移归州,又移鄞州。……未几,有诏起家巷拜朝请大夫、华州司马。移疾,请告归于故乡。元和五年四月十八日,启手足于南城之别墅,享年七十六。(正议大夫守中书侍郎同中书门下平章事兼集贤殿大学士监修国史上柱国赐紫金鱼袋裴垍撰:《唐故朝请大夫华州司马韦公(沨)墓志铭并序》,《长安新出墓志》,第 228—229 页)

案例解析

　　案情分析:宰相韦安石之孙韦沨任洛阳令期间,唐德宗贞元二年至贞元七年间(786—791),①东都留守崔纵密构韦泚(735—810)谗言于皇帝,德宗为其所惑,韦泚被黜贬官。

适用条款:《唐律疏议》卷23《斗讼律》总 342 条,参见 042 右台侍御史魏探玄诬告兖州龚丘县令程思义赃污十万案适用条款。

是否依法判案:否。东都留守崔纵因嫉妒,密构洛阳令韦泚谗言于德宗。依律,崔纵当反坐所构之罪。本案中,在未经相关调查的情况下,韦泚直接被德宗贬黜,崔纵则未受任何惩罚。

贞元七年前(786—790)

104. 蔡州吴房县令郑丹假蓄贾家钱百万不能偿被起诉案

案例辑录

渤海石氏……族居鄢陵。解字通叔,最孝谨质厚,无狎友,未尝慢词失敬。……由进士及第,授中牟尉。初,吴房令郑丹为当时闻人,假贾畜家钱百万,没其生业,不能以偿。辩于官司,治之遭迫,移禁中牟狱。行贾视公善马,曰:"郑囚得马,吾当代输五十万。"丹先不知公,或言公乃效马,贾者义之,焚券免责。亳州团练使郭降闻风悦之,辟为从事,试太常寺协律郎。贞元七年夏,鸿胪卿庾侹充册回鹘公主使,奏公为副,授监察御史里行,加章服。……改衡王府长史,致仕。元和三年六月六日殁世。(从弟石洪撰:《唐故衡王府长史致仕石府君(解)墓志铭并序》,《大唐西市

---

① 洛阳令韦泚被贬归州发生于崔纵"尹正河洛"之时。据《旧唐书》卷 12《德宗本纪上》,贞元二年九月戊戌,以吏部侍郎崔纵检校礼部尚书、东都留守、东都畿唐邓汝防御观察使。又据《旧唐书》卷 13《德宗本纪下》,贞元七年六月乙巳,太常卿崔纵卒。可知,崔纵在贞元二年出任东都留守,并卒于贞元七年,则本案发生于德宗贞元二年至贞元七年间(786—791)。

博物馆藏墓志》下册,第754—755页)

案例解析

案情分析:约贞元年间,蔡州吴房(河南遂平县)县令郑丹假贾蓄家钱百万,并订立契约,却没其生业不能偿。因行贾将其起诉,郑丹被关押到中牟(河南中牟县)监狱。中牟尉石解(卒于808)审问此案的过程中,行贾表示愿意代偿50万,条件是石解将自己的一匹好马献给郑丹。郑丹同意了,该贾家有感于石可解的义举,焚券免郑丹之责,此案得以和平终结。亳州(安徽亳州市)团练使郭降还因此辟石解为从事、试太常寺协律郎。

适用条款:《唐律疏议》卷11《职制律》:142 诸贷所监临财物者,坐赃论(授讫未上,亦同)。若百日不还,以受所监临财物论。强者,各加二等。(《唐律疏议》,第185页)

《唐律疏议》卷26《杂律》总389条,参见033 酷吏来俊臣求金于左卫大将军泉献诚不成反诬其谋反案适用条款。

《唐律疏议》卷11《职制律》总140条,参见012 西州高昌县某曹主麹运贞用畦海员牛践麦案适用条款。

是否依法判案:是。吴房县令郑丹借商人钱百万不能偿,依律,贷所监临财物者,以坐赃罪论处,最高可处徒三年;若超过百日不还,以受所监临财物论,最高50匹,处流2000里。本案中,郑丹被关押收监,后来因故贾家焚券免责,不予追究,他得以释放,属于依法判案。

研究信息:龚静:《反映唐代义商与唐人财富观的三方墓志》,《考古与文物》2010年2期。龚静:《有关唐代义商与反映唐人财富观的三方墓志》,吕建中、胡戟主编:《大唐西市博物馆藏墓志研究》,西安:陕西师范大学出版社,2013年,第146—148页。宁欣:《从石解墓志看唐后期制度的变通性——志文中的换推、避籍》,《山西大学学报》2011年4期。

贞元九年前(785—793)

105. 衢州贫民卖儿鬻女案

案例辑录

有唐河东裴公讳郇,字颖叔,闻喜人也。……〔少府少监〕安期生左赞善大夫修己。公即赞善之少子也。……以功转衢州刺史。彼都以蕉葛升越仰给公上,前后守宰渔夺其利。民之困穷者,不能保抱鞠(鞠)子而鬻之。公聆其污俗,乃阅视符籍,得贸为臧(赃)获者三百余人。反其所偿以赎之,无盖藏者,官为假之。未期而襁负归之者如市。举下缅上,政可知矣。……以贞元九年八月十三日,终于官舍,享五十四年。郡之男女,如婴儿失其父母。(朝议郎守尚书吏部郎中赐绯鱼袋李郇撰:《唐故衢州刺史河东裴公(郇)墓铭并序》,《大唐西市博物馆藏墓志》下册,第722—723页)

案例解析

案例内容:由于衢州(浙江衢州)前任宰守征收夏布时中饱私囊,多有因之贫困破产的百姓,有的卖儿鬻女。裴郇(740—793)由建州刺史转任衢州刺史后,抓获300余名赃污者,为贫民赎子。百姓感其德政,不到一年,逃亡的百姓纷纷返回故乡。从裴郇贞元九年卒于衢州官舍来看,此事当发生于贞元前期。

适用条款:《唐律疏议》卷20《贼盗律》:292 诸略人、略卖人

(不和为略。十岁以下,虽和亦同略法)为奴婢者,绞;为部曲者,流三千里;为妻妾、子孙者,徒三年(因而杀伤人者,同强盗法)。疏议曰:略人者,谓设方略而取之,略卖人者,或为经略而卖之,……略人、略卖人为奴婢者,并绞。略人为部曲者,或有状验可凭,或勘诘,知实不以为奴者,流三千里;为妻妾、子孙者,徒三年,为弟侄之类亦同。注云,因而杀伤人者,同强盗法,谓因略人拒斗,或杀若伤,同强盗法。既同强盗之法,因略杀伤傍人亦同。因略伤人,虽略人不得,亦合绞罪。其略人拟为奴婢不得,又不伤人,以强盗不得财,徒二年;拟为部曲,徒一年半;拟为妻妾、子孙者,徒一年。在律虽无正文,解者须尽犯状,消息轻重,以类断之。为奴婢者,即与强盗十匹相似,故略人不得,准徒二年;为部曲者,本条减死一等,故略未得,徒一年半;为妻妾、子孙者,减二等,故亦减强盗不得财二等,合徒一年。

和诱者,各减一等。若和同相卖为奴婢者,皆流二千里;卖未售者,减一等。即略、和诱及和同相卖他人部曲者,各减良人一等。(《唐律疏议》,第315—316页)

《唐律疏议》卷20《贼盗律》:294 诸略卖期亲以下卑幼为奴婢者,并同斗殴杀法(无服之卑幼亦同)。即和卖者,各减一等。其卖余亲者,各从凡人和、略法。疏议曰:期亲以下卑幼者,谓弟妹、子孙及兄弟之子孙、外孙、子孙之妇及从父弟妹,并谓本条杀不至死者。假如斗杀弟妹徒三年,杀子孙徒一年半,若略卖弟妹为奴婢,同斗杀法,徒三年,卖子孙为奴婢,徒一年半之类,故云各同斗殴杀法。如本条杀合至死者,自入余亲例。无服之卑幼者,谓己妾无子及子孙之妾,亦同卖期亲以下卑幼,从本杀科之,故云亦同。假如杀妾徒三年,若略卖亦徒三年之类。即和卖者,各减一等,谓减上文略卖之罪一等,和卖弟妹徒二年半,和卖子孙徒一年之类。其卖余亲,各从凡人和、略法者,但是五服之内,本条杀罪合至死者,并名余亲,故云从凡人和、略法。(《唐律疏议》,第318—319页)

是否符合唐律规定:否。因衢州前任宰守征收夏布时中饱私囊,当地因之贫困破产的百姓不乏卖儿鬻女者,裴鄘任衢州刺史后,抓获300余名赃污者。依律,衢州贫困百姓和卖子女,当依斗殴杀法减一等定罪,当徒一年半,但实际上并未受到任何法律惩罚。

研究信息:马强:《出土墓志所见唐代南方社会动乱及其治理》,《"唐代江南社会"国际学术研讨会暨中国唐史学会第十一届年会第二次会议论文集》,南京:江苏人民出版社,2015年,第214页。马强:《唐人墓志所见唐代南方动乱及其治理》,《陕西师范大学学报》2014年2期,第166页。

贞元十六年(800)

106. 平吴少诚谋叛之粮料使薛乂运粮不理移祸于判官张正则案

案例辑录

公讳正则,字叔度,敦煌人。……贞元中,浙西观察使王尚书纬总盐铁事,以公领职,课用大集。将奏而尚书殁。吴少诚反,诏以兵环蔡。用薛乂为粮料使,固辟公为判官。未几而少诚赦。朝廷责乂前运粮不理事,乂密自解祸,而移败于公。乂得不坐,而公贬为恩州阳江县尉。乂之粮不续,实公之未至也。可知其冤乎。公竟以愤积不平,气殁于贬所,享年卌五,盖贞元十六年十二月十日也。会昌初,天子郊天,告即位。既卒事,加恩群臣,以子故诏赠公为著作佐郎,赠夫人为陇西县太君。(嗣子朝议郎行侍御史上柱国赐排鱼袋张知实撰:《唐故赠著作佐郎张府君(正则)及夫人赠陇西县太君李氏祔葬墓志》,《唐代墓志汇编续集》,会昌004,第945页)

案例解析

案情分析:约贞元十六年,朝廷平吴少诚叛时,粮料使薛乂运粮不理,事后朝廷追究责任,薛乂为脱罪责,"密自解祸",成功移祸于判官张正则,致其被贬为恩州阳江(治广东阳江市江城)县尉。而实际上,运粮不续事发时张正则还没有到判官任。张正则因气愤而卒于贬所。约40年后,武宗即位,张正则方因其子之故官赠著作佐郎。

适用条款:《唐律疏议》卷23《斗讼律》总342条,参见042右台侍御史魏探玄诬告兖州龚丘县令程思义赃污十万案适用条款。

是否依法判案:否。朝廷平吴少诚叛时,粮料使薛乂运粮不续,移祸于判官张正则,使张正则代其受罪。薛乂诬告他人,依律当反坐,此案为一冤案,薛乂未受任何惩罚,致张正则被远贬恩州阳江县(广东省阳江市江城)尉,并因愤积不平而45岁便死于贬所。

研究信息:赵振华、王学春:《唐张正则、张知实父子墓志研究》,《碑林集刊》第11辑,2005年。

贞元时期(785—805)

107. 淮南节度使杜佑以嬖姬李氏为正嫡案

案例辑录

维元和二祀岁在丁亥四月戊午朔十七日甲戌,司徒岐国公杜佑妻密国夫人李氏终于上都务本里第,享年五十有二。……皇考殷,衡州衡阳县尉。虽皇室枝属,而家代陵迟。……因烈考游宦钟罚,随外氏流寓南方。大历季年,佑都督容府。物论所属,遂归于我,以为继室,仅三十年。佑旋更历中外,累忝藩镇。……诞生四子……今一子宪祥,河南府参军;一子绍孜,国子监主簿。(金紫光禄大夫守司徒同中书门下平章事歧国公杜佑撰:《大唐故密国夫人陇西李氏墓志铭并序》,《珍稀墓志百品》,第278—279页)

〔贞元〕十五年正月,〔李〕师古、杜佑、李栾妾滕并为国夫人。(《旧唐书》卷124《李正己附孙李师古传》,第3537页)

〔杜佑〕始终言行,无所玷缺,唯在淮南时,妻梁氏亡后,升嬖妾李氏为正室,封密国夫人,亲族子弟言之不从,时论非之。(《旧唐书》卷147《杜佑传》,第3983页)

〔杜佑〕惟晚年以妾为夫人,有所蔽云。(《新唐书》卷166《杜佑传》,第5090页)

淮南节度杜佑,先婚梁氏女。梁卒,策嬖姬李氏为正嫡,有敕封邑为国夫人。膺密劝请让追封亡妻梁氏。佑请膺为表略云:以妾为妻,鲁史所禁。又云"岂伊身贱之时,妻同勤苦;宦达之后,妾享荣封"云云。梁氏遂得追封,李亦受命,时议美焉。其后,终为李氏所怒。社日,公命食虉肉,因为李氏置堇而卒。[(唐)严子休:《桂苑丛谈·史遗》,杨美生点校,《开元天宝遗事(外七种)》,上海:上海古籍出版社,2012年,第193页]

案例解析

案情分析:杜佑(735—812)任容管经略使时,娶流寓南方的24岁皇室疏属李氏(756—807)为妾。贞元中任淮南节度使期间,原配梁氏卒后，杜佑不顾亲族子弟之言，违反唐律规定，以李氏为继室。贞元十五年（799）正月，杜佑45岁时，李氏被封为密国夫人。

适用条款：《唐律疏议》卷13《户婚律》：178 诸以妻为妾、以婢为妻者，徒二年；以妾及客女为妻，以婢为妾者，徒一年半。各还正之。疏议曰：妻者齐也，秦晋为匹。妾通卖买，等数相悬。婢乃贱流，本非俦类。若以妻为妾，以婢为妻，违别议约，便亏夫妇之正道，黩人伦之彝则，颠倒冠履，紊乱礼经，犯此之人，即合二年徒罪。以妾及客女为妻，客女谓部曲之女，或有于他处转得，或放婢为之，以婢为妾者，皆徒一年半。各还正之，并从本色。（《唐律疏议》，第215页）

是否依律判案：否。淮南节度杜佑（735—812）以嬖姬李氏（756—807）为正嫡，依律当徒一年半，并处离婚。本案例中，杜佑未受到任何惩处，亦未离婚。

研究信息：刘俊文撰：《唐律疏议笺解》，第1023页。陈尚君：《杜佑以妾为妻之真相》，《文史》2012年3期。王连龙：《跋唐杜佑妻李氏墓志》，《中国国家博物馆馆刊》2012年10期。胡戟《珍稀墓志百品》认为：杜佑以李氏为妻，并受封密国夫人，王连龙解释为"违背礼法，遭人非议不可避免"的解释，"恐怕有点卫道的意味，不如更看重和尊重杜佑本人的情感意愿"。笔者认为对于杜佑此举，应该放在唐代社会环境中予以解释，胡戟先生的说法似有以今论古之嫌。

108. 盐铁支局官员卢侠为从祖兄鸣冤而反遭诬告缘坐受谴案

案例辑录

府君讳侠，字毅夫，范阳人。曾王父正仪，皇并州仓曹参军。

大父景明,王屋令。父潍,晋州司仓参军。……蚤岁,以族有贵仕,皇恩所覃,得一子从调,乃择群从之愿秀有令闻者,以属之。君于是得承其命,解巾补扬州六合尉,吏声甚休。满岁,顾家之未宁,色养之下,晨羞缺然。禄恩继及,不屑细职,陈力于盐铁支局。无几何,君有从祖之兄,奉职于其帅庭,帅或衔他不合者以绳之。君尝雅为其兄所举,奋于其室,曰:"孰有势吾兄以进,而独安受其利者乎!"乃超大江,共求其所以明白者。触上官之怒,为并治之。诬章列上,缘坐受谴,贬昭州平乐县尉。恬然绝悔叹之色,义胜而忘利故也。……年劣中身,贞元十八年七月廿八日,以疾终于桂州,即从权藁葬于其土。(朝散郎行河南府河南县尉崔玙撰:《唐故昭州平乐县尉卢府君(侠)墓志铭并序》,《新中国出土墓志·河南〔叁〕·千唐志斋〔壹〕》上册,第 287 页;下册,第 214 页)

案例解析

案情分析: 贞元时期(785—805),河南府王屋(河南省济源市西王屋)县令之孙盐铁支局官员卢侠(?—802)为从祖兄鸣冤,触犯上官,遭其诬告,因此缘坐受谴,被贬至岭南为昭州平乐(广西平乐县)县尉。

适用条款:《唐律疏议》卷 23《斗讼律》总 341 条,参见 010 太尉同中书门下三品长孙无忌诬告吴王李恪参与房遗爱谋反案适用条款。

是否依法判案: 否。盐铁支局的卢侠是河南府王屋县令路景明之孙,曾为奉职于帅庭的从祖兄所举,故在其从祖兄为帅绳治之时,不惜越江为其鸣冤。此举触怒其上司,自己亦缘坐受谴,被贬为昭州平乐(广西平乐县)县尉。此为一冤案。

宪　宗

元和元年(806)

109. 华阴郡太守崔群为妹婿江南西道都团练副使郑高选李元余为嗣案

案例辑录

　　皇唐侍御史郑君,方倅戎于钟陵,请告奉其祖先二代大葬。既毕事,奄忽即代于洛阳时邕里,享年六十一,时贞元廿一年正月四日也。遂以其月廿六日,祔窆于河南府缑氏县芝田乡小宋村之原。其后元和元年六月十六日,夫人清河崔氏寝疾,终于江陵寓居,享龄三十七。……终无遗胤,尝命堂侄小阳为嗣,亦早卒。长庆三年,岁在癸卯,夫人母弟群,时为华阴守,感痛而言曰:"郑氏弟侄凋丧无人矣,宗祀无所付。丘陇虽近,不可以不终合斯礼也。以情以力,职当在我乎!"遂告郑之出李氏子元余为之主,克以其年十月十六日,迁夫人之柩,祔御史府君之穴。……君讳高,字履中,荥阳开封人。赠博州刺史进思之曾孙,金部郎中、亳州刺史愿之孙、大理评事窦之长子。……夫人清河东武城人,则我赠郑州刺史府君讳湛之曾孙,怀州刺史赠太子少师府君讳朝之孙,烈考检校金部郎中赠司空府君讳积之长女。(正议大夫检校刑部尚书兼宣州刺史御史大夫充宣歙池等州都团练观察处置等使上柱国、赐紫金鱼袋崔群撰:《唐故江南西道都团练副使侍御史内供奉荥阳郑府君(高)合祔墓志铭并叙》,陕西省古籍整理办公室编,吴钢主编:《全唐文补遗》第4辑,西安:三秦出版社,1997年,第104页)

案例解析

案例内容:金部郎中、亳州刺史郑愿之孙江南西道都团练副使郑高(745—805)与妻怀州刺史赠太子少师崔朝之孙崔氏(770—806)无子,生前曾以堂侄郑小阳为嗣,但他不幸早卒。郑高离世时并无子嗣,崔氏胞弟华阴郡太守崔群以郑氏所出李元余为郑高后嗣以主宗祀。

适用条款:《唐律疏议》卷12《户婚律》总157条,参见067赠绵州刺史曹元裕以外甥康惠琳为嗣案适用条款。

是否符合唐律规定:否。江南西道都团练副使郑高与妻崔氏无子,郑高生前曾以堂侄郑小阳为嗣,符合唐律规定,但郑小阳不幸早卒,故其妻崔氏之弟华阴郡太守崔群为郑高择郑氏所出李元余为后嗣,不符合收养同宗于昭穆相当者为养子的规定。

元和四年(809)

110. 潞将卢从史持二心阴与镇帅王士贞男留后王承宗勾结案

案例辑录

公讳元封,字子上,其先晋伯宗之后。……父良器,平原郡王、赠司空。……业成名光,登太常第。休问旁畅,播于藩方。故薛太保平为汝州刺史,辟署防御判官。公以有礼而就,授秘书省校书郎。府罢还京。时韩公皋保釐东都,袁公滋镇白马,任迪简代薛太保刺汝州,霍从史帅泽路,皆慕公声猷,辟书继至。公以袁公德可依,诺其请,奏授左金吾卫兵曹参军、充节度推官,寻以嘉画转支使。明年迁观察判官。而薛太保复代袁公镇白马,乞留公。以旧知不去,职亦不改。会镇帅王士贞死,男承宗盗据其地。宪宗皇帝命中贵人承璀帅师以征,诏潞将从史合兵而进。从史持二心,阴与承宗比。承璀无功,乃请先诛从史,后讨承宗。上可诛从史奏。遂擒送阙廷。复念承宗祖父有破朱滔安社稷之勋,释其罪,诏承璀还师。路出于魏。魏将田季安倔强不顺,亦内与承宗合。承璀不敢以兵出其境,请由夷仪岭趋太原而来。上以王师迂道而过,是有畏于魏也。何以示天下。计未出,公使来京师。上召对以问之。公曰:"非独不可以示天下,且魏军心亦不安,而阴结愈固矣。臣愿假天威,将本使命谕季安,使以壶浆迎师。"上喜,即日遣之,驻承璀军以须。公乃将袁命至魏,语季安以君臣之礼,陈王师过郊之仪。季安伏其义,且请公告承璀无疑。师遂南辕。上谓丞相曰:承璀不比,出并而还,元封之谋也。用其谋不可不赏其力,宜进秩以劳之。无拘常限,迁大理评事,摄监察御史。故其制曰:"录以殊劳,岂限彝叙。"……病益笃,以大和六年六月廿一日启手足于河南县履信里之寓居,享年六十有五。(承务郎守监察御史里行骁骑尉郭捐之撰:《唐故中散大夫守卫尉卿上柱国赐紫金鱼袋赠左散骑常侍魏郡柏公(元封,768—832)墓志铭》,《唐代墓志汇编续集》,大和038,第 909—910 页)

〔元和五年四月〕甲申,镇州行营招讨使吐突承璀执昭义节度使卢从史,载从史送京师。……戊戌,贬前昭义节度使卢从史为骠

州司马。(《旧唐书》卷15上《宪宗本纪上》,第430—431页)

卢从史,其先自元魏已来,冠冕颇盛,父虔,少孤,好学,举进士,历御史府三院、刑部郎中、江汝二州刺史、秘书监。从史少矜力,习骑射,游泽、潞间,节度使李长荣用为大将。德宗中岁,每命节制,必令采访本军为其所归者。长荣卒,从史因军情,且善迎奉中使,得授昭义军节度使。渐狂恣不道,至夺部将妻妾,而辩给矫妄,从事孔戡等以言直不从引去。前年丁父忧,朝旨未议起复,属王士真卒,从史窃献诛承宗计以希上意,用是起授,委其成功。及诏下讨贼,兵出,逗留不进,阴与承宗通谋,令军士潜怀贼号;又高其刍粟之假,售于度支,讽朝廷求宰相;且诬奏诸军与贼通,兵不可进。上深患之。

护军中尉吐突承璀将神策兵与之对垒,从史往往过其营博戏。从史沓贪好得,承璀出宝带、奇玩以炫耀之,时其爱悦而遗焉,从史喜甚,日益狎。上知其事,取裴垍之谋,因戒承璀伺其来博,揖语,幕下伏壮士,突起,持捽出帐后缚之,内车中,驰以赴阙。从者惊乱,斩十数人,余号令乃定,且宣谕密诏,追赴阙庭。都将乌重胤素怀忠顺,乃严戒其军,众不敢动。会夜,使疾驱,未明出境,道路人莫知。元和五年四月,制曰:"……怀私负德,合置于严科;屈法申恩,尚从于宽典。前昭义军节度副大使、知节度事卢从史,擢自裨将,居于大藩,不思报国之诚,每设徇身之计。比丁家祸,曾无戚容,行弃人伦,孝亏天性。属常山称乱,朝制未行,固愿兴师,苟求复位。刻期效用,请以身先;指日投诚,誓云独致。示于怀抚,推以信诚。排众论以释其苴麻,决中心而授之铁钺,委以重任,命之专征。章奏所陈,事无违者;恩光是贷,予何爱焉。而乃冒利蓄奸,隳政败度,成师既出,保敌而交通;邪计以行,临戎而向背。诸侯尽力而不应,遗寇游魂而是托。……肆其丑行,炽以凶威,至于逼胁军中,潜施贼号;陵污麾下,实玷皇风。货以藩身,虐而用众,士庶怨而罔恤,将校劳而不图。……况顷年上请,就食山东,及遣旋师,不时恭命,致动其众,觊生其心,赖刘济抗忠正之辞,使邪竖绝迟回之计。加以偏毁邻境,密疏事情,反覆百端,高下万变,心无耻愧,事至满盈。朕念以始终,务于含贷,所期悔过,岂谓逾凶。而昭义军忠节夙彰,义声昭著,发其众怒,叶以一心,顾大恶而不容,幸全躯而自免,宜从大戮,以正彝章。尚以曾列方隅,尝经任使,惜君臣之体,抑中外之情,俾投魑魅之乡,以解人神之愤。可贬骧州司马。……"子继宗等四人并贬岭外。(《旧唐书》卷132《卢从史传》,第3652—3654页)

王士真死,其子承宗以河北故事请代父为帅。宪宗意速太平,且频荡寇孽,谓其地可取。吐突承璀恃恩,谋挠〔裴〕垍权,遂伺君意,请自征讨。卢从史阴苞逆节,内与承宗相结约,而外请兴师,以图厚利。垍一一陈其不可,且言:"武俊有大功于朝,前授李师道而后夺承宗,是赏罚不一,无以沮劝天下。"逗留半岁,宪宗不决,承璀之策竟行。及师临贼境,从史果携贰,承璀数督战,从史益骄倨反复,官军病之。时王师久暴露无功,上意亦怠。后从史遣其衙门将王翊元入奏,垍延与语,微动其心,且喻以为臣之节,翊元因吐诚言从史恶稔可图之状。垍遣再往,比复还,遂得其大将乌重胤等要领。垍因从容启言:"从史暴戾,有无君之心。今闻其视承璀如婴孩,往来神策壁垒间,益自恃不严,是天亡之时也。若不因其机而致之,后虽兴师,未可以岁月破也。"宪宗初愕然,熟思其计,方许之。垍因请密其谋,宪宗曰:"此唯李绛、梁守谦知之。"时绛承旨翰林,守谦掌密命。后承璀竟擒从史,平上党,其年秋班师。垍以"承璀首唱用兵,今还无功,陛下纵念旧劳,不能加显戮,亦请贬黜以谢天下"。遂罢承璀兵柄。(《旧唐书》卷 148《裴垍传》,第 3991 页)

王承宗擅袭节度,方帝屡削叛族,意必取之,又吐突承璀每欲挠垍权,因探帝意,自请往。于时泽潞卢从史诡献征讨计,垍固争,以为:"从史苞逆节,内连承宗,外请兴师,以图身利。且武俊有功于国,陛下前以地授李师道,而今欲夺承宗地有之,赏罚不一,沮劝废矣。"帝猗违不能决。久之,卒用承璀谋,会兵讨承宗,从史果反复,兵久暴无功,王师告病。既而从史遣部将王翊元奏事,垍从容以语动之,翊元因言从史恶稔可图状,垍比遣往,得其大将乌重胤等要领。垍乃为帝陈"从史暴戾不君,视承璀若小儿,往来神策军不甚戒,可因其机致之,后无兴师之劳"。帝初矍然,徐乃许之。垍请秘其计,帝曰:"惟李绛、梁守谦知之。"俄而承璀缚从史献于朝,因班师。垍奏:"承璀首谋无功,陛下虽诎法,人心不厌,请流斥以谢天下。"乃罢所领兵。(《新唐书》卷 169《裴垍传》,第 5148—5149 页)

案例解析

案情分析:元和四年三月,成德军节度使王士真卒,其子承宗自称留后。[①] 唐宪宗命中贵人吐突承璀为镇州行营招讨使,帅师讨伐,诏昭义节度使卢从史合兵而进。而卢从史持二心,阴与承宗比。后承璀无功,元和五年四月,将卢从史擒送阙廷。之后,唐宪宗复念王承宗祖父王武俊有破朱滔安社稷之勋,[②]释其罪,诏承璀

---

① 据《新唐书》卷 7《宪宗本纪》,第 210 页。
② 据《旧唐书》卷 12《德宗本纪上》,兴元元年九月乙亥,王武俊加检校司徒,李抱真检校司空,并赐实封五百户,赏破朱滔之功也。第 346 页。

还师。卢从史被贬骧州(越南义安省荣市)司马,其子卢继宗等四人贬至岭外。

适用条款:《唐律疏议》卷17《贼盗律》总251条,参见001工部尚书独孤怀恩率众谋叛投靠刘武周案适用条款。

是否依法判案:否。成德军节度使王士真卒,其子王承宗盗据其地。唐宪宗意欲征讨,将该藩镇收归朝廷管辖。但镇州行营招讨使吐突承璀讨伐无功,仅将受诏合兵征讨而阴怀二心的昭义节度使卢从史擒拿回朝。王承宗和卢从史均属谋叛,依律当斩,但宪宗复念及王承宗祖父有破朱滔安社稷之勋,主要是朝廷此时尚无实力征讨叛镇,只好采取了姑息之策,遂释王承宗之罪,而阴怀二心的卢从史也仅被贬为骧州司马。

元和五年(810)

111. 河北营粮料使董溪、于皋谟盗军赀流封州中途赐死案

案例辑录

公讳溪,字惟深,丞相赠太师陇西恭惠公(董晋)第二子。……兵诛恒州(成德军),改〔董溪〕度支郎中,摄御史中丞,为粮料使(樊汝霖注:元和四年十月,以神策军中尉吐突承璀为镇州行营招讨处置使征王承宗。以溪及于皋谟为东道行营粮料使)。兵罢(元和五年七月,赦承宗),迁商州刺史。粮料吏有忿争相牵告者,事及于公,因征下御史狱。公不与吏辨,一皆引伏,受垢除名,徙封州。元和六年五月十二日死湘中,年四十九。明年立皇太子,有赦令,许归葬。(《唐故朝散大夫商州刺史除名徙封州董府君(溪)墓志铭》,

《韩愈文集汇校笺注》卷19，第2033页）

　　唐故永州刺史博陵崔简女讳蹈规，字履恒，嫁为朗州员外司户河东薛巽妻。……始简以文雅清秀重于世，其后得罪投驩州，诸女蓬垢涕号。蹈规，柳氏出也，以叔舅宗元命归于薛。……元和十三年五月廿八日，既乳，病肝气逆乘肺，牵拘左腋，巫医莫能已。期月之日，洁服饰容而终，享年三十一；归于薛凡七岁也。……巽始以佐河北军食有劳，未及录。会其长以罪闻，因从贬。更大赦，方北迁，而其室以祸。巽之考曰大理司直仲卿，祖曰太子左赞善大夫环，曾祖曰平舒令煜，高祖曰工部尚书真藏。（柳州刺史柳宗元撰：《唐朗州员外司户薛君妻崔氏（蹈规）墓志》，《唐代墓志汇编续集》，元和075，第853—854页）

　　〔薛〕巽始佐河北军食有劳，未及录。会其长以罪闻，因从贬。（〔孙曰〕元和初，讨成德节度王承宗，以于皋谟、董溪为河北行营粮料使，崔元受、韦岵、薛巽、王相等为判官，分给供馈。既罢兵，皋谟等坐赃数千缗，敕贷其死。六年五月，流皋谟春州，溪封州，行至潭州，赐死。元受等从坐，皆逐岭表云。）更大赦，方北迁，（〔孙曰〕元和十三年正月，以平淮西大赦天下。）而其室已祸。（柳宗元撰：《朗州员外司户薛君妻崔氏墓志》，《柳宗元集》卷13《志》，第347页）

　　运粮使董溪、于皋谟盗用官钱，诏流岭南，行至湖外，密令中使皆杀之。他日，德舆上疏曰："窃以董溪等，当陛下忧山东用兵时，领粮料供军重务，圣心委付，不比寻常，敢负恩私，恣其赃犯，使之万死，不足塞责。弘宽大之典，流窜太轻。陛下合改正罪名，兼责臣等疏略。但诏令已下，四方闻知，不书明刑，有此处分，窃观众情，有所未喻。伏自陛下临御已来，每事以诚，实与天地合德，与四时同符,万方之人,沐浴皇泽。至如于、董所犯,合正典章,明下诏书,与众同弃,即人各惧法,人各谨身。臣诚知其罪不容诛,又是已过之事,不合论辩,上烦圣聪。伏以陛下圣德圣姿,度越前古,顷所下一诏,举一事,皆合理本,皆顺人心。伏虑他时更有此比,但要有司穷鞫,审定罪名,或致之极法,或使自尽,罚一劝百,孰不甘心?巍巍圣朝,事体非细,臣每于延英奏对,退思陛下求理之言,生逢盛明,感涕自贺。况以愚滞朴讷,圣鉴所知,伏惟恕臣迂疏,察臣丹恳。"(《旧唐书》卷148《权德舆传》,第4004页)

〔崔〕元略弟元受、元式、元儒。元受登进士第,高陵尉,直史馆。元和初,于皋谟为河北行营粮料使。元受与韦岵、薛巽、王湘等皆为皋谟判官,分督供馈。既罢兵,或以皋谟隐没赃罪,除名赐死。元受从坐,皆逐岭表,竟坎壈不达而卒。(《旧唐书》卷163《崔元略传》,第4263页)

〔董晋〕子溪,字惟深,亦擢明经,三迁万年令。讨王承宗也,擢度支郎中,为东道行营粮料使。坐盗军赀流封州,至长沙,赐死。(《新唐书》卷151《董晋传》,第4821—4822页)

会裴垍病,德舆自太常卿拜礼部尚书、同中书门下平章事。……董溪、于皋谟以运粮使盗军兴,流岭南,帝悔其轻,诏中使半道杀之。德舆谏:"溪等方山东用兵,干没库财,死不偿责。陛下以流斥太轻,当责臣等谬误,审正其罪,明下诏书,与众同弃,则人人惧法。臣知已事不净,然异时或有此比,要须有司论报,罚一劝百,孰不甘心。"帝深然之。(《新唐书》卷165《权德舆传》,第5078—5079页)

于皋谟,宪宗时为行营粮料使,元和六年五月,坐犯诸色赃计钱四千二百贯,并前粮料使董溪犯诸色赃计四千三百贯,又于正额供军市籴钱物数内,抽充羡余公廨诸色给用计钱四万一千三百贯。敕:"于皋谟、董溪等,顷以山东兴师,馈运务重,朕召于内殿,委以使车,诫厉激扬,非不诚切,亦谓尽力成务,灭私奉公。而乃肆意贪求,曾无忌惮,擅请时服,干没军资,负恩败法,一至于此。据其罪状,合置极刑,以其尝列班行,皆承门序,弘以好生之泽,免其殊死之辜,是俾投荒期于勿齿。皋谟除名,配流春州,董溪除名,配流封州,其判官崔元受、韦岵、薛巽、王湘等,并贬岭外。"皋谟、溪行至潭州,并专遣中使赐死。(《册府元龟》卷 511《邦计部·贪污》,第 6127 页)

  窃以董溪等当陛下忧山东用兵时,领粮料供军重务,圣心委付,不比寻常,敢负恩私,恣其赃犯。使之万死,不足塞责。弘宽大之典,流窜太轻,陛下合改正罪名,兼责臣等疏略。但诏令已下,四方闻知,不书明刑,有此处分,窃观众情,有所未喻。伏以自陛下临御已来,每事以诚,实与天地合德,与四时同符,万方之人,沐浴皇泽。至如于、董所犯,合正典章,明下诏书,与众同弃,即人各惧法,人各谨身。臣诚知其罪不容诛,又是已过之事,不合论辩,上烦圣聪。伏以陛下圣德天姿,度越前古,顷所下一诏,举一事,皆合理本,皆顺人心。伏虑他时更有此比,但要有司穷鞫,审定罪名,或致之极法,或使自尽,罚一劝百,孰不甘心?巍巍圣朝,事体非细。臣每于延英奏对,退思陛下求理之言,生逢盛明,感涕自贺。况以愚滞朴讷,圣览所知,伏惟恕臣迂疏,察臣丹恳。(权德舆撰:《奏于董所犯当明刑正罪疏》,《全唐文》卷 486,第 4965—4966 页)

案例解析

  案情分析:唐宪宗征讨叛镇成德王承宗时,董晋之子东道行营粮料使董溪、于皋谟盗军赀,董溪犯诸色赃计 4 300 贯,于皋谟坐犯诸色赃计钱 4 200 贯,又于正额供军市籴钱物数内,抽充羡余公廨诸色给用计钱 41 300 贯。宪宗初始诏流董溪、于皋谟于岭南,寻悔其轻,除名赐死,行至湖外,诏中使半道杀之。于皋谟判官崔元受与韦岵、薛巽、王湘等本分督供馈,皆逐岭表。董溪墓志中对其犯罪罪行,一笔带过,但正史中有详细交代,墓志与正史对校,案件真相更为清晰。

适用条款:《唐律疏议》卷 19《贼盗律》总 283 条,参见 063 幽州长史赵含章盗用库物被赐死案适用条款。

《唐律疏议》卷 19《贼盗律》总 282 条,参见 056 同州奉先县邑人发古冢盗古物案适用条款。

是否依法判案:基本是。征王承宗时,东道行营粮料使董溪、于皋谟盗军赀,分别坐赃四千余缗。依律监守自盗 30 匹即处绞刑,本案中,敕贷死,流于皋谟春州(广东阳春市),董溪封州(广东封开县),其判官崔元受、韦岵、薛巽、王湘等,并贬岭外。于皋谟、董溪行至潭州(湖南长沙市),并遣中使赐死。基本属于依法判案。

研究信息:赖瑞和:《唐代中层文官》,北京:中华书局,2011 年,421—425 页。

元和元年至元和六年间(806—810)

112. 羽林长上万国俊夺京兆府兴平县民田案

案例辑录

公讳惟简,字某,司空平章事赠太傅之子。……又改户部尚书,金吾大将军。有长上万国俊者,以军势夺兴平人地。吏惮,莫敢治。及公为金吾，兴平人曰："久闻李将军为人公平，庶能直吾屈。"即赍县牒来见。公发视，立杖国俊废之，以地还兴平人。闻者莫不称叹。……元和六年，即以公为凤翔陇州节度使、户部尚书、兼凤翔尹。(《唐故凤翔陇州节度使李公(惟简)墓志铭》，《韩愈文集汇校笺注》卷 20，第 2133—2134 页)

宪宗时，〔李惟简〕为左金吾卫大将军，长上万国俊夺兴平民田，吏畏不敢治，至是诉于惟简，即日废国俊，以地与民。(《新唐书》卷 211《李宝臣附子惟简传》，第 5951 页)

案例解析

案情分析：羽林长上万国俊(从九品下阶)夺京兆府兴平县(今陕西兴平市)民田，民诉之于左金吾卫大将军李惟简(764—818)，李惟简废万国俊长上身份，将占地还与百姓。

适用条款：《唐律疏议》卷 13《户婚律》总 167 条，参见 064 岐州郿县宋智在官侵夺私田案适用条款。

《唐律疏议》卷 3《名例律》：23 诸除名者，比徒三年；免官者，比徒二年；免所居官者，比徒一年。流外官，不用此律(谓以轻罪诬人及出入之类，故制此比。若所枉重者，自从重)。(《唐律疏议》，第 49 页)

是否依法判案：是。羽林长上万国俊夺兴平县民田，依律，在官侵夺私田者，一亩以下杖六十，三亩加一等，过杖一百，五亩加一等，罪止徒二年半。本案中，万国俊为从九品下阶武官，左金吾卫大将军李惟简废其官，以官当抵罪，当徒一年。[①]

[①] 《旧唐书》卷 50《刑法志》载："许以官当罪。以官当徒者，五品已上犯私罪者，一官当徒二年；九品已上，一官当徒一年。"

元和七年(812)

113. 永州刺史崔简因赃罪长流驩州案

案例辑录

唐故永州刺史博陵崔简女讳蹈规,字履恒,嫁为朗州员外司户河东薛巽妻。……始简以文雅清秀重于世,其后得罪投驩州,诸女蓬垢涕号。蹈规,柳氏出也,以叔舅宗元命归于薛。……元和十三年五月廿八日,既乳,病肝气逆乘肺,牵拘左腋,巫医莫能已。期月之日,洁服饰容而终,享年三十一,归于薛凡七岁也。……巽始以佐河北军食有劳,未及录。会其长以罪闻,因从贬。更大赦,方北迁,而其室以祸。巽之考曰大理司直仲卿,祖曰太子左赞善大夫环,曾祖曰平舒令煜,高祖曰工部尚书真藏。(柳州刺史柳宗元撰:《唐朗州员外司户薛君妻崔氏(蹈规)墓志》,《唐代墓志汇编续集》,元和075,第853—854页)

某启:伏见四月六日敕,刺史崔简以前任赃罪,决一百,长流驩州。(〔孙曰〕简字子敬,公之姊夫。元和初,为连州刺史,徙永州,未至永而连之人愬简,御史按章具狱,坐流驩州。)伏奉去月二十三日牒,崔简家口,牒州安存,并借官宅什器,差人与驱使。

伏惟中丞以直清去败政,以恻隐抚穷人。罪迹暴著,则按之以至公;家属流离,则施之以大惠。各由其道,咸适于中。威怀并行,仁义齐立。绳愆纠缪,列郡肃澄清之风;匡困资无,阖境知噢咻之德。凡在巡属,庆惧交深。

伏见崔简儿女十人,皆柳氏之出,简之所犯,首末知之。盖以风毒所加,渐成狂易,不知畏法,坐自抵刑。名为赃贿,卒无储蓄,得罪之日（〔韩曰〕《简权厝志》云：坐流驩州，幼弟讼于朝，天子黜连帅，罢御史，云云。连帅，即此中丞），百口熬然，叫号羸顿，不知所赴。倘非至仁厚德，深加悯恤，则流散转死，期在须臾。某幸被缧囚，久沐恩造，至于骨肉，又荷哀矜，循念始终，感惧无地。谨勒祗承人沈澹，奉启陈谢，下情轻黩。（其弟柳宗元撰：《谢李中丞安抚崔简戚属启》，《柳宗元集》卷35《启》，第903页）

〔元和〕六年九月，以前湖南观察使李众为恩王傅。初，众举按属内刺史崔简罪，御史卢则就鞫得实。使还，而众以货遗所推令史，至京，有告者，令史决流，卢则停官，故众亦坐焉。（《唐会要》卷62《御史台下·出使》，第1083页）

卢则为监察御史，出按连州刺史崔简，得实。及还，其下吏受观察使李众赂绫六百匹，简弟计诉推吏，决杖配流，敕："御史出使，动为摽式，功在肃下，不唯捡事。监察御史卢则奉使推鞫，致使官曲犯赃，被人告诉，失在周慎，亦可薄惩，宜停见任。"（《册府元龟》卷522《宪官部·谴让》，第6235页）

案例解析

案情分析：永州刺史崔简以前任连州（广东连州市）刺史赃罪，决一百，长流驩州（越南义安省荣市）。监察御史卢则受命出按，得实。但卢则的下吏受观察使李众赂绫六百匹，崔简幼弟崔计诉推吏。宪宗将下吏决杖配流，卢则受牵连，被停御史之职。

适用条款：《唐律疏议》卷11《职制律》总140条，参见012西州高昌县某曹主麹运贞用畦海员牛践麦案适用条款。

《唐律疏议》卷2《名例律》：18 诸犯十恶、故杀人、反逆缘坐

（本应缘坐，老、疾免者亦同），狱成者，虽会赦犹除名（狱成，谓赃、状露验，及尚书省断讫未奏者）。即监临、主守于所监守内犯奸、盗、略人若受财而枉法者，亦除名（奸，谓犯良人。盗及枉法，谓赃一匹者）；狱成会赦者，免所居官（会降者，同免官法）。（《唐律疏议》，第34—36页）

是否依法判案：是。因崔简任连州刺史时犯赃罪，为人所举，触犯诸监临之官受所监临财物条规定，赃50匹当流二千里。此案中，崔简决杖一百，长流骧州，属于依法判案。

元和九年（814）

114. 宣徽五坊小使诬构华州下邽令裴寰大不恭案

案例辑录

戣，字君严，事唐为尚书左丞。……长庆四年正月己未，公年七十四，告薨于家。赠兵部尚书。……改华州刺史。……下邽令笞外按小儿，系御史狱，公上疏理之，诏释下邽令。行自华州刺史为大理卿。（韩愈撰：《唐正议大夫尚书左丞孔公（戣）墓志铭》，《韩愈文集汇校笺注》卷23，第2516—2517页）

裴度字中立，河东闻喜人。……〔元和〕九年十月，改御史中丞。宣徽院五坊小使，每岁秋按鹰犬于畿甸，所至官吏必厚邀供饷，小不如意，即恣其须索，百姓畏之如寇盗。……至元和初，虽数治其弊，故态未绝。小使尝至下邽县，县令裴寰性严刻，嫉其凶暴，公馆之外，一无曲奉。小使怒，构寰出慢言，及上闻，宪宗怒，促令摄寰下狱，欲以大不敬论。宰相武元衡等以理开悟，帝怒不解。度入延英奏事，因极言论列，言寰无罪，上愈怒曰："如卿之言,寰无罪即决五坊小使;如小使无罪,即决裴寰。"度对曰:"按罪诚如圣旨,但以裴寰为令长,忧惜陛下百姓如此,岂可加罪?"上怒色遽霁。翌日,令释寰。(《旧唐书》卷170《裴度传》,第4413—4414页)

裴度,字中立,河东闻喜人。……久之,进御史中丞。宣徽五坊小使方秋阅鹰狗,所过桡官司,厚得饷谢乃去。下邽令裴寰,才吏也,不为礼,因构寰出丑言,送诏狱,当大不恭。宰相武元衡婉辞诤,帝怒未置。度见延英,言寰无辜,帝恚曰:"寰诚无罪,杖小使;小使无罪,且杖寰。"度曰:"责若此固宜,第寰为令,惜陛下百姓,安可罪?"帝色霁,乃释寰。(《新唐书》卷173《裴度传》,第5209—5210页)

〔元和〕九年十二月,释下邽令裴寰之罪。初,每岁冬,以鹰犬出近畿习狩,谓之外按使,领徒数百辈,恃恩恣横,郡邑惧扰,皆厚礼迎犒,恣其所便,止舍私邸,百姓畏之如寇盗。每留旬日,方更其所。至是,行次下邽。寰为令,嫉其强暴扰人,但据文供馈。使者归,乃潜寰有慢言,上大怒,将以不敬论。宰相武元衡等于延英恳救理之,上怒不改。及出,逢御史中丞裴度入,元衡等谓曰:"裴寰事,上意不开,恐不可论。"度唯唯而入,抗陈其事,谓寰无罪。上愈怒曰:"如卿言,裴寰无罪,则当决五坊小使;如小使无罪,则当决裴寰。"度曰:"诚如圣旨,但以裴寰为令长,爱惜陛下百姓如此,岂可罪之?"上怒稍解,初令书罚,翌日释之。(《唐会要》卷52《忠谏》,第909页)

案例解析

案情分析:元和九年(814)秋,宣徽院五坊小使以鹰犬出近畿习狩[1],华州下邽(治陕西渭南市下吉镇)令裴寰据文供馈,没有厚礼资送,故使者回,诬告构寰出丑言,送诏狱,欲以大不恭治其罪。因御史中丞裴度和华州刺史孔戣(751—824)进言,最终,宪宗释放裴寰,但似并未处罚出言诬告的宣徽院五坊小使。

适用条款:《唐律疏议》卷23《斗讼律》总342条,参见042右台侍御史魏探玄诬告兖州龚丘县令程思义赃污十万案适用条款。

《唐律疏议》卷1《名例律》总6条、《唐律疏议》卷10《职制律》总122条,参见025太子中舍人刘漼违命不上劝进表长流岭南案适用条款。

是否依法判案:否。宣徽五坊小使诬告华州下邽令裴寰出慢言,依律,诬告人者,各反坐。对小使慢言,属于对捍制使,至少当徒二年。本案中,宪宗仅对身陷诏狱的裴寰予以释放,并未处罚宣徽五坊小使,反映了宪宗对五坊小使的袒护。

元和十三年(818)

115. 京兆尹崔元略在渭南县令柏元封劝说下上报旱灾案

案例辑录

公讳元封,字子上,其先晋伯宗之后。……父良器,平原郡王、

---

[1] 关于五坊小儿,《唐会要》卷78《诸使中·五坊宫苑使》载:五坊,谓雕、鹘、鹰、鹞、狗,共为五坊。宫苑旧以一使掌之,自宝应二年后,五坊使入隶内宫苑使,近又有闲厩使兼宫苑之职焉。贞元末,五坊小儿张捕鸟雀罗于闾里者,皆为暴横,以取人钱物。元和三年七月,五坊品官朱超晏、王志忠放纵鹰隼入长安富人家,旋诣其居,广有求取。上知之,立召二人,各答二十,夺其职,自是贡鸷鸟略大者,皆斥之。第1421—1422页。

赠司空。……授京兆府渭南县令。……会夏大旱,谷不登,黎人告损。内史崔元略不欲损以希上旨,又将籴以入公。他县无敢逆其意者,惧崔之威也。公独正色陈民之困,词讫不回,竟罢籴而减其常赋,他县咸赖,民用不饥。君子嘉其道。天平军节度马公总闻其事,乐其贤,表请为节度判官、检校兵部员外郎兼侍御史,仍知州事。(承务郎守监察御史里行骁骑尉郭捐之撰:《唐故中散大夫守卫尉卿上柱国阳紫金鱼袋赠左散骑常侍魏郡柏公(元封)墓志铭》,《唐代墓志汇编续集》,大和 038,第 909—910 页。又见陈尚君辑校《全唐文补编》卷 67,第 833—834 页)

案例解析

案例内容: 据柏元封墓志,元和某年夏大旱,内史崔元略欲瞒报旱灾以希上旨,又将籴以入公,无人敢言。据《旧唐书·崔元略传》,元和期间,崔元略历任殿中侍御史(元和八年)、刑部郎中知台杂事、御史中丞(元和十二年)、京兆少尹知府事、京兆尹(元和十三年)、左散骑常侍(元和十四年)。[1]《唐六典》卷 20《太府寺》"两京诸市署"之下注文提到:"汉改秦内史为京兆尹。"[2]笔者认为崔元略的内史之职,是用秦代的古称代替唐代的今称,由此可知此事发生于元和十三年其任京兆尹之时。在柏元封严辞劝告之下,灾民得以罢籴而减其常赋。

适用条款:《唐律疏议》卷 13《户婚律》总 169 条,参见 067 淮南道采访使李知柔以私怨匿和州水灾案适用条款。

是否符合唐律规定: 是。京兆尹崔元欲略瞒报旱灾,不欲灾

---

[1] 《旧唐书》卷 163《崔元略传》,第 4260 页。
[2] 《唐六典》卷 20《太府寺》,第 543 页。

民损免,并欲和籴入公,以希上旨。依律,部内发生灾害,主司应言而不言,当杖七十。若不以实言上,致枉有所征,赃罪重于杖七十,以坐赃论,罪止徒三年。但因下属渭南(陕西渭南市)县令柏元封严辞劝告,最终灾情得以上报,罢籴而减其常赋。

元和时期(806—820)

116. 兴元府户曹参军韦府君夫人李氏三子不奉养老母案

案例辑录

元和十年五月廿二日,陇西李夫人遘疾终于京师待贤里第,享年七十六。其月卅日,欧阳氏九女以士之丧礼归葬于长安县神禾原,次户曹参军府君之茔,礼也。……贞元中,贵婿欧阳伋之官山剑,女氏迎夫人就养,因居蜀中数年。无何,夫人曰:"吾不幸,有子三人,皆不由先王训,游荡异土,邈如他人。吾今老矣,脱休于劳生间,则必为南方之土,岂复归于秦哉。"遂扶持北来,元和四年,达京师。今果所言,其先觉通明如此。夫人有彭氏妹之子曰充符,义行甚高,又善与人交,尝以母礼侍夫人。值彭之湘南觐姊,将行,托其友京兆于方曰:"某姨孤而贫,幸假其余,为人天焉。"于唯彭命,自是供给如彭存。比小殓、大殓以至于世日之费,皆出于门……欧阳氏表姊以好古悉事熟,遂见命为志云……违亲弃养,夫人三儿。岂如彭君,母事厥姨。彭觐伯姊,于彼湖矣。夫人老病,心亦孤矣。孀女侍终号茹荼,禽犹反哺尔何无?天壤之间容此徒,伤风败俗无人诛。(再从侄乡贡进士李好古撰:《唐故兴元府户曹参军韦府君故夫人陇西李氏墓志铭并序》,《大唐西市博物馆藏墓志》下册,第782—783页)

案例解析

案情分析：兴元府户曹参军韦府君夫人陇西李氏（740—815），为河州枹汉（罕）县令李滑季女，有三子。丈夫去世后，因三子均"游荡异土"，对老母不管不顾，其第九女将母亲接到丈夫欧阳伋任官的蜀中居住了数年。李氏担心自己老死于南方，因此"扶持"北返，元和四年（809）到达长安。在长安居住了六年，李氏的彭氏妹之子彭充符及其友人京兆于方对李氏十分照顾。元和十年（815），76岁的李氏以疾终于京师待贤里第。其丧事是于方办理的，墓志是女婿欧阳伋的表姐找李好古所撰，刻石为于兴宗。李氏的三个儿子不仅不奉养老母，母亲死后也没有参与丧事的料理，所以铭文说"违亲弃养，夫人三儿"。

适用条款：《唐律疏议》卷24《斗讼律》总348条，参见091殿中侍御史李钧、京兆府法曹参军李锷兄弟弃母不养、母丧不时举案适用条款。

《唐律疏议》卷10《职制律》总121条，参见045卢正道除洛州新安县令以县名犯父绵州长史卢安寿讳更任荥阳县令案适用条款。

《唐律疏议》卷6《名例律》总45条，参见013伊州镇人元孝仁、魏大帅造伪印等案适用条款。

是否依法判案：否。兴元府户曹参军李氏三子不奉养老母，依律当徒二年；父母老疾无侍，委亲之官，依律当徒一年。二罪以上俱发，以重者论，李氏之子当徒二年。本案中，因李氏夫人先是由其女及女婿欧阳伋供养，并未将三子上告官府，乡人等也并未揭发，李氏三子并未受到法律制裁，但受到当时舆论的严厉谴责。李好古所撰李氏墓志，称三子伤风败俗："天壤之间容此徒，伤风败俗无人诛。"

117. 濮州僧道峦苦行惑民骗财案

案例辑录

公讳元封,字子上,其先晋伯宗之后。……父良器,平原郡王、赠司空。……授京兆府渭南县令。……〔天平军节度〕马公〔总〕感其意,荐刺濮州。诏许之。既下车,闻有僧道峦属火于顶,加钳于颈,以苦行惑民,人心大迷信,脱衣辍食,竭产施与,甚为民病。公付史以鞫之,果验奸秽,遂杖杀以释民惑。未几,薛司空复镇平卢,表为军司马。(承务郎守监察御史里行骁骑尉郭捐之撰:《唐故中散大夫守卫尉卿上柱国阳紫金鱼袋赠左散骑常侍魏郡柏公(元封)墓志铭》,《唐代墓志汇编续集》,大和038,第909—910页。又见陈尚君辑校《全唐文补编》卷67,第834页)

案例解析

案情分析:濮州(治山东鄄城县)僧道峦属火于顶,加钳于颈,以苦行惑民,致使一些百姓脱衣辍食,竭产施与。刺史鞫之,得其奸秽之状,将其杖杀。

适用条款:《唐律疏议》卷25《诈伪律》:373 诸诈欺官私以取财物者,准盗论(诈欺百端,皆是。若监主诈取者,自从盗法;未得者,减二等)。疏议曰:诈谓诡诳,欺谓诬罔。诈欺官私以取财物者,一准盗法科罪,唯不在除、免、倍赃、加役流之例,罪止流三千里。注云,诈欺百端,皆是,谓诈欺之状,不止一途。若监主诈取,谓监临、主守诈取所监临、主守之物,自从盗法,加凡盗二等,有官者除名。(《唐律疏议》,第398—399页)

《唐律疏议》卷19《贼盗律》总282条,参见056同州奉先县邑人发古冢盗古物案适用条款。

是否依法判案:否,从重判处。濮州僧道峦以苦行惑民骗财,成为民病。其行为触犯唐律诈欺官私以取财物的相关条款,依律,准盗论,最高50匹处以加役流。本案中,濮州刺史柏元封为释民惑,将道峦被杖杀。

118. 京兆府鄠县邑民杀妻案

案例辑录

□公讳汉公,字用乂,弘农华阴人也。……又选授鄠县尉。京兆尹始见公,谓之曰:开(闻)名久矣,何相见之晚也。且曰:邑中有滞狱,假公之平心高见,为我鞫之。到县领狱,则邑民煞妻事。初邑民之妻以岁首归省其父母,逾期不返。邑民疑之。及归,醉而杀之。夜奔告于里尹曰:"妻风恙,自以刃断其喉死矣。"里尹执之诣县,桎梏而鞫焉。讯问百端,妻自刑无疑者。而妻之父母冤之,哭诉不已。四年,狱不决。公既领事,即时客系,而去其械。间数日,引问曰:死者首何指?曰:东。又数日,引问曰:自刑者刃之靶何向?曰:南。又数日,引问曰:死者仰耶?覆耶?曰:仰。又数日,引问曰:死者所用之手左耶?右耶?曰:右。即诘之曰:是则果非自刑也。如尔所说,即刃之靶当在北矣。民即叩头曰:"死罪,实某煞之,不敢隐。"遂以具狱,正其刑名矣。(正议大夫守尚书刑部侍郎上柱国赐紫金鱼袋郑熏撰:《唐故银青光禄大夫检校户部尚书使持节郓州诸军事守郓州刺史充天平军节度郓曹濮等州观察处置等使御史大夫上柱国弘农郡开国公食邑二千户弘农杨公(汉公)墓志铭并序》,《唐代墓志汇编续集》,咸通008,第

1036—1037 页）

案例解析

案情分析：京兆府鄠县（陕西户县）邑民因醉而杀妻，并云妻因患风恙自以刃断其喉而死，此案因此成为滞狱。杨汉公任鄠县尉后，通过推勘嫌犯供述的方法使罪犯供出实情，使积压四年的疑案得以告破。查出实为该邑民杀妻，被具狱正刑。

适用条款：《唐律疏议》卷17《贼盗律》总256条，参见036吉州司户杜审言之子杜并怀刃刺吉州司马周季重死以救父案适用条款。

是否依法判案：是。京兆府鄠县邑民因醉而无故杀妻，并云妻因患风恙自以刃断其喉而死，依律此邑民当处斩刑。鄠县尉杨汉公查出实为该邑民杀妻，该邑民被具狱正刑，依法受到惩戒。

研究信息：王应瑄《从唐代姚文秀杀妻案看我国古代故杀人罪的罪名定义》（《法学评论》1985年5期）通过姚文秀杀妻案的断例，研究了我国古代刑法中故意杀人罪的罪名定义。黄正建《出土唐代墓志与法律资料》（《中国古代法律文献研究》第11辑，2017年，第184页）指出：这是一条县尉断狱的很有名的墓志资料，极其罕见地描写了案件的详情。陈玺、宋志军：《唐代刑事证据制度考略》,《证据科学》2009年第5期，第607页。

穆 宗

长庆元年(821)

119. 中贵人受宿州刺史李直臣货数百万为其赃罪申理案

案例辑录

公讳僧孺,字思黯,陇西狄道人。……穆宗即位,宰相称其(牛僧孺)能,迁库部郎中,掌书命。召对与语,上德之,面赐五品服。未几,迁中丞。每对延英必移时,尽言天下事。有武将李直臣为宿州刺史,豪夺聚敛,以货数百万厚结权贵。公按之,为有力者排,几不胜。竟以词坚理直,上意回,直臣乃得罪。由是上以清直知,又面赐金紫,拜户部侍郎。(李珏撰:《故丞相太子少师赠太尉牛公(僧孺)神道碑铭(并序)》,《全唐文》卷720,第7406页)

穆宗即位,〔牛僧孺〕以库部郎中知制诰。其年十一月,改御史中丞。以州府刑狱淹滞,人多冤抑,僧孺条疏奏请,按劾相继,中外肃然。长庆元年,宿州刺史李直臣坐赃当死,直臣赂中贵人为之申理,僧孺坚执不回。穆宗面喻之曰:"直臣事虽僭失,然此人有经度才,可委之边任,朕欲贷其法。"僧孺对曰:"凡人不才,止于持禄取容耳。帝王立法,束缚奸雄,正为才多者。禄山、朱泚以才过人,浊乱天下,况直臣小才,又何屈法哉?"上嘉其守法,面赐金紫。(《旧

唐书》卷 172《牛僧孺传》,第 4469—4470 页)

穆宗初,以库部郎中知制诰。徙御史中丞,按治不法,内外澄肃。宿州刺史李直臣坐赃当死,赂宦侍为助,具狱上。帝曰:"直臣有才,朕欲贷而用之。"僧孺曰:"彼不才者,持禄取容耳。天子制法,所以束缚有才者。禄山、朱泚以才过人,故乱天下。"帝异其言,乃止。赐金紫服,以户部侍郎同中书门下平章事。(《新唐书》卷174《牛僧孺传》,第 5230 页)

宿州刺史李直臣坐赃当死,宦官受其赂,为之请,御史中丞牛僧孺固请诛之。上曰:"直臣有才,可惜!"僧孺对曰:"彼不才者,无过温衣饱食以足妻子,安足虑! 本设法令,所以擒制有才之人。安禄山、朱泚皆才过于人,法不能制者也。"上从之。(《资治通鉴》卷242,唐穆宗长庆元年十月,第 7924 页)

案例解析

案情分析:长庆元年(821)十月,宿州刺史李直臣豪夺聚敛,坐赃当死,中贵人受其货数百万为之申理,但因御史中丞牛僧孺进言请诛之,穆宗同意其请求,李直臣最终被诛。

适用条款:《唐律疏议》卷 11《职制律》总 136 条,参见 095 婺州州将阎伯玙左右受赂解救永康县奸吏杜泚案适用条款。

《唐律疏议》卷 11《职制律》:145 诸率敛所监临财物馈遗人者,虽不入己,以受所监临财物论。疏议曰:率敛者,谓率人敛物。或以身率人,以取财物,馈遗人者,虽不入己,并倍以受所监临财物论。若自入者,同乞取法。既是率敛之物,与者不合有罪,其物还主。(《唐律疏议》,第 189 页)

《唐律疏议》卷 11《职制律》总 138 条,参见 007 中书令褚遂良抑买中书译语人史诃耽（担）宅案适用条款。

是否依法判案：部分是。宿州（安徽省宿州市）刺史李直臣坐赃当死，中贵人受其货数百万为之申理，构成受人财为之请求罪，依律坐赃论加二等，最高可处流刑 2 500 里。本案中，中贵人未受任何惩罚，严重违律。李直臣豪夺聚敛，以货数百万厚结权贵，依律，率敛所监临财物馈遗人，以受所监临财物论罪，强乞取者，准枉法论，最高 15 匹可处绞刑。本案中，因御史中丞牛僧孺固请依法惩处李直臣，穆宗将其诛杀，属于依法判案。

研究信息：谢红星：《唐代受贿罪研究——基于现代刑罚的视角》，北京：中国政法大学出版社，2011 年，第 174 页。

长庆二年(822)

120. 镇海军将王国清谋乱伏诛案

案例辑录

宝历元年正月乙丑，陇西董氏子复自金陵护先君长史公柩归京师。……长史讳崈，字不危。皇朝将作丞赠将作少监钦之孙，苏州长史楒之元子。……长史明敏博识，好读书，业左氏春秋何论，一一穷圣人奥旨。贞元中，以天属拜怀州长史，自怀改润州司马，繇司马迁长史。长史常慕子产行事，得宽猛道，民爱吏恐，不浃岁而政成于润。时润将王国清作乱曾吴，人将掠州库。州吏悝怯四散，逃壖窬窦，各奔其属。独长史神貌不扰，叱于吏曰：彼狂贼也，不讫日当诛。胡若之耶？命左右阖州扉，设御。果如长史言。卒完其库。时廉察使亦嘉之，竟不为荐奏。岂非命耶？长史秦人，为泽国气所中成疾。长庆四年四月十八日，终润州廨宅。（季弟乡贡进士董交撰:《唐故朝散大夫守润州长史赐紫金鱼袋陇西董公(炭)墓铭并序》,《唐代墓志汇编续集》,宝历 001,第 869 页)

〔长庆二年〕九月戊子朔,浙西大将王国清谋叛,观察使窦易直讨平之,同恶二百余人并诛之。韩充送李㿟男道源、道枢、道瀹等三人,斩于西市;㿟妻马氏、小男道本、女汴娘配于掖庭。(《旧唐书》卷 16《穆宗本纪》,第 499 页)

长庆二年七月,汴州将李㿟逐其帅李愿,〔宣州刺史、宣歙池都团练观察等使窦〕易直闻之,欲出官物以赏军。或谓易直曰:"赏给无名,却恐生患。"乃已。军士已闻之。时江、淮旱,水浅,转运司钱帛委积不能漕,州将王国清指以为赏,激讽州兵谋乱。先事有告者,乃收国清下狱。其党数千,大呼入狱中,篡取国清而出之,因欲大剽。易直登楼谓将吏曰:"能诛为乱者,每获一人,赏十万。"众喜,倒戈击乱党,并擒之。国清等三百余人,皆斩之。(《旧唐书》卷 167《窦易直传》,第 4364 页)

〔长庆二年〕九月戊子,镇海军将王国清谋反,伏诛。(《新唐书》卷 8《穆宗本纪》,第 225 页)

窦易直,字宗玄,京兆始平人。……长庆二年,李㿟以汴州叛,易直欲出库财赏军,或谓给与无名,必且生患,乃止。时江、淮旱,漕物淹积不能前,军士闻易直向言,其部将王国清指漕货激众谋乱。易直知之,械国清送狱,其党数千群谨入狱,篡取之,欲大剽。易直登楼令曰:"能诛乱者,一级赏千万!"众喜,反缚为乱者三百余人,易直悉斩之。入为户部侍郎,判度支。(《新唐书》卷 151《窦易直传》,第 4827—4828 页)

案例解析

案情分析:长庆二年九月,宣歙、浙西观察使窦易直部将王国清以窦易直欲出官物赏军而又停止,激讽州兵谋乱,窦易直将其送狱,造成其党数千欲劫狱大飙。窦易直以重金悬赏方式诛乱,为乱者三百余人均被斩首。

适用条款:《唐律疏议》卷 17《贼盗律》总 248 条,参见 002 利州都督李孝常与右武卫将军刘德裕等谋反伏诛案适用条款。

是否依法判案:是。浙西将王国清谋反作乱,属谋反罪,依律当斩,本案中,王国清伏诛,符合唐律谋反及大逆的相关规定。

长庆三年(823)

121. 嗣郢王左千牛卫将军李佑坐妄传禁中语于崖州安置案

案例辑录

王讳佑,字元吉。……始以门荫为千牛备身,调补兴元府西县尉、褒城县丞,廉洁公方,敏于从政。宪宗立极之初年,思古维城之义,凡嗣王国绝者,皆绍封。王始开旧国,拜简王府咨议,历恭府咨议、元寝令、衡王府长史,优游散位,未尝以进取为心。俄拜左千牛卫将军,趋拜丹墀,既近且贵,交修职业。亟换星岁,无何,中飞语得罪,窜逐朱涯郡,滞留荒徼,推倚伏否泰之数无所介怀。既而天波昭洗,累迁安王傅,留司洛邑。年末期颐,道在止足,因上书乞骸骨。优诏许之,拜卫尉卿致仕。……〔会昌〕四年甲子十月戊子,寝疾,薨于东都康俗里之僦第,享年七十八。(外甥朝散大夫守尚书工部郎中史馆修撰上柱国仲无颇撰:《唐故宗正卿致仕嗣郢王(李佑)墓志铭并序》,参考高进旗《洛阳出土唐嗣郢王李佑墓志研究》,载《洛阳理工学院学报》2016 年 3 期)

〔长庆〕三年正月丁巳朔,上以疾不受朝贺。是日大风,昏翳竟日。嗣郓王佐宜于崖州安置,坐妄传禁中语也。(《旧唐书》卷16《穆宗本纪》,第502页)

〔宝历元年十月〕己未,以崖州安置人嗣郓王佐为颖王府长史,分司东都,仍赐金紫。(《旧唐书》卷17上《敬宗本纪》,第517页)

案例解析

案情分析:长庆三年(823)正月,嗣郓王左千牛卫将军李佑(767—844)因妄传禁中语,于崖州(海南琼山)安置,历经两年10个月,至宝历元年(825)十月,才调任颖王府长史,分司东都。李佑墓志委婉地提及其泄密获罪之事,墓志中"天波昭洗"一句反映出,撰者嗣郓王李佑外甥仲无颇认为此案为冤案,实际属于为死者讳。

适用条款:《唐律疏议》卷9《职制律》:109 诸漏泄大事应密者,绞(大事,谓潜谋讨袭及收捕谋叛之类);疏议曰:依斗讼律,知谋反及大逆者,密告随近官司。其知谋反、大逆、谋叛,皆合密告,或掩袭寇贼,此等是大事应密,不合人知,辄漏泄者,绞。

非大事应密者,徒一年半。漏泄于蕃国使者,加一等。仍以初传者为首,传至者为从。即转传大事者,杖八十;非大事者,勿论。疏议曰:非大事应密,谓依令,仰观见风云气色有异,密封奏闻之类,有漏泄者,是非大事应密,合徒一年半。国家之事,不欲蕃国闻知,若漏泄于蕃国使者,加一等,合徒二年。其大事纵漏泄于蕃国使,亦不加至斩。漏泄之事,以初传者为首,首谓初漏泄者。传至者为从,谓传至罪人及蕃使者。其间展转相传大事者,杖八十。非大事者,勿论,非大事虽应密,而转传之人并不坐。(《唐律疏议》,第160—161页)

是否依法判案：否，属于轻判。嗣郢王李佑妄传禁中语，依律，泄露非大事应密者，当处徒刑。本案中，穆宗将其安置于崖州两年十个月，后调任颍王府长史，分司东都。

研究信息：高进旗《洛阳出土唐嗣郢王李佑墓志研究》(《洛阳理工学院学报》2016年3期)经过考证，认为嗣郢王当名李佑，《旧唐书》误载其名为李佐。其说为是，据改。该文还指出墓志中"中飞语得罪"一句是为尊者讳的写法，因为同月初一发生了穆宗"以疾不受朝贺"之事，高文认为"穆宗患病很有可能有难以启齿的原因，而李佑却不小心将它说了出来"，因此导致致罪。

长庆四年(824)

122. 内染坊紫草人张韶与卜者苏玄明谋反案

案例辑录

讳叔遵，字子明。……父登仕郎行内侍省内府局丞员外置同正员赐绯鱼袋，讳元振。公即大夫之元子也。公先父去长庆四年四月十七日时为内弧矢官，其时不意供内染坊紫草人张韶及苏玄明等潜谋乱逆，私怀勃心，罔礼宫闱，猖狂禁阙。公先人时侍翼疏宸，见此逆臣，遽怀忿愤，不顾身命，尽死匡君。捍御亲征，身中刀箭，斯不具纪。遂感神明相助，乃亲手射煞逆贼张韶及苏玄明等。有此殊功，蒙恩，遂锡以白金朱绂，别赏赉非一，仍锡公黄绶便赐，以为孟子也。（乡贡进士杨璠撰：《大唐故朝请郎行内侍省掖庭局宫教博士上柱国清河张公（叔遵）墓志铭并序》，《唐代墓志汇编续集》，咸通086，第1099—1100页）

公讳文哲，字子洪，世为灵武人焉。……列考游仙，皇宝应元从功臣、开府仪同三司、行灵州大都督府长史、上柱国,赠尚书右仆射。……公即仆射之第三子也。……壬寅(长庆二年)三月,迁云麾将军守左神策大将军兼御史中丞。……明年(长庆四年)正月,穆宗升遐。神器有归,敬宗嗣位。夏四月,贼臣张韶乘间窃发。敬宗失御,越在左军。公领敢死七千人,或擐甲重门,严其环卫;或荷戈讨乱,诛剪群凶。社稷之庆素长,反正之功旋著。凡曰昏狡,无不枭夷;获丑执俘,八十余数。其夜敬宗召见与语。公歃血誓志,期于扫除。且云:今日投卿,安危斯在,还宫之后,必议甄酬。公愿拯横流,受命呜咽。翌日,车驾刻复,再恢皇纲。帝感其忠贞,嘉乃勋绩,约赐金银器及锦彩等五百余事。寻迁御史大夫。乙巳之岁,帝始南郊。皇极惟新,改元宝历。(故吏前廊坊节度判官朝议郎殿中侍御史内供奉上柱国卢谏卿撰:《唐故银青光禄大夫检校工部尚书守右领军卫上将军兼御史大夫上柱国庐江郡开国公食邑二千户赠太子少保何公(文哲)墓志铭并序》,《唐代墓志汇编续集》,大和020,第893—895页)

〔长庆四年四月〕丙申,贼张韶等百余人至右银台门,杀阍者,挥兵大呼,进至清思殿,登御榻而食,攻弓箭库。左神策军兵马使康艺全率兵入宫讨平之。是日,上闻其变,急幸左军。丁酉,上还宫,群臣称庆。谏议大夫李渤以上轻易致盗,言甚激切。己亥,九仙门等监共三十五人,并答之。辛丑,染坊使田晟、段政直流天德,以张韶染坊役夫故也。(《旧唐书》卷17上《敬宗本纪》,第509页)

〔长庆四年〕四月十七日,染坊作人张韶与卜者苏玄明,于柴草车内藏兵仗,入宫作乱,二人对食于清思殿。是日,禁军诛张韶等三十七人。(《旧唐书》卷37《五行志》,第1375页)

〔长庆〕二年,迁〔高钺〕兵部员外郎,依前充职。四年四月,禁中有张韶之变,敬宗幸左军。是夜,铢从帝宿于左军。翌日贼平,赏从臣,赐铢锦彩七十匹,转户部郎中、知制诰。(《旧唐书》卷168《高铢传》,第4386—4387页)

〔长庆四年〕四月丙申,击鞠于清思殿。染坊匠张韶反。幸左神策军,韶伏诛。丁酉,还宫。(《新唐书》卷8《敬宗本纪》,第227页)

〔康日知〕子志睦,字得众。资趌伟,工驰射。隶右神策军,迁累大将军。讨张韶,以多兼御史大夫,进平卢军节度使。(《新唐书》卷148《康日知》,第4773页)

〔高铢〕转起居郎,数陈政得失,穆宗嘉之,面赐绯、鱼,召入翰林为学士。张韶变兴仓卒,铢从敬宗夜驻左军。翌日,进知制诰,拜中书舍人。(《新唐书》卷177《高铢传》,第5275页)

马存亮字季明,河中人。元和时,累擢左神策军副使、左监门卫将军,知内侍省事,进左神策中尉。……敬宗初,染署工张韶与卜者苏玄明善,玄明曰:"我尝为子卜,子当御殿食,我与焉。吾闻上昼夜猎,出入无度,可图也。"韶每输染材入宫,卫士不呵也。乃阴结诸工百余人,匿兵车中若输材者,入右银台门,约昏夜为变。有诘其载者,韶谓谋觉,杀其人,出兵大呼成列,浴堂门闭。时帝击球清思殿,惊,将幸右神策。或曰:"贼入宫,不知众寡,道远可虞,不如入左军,近且速。"从之。初,帝常宠右军中尉梁守谦,每游幸;两军角戏,帝多欲右胜,而左军以为望。至是,存亮出迎,捧帝足泣,负而入。以五百骑往迎二太后,比至,而贼已斩关入清思殿,升御坐,盗乘舆余膳,揖玄明偶食,且曰:"如占。"玄明惊曰:"止此乎!"韶恶之,悉以宝器赐其徒,攻弓箭库,仗士拒之,不胜。存亮遣左神策大将军康艺全,将军何文哲、宋叔夜、孟文亮,右神策大将军康志睦,将军李泳、尚国忠,率骑兵讨贼,日暮,射韶及玄明皆死。始贼入,中人仓卒繇望仙门出奔,内外不知行在。迟明,尽捕乱党,左右军清宫,车驾还。群臣诣延英门见天子,然至者不十一二,坐贼所入阑不禁者数十人,杖而不诛,赐存亮实封户二百,梁守谦进开府仪同三司,它论功赏有差。存亮于一时功最高,乃推委权势,求监淮南军。代还,为内飞龙使。(《新唐书》卷207《宦者上·马存亮传》,第5870—5871页)

敬宗长庆四年即位,四月丙申,有染坊供人张韶,结染工无赖之徒百余辈,犯右银台门入宫。帝在清思殿击球,闻警,将出幸右神策军,左右皆曰:"盗入宫,未知众寡,右军遥远,道路可虞,不如幸左军之速至也。"遂幸左神策军。初帝尝宠右军中尉梁守谦,每游幸宴乐,两军或相夸耀,多加守谦之胜,而左军军士时以为言,京师颇传其事。及帝违难至左军,中尉马存亮匍匐出迎,捧帝足呜咽涕泣,自负帝入军中。帝极慰悦,既安堵存亮,又令大将军康艺全率骑卒入宫讨贼,与右军兵马使尚国忠引兵合击贼众,歼焉。赐康艺全、尚国忠等锦采银器有差,并共赐左右殿前军官健钱一千贯文。五月己未,以艺全加简较(检校)工部尚书兼御史大夫,旌讨贼之功也。庚申,赐存亮实封二百户。(《册府元龟》卷128《帝王部·明赏二》,第1541—1542页)

康全艺为鄘坊节度,文宗太和元年为右骁骑卫上将军。全艺平张韶之难,以功拜鄘畤,理军节费,不交贵近,竟以无助,入居散秩。论者甚惜之。(《册府元龟》卷406《将帅部·正直》,第4834页)

李渤为考功员外郎时,穆宗好畋游,亟出行幸。车驾至温汤,渤奏疏:"请书宰相下考,以其不能强谏也。"及为谏议大夫,染坊役

夫张韶等窃发，伏诛。宰臣及百僚于阁内称贺，渤献箴规，词甚激切。(《册府元龟》卷460《台省部·正直》，第5476页)

高铢为兵部员外郎、翰林学士，长庆四年四月，禁中有张韶之变，敬宗幸左军。是夜，铢从帝宿于左军，翌日贼平，赏从臣，赐铢锦采七十匹，转户部郎中、知制诰。(《册府元龟》卷550《词臣部·恩奖》，第6608页)

马存亮累开府仪同三司、右领军卫上将军致仕。开成元年九月卒，赠扬州大都督。存亮，宝历中为左军中尉，当张韶之乱，敬宗幸其军，有保卫之功，宠任虽多，不与王守澄辈同恶，尝以退身为谋，后遂称疾致仕。(《册府元龟》卷665《内臣部·恩宠》，第7966页)

敬宗昭愍皇帝，讳湛，穆宗长子。……景申，贼张韶等百余人，至右银台门，杀阍者，挥兵大呼，进至清思殿，登御榻而食，攻弓箭库。左神策军兵马使康艺全率兵入宫讨平之。是日，上闻变，急幸左军。丁酉，上还宫，群臣称庆。谏议大夫李渤以上轻易致盗，言甚激切。五月，制以吏部侍郎李程、户部侍郎窦易直，并同中书门下平章事。[(宋)李昉等撰：《太平御览》卷114《皇王部三十九》引《唐书》，北京：中华书局，1960年，第554—555页]

卜者苏玄明与染坊供人张韶善，玄明谓韶曰："我为子卜，当升殿坐，与我共食。今主上昼夜球猎，多不在宫中，大事可图也。"韶以为然，乃与玄明谋结染工无赖者百余人，丙申，匿兵于紫草，车载以入银台门，伺夜作乱。未达所诣，有疑其重载而诘之者。韶急，即杀诘者，与其徒易服挥兵，大呼趣禁庭。上时在清思殿击球，诸宦者见之，惊骇，急入闭门，走白上；盗寻斩关而入。先是右神策中尉梁守谦有宠于上，每两军角伎艺，上常佑右军。至是，上狼狈欲幸右军,左右曰:"右军远,恐遇盗,不若幸左军近。"上从之。左神策中尉河中马存亮闻上至,走出迎,捧上足涕泣,自负上入军中,遣大将康艺全将骑卒入宫讨贼。上忧二太后隔绝,存亮复以五百骑迎二太后至军。张韶升清思殿,坐御榻,与苏玄明同食,曰:"果如子言!"玄明惊曰:"事止此邪!"韶惧而走。会康艺全与右军兵马使尚国忠引兵至,合击之,杀韶、玄明及其党,死者狼藉。逮夜始定,余党犹散匿禁苑中;明日,悉擒获之。时宫门皆闭,上宿于左军,中外不知上所在,人情恇骇。丁酉,上还宫,宰相帅百官诣延英门贺,来者不过数十人。盗所历诸门,监门宦者三十五人法当死;已亥,诏并杖之,仍不改职任。壬寅,厚赏两军立功将士。六月,己卯朔,以左神策大将军康艺全为鄜坊节度使。(《资治通鉴》卷243,唐敬宗长庆四年四月,第7836—7837页)

案例解析

案情分析:长庆四年四月,染坊作人张韶与卜者苏玄明谋反,阴结诸工百余人,于柴草车中载兵器,入右银台门作乱。因遇诘其载者,张韶谓谋觉,提前发动,共37人入大内,张韶与苏玄明对食于清思殿。敬宗急幸左军,左神策军兵马使康艺全率兵入宫,与右军兵马使尚国忠引兵合击,左神策中尉马存亮将太皇太后郭氏、上母太后王氏二太后迎至军。此乱被讨平,张韶等37人为禁军所诛。行内侍省内府局丞员外置同正员张元振亲手射杀逆贼张韶及苏玄明等,以殊功赏赐颇厚。以张韶系染坊役夫故,流染坊使田晟、段政直天德。

适用条款:《唐律疏议》卷17《贼盗律》总248条,参见002利州都督李孝常与右武卫将军刘德裕等谋反伏诛案适用条款。

是否依法判案：是。染坊作人张韶与卜者苏玄明于柴草车中载兵器，入宫作乱，依律当斩。本案中，张韶等作乱 37 人，为禁军所诛。以张韶系染坊役夫故，流染坊使田晟、段政直天德。

研究信息：游自勇《唐代长安的非常事件——以两〈唐书·五行志〉所见讹言、闯宫为中心》认为张韶等染工的行为属于叛乱，见荣新江主编：《唐研究》卷 12，北京：北京大学出版社，2006 年，第 231—233 页。

长庆时期(821—824)

123. 京兆府泾阳县权幸家占据白渠上游泉水溉田案

案例辑录

大和四年，高陵人李仕清等六十三人思前令刘君之德，诣县请金石刻之。县令以状申于府，府以状考于明法吏，吏上言：谨案天宝诏书，凡以政绩将立碑者，其具所纪之文上尚书考功。有司考其词宜有纪者，乃奏。明年八月庚午，诏曰：可。令书其章，明有以结人心者，揭于道周云。

泾水东行注白渠，酾而为三，以沃关中，故秦人常得善岁。案《水部式》：决泄有时，畎浍有度，居上游者不得拥泉而颛其腴。每岁少尹一人行视之，以诛不式。兵兴以迁，寝失根本。泾阳人果拥而颛之，公取全流，浸原为畦，私开四窦，泽不及下。泾田独肥，他邑为枯。地力既移，地征如初。人或赴诉，泣迎尹马。而上泾之腴皆权幸家，荣势足以破理，诉者复得罪。繇是咋舌不敢言，吞冤含忍，家视孙子。

长庆三年，高陵令刘君（刘仁师）励精吏治，视人之瘼如癃疽在身，不忘决去。乃修故事，考式文暨前后诏条。又以新意请更水道入于我里。请杜私窦，使无弃流；请遵田令，使无越制。别白纤悉，列上便宜。掾吏依违不决。居二岁，距宝历元年，端士郑覃为京兆，秋九月，始具以闻。事下丞相、御史。御史属元谷实司察视，持诏书诣白渠上，尽得利病，还奏。青规中上，以谷奉使有状，乃俾太常撰日，京兆下其符。司录姚康、士曹掾李绍实成之，县主簿谈孺直实董之。冬十月，百众云奔，愤与喜并，口谣手运，不屑鼛鼓。揆功什七八，而泾阳人以奇计赂术士上言："白渠下，高祖故墅在焉，子孙当恭敬，不宜以畚锸近阡陌。"上闻，命京兆立止绝。君驰诣府控告，具发其以赂致前事。又谒丞相，请以颡血污车茵。丞相彭原公敛容谢曰："明府真爱人，陛下视元元无所悋，第未周知情伪耳。"即入言上前。翌日，果有诏许讫役。仲冬，新渠成。涉季冬二日，新堰成。驶流浑浑，如脉宣气。蒿荒沤冒，迎耜释释。开塞分寸，皆如诏条。有秋之期，投锸前定。孺直告已事，君率其寮躬劳徕之，悉徒欢呼，奋袯襫而舞，咸曰：吞恨六十年，明府雪之。擿奸犯豪，卒就施为。

呜呼！成功之难也如是。请名渠曰刘公，而名堰曰彭城。案股引而东千七百步，其广四寻而深半之，两涯夹植杞柳万本，下垂根以作固，上生材以备用。仍岁旱沴，而渠下田独有秋。渠成之明年，泾阳、三原二邑中，又拥其冲为七堰以折水势，使下流不厚。君诣京兆索言之，府命从事苏特至水滨，尽撤不当拥者。繇是邑人享其长利，生子以刘名之。（刘禹锡撰：《高陵令刘君遗爱碑》，《全唐文》卷609，第6151—6152页）

高陵，畿。……有古白渠，宝历元年，令刘仁师请更水道，渠成，名曰刘公，堰曰彭城。（《新唐书》卷37《地理志一·关内道》，

第963页)

案例解析

案例内容:李吉甫撰《元和郡县图志》京兆府泾阳县下记:泾水,西北自池阳界(陕西三原县。据书后考证,宜为云阳,今陕西泾阳县云阳镇)流入,经泾阳县南七里,又东南入高陵县界。[①] 京兆府泾阳县(陕西泾阳县)权幸家占据白渠上游泉水溉田,长庆三年(823),高陵(陕西高陵县)县令刘仁师请修新渠以杜私窦、遵田令。两年后,在京兆尹郑覃的帮助下,才开始启动此事。中间虽然有处于白渠上游的权幸之家买通术士欲以阻止,但新渠和新堰终于在宝历元年(825)得以修成,命名为刘公堰和彭城渠,处于白渠下游的高陵县田地得以灌溉。故大和四年(830),高陵人李仕清等63人思刘仁师之德,诣县请金石刻刘君遗爱碑。

适用条款:P.2507《唐开元二十五年水部式残卷》诸溉灌大渠、有水下地高者,不得当渠〔造〕堰,听于上流势高之处为斗门引取。其斗门,皆须州县官司检行安置,不得私造。其傍支渠,有地高水下,须临时暂堰溉灌者,听之。凡浇田,皆仰预知顷亩,依次取用,水遍即令闭塞,务使均普,不得偏并。……京兆府高陵县界清、白二渠交口,著斗门堰。清水恒准水为五分,三分入中白渠,二分入清渠。若水两过多,即与上下用水处,相知开放,还入清水。二月一日以前,八月卅日以后,亦任开放。(上海古籍出版社、法国国家图书馆编:《法藏敦煌西域文献》第15册,上海:上海古籍出版社,2001年,第1页。录文见唐耕耦主编:《中国珍稀法律典籍集

---

① (唐)李吉甫撰、贺次君点校:《元和郡县图志》卷2《关内道二》,第27—28页。

成》甲编第 3 册《敦煌法制文书》,第 189—198 页)

《唐律疏议》卷 27《杂律》总 450 条,参见 014 二庭屯官郭微因私笞挞有情被笞四十案。

是否依法判案：否。京兆府泾阳权幸家独占白渠上游泉水溉田,使得泉水不及下游的高陵县,并千方百计阻止高陵县令刘仁师修新渠之举。泾阳权幸家有违唐代水部式关于用水的规定,依杂律不应得为条,泾阳权幸之家可科以杖刑,此案中,并未受到科罚。

敬　宗

宝历元年(825)

124. 韦揆命仲子韦行宣为其弟青州户曹参军韦挺继嗣案

案例辑录

　　公讳挺,字梦楚,京兆人也。……以宝历元年六月廿三日因宦殁于北海郡,享年五十六。嗟乎!邓游无子,唯女二焉。长曰映娘,年未齠龀,幼曰户户。尚居襁褓。长兄揆命仲子行宣可为继嗣。孀妻柏氏,崇美卿族,貂蝉贵门,即龙武将军良器之季女也。……嗣子行宣、长弟擢、幼弟操、犹子仲谔等,以宝历二年正月廿二日筮地归葬于京兆长安县义阳乡高阳之原先茔,礼也。(乡贡进士冯行俭撰:《唐故青州户曹参军京兆韦府君(挺)墓志铭并序》,《唐代墓志汇编续集》,宝历006,第873—874页)

案例解析

　　案例内容:青州(山东青州市)户曹参军韦挺(771—825)无子,唯有二女,宝历元年(825),其长兄韦揆命其仲子韦行宣为其继嗣。

　　适用条款:《唐律疏议》卷12《户婚律》总157条,参见038宫闰令兼谒者监高延福以岭南冯盎曾孙为养子改其姓为高案适用条款。

是否符合唐律规定：是。青州户曹参军韦挺无子，以长兄韦揆仲子韦行宣为继嗣，属同宗于昭穆相当者，符合唐律收养养子的规定。

宪宗元和至敬宗宝历时期(806—827)

125. 同州冯翊尉刘行余笞部下名籍禁军之不法百姓被贬道州延唐尉案

案例辑录

公讳行余，字子郁，彭城人也。……祖希光，皇幽州别驾。父晋卿，皇宋州砀山县令。……故尚书孔公之节度南海……释褐奏试太子正字，充节度巡官。后调冯翊尉，部下百姓有名籍禁军作不法者，公立笞之，坐贬道州延唐尉。累遇恩牵，复再调兴平尉……除郑州长史。秩满，迁毛诗博士分司。……以大中四年六月十一日捐馆于东都依仁里，享年七十四。（朝散郎右拾遗遣内供奉沈枢撰：《唐故朝议郎国子毛诗博士上柱国刘君（行余）墓志铭并序》，《洛阳流散唐代墓志汇编》下册，第600—601页）

案例解析

案例内容：冯翊县百姓有名籍禁军作不法者，同州冯翊尉刘行余(777—850)立笞之，因此坐贬道州延唐（湖南宁远）县尉。

适用条款：因平翊县名籍禁军者的不法之事不明。

是否符合情理：否。冯翊尉刘行余(777—850)答责所辖县不法百姓,此为最轻刑法,反而远贬,显然未依唐律判案。原因在于统领禁军的宦官干涉司法。

文 宗

大和初(827—829)

126. 高平郡太守孙公义迁吉州刺史受馈不纳案

案例辑录

〔高平郡太守孙公义〕稍迁吉州刺史。……越三岁罢秩。吉,江左大郡也。每太守更代,官辄供铜缗五百万资其行费,州使相沿,以为故事。先是主吏者具其事以闻。公曰:"吾月有俸,季有粟,天子所以优吾理人之赐也。今违是州里,别是吏民,而反厚敛以赂我,是将竭公用困后来之政也。且私吾于不法,是何故事之为?"即时召长吏与主事者语其状,却复其财而去。时为政者难之。敬公(廉使敬公昕)闻,密以清白状论于宰相,还未及阙,道除饶州刺史,如庐陵之理。至会昌二年五月,自饶移于睦。(前东都畿汝等州都防御推官朝请郎试大理评事冯牢撰:《唐故银青光禄大夫工部尚书致仕上柱国乐安县开国男食邑五百户孙府君(公义)墓志铭》,《唐代墓志汇编》,大中 054,第 2289—2290 页)

案例解析

案例内容:约大和初,孙公义(772—851)任吉州(治江西吉安)刺史,离任时拒绝按惯例官给离任太守的行费铜缗500万。廉使敬昕密以清白状论于宰相,公孙义还未及阙,道除饶州刺史。

适用条款:《唐律疏议》卷11《职制律》:147 诸去官而受旧官属、士庶馈与,若乞取、借贷之属,各减在官时三等(谓家口未离本任所者)。疏议曰:旧官属,谓前任所僚佐,士庶,谓旧所管部人,受其馈送财物,若乞取、借贷之属,谓卖买、假赁有剩利、役使之类,各减在官时三等,并谓家口未离本任所者。其家口去讫,受馈饷者,律无罪名,若其乞索者,从因官挟势乞索之法。(《唐律疏议》,第190—191页)

是否符合唐律规定:是。从此案可知唐晚期吏治之败坏,只有极少数官员例外。

研究信息:彭炳金《唐代官吏职务犯罪研究》(北京:中国社会科学出版社,2008年,第349—350页)指出:唐后期,州县长官离任时往往要由官府备大笔钱作为行程费用,这种陋规实际上是变相贪污。

大和四年(830)

127. 高陵人李仕清等63人诣县请金石刻高陵令刘仁师遗爱碑案

案例辑录

大和四年,高陵人李仕清等六十三人思前令刘君之德,诣县请金石刻之。县令以状申于府,府以状考于明法吏,吏上言:谨案天宝诏书,凡以政绩将立碑者,其具所纪之文上尚书考功。有司考其词宜有纪者乃奏。明年八月庚午,诏曰:可。令书其章,明有以结

人心者,揭于道周云。(刘禹锡撰:《高陵令刘君遗爱碑》,《全唐文》卷609,第6151页)

案例解析

案例内容:大和四年,京兆府高陵(陕西高陵县)人李仕清等63人诣县,请金石刻高陵令刘君遗爱碑,县令以状申于府,府以状考于明法吏,经审核,刘君符合立碑条件,唐文宗下诏同意。

适用条款:《唐律疏议》卷11《职制律》:134 诸在官长吏,实无政迹,辄立碑者,徒一年。若遣人妄称己善,申请于上者,杖一百。有赃重者,坐赃论。受遣者,各减一等(虽有政迹而自遣者,亦同)。疏议曰:在官长吏,谓内外百司,长官以下临统所部者。未能导德齐礼,移风易俗,实无政迹,妄述己功,崇饰虚辞,讽喻所部辄立碑颂者,徒一年。所部为其立碑颂者,为从坐。若遣人妄称己善,申请于上者,杖一百。若虚状上表者,从上书诈不实,徒二年。有赃重者,坐赃论,谓计赃重于本罪者,从赃而断。受遣者,各减一等。各,谓立碑者,徒一年上减;申请于上者,杖一百上减。若官人不遣立碑,百姓自立及妄申请者,从不应为重,科杖八十,其碑除毁。

注:虽有政迹而自遣者,亦同。疏议曰:官人虽有政迹而自遣所部立碑,或遣申请者,官人亦依前科罪。若所部自立及自申上,不知、不遣者不坐。(《唐律疏议》,第180页)

是否符合唐律规定:是。高陵人李仕清等63人诣县,请金石刻高陵县令刘仁师遗爱碑,为所部自请立及自行申上,并非刘君本人派遣,因此,符合法律程序,唐文宗下诏同意,符合唐律在官长吏辄立碑的相关规定。

研究信息:刘馨珺《唐代"生祠立碑"——论地方信息法制化》

认为：高陵人李仕清等六十三人诣县请金石刻长庆三年至五年高陵县令刘仁师申请立遗爱碑的过程，符合考课的进行方式，通过自下而上的多层次关卡，符合相关法律程序，最终结果皆大欢喜。载邓小南、曹家齐、平田茂树主编：《文书·政令·信息沟通：以唐宋时期为主》下册，北京：北京大学出版社，2012年，第470—471页。

128. 兴元监军杨叔元以赐物薄激乱兴元军致节度使李绛被害案

案例辑录

授〔杨汉公〕司勋员外郎，复从相国李公绛兴元节度之请，除检校户部郎中、摄御史中丞，充其军倅。李公素刚直，尤憎恶宦者，不能容之。监军使积怨，因构扇军中凶辈作乱。李公与僚佐登城楼避其锋，贼势益凌炽。公执李公之手，誓以同死。俄而贼刃中李公之臂。公犹换其手而执之。公之竖銮铃号于公曰：相公臂断矣，不可执也，不如逃而免之。公不可。铃救之急，乃用力抱公，投于女墙之外，遂折左足。及归京师，呻痛羸卧，每亲交会话，唯以不与李公同死为恨，未尝言及折足事。朝廷多之，拜户部郎中。（正议大夫守尚书刑部侍郎上柱国赐紫金鱼袋郑薰撰：《唐故银青光禄大夫、检校户部尚书、使持节、郓州诸军事、守郓州刺史，充天平军节度，郓、曹、濮等州观察处置等使，御史大夫、上柱国、弘农郡开国公，食邑二千户弘农杨公（汉公）墓志铭并序》，《唐代墓志汇编续集》，咸通008，第1038页）

〔大和四年二月〕戊午，兴元军乱，节度使李绛举家被害，判官薛齐、赵存约死之。庚申，以左丞温造为兴元节度使。《旧唐书》卷17下《文宗本纪下》，第536页）

文宗即位，征〔李绛〕为太常卿。二年，检校司空，出为兴元尹、山南西道节度使。三年冬，南蛮寇西蜀，诏征赴援。绛于本道募兵千人赴蜀，及中路，蛮军已退，所募皆还。兴元兵额素定，募卒悉令罢归。四年二月十日，绛晨兴视事，召募卒，以诏旨喻而遣之，仍给以廪麦，皆怏怏而退。监军使杨叔元贪财怙宠，怨绛不奉己，乃因募卒赏薄，众辞之际，以言激之，欲其为乱，以逞私憾。募卒因监军之言，怒气益甚，乃噪聚趋府，劫库兵以入使衙。绛方与宾僚会宴，不及设备。闻乱北走登陴，衙将王景延力战以御之。兵折矢穷，景延死，绛乃为乱兵所害，时年六十七。绛初登陴，左右请绛缒城，可以避免，绛不从，乃并从事赵存约、薛齐俱死焉。（《旧唐书》卷 164《李绛传》，第 4291 页）

〔太和〕四年，兴元军乱，杀节度使李绛，文宗以造气豪嫉恶，乃授检校右散骑常侍、兴元尹、山南西道节度使。造辞赴镇，以兴元兆乱之状奏之，文宗尽悟其根本，许以便宜从事。帝虑用兵劳费，造奏曰："臣许计诸道征蛮之兵已回，俟臣行程至褒县，望赐臣密诏，使受约束。比臣及兴元，诸军相续而至，臣用此足矣。"乃授造手诏四通，神策行营将董重质、河中都将温德彝、合阳都将刘士和等，咸令禀造之命。造行至褒城，会兴元都将卫志忠征蛮回，谒见，造即留以自卫，密与志忠谋，又召亚将张丕、李少直各谕其旨。暨发褒城，以八百人为衙队，五百人为前军，入府分守诸门。造下车置宴，所司供帐于厅事，造曰："此隘狭，不足以飨士卒，移之牙门。"坐定，将卒罗拜，志忠兵周环之，造曰："吾欲问新军去住之意。可悉前，旧军无得错杂。"劳问既毕，传言令坐，有未至者，因令昇酒巡行。及酒匝，未至者皆至，牙兵围之亦合，坐卒未悟，席上有先觉者，挥令起，造传言叱之，因帖息不敢动。即召坐卒，诘以杀绛之状。志忠、张丕夹阶立,拔剑呼曰"杀"。围兵齐奋,其贼首教练使丘铸等并官健千人,皆斩首于地,血流四注。监军杨叔元在座,遽起求哀,拥造靴以请命,遣兵卫出之,以俟朝旨。敕旨配流康州。其亲刃绛者斩一百断,号令者斩三断,余并斩首。内一百首祭李绛,三十首祭王景延、赵存约等,并投尸于江。以功就加检校礼部尚书。(《旧唐书》卷165《温造传》,第4317—4318页)

大和初,〔崔〕珙累迁给事中,宣慰幽州称旨。俄而兴元兵乱,杀李绛,命珙平乱褒中,三军寂然从命。使还,改工部侍郎。(《旧唐书》卷177《崔珙传》,第4587—4588页)

〔赵〕存约,大和三年为兴元从事。是时军乱,存约与节度使李绛方宴语,吏报:"新军乱,突入府廨,公宜避之。"绛曰:"吾为帅臣,去之安往?"麾存约令遁,存约曰:"荷公厚德,获奉宾阶。背恩苟免,非吾志也。"即欲部分左右拒贼,是日与绛同遇害。(《旧唐书》卷178《赵隐附子赵存约传》,第4622页)

文宗立,召〔李绛〕为太常卿,以检校司空为山南西道节度使,累封赵郡公。四年,南蛮寇蜀道,诏绛募兵千人往赴,不半道,蛮已去,兵还。监军使杨叔元者,素疾绛,遣人迎说军曰:"将收募直而还为民。"士皆怒,乃噪而入,劫库兵。绛方宴,不设备,遂握节登陴。或言缒城可以免,绛不从。牙将王景延力战殁,绛遂遇害,年六十七。幕府赵存约、薛齐皆死。事闻,谏官崔戎等列绛冤,册赠司徒,谥曰贞,赙礼甚厚。景延亦赠官,禄一子。(《新唐书》卷152《李绛传》,第4843—4844页)

〔孔敏行〕入拜右拾遗,四迁司勋郎中、集贤殿学士、谏议大夫。李绛遇害,事本监军杨叔元,时无敢言,敏行上书极论之,叔元乃得罪。(《新唐书》卷196《隐逸·孔述睿传》,第5610—5611页)

杨叔元,文宗太和中为山南西道监军使。李荣成,太和四年兴元军乱,节度使李绛被害,命荣成充兴元监军使。(《册府元龟》卷667《内臣部·监军》,第7979页)

杨叔元为兴元监军,文宗太和四年,兴元军乱,杀节度使李绛,事因叔元以言激之。温造代绛,尽杀乱卒,叔元拥造靴以请命,遣兵卫出,以俟朝旨,配流康州。(《册府元龟》卷669《内臣部·谴责》,第7998页)

南诏之寇成都也,诏山南西道发兵救之,兴元兵少(山南西道节度,治兴元府),节度使李绛募兵千人赴之,未至,蛮退而还。兴元兵有常额,诏新募兵悉罢之。二月,乙卯,绛悉召新军,谕以诏旨而遣之,仍赐以廪麦,皆怏怏而退。往辞监军,监军杨叔元素恶绛不奉己,以赐物薄激之。众怒,大噪,掠库兵,趋使牙(节度使所居为使宅,治事之所为使牙)。绛方与僚佐宴,不为备,走登北城。或劝缒而出,绛曰:"吾为元帅,岂可逃去!"麾推官赵存约令去。存约曰:"存约受明公知,何可苟免!"牙将王景延与贼力战死,绛、存约及观察判官薛齐皆为乱兵所害,贼遂屠绛家。戊午,叔元奏绛收新军募直以致乱。庚申,以尚书右丞温造为山南西道节度使。是时,三省官上疏共论李绛之冤;谏议大夫孔敏行具呈叔元激怒乱兵,上始悟。(《资治通鉴》卷244,唐文宗太和四年二月,第7869—7870页)

案例解析

案情分析:兴元尹、山南西道节度使(治陕西汉中市)李绛素刚直,尤憎恶宦者,不能容之。太和四年二月,山南西道监军使杨叔元贪财怙宠,怨李绛不奉己,因募卒赏薄,构扇军中凶辈作乱,以逞私憾。募卒因监军之言,噪聚趋府,动库兵以入使衙,杀害李绛,并从事赵存约、薛齐。检校户部郎中、摄御史中丞杨汉公,被李绛投于女墙之外,折左足,得活。给事中崔珙受命平乱褒中,三军从命。其后,温造代绛,尽杀乱卒,贼首教练使丘铸等并官健千人被斩首,其亲刃绛者斩一百断,号令者斩三断,余并斩首;遣兵卫出叔元以俟朝旨。谏议大夫孔敏行上书极论杨叔元之罪,杨叔元被配流康州,李荣成代替杨叔元充兴元监军使。

适用条款:《唐律疏议》卷 17《贼盗律》总 248 条,参见 002 利州都督李孝常与右武卫将军刘德裕等谋反伏诛案适用条款。

是否依法判案:基本是。山南西道监军使杨叔元因兴元尹、山南西道节度使李绛不能容己,以赐物薄激怒兴元军卒,构扇军中凶辈作乱,以逞私憾,导致毫无防备的节度使李绛被杀害。依律,诸谋反及大逆者,皆斩,谋乱军卒当处死刑。本案中,贼首教练使丘铸等并官健千人被斩首,激成此事的监军杨叔元配流康州。

大和七年(833)

129. 虢州刺史崔玄亮命幼子听继绝承祧从祖弟崔仁亮案

案例辑录

公讳元亮,字晦叔。……考抗扬州司马、兼通事舍人,赠太子少师。妣太原王氏,赠晋阳郡太夫人。公即少师季子。……从祖弟仁亮,窜谪巴南,殁而无后,公先命长男崔燧护丧归葬,后命幼子听继绝承祧。(白居易撰:《唐故虢州刺史赠礼部尚书崔公(玄亮)墓志铭并序》,《白居易集》卷 70,顾学颉校点,北京:中华书局,1979 年,第 1469—1471 页)

案例解析

案例内容：大和七年[①]，崔仁亮遭谪巴南，殁而无后，故其从祖兄虢州（河南灵宝市）刺史崔玄亮（768—833）命幼子听继绝承祧崔仁亮。

适用条款：《唐律疏议》卷12《户婚律》总157条，参见038宫闱令兼谒者监高延福以岭南冯盎曾孙为养子改其姓为高案适用条款。

是否符合唐律规定：是。崔仁亮遭谪巴南，殁而无后，其从祖兄虢州刺史崔玄亮（768—833）命幼子听继绝承祧崔仁亮，属于同宗于昭穆相当者，符合唐律收养养子的规定。

大和九年（835）

130. 郑注与李训诬告京兆尹杨虞卿家人制造妖言案

案例辑录

公讳汉公，字用乂，弘农华阴人也。……转司封郎中。是时郑注以奸诈惑乱文宗皇帝，用事□禁中。公仲兄虞州府君时为京兆尹，显不附会。注因中以危法。帝怒，将必煞之，系御史府。公泥首跣足，与诸子侄挝登闻鼓诉冤，备奏郑注奸诈状，文宗稍悟。虞州府君翌日自御史狱贬虞州司马，公友爱之效也。公亦以忤奸党出为舒州刺史。（正议大夫守尚书刑部侍郎上柱国赐紫金鱼袋郑薰撰：《唐故银青光禄大夫检校户部尚书使持节郓州诸军事守郓州刺史充天平军节度郓曹濮等州观察处置等使御史大夫上柱国，

---

① 据《旧唐书》卷17下《文宗本纪下》，大和七年七月乙巳，虢州刺史崔玄亮卒，第550页。

弘农郡开国公,食邑两千户杨公(汉公)墓志铭并序》,《唐代墓志汇编续集》,咸通 008,第 1037—1038 页)

〔大和九年六月〕京兆尹杨虞卿家人出妖言,下御史台。虞卿弟司封郎中汉公并男知进等八人挝登闻鼓称冤,敕虞卿归私第。……壬辰,诏以银青光禄大夫、守中书侍郎、同平章事、襄武县开国侯、食邑一千户李宗闵贬明州刺史。时杨虞卿坐妖言人归第,人皆以为冤诬,宗闵于上前极言论列,上怒,面数宗闵之罪,叱出之,故坐贬。(《旧唐书》卷 17 下《文宗本纪下》,第 558—559 页)

杨虞卿字师皋,虢州弘农人。……虞卿性柔佞,能阿附权幸以为奸利。每岁铨曹贡部,为举选人弛走取科第,占员阙,无不得其所欲,升沉取舍,出其唇吻。而李宗闵待之如骨肉,以能朋比唱和,故时号党魁。八年,宗闵复入相,寻召为工部侍郎。九年四月,拜京兆尹。其年六月,京师讹言郑注为上合金丹,须小儿心肝,密旨捕小儿无算。民间相告语,扃锁小儿甚密,街肆恼恼。上闻之不悦,郑注颇不自安。御史大夫李固言素嫉虞卿朋党,乃奏曰:"臣昨穷问其由,此语出于京兆尹从人,因此扇于都下。"上怒,即令收虞卿下狱。虞卿弟汉公并男知进等八人自系,挝鼓诉冤,诏虞卿归私第。翌日,贬虔州司马,再贬虔州司户,卒于贬所。(《旧唐书》卷 176《杨虞卿传》,第 4561—4563 页)

大和九年,京师讹言郑注为帝治丹,剔小儿肝心用之。民相惊,扃护儿曹。帝不悦,注亦内不安,而雅与[京兆尹杨]虞卿有怨,即约李训奏言:"语出虞卿家,因京兆驺伍布都下。"御史大夫李固言素嫉虞卿周比,因傅左端倪。帝大怒,下虞卿诏狱。于是诸子弟自囚阙下称冤,虞卿得释,贬虔州司户参军,死。(《新唐书》卷 175《杨虞卿传》,第 5249 页)

杨虞卿为京兆尹，性柔佞，能阿附权幸，以为奸利。每岁铨曹贡部，为举选人驰走取科名占员阙，无不得其所欲，升沈取舍，出其口吻。宰相李宗闵待之如骨肉，以能朋比唱和，故时号党魁。会京师有讹言，文宗闻之不悦，御史大夫李固言素嫉虞卿朋党，乃奏曰："臣穷问其繇，此语出于京兆尹从人。因此煽于都下。"帝怒，收虞卿下狱，再贬虔州司户。(《册府元龟》卷945《总录部·朋党》，第11140页)

杨汉公为司封郎中，文宗太和九年，兄虞卿为京兆尹，以家人出妖言事，下御史台按鞫。汉公并虞卿男知进等八人，挝登闻鼓称冤，宣放归私第。(《册府元龟》卷875《总录部·讼冤四》，第10378页)

案例解析

案情分析：大和九年六月，京师讹言郑注为文宗治丹，剔小儿肝心用之。郑注与李训诬告谣言出自京兆尹杨虞卿家，因其家差役得以流出于外。加之御史大夫李固言的附会，杨虞卿被贬虔州司户参军，卒于虔州(江西赣州市)。

适用条款：《唐律疏议》卷23《斗讼律》总342条，参见042右台侍御史魏探玄诬告兖州龚丘县令程思义赃污十万案适用条款。

是否依法判案：否。此案为冤案。京兆尹杨虞卿之所以被诬告家人出谣言，是因杨虞卿与李宗闵朋党，郑注与其有怨的缘故。再加上御史大夫李固言素嫉虞卿朋党，从而附会，若非杨汉公率诸子鸣冤，杨虞卿不免一死。此冤案的发生最终源于文宗嫉恶朋党之故，也显示了政治斗争的复杂性。

开成元年(836)

131. 闽人萧本诈称萧太后弟得任右赞善大夫、卫尉卿、金吾将军后流放爱州案

案例辑录

公讳简,字枢中……征拜刑部侍郎,与御史府及法司同按萧本伪事,皆取决于公,欺妄立辩。……又进封乐安县侯,出拜东都留守、检校左仆射,再为吏部尚书,又为东都留守、检校左仆射如故。……享寿八十二。公前夫人沛国武氏,故宰相元衡之女。(从表侄金紫光禄大夫守□□右仆射兼门下侍郎同平章事充太清宫使弘文馆大学士上柱国彭阳县开国男食邑三百户令狐绹撰:《唐故银青光禄大夫检校司空分司东都上柱国乐安县开国侯食邑一千户赠太师孙公(简)墓志铭并序》,《唐代墓志汇编续集》,咸通099,第1110—1111页)

〔开成元年八月〕甲辰,诈称国舅人前鄜坊节度使萧洪宜长流驩州。戊申,以皇太后亲弟萧本为右赞善大夫。(《旧唐书》卷17下《文宗本纪下》,第566页)

穆宗贞献皇后萧氏,福建人。初,入十六王宅为建安王侍者,元和四年十月,生文宗皇帝。……后因乱去乡里,自入王邸,不通家问,别时父母已丧,有母弟一人。文宗以母族鲜亲,惟舅独存,诏闽、越连率于故里求访。有户部茶纲役人萧洪,自言有姊流落。……上以为复得元舅,遂拜金吾将军,检校户部尚书、河阳怀节度使,迁检校左仆射、鄜坊节度使。……左军中尉仇士良深衔之(指萧洪)。时有闽人萧本者,复称太后弟,士良以本上闻,发洪诈

假,自鄜坊追洪下狱,御史台按鞫,具服其伪,诏长流驩州,赐死于路,赵缜、吕璋亦从坐。

洪以伪败,谓本为真,乃拜赞善大夫,赐绯龟,仍追封其曾祖俊为太保,祖聪为太傅,父俊为太师,赐与巨万计。本,福建人,太后有真母弟,孱弱不能自达,本就之,得其家代及内外族属名讳,复士良保任之,上亦不疑诈妄。本历卫尉少卿、左金吾将军。开成二年,福建观察使唐扶奏,得泉州晋江县人萧弘状,自称是皇太后亲弟,送赴阙庭,诏送御史台按问,事皆伪妄,诏逐还本贯。

开成四年,昭义节度使刘从谏上章,论萧本伪称太后弟,云:"今自上及下,异口同音,皆言萧弘是真,萧本是伪。请追萧弘赴阙,与本证明。若含垢于一时,终取笑于千古。"遂诏御史中丞高元裕、刑部侍郎孙简、大理卿崔郸三司按弘、本之狱,具,并伪。诏曰:"恭以皇太后族望,承齐、梁之后,侨寓流滞,久在闽中。庆灵钟集,早归椒掖,终鲜兄弟,常所咨嗟。朕自临御已来,便遣寻访,冀得诸舅,以慰慈颜。而奸滥之徒,探我情抱,因缘州里之近,附会祖先之名,觊幸我国恩,假托我外族。萧洪之恶迹未远,萧本之覆辙相寻,弘之本末,尤更乖戾。三司推鞫,曾无似是之踪;宰臣参验,见其难容之状。文款继入,留中久之。朕于视膳之时,频有咨禀,恭闻处分,惟在真实。丐沐堕桑,既无可验;凿空作伪,岂得更容。据其罪状,合当极法,尚为含忍,投之荒裔。萧本除名,长流爱州;萧弘配流儋州。"

初,萧洪诈称国舅十数年,两授旌钺,宠贵崇于天下。萧本因士良乡导,发洪之诈,联历显荣。及从谏奏论,伪迹难掩,而太后终不获真弟。(《旧唐书》卷52《后妃列传下·穆宗贞献皇后萧氏传》,第2200—2202页)

穆宗贞献皇后萧氏，闽人也。穆宗为建安王，后得侍，生文宗，文宗立，上尊号曰皇太后。初，后去家入长安，不复知家存亡，惟记有弟，帝为访之。……闽有男子萧本又称太后弟，士良以闻，自廓坊召洪下狱按治，洪乃代人，诏流驩州，不半道，赐死。擢本赞善大夫，宠赠三世，帝以为真，不淹旬，赐累巨万。然太后真弟庸软莫能自达，本绐得其家系，士良主之，遂听不疑。历卫尉卿、金吾将军。会福建观察使唐扶上言，泉州男子萧弘自言太后弟，御史台参治非是，昭义刘从谏又为言，请与本辨，有诏三司高元裕、孙简、崔郁杂问，乃皆妄。本流爱州，弘儋州，而太后终不获弟。(《新唐书》卷77《后妃下·穆宗贞献萧皇后传》，第 3506—3507 页)

韦博字大业，京兆万年人。……博取进士第，寖迁殿中侍御史。开成中，萧本诈穷得罪，诏与中人籍其财，中人利宝玉，欲窃取去，博夺还，簿无遗赀。(《新唐书》卷 177《韦博传》，第 5289 页)

〔欧阳詹〕从子秬……开成中，擢进士第，而里人萧本妄言与贞献太后近属，恩宠赫然，秬耻之。会泽潞刘从谏表秬在幕府，秬为辩质本之伪，本终得罪。(《新唐书》卷 203《文艺下·欧阳詹附从子欧阳秬传》，第 5787 页)

〔同中书门下平章事泽潞节度使刘从谏〕又劾奏萧本非太后弟。仇士良积怒，倡言从谏志窥伺。从谏亦妄言清君侧，因与朝廷猜贰。武宗立，兼太子太师。(《新唐书》卷 214《泽潞·刘从谏传》，第 6015 页)

萧本，故福建人。太后有真异母弟孱弱不能自理，本知之，就求得其内外族氏名讳上闻，复有权幸交证之。帝果不疑其诈，以为赞善大夫，又诏赠其亡曾祖俊太保，亡祖聪太傅，亡父俊太师，曾祖母陇西李氏晋国太夫人，亡祖母吴兴姚氏楚国太夫人，亡母陇西李氏凉国太夫人。帝既斥萧洪,而又得萧本,即谓其真,旬月之内,赐与巨万。(《册府元龟》卷924《总录部·诈伪》,第10915页)

太后有异母弟在闽中,孱弱不能自达。有闽人萧本从之得其内外族讳,因士良进达于上,且发洪之诈,洪由是得罪。上以本为真太后弟,戊申,擢为右赞善大夫。(《资治通鉴》卷245,唐文宗开成元年八月,第7926页)

案例解析

案情分析：文宗之母萧太后有异母弟孱弱不能自理,闽人萧本知之,求得其内外族氏名讳上闻,复有权幸交证之,遂得诈称萧太后弟。因此,被擢为赞善大夫,后任卫尉卿、金吾将军,宠赠三世。后因福建观察使唐扶上言,泉州男子萧弘自言太后弟,文宗诏刑部侍郎孙简等三司杂问,发现二人均为妄称,萧本流放爱州。

适用条款：《唐律疏议》卷25《诈伪律》:388 诸诈、冒官司以有所求为,而主司承诈,知而听行与同罪,至死者减一等,不知者不坐(谓此篇于条内无主司罪名者)。疏议曰:诈、冒官司,谓诈伪及罔冒官司,欲有所求为,官司知诈、冒之情而听行者,并与诈、冒人同罪,至死减一等,不知情者不坐。注云:谓此篇于条内无主司罪名者。即此条为当篇主司生文,不为余篇立例。此篇无主司罪名者,上条诈称祖父母、父母及夫死,及诈疾病,若诈假官,或承袭,此等知情与同罪,不知者不坐。(《唐律疏议》,第408页)

是否依法判案：否。闽人萧本诈称萧太后弟,依律,诸诈、冒官司以有所求为,最高可处死刑。本案中,文宗为了能寻找到其舅萧太后真弟,将其流放爱州(越南清化省清化市)。相比其他同类案件,属于从轻判处。

开成四年(839)

132. 某京兆尹贿赂贵人授节梓潼案

案例辑录

会昌二年五月四日,检校尚书右仆射、义武军节度使陈公,薨于易定,赠太子太保。……〔陈君赏〕复除右大金吾。时有尹京约贿贵人,授节梓潼者,给事中封敕,诏行之。至公之敕,复封之。上难两违,改右羽林统军。前此,河南旱蝗,命使巡问。使返……使者曰:"臣入其境,虽灾,其百姓安。邮亭虽简,其吏有礼。……"故为前论者始诎,上亦知之。(朝议郎行起居舍人史馆修撰上柱国崔黯撰:《唐故义武军节度使检校尚书右仆射赠太子太保陈公(君赏)墓志铭》,吴钢主编:《全唐文补遗》第9辑,西安:三秦出版社,2007年,第405—406页)

崔璪为给事中,开成四年十一月,诏以前青州节度使陈君赏为右金吾卫大将军、知卫事。璪封驳,遂除右羽林军统军。先时,君赏在青州,以贪残不理故也。[(北宋)王钦若等编:《册府元龟》卷469《台省部·封驳》,北京:中华书局,1960年,第5592页]

案例解析

案例内容:尹京贿赂贵人得以授节梓潼,贵人受财为之请求,但双方均未受惩处。

适用条款:《唐律疏议》卷11《职制律》总136条,参见095婺州州将阎伯玙左右受赂解救永康县奸吏杜泚案适用条款。

《唐律疏议》卷26《杂律》总389条,参见033酷吏来俊臣求金于左卫大将军泉献诚不成反诬其谋反案适用条款。

《唐律疏议》卷11《职制律》总138条,参见007中书令褚遂良抑买中书译语人史诃耽(担)宅案适用条款。

是否符合唐律规定:否。尹京贿赂贵人得以授节梓潼,依律,尹京有事以财行求,得枉法,当以坐赃论,最高可处徒三年;贵人受人财而为请求,此贵人,若非监临势要,依坐赃论加二等论处,最高可流2 500里;若为监临势要,准枉法论,最高可流3 000里。本案例中,该尹京与贵人均未受惩处,显然有违唐律规定。

研究信息:赵振华、何汉儒:《唐陈君赏墓志研究》,杨作龙、赵水森等编著:《洛阳新出土墓志释录》,北京:北京图书馆出版社,2004年,第199—200、207页。

开成时期(836—840)

133. 檀州刺史周元长以外生男姜景异为嗣案

案例辑录

有唐故汝南周府君讳元长,字懿。……考平,皇给事郎、幽府参军、蓟州录事参军。使君先府君之长子。外族陇西李氏,即余之甥也。……大和九载,右仆射史公受钺,特署两节度都押衙。录其勋劳,章表上请。恩除银青光禄大夫,检校太子宾客、使持节檀州诸军事、檀州刺史、兼殿中侍御史、充威武军团练等使,散官如故。仍改名云长。……以开成二年十月廿日遇疾,终于幽都归化里之私第,享年六十四。即以三年岁在戊午四月十三日庚子卜葬于蓟城东北七里龙道之古原。仲弟应长,躬主丧事,礼备饬终。夫人徐氏,有女四人。……外生男姜氏,曰景异,感如存之念,报分食之恩,衣缞绖以嗣之。(次舅氏李掖述:《故幽州卢龙节度都押衙银青光禄大夫检校太子宾客使持节檀州诸军事檀州刺史兼殿中侍御史充威武军团练等使汝南周府君(元长)墓志铭》,《唐代墓志汇编续集》,开成014,第933页)

案例解析

案情分析:檀州刺史周元长(774—837)无子,有四女,以外生男姜景异为嗣。从墓志中可知姜景异是过继给舅氏属于自愿行为,此事当发生于周元长晚年。

适用条款:《唐律疏议》卷12《户婚律》总157条,参见038宫闱令兼谒者监高延福以岭南冯盎曾孙为养子改其姓为高案适用条款。

是否依法判案:否。檀州刺史周元长以外生男姜景异为嗣,有违唐代户婚律不许收养异姓子的规定,但似并未受到法律惩罚。

134. 金州判司刘方老遣妾妇诬告知金州事韦识于长安案

案例辑录

府君讳识,字不惑。……大父讳元贲,荣王府功曹。父讳儆,扬州江阳县令。母,夫人同郡杜氏。君则江阳府君之季子。君自幼强,弱冠能,取明经第,解褐授河中府文学,复调录金州事。刺史李弘庆疾殁,其地无上佐,遂知州事。少年气高,以直道自任。按豪猾,嫉奸党,悉用刺史事。□一州民,肃然风靡。后刺史姚弘庆至之初,有判司刘方老为不法事,君纠绳之。不叶,阴遣妾妇,以数十事诬告于长安。天子遣使,鞫验无状,方老复遣妾妇决耳街卧,诉于时相。使三劾,理未辨,会逆乱事,刑政大紊,冤窜福州。未至,移吉州。会昌始岁普恩,复其资,授凤翔参军事,又调兴元城固县丞。秩满,家甚贫,无归计,将客游西蜀。至利州,疾且革,遂还。大中七年七月六日殁于城固县,享年五十有五。(犹子乡贡进士韦沼撰:《唐故兴元府城固县丞京兆韦府君(识)墓志铭并序》,《西安碑林博物馆新藏墓志汇编》下册,第 782—783 页)

案例解析

案情分析: 约文宗开成时期,金州(治陕西安康市)判司刘方老为不法事,时任录金州事的韦识(801—855)对其加以纠绳。刘方老因前事,遣妾妇至长安以数十事诬告韦识,鞫验无状,又诉于宰相。三劾后,理未辨,会逆乱事,刑政大紊,韦识蒙冤被贬于福州(福建福州市)。

适用条款:《唐律疏议》卷 23《斗讼律》总 342 条,参见 042 右台侍御史魏探玄诬告兖州龚丘县令程思义赃污十万案适用条款。

《唐律疏议》卷 6《名例律》总 53 条,参见 080 河南尹诬仇与贼通杀仇籍其家案适用条款。

是否依法判案: 否。金州判司刘方老遣妾妇赴长安,以数十事诬告录金州事韦识。文宗遣使,鞫验无状,又诉冤于时相。三劾后,理未辨,会逆乱事,刑政大紊,韦识蒙冤被贬于福州。金州判司刘方老诬告他人,依律当反坐,但本案中,刘方老未受到任何惩罚,而录金州事韦识蒙冤远贬,显系冤案。

135. 同州长春营田耗折官米案

案例辑录

公讳简,字枢中……转中书舍人,拜同州刺史兼御史中丞,赐紫金鱼袋。左辅理所，故事同在。毂下连岁凶荒，人萌困瘵，孳孳为政，臻于泰宁。感白雀嘉谷之瑞，表公德化。时省司以长春营田耗折官米，将以极典处本州纲吏。公抗表论雪，皆得贳死。人到于今称之。迁陕虢观察使、检校右散骑常侍、兼御史中丞。（从表侄金紫光禄大夫守（下泐）门下侍郎同平章事充太清宫使□文□大学士上柱国彭阳县开男食邑三百户令狐绹撰：《唐故银青光禄大夫检校司空分司东都（下泐）上柱国乐安县开国侯食邑一千户□□□（赠太师）孙公（简）墓志铭并序》，《唐代墓志汇编续集》，宝历010，第876—877页）

案例解析

案情分析：文宗开成时期(836—840)，[1]因同州（陕西大荔）长春营田耗折官米，省司将以极典即死刑处置本州纲吏，经同州刺史兼御史中丞孙简抗表论雪，得以减死。

适用条款：《唐律疏议》卷15《厩库律》：214 诸仓、库及积聚，财物安置不如法，若曝凉不以时，致有损、败者，计所损、败，坐赃论。州、县以长官为首。监、署等亦准此。疏议曰：仓谓贮粟、麦之属，库谓贮器、仗、绵、绢之类，积聚谓贮柴、草、杂物之所，皆须高燥之处安置。其应曝凉之物，又须曝凉以时。若安置不如法，曝凉不以时，而致损、败者，计所损、败多少坐赃论。州、县以长官为首，以下节级为从。监、署等有所损坏，亦长官为首，以次为从，故云亦准此。（《唐律疏议》，第246页）

---

[1] 本案发生于孙简任同州刺史时期，据《旧唐书》卷17下《文宗本纪》，开成三年二月丁未，以同州刺史孙简为陕虢观察使，代卢行术；以术为福王傅，分司东都。故此案发生于文宗开成三年或稍前。

《唐律疏议》卷 26《杂律》总 389 条,参见 033 酷吏来俊臣求金于左卫大将军泉献诚不成反诬其谋反案适用条款。

是否唐律规定：否,于律当偏重。同州长春营田耗折官米,依律,以坐赃论,最高处以徒三年。本案中,省司判本州纲吏死刑,后经同州刺史兼御史中丞孙简抗表论雪,得以减死,很可能能处其以轻一级的流刑。

武 宗

会昌三年(843)

136. 泽潞节度使刘从谏之子刘稹谋反案

案例辑录

公讳烁,字柔明,任亳州鹿邑县尉。后周逍遥公夐九代孙,文昌左丞相待价六世孙,东都留守、刑部尚书弘景孙,河阳兖海节度使、检校户部尚书、兼御史大夫处仁第二男、义丰公主之出也,穆宗皇帝外孙。娶妻河东裴氏,山南东道节度使、同中书门下平章事均孙女。父鋿,河南府阳翟县令。公无子,年廿三,大中十二年二月六日,殁于客舍东都利仁坊故潞州节度使刘从谏宅。刘公之亡,其宅以子稹悖乱没官,今税居于底。(《唐故京兆韦氏(炼)权厝墓记》,《新中国出土墓志·河南〔叁〕·千唐志斋〔壹〕》上册,第 327 页;下册,第 247 页)

〔会昌四年七月〕潞州大将郭谊、张谷、陈扬廷遣人至王宰军,请杀稹以自赎。王宰以闻,乃诏石雄率军七千入潞州,谊斩刘稹首以迎雄,泽、潞等五州平。八月戊戌,王宰传稹首与大将郭谊等一百五十人,露布献于京师,上御安福门受俘,百僚楼前称贺。……〔九月〕制曰:"逆贼郭谊等,狐鼠之妖,依丘穴而作固;牛羊之力,得水草而逾凶。久从叛臣,皆负逆气。刘从谏背德反义,掩贼藏奸,积其怙乱之谋,无非亲吏之计。刘公直、安全庆等各凭地险,屡抗王师,每肆悖言,常怀革面。况郭谊、王协闻邢、洺归款,惧义旅覆巢,卖孽童以图全,据坚城而请命。昔伍被诣吏,不免就诛;延岑出降,终亦夷族。致之大辟,无所愧怀。"郭谊、刘公直,王协,安全庆,李道德,李佐尧,刘稹,稹母阿裴,稹弟曹九、满郎、君郎、妹四娘、五娘,从兄洪卿、汉卿、周卿、鲁卿、匡尧,张谷男涯、解愁,陈扬廷弟宣、男丑奴,张溢男欢郎、三宝,门客甄戈,伎术人郭谂、蒋党,李训兄仲京,王涯侄孙羽,韩约男茂章、茂宝,王璠男珪等,并处斩于独柳。(《旧唐书》卷 18 上《武宗本纪》,第 601—602 页)

〔刘从谏〕会昌三年卒。大将郭谊等匿丧,用其侄稹权领军务。时宰相李德裕用事,素恶从谏之奸回,奏请刘稹护丧归洛,以听朝旨。稹竟叛。德裕用中丞李回奉使河朔,说令三镇加兵讨稹,乃削夺稹官,命徐许滑孟魏镇幽并八镇之师,四面进攻。四年,郭谊斩稹,传首京师。从谏妻裴氏。初,稹拒命,裴氏召集大将妻同宴,以酒为寿,泣下不能已。诸妇请命,裴曰:"新妇各与汝夫文字,勿忘先相公之拔擢,莫效李丕背恩,走投国家。子母为讬,故悲不能已也。"诸妇亦泣下,故潞将叛志益坚。稹死,裴亦以此极刑。稹族属昆仲九人,皆诛。(《旧唐书》卷 161《刘悟附子从谏孙刘稹传》,第 4233 页)

〔会昌〕四年,潞帅刘从谏卒,子稹匿丧,擅主留务,要求旌钺。武宗怒,命忠武节度使王宰、徐州节度李彦佐等,充潞府西南面招抚使,遂复授〔刘〕沔太原节度,充潞府北面招讨使。(《旧唐书》卷 161《刘沔传》,第 4234 页)

朝廷用兵诛刘稹,泽潞既平,朝议以刘从谏妻裴氏是裴问之妹，欲原之。法司定罪，以刘稹之叛，裴以酒食会潞州将校妻女，泣告以固逆谋。〔刑部侍郎刘〕三复奏曰："刘从谏包藏逆谋，比虽已露，今推穷仆妾，尤得事情。据其图谋语言，制度服物，人臣僭乱，一至于斯。虽生前幸免于显诛，而死后已从于追戮，凡在朝野，同深庆快。且自古人臣叛逆，合有三族之诛。……如此则阿裴已不得免于极法矣。又况从谏死后，主张狂谋，罪状非一。刘稹年既幼小，逆节未深，裴为母氏，固宜诫诱，若广说忠孝之道，深陈祸福之源，必冀虺毒不施，枭音全革。而乃激厉凶党，胶固叛心，广招将校之妻，适有泊食之宴，号哭激其众意，赠遗结其群情。遂使叛党稽不舍之诛，孽童延必死之命，以至周岁，方就诛夷，此阿裴之罪也。虽以裴问之功，或希减等，而国家有法，难议从轻。伏以管叔，周公之亲弟也，有罪而且诛之。以周公之贤，尚不舍兄弟之罪；况裴问之功效，安能破朝廷法耶？据阿裴废臣妾之道，怀逆乱之谋，裴问如周公之功，尚合行周公之戮。况于朝典，固在不疑。阿裴请准法。"从之。三复未几病卒。(《旧唐书》卷177《刘邺附父刘三复传》，第4617页。《册府元龟》卷616《刑法部·议谳三》与此略同，第7410页)

〔刘〕从谏妻裴，以弟立功，诏欲贷其死。刑部侍郎刘三复执不可，于是赐死，以尸还问。裴父敞，冕之裔，辟悟府，悟奇之，故为从谏纳其女。裴年十五，火光起袿下，家人以为怪，因许婚。封燕国夫人。宽厚有谋，每劝从谏入朝为子孙计。从谏有妾韦愿封夫人，许之，诏至，裴怒，毁诏不与。从谏它日会裴党，复出诏，裴抵去，曰："淄青李师古四世阻命，不闻侧室封者。君承朝廷姑息，宜自黜削，求洗濯，顾以婢为夫人，族不日灭耳！"从谏赧然止。及韦至京师，乃言："李丕降，裴会大将妻号哭曰：'为我语若夫，勿忘先公恩，

愿以子母托。'诸妇亦泣下，故潞诸将叛益坚。"由是及祸。(《新唐书》卷214《藩镇宣武彰义泽潞·刘悟传》，第6019页)

〔会昌四年〕八月乙未，昭义军将郭谊杀刘稹以降。(《新唐书》卷8《武宗本纪》，第244页)

〔欧阳詹〕从子秬……开成中，擢进士第……会泽潞刘从谏表秬在幕府，秬为辩质本之伪，本终得罪。其子稹拒命，秬方休假还家，稹表斥损时政，或言秬为之，诏流崖州，赐死。(《新唐书》卷203《文艺下·欧阳詹附从子欧阳秬传》，第5787页)

陈商，武宗会昌中为刑部郎中，敕以刘从谏妻裴氏合诛与不诛，商议曰："臣等征诸古典周礼，司寇之职，男子入于罪，隶女子入于舂藁，汉律云：妻子没为奴婢，钟繇曰：自古帝王罪及妻子，又晋朝议在室之女，从父母之诛；既醮之妇，随夫家之罚。谨按，奴婢舂藁罪罚之类，名则为重，而非罪刑。故法律明文，古今通议，夫子有罪，母妻无诛死之制。然事出一时，法由情断，帝王刑辟，岂在一途？昔少卿降虏，汉武诛其母，玄宗时安庆宗妻荣义郡主，夫以逆诛，主亦赐死，此则是夫子有罪，母妻不舍之例。臣等伏以从谏犬羊狼戾蛇豕凶残，抱逆节于明时，遗祸胎于孽子，裴氏为恶有素，为奸已成，分衣以固其人心，申令以安其逆志，在于国典，情实难容，臣等参议，宜从重典。"从之。(《册府元龟》卷616《刑法部·议谳三》，第7409页)

〔会昌四年八月〕潞人闻三州降，大惧。郭谊、王协谋杀刘稹以自赎……使〔稹所亲〕董可武入谒稹曰："请议公事。"稹曰："何不言之！"可武曰："恐惊太夫人。"乃引稹步出牙门，至北宅(昭义节度使别宅，在使宅之北)，置酒作乐。酒酣，乃言："今日之事欲全太尉一家(刘悟赠太尉)，须留后自图去就，则朝廷必垂矜闵。"稹曰："如所言,稹之心也。"可武遂前执其手,崔玄度自后斩之,因收稹宗族,匡周以下至襁褓中子皆杀之。又杀刘从谏父子所厚善者张谷、陈扬庭、李仲京、郭台、王羽、韩茂章、茂实、王渥、贾庠等凡十二家,并其子侄甥婿无遗。……乃函稹首,遣使奉表及书,降于王宰。首过泽州,刘公直举营恸哭,亦降于宰。……九月,刘稹将郭谊、王协、刘公直、安全庆、李道德、李佐尧、刘武德、董可武等至京师,皆斩之。……刘从谏妻裴氏亦赐死;又令昭义降将李丕、高文端、王钊等疏昭义将士与刘稹同恶者,悉诛之,死者甚众。(《资治通鉴》卷248,唐武宗会昌四年八月、九月,第8006—8008、8010—8011页)

案例解析

案情分析:会昌三年,刘从谏卒,朝廷令其子刘稹护丧归洛,但刘稹据泽潞镇(治泽潞,今山西长治市)叛,朝廷诏河北三节度讨刘稹。次年,潞州大将郭谊斩刘稹首,泽、潞平。刘稹与大将郭谊等150人被诛,宅第没官,为韦氏赁居。刘母裴氏为裴问之妹,法司定罪以刘稹之叛,裴以酒食会潞州将校妻子,泣告以固逆谋。裴氏以此处极刑。刘稹族属昆仲九人,皆诛。

适用条款:《唐律疏议》卷17《贼盗律》总251条,参见001工部尚书独孤怀恩率众谋叛投靠刘武周案适用条款。

是否依法判案:否,偏重。刘稹谋叛,依律当处绞刑,十五以下及母女、妻妾、祖孙、兄弟、姊妹若部曲、资财、田宅并没官。本案中,刘稹族属昆仲九人,皆诛;刘稹之父潞州节度使刘从谏亡,其宅以子稹悖乱没官;刘稹之母为裴问之妹,因参与谋反,伏诛,这些均合律。而刘稹之妹四娘五娘被处斩,不符合唐律缘坐规定,属于重判。

研究信息：桂齐逊《刑事责任能力》认为：本案中对于刘稹之母、妹2人、从兄5人，一律处斩，未免刑杀过酷。郭谊等先在潞州城中斩李训等人之后裔，嗣后唐廷虽将郭谊等处死，但唐廷又杀李训等族属4人，实涉政治斗争之嫌。载高明士主编：《唐律与国家社会研究》，台北：五南图书出版公司，1999年，第152—153页。李淑媛《唐代的缘坐——以反逆缘坐下的妇女为核心之考察》指出：刘稹母妹，俱同家中男口缘坐处斩，严重违律。一方面反映出家中妇女缘坐与否，端视其支持谋反或反对态度论之。另一方面，复可证明唐中晚期以后，有关缘坐之规定已形同具文，官员激烈争论后仍违律行事。与唐初立此制之本意已渐行渐远。载高明士主编：《东亚传统教育与法制研究（二）：唐律诸问题》，台湾大学东亚文明研究中心丛书第35辑，2005年，第328—329页。

会昌时期（841—846）

137. 驾部郎中萧倣因其母松槚为狂盗所伤弃官捕逐降授太子右谕德案

案例辑录

公讳倣，字思本，兰陵中都人也。……曾王父嵩，皇中书令。王父华，皇中书侍郎、同中书门下平章事。考恒，皇殿中侍御史，累赠司空。公即司空公第三子也。……迁主客郎中，旋授仓部郎中，复改驾部郎中。悠游南宫，累历清贯。休问益洽，指期显荣。无何，太夫人松槚为狂盗所伤，公即日弃官，愤将捕逐。孝感虽切，异论或乖。公之抱屈非辜，降授太子右谕德，分务东周。哀恳莫申，号天委运。杜门绝迹，屡变星霜。后以事实自明，改授邓州刺史。……以大中十年七月五日，薨于长安兴化里之私〔第〕，享年七十有六。……夫人荥阳县君郑氏，库部郎中、衢州刺史群之次女也。生于德门，作配君子，先公二十年而殁。（朝议大夫守给事中上柱国裴寅撰：《唐故光禄卿赠右散骑常侍萧府君（俛）墓志铭并序》，《大唐西市博物馆藏墓志》下册，第932—934页）

案例解析

案情分析：约会昌时期，驾部郎中（从五品上）萧俛（781—856）因母亲为盗所伤，未请假即弃官追捕盗者。因此，被从兵部所属部门降授为东宫属官太子右谕德（正四品下）。杜门绝迹，屡变星霜。后以事实自明，改授邓州刺史，终官光禄卿。

适用条款：《唐律疏议》卷9《职制律》：95诸官人无故不上，及当番不到（虽无官品，但分番上下亦同），疏议曰：官人者，谓内外官人。无故不上，当番不到，谓分番之人应上不到。注云，虽无官品，谓但在官分番者，得罪亦同官人之法。

若因假而违者，一日笞二十，三日加一等，过杖一百，十日加一等，罪止徒一年半。边要之官，加一等。疏议曰：官人以下，杂任以上，因给暇而故违，并一日笞二十，三日加一等，二十五日合杖一百，三十五日徒一年，四十五日徒一年半。边要之官，谓在缘边要重之所，无故不上以下，各加罪一等。（《唐律疏议》，第152页）

是否依法判案：否，属于灵活处置。驾部郎中萧俛因母亲为盗所伤，弃官追捕盗者，有违唐律职制律的相关规定，依律如果请假逾期不归的话，25日合杖一百，35日徒一年，45日徒一年半，当据离开天数，处以从笞20至徒一年半的惩罚。本案中，萧俛被从兵部所属部门降授为东宫属官太子右谕德，并不符合唐律规定，当是变通性做法。同时可知，唐人认为太子右谕德（正四品下）地位尚不如驾部郎中（从五品上）。

138. 博陵崔君以内堂弟李德裕之子李成相为嗣子案

案例辑录

夫人赵郡赞皇人，曾祖赠太保讳载，祖赠太师赞皇文献公讳□筠，考赠兵部郎中讳老彭，娶范阳卢氏，生夫人，即郎中第二女也。……贞元□先太师忠公剖符鄱阳，以夫人适博陵崔君，终□□团练判官、监察御史。……以会昌五年九月廿五日考终于郓州嗣子成相从事之官舍，享年六十九。以大中元年十月十七日，迁神于河南县杜翟村之原，礼也。嗣子我之出也，请志泉户，以虞陵迁，且吾姊之懿行，宜传诸不朽。（堂弟特进行太子少保分司东都卫国公李德裕撰：《唐故博陵崔君夫人李氏墓志铭并序》，《唐代墓志汇编续集》，大中009，第975页）

李德裕字文饶，赵郡人。祖栖筠，御史大夫。父吉甫，赵国忠懿公，元和初宰相。……德裕既贬，大中二年，自洛阳水路经江、淮赴潮州。其年冬，至潮阳，又贬崖州司户。至三年正月，方达珠崖郡。十二月卒，时年六十三。（《旧唐书》卷174《李德裕传》，第4509、4528页）

案例解析

案情分析：约会昌时期，博陵崔君与夫人赵郡李氏（779—847）无子，崔君后以内堂弟李德裕（787—849）之子李成相为嗣子，李氏69岁去世时，李德裕也已经61岁，时为行太子少保、分司东都。李氏之祖即文献公李栖筠，其父李老彭与元和宰相李吉甫为兄弟。据《新唐书》卷146《李栖筠传》(第4735、4744页),李栖筠字贞一,世为赵人。其子李吉甫有二子,长子李德修,曾任膳部员外郎、舒湖楚三州刺史,次子即会昌宰相李德裕。

适用条款:《唐律疏议》卷12《户婚律》总157条,参见038宫闱令兼谒者监高延福以岭南冯盎曾孙为养子改其姓为高案适用条款。

是否依法判案:否。博陵崔君以内堂弟李德裕之子李成相为嗣子,并非与崔氏同宗,有违唐律无子者听养同宗于昭穆相当者的规定,但似并未受到法律惩罚。

约文宗、武宗时期(828—846)

139. 长安某驿使吏卒侵夺邮亭案

案例辑录

府君讳翬,字遐举,清河东武城人……未几,征拜侍御史。孤标峻望,霜暑风生。时有驿使吏卒侵夺邮亭,本县令长重加笞挞,禁卫上诉,称是军人。君实本推访,知假托□□,宪长咸欲徇从,君移时抗论,兼执不变。县长既免滥责,公亦旬月受代。奉职不苟,公议多之。居未旬朔,诏除□部员外郎。……至〔大中八年〕十一月十二日告终于济阴之官舍,享年六十有八。(《□□□□使持节曹州诸军事守曹州刺史赐紫金鱼袋清河崔府君(翬)墓志铭并序》,《唐代墓志汇编》,大中090,第2318—2319页)

案例解析

案情分析:某驿使吏卒侵夺邮亭,本县令长重加笞挞,禁卫上诉,称是军人。侍御史崔罕(787—854)经推访,查知并非军人,县令因此免受责罚。

适用条款:《唐律疏议》卷 27《杂律》总 450 条,参见 014 二庭屯官郭微因私笞挞有情被笞四十案。

是否依法判案: 是。该案件既被侍御史崔罕查访清楚,侵夺邮亭之驿使吏卒当受应有之惩罚。

宣 宗

大中元年(847)

140. 监察御史李俊素按劾明州百姓争田产案

案例辑录

公讳俊素,字明中,其先陇西人也……曾祖迪,考功郎中。祖知古,鄂州武昌令、太子文学。父修,太子右庶子,赠礼部尚书。……御史中丞封敖闻公举职,耸然多之,请为监察御史。时明州百姓有争田者,结党潜构,欲行欺夺。牧宰禁之不可,威之不从,诣阙来诉。宪丞遴柬,以公为能,俾专按劾,乘驲而去。公持斧至正,穷其本根,周月得情,尽除凶害。……大中二年正月廿二日,遇疾殁于务本里第,享年六十五。(姨弟中书侍郎兼礼部尚书同中书门下平章事集贤殿大学士韦琮撰:《唐故监察御史陇西李公(俊素)墓志铭并序》,《新中国出土墓志·河南〔叁〕·千唐志斋〔壹〕》上册,第309页;下册,第231页)

案例解析

案情分析:约大中元年(847),明州(浙江鄞县鄞江镇)有百姓争田,结党欺夺,牧宰不能阻止,诣阙上诉。监察御史李俊素

(784—848)受命,乘驲前往,专程按劾此案,尽除害凶。

适用条款:《唐律疏议》卷13《户婚律》：166 诸妄认公私田若盗贸卖者,一亩以下笞五十,五亩加一等,过杖一百,十亩加一等,罪止徒二年。疏议曰：妄认公私之田称为己地,若私窃贸易或盗卖与人者,一亩以下笞五十,五亩加一等,二十五亩有余杖一百。过杖一百,十亩加一等,五十五亩有余,罪止徒二年。贼盗律云,阑圈之属,须绝离常处;器物之属,须移徙其地。虽有盗名,立法须为定例。地既不离常处,理与财物有殊,故不计赃为罪,亦无除、免、倍赃之例。妄认者,谓经理已得。若未得者,准妄认奴婢、财物之类未得法科之。盗贸易者须易讫,盗卖者须卖了。依令,田无文牒辄卖买者,财没不追,苗、子及买地之财并入地主。(《唐律疏议》,第205—206页)

是否依法判案: 是。明州有百姓争田,结党欺夺,妄认他人私田为己地。既然牧宰不能禁止,妄认土地者当已占为己有,依律,妄认公私田,最少笞五十,最高可徒二年。本案中,奉命调查此案的监察御史李俊素经一个月调查清楚该案详细情况,结果尽除其害,当已依法处理此案,将百姓所占他人私田奉还。

大中三年(849)

141. 尚药奉御段文绚遗言以侄前右内率府兵曹参军段璲承嗣案

案例辑录

府君讳文绚,字礼成,其先武威人,长于京兆。……大父讳锽,常州长史;皇考讳元度,梓州涪城县令……府君荫第出身……今上龙飞,擢徙府君待诏宣徽,迁殿中省尚药奉御,赐绯鱼袋。……大中三年二月廿二日,终于永乐里之私第,享年止乎五十有六。……仲弟二人,长曰振,左清道率府录事参军;清廉自守,莅事唯能。……次曰淙,饶州余干县主簿;气略当时,知鉴辽迥。……府君娶庐江何氏女,有男子一,女子一。男曰璈,年才弱冠,奄随逝波。女适濮阳仲氏,子曰师可。……再娶上谷寇氏女。有男子一,曰白泽。褓裸未离,学语学步。二夫人皆柔顺风姿,敬上慈□,并先殁于府君。后娶范阳张氏女。肃慎承家,孤贞秉操,母仪妇道,九族咸称。府君遗言以侄璲前右内率府兵曹参军承嗣。(国子监三史张舜公撰:《唐故朝议郎守殿中省尚药奉御翰林供奉上柱国赐绯鱼袋段府君(文绚)墓志铭并序》,《唐代墓志汇编续集》,大中020,第983页)

案例解析

案例内容:尚药奉御段文绚(794—849)先后娶二妻,前妻何氏生一子,弱冠而卒,后妻仲氏所生子尚在褓裸之中,临终遗言以侄前右内率府兵曹参军段璲承嗣。

适用条款:《唐律疏议》卷12《户婚律》:158 诸立嫡违法者,徒一年。即嫡妻年五十以上无子者,得立庶以长,不以长者亦如之。疏议曰:立嫡者,本拟承袭。嫡妻之长子为嫡子,不依此立,是名违法,合徒一年。即嫡妻年五十以上无子者,谓妇人年五十以上,不复乳育,故许立庶子为嫡。皆先立长,不立长者,亦徒一年,故云亦如之。依令:无嫡子及有罪疾,立嫡孙;无嫡孙,以次立嫡子同母弟;无母弟,立庶子;无庶子,立嫡孙同母弟;无母弟,立庶孙。曾、玄以下准此。无后者为户绝。(《唐律疏议》,第199页)

是否符合唐律规定：否。尚药奉御段文绚(794—849)56岁逝世,临终时唯有一不离襁褓之幼子,遗言以侄前右内率府兵曹参军段瑊承嗣。依律,当以嫡妻长子为嫡子,段文绚自己有子,但因其尚在襁褓,恐其不能成年,故以侄前右内率府兵曹参军段瑊承嗣,有违唐律。

大中九年(855)

142. 权判吏部东铨右丞卢懿铨管失实案

案例辑录

咸通皇帝嗣位之六年仲夏之六日,河南尹李公薨于位。……公讳朋,字子言,唐工部尚书、赠兵部侍郎、懿公大亮之五代孙,晋州录事参军潮之孙,河中虞乡县令、赠给事中宁之子。……后数日,果迁吏部员外,再判曹务……故凤翔卢公懿时司铨管,以文雅知重,欲以科选考核为寄,公固辞曰:"若务公则害身,徇势则败事。"坚执素守,竟不能强。是岁科目所升,果喧时议,主持事者,悉斥守远郡,卢公尝伏其先见之明。俄转吏部郎中。(中大夫守河南尹柱国赐紫金鱼袋杨知温撰:《唐故正议大夫守河南尹柱国赐紫金鱼袋赠吏部尚书武阳李公(朋)墓志铭并序》,《大唐西市博物馆藏墓志》下册,第968—970页)

〔大中九年〕三月,试宏词举人,漏泄题目,为御史台所劾,侍郎裴谂改国子祭酒,郎中周敬复罚两月俸料,考试官刑部郎中唐枝出为处州刺史,监察御史冯颛罚一月俸料。其登科十人并落下。其吏部东铨委右丞卢懿权判。(《旧唐书》卷18下《宣宗本纪下》,第633页。又见《册府元龟》卷153《帝王部·明罚二》,文字略同,第1861页)

案例解析

案情分析：凤翔卢懿司东铨（位于东都洛阳），贡举非其人，登科十人并落下，主持其事者，悉被斥守远郡。而卢懿曾请吏部员外、判曹务李朋（804—865）负责科选考核，但他没有同意，之后升任吏部郎中。此事作为李朋具有先见之明的表现被记入其墓志。

适用条款：《唐律疏议》卷9《职制律》：92 诸贡举非其人及应贡举而不贡举者，一人徒一年，二人加一等，罪止徒三年（非其人，谓德行乖僻，不如举状者。若试不及第，减二等。率五分得三分及第者，不坐）。

若考校、课试而不以实，及选官乖于举状，以故不称职者，减一等（负殿应附而不附，及不应附而附，致考有升降者，罪亦同）。疏议曰：考校，谓内外文武官寮年终应考校功过者。其课试，谓贡举之人艺业伎能依令课试有数。若其官司考、试不以实，及选官乖于所举本状，以故不称职者，谓不习典宪，任以法官，明练经史，授之武职之类，各减贡举非其人罪一等。负殿应附不附者，依令，私坐每一斤为一负，公罪二斤为一负，各十负为一殿，校考之日，负殿皆悉附状，若故违不附；及不应附而附者，谓蒙别敕放免，或经恩降，公私负殿并不在附限，若犯免官以上及赃贿入己，恩前狱成，仍附景迹，除此等罪，并不合附，而故附，致使考校有升降者，得罪亦同，谓与考校、课试不实罪同，亦减贡举非其人罪一等。

失者，各减三等。承言不觉，又减一等；知而听行，与同罪。（《唐律疏议》，第149—150页）

是否依法判案：否，以贬官代替徒刑。卢懿司铨管，登科十人并落下，依律，主持事者当徒三年。本案中，主持事者，悉斥守远郡，考试官刑部郎中唐枝出为处州刺史，但未知右丞卢懿被贬具体官职。

大中十一年(857)

143. 内园栽接使李敬实恃宠遇宰臣郑朗不避马被配南衙使役案

案例辑录

公讳敬实,字梦符,其先陇西人也。……祖讳唯宁,昔侍从德宗,有定难之功,特加优宠。父讳从义,掖庭局丞,终临泾监军。公元和之岁,始事于朝,聪敏达,众推为最。穆宗皇帝选择芳年文艺冠绝者以充近侍。公乃应选,充宣徽库家;翌日赐绿,光焕一时,人称独步,历仕三帝。至大和七年却归西掖,充内养……至〔大中〕十一年正月,加紫绶金章,光焕于朝班,荣耀于时辈。至冬初除内园栽接使。况此司行幸之所。任使二年,凡卅余度驾幸,供备之礼,不失规程。至十三年二月二日因备太皇太后游观之会,何期天不助顺,忽遘风疾,数日之间,肩舆归第,名医上药,无不必至。中间疾乃稍疗,除军器使,视事数月,复遇国哀。新天子以公勋旧,特加银青光禄大夫、兼宫内给事。公乃偏受先帝厚恩,悲思过礼,旧疾发动,请假让官,欲谋悬车,未遂本志。……寝疾弥留,忽奄大渐,其年十月廿八日薨于永昌里之私第。……春秋五十有九,诏赠内侍省内侍。历仕七朝,食禄卅八载,任使七司,一监雄镇,宣传密命,皆称宸衷。(门吏文林郎前行罗州司马上柱国崔鄂撰:《大唐故军器使银青光禄大夫行内侍省内给事赠内侍上柱国陇西县开国男食邑三百户赐紫金鱼袋李府君(敬实)墓志铭并序》,《唐代墓志汇编续集》,大中 078,第 1028 页)

〔大中〕十年正月丁巳,御史大夫郑朗为工部尚书、同中书门下

平章事。……〔大中十一年〕十月壬申，郑朗罢。(《新唐书》卷8《宣宗本纪》，第251页)

朗字有融，始辟柳公绰山南幕府，入迁右拾遗。……累迁谏议大夫，为侍讲学士。由华州刺史入拜御史中丞、户部侍郎。为鄂岳、浙西观察使，进义武、宣武二节度。历工部尚书判度支、御史大夫，复为工部尚书、同中书门下平章事。中人李敬寔排朗驺导驰去，朗以闻。宣宗诘敬寔，自言供奉官不避道，帝曰："传我命则绝道行可也，而私出，不避宰相邪？"即斥敬寔。右拾遗郑言者，故在幕府，朗以谏臣与辅相争得失，不论则废职，奏徙它官。久之，以疾自陈，罢为太子少师。(《新唐书》卷165《郑珣瑜附子郑朗传》，第5069—5070页)

宰臣郑朗自中书归宣平私第，内园使李敬实衢路冲之，朗列奏。上诏敬寔面语，敬寔奏："供奉官例不避。"上曰："衔天子之命横绝而过可矣，安有私出不避辅相乎！"剥紫绶，配南衙。〔(唐)裴庭裕撰：《东观奏记》下卷，田廷柱点校，北京：中华书局，1994年，第126—127页〕

内园使李敬寔(内园使，亦内诸司之一。五代时，有内园栽接使)遇郑朗不避马，朗奏之，上责敬寔，对曰："供奉官例不避。"上曰："汝衔敕命，横绝可也；岂得私出而不避宰相乎！"命剥色，配南牙(褫其本色，使配役南牙也)。(《资治通鉴》卷249，唐宣宗大中十年十一月条，第8184页)

案例解析

案情分析：内园栽接使李敬寔(802—860)恃宠，遇宰臣郑朗不避马，被配南衙使役。其墓志虽避谈于此，但明确说明他于大中十一年正月，加紫绶金章，该年冬，除内园栽接使，此后一年，至大中十二年二月初,便即病逝。宣宗诏赠其内侍省内侍,也即在他死后念其旧功,才恢复内侍身份。

适用条款:《唐律疏议》卷 27《杂律》:449 诸违令者,笞五十(谓令有禁制而律无罪名者);别式,减一等。疏议曰:令有禁制,谓仪制令,行路,贱避贵,去避来之类,此是令有禁制,律无罪名,违者得笞五十。别式,减一等,谓礼部式,三品以上服紫,五品以上服朱之类,违式文而著服色者,笞四十,是名别式,减一等,物仍没官。(《唐律疏议》,第 445 页)

凡百官拜礼各有差:……凡致敬之式,若非连属应敬之官相见,或自有亲戚者,各从其私礼。(诸官人在路相遇者,四品已下遇正一品,东宫官四品已下遇三师,诸司郎中遇丞相,皆下马。凡行路之间,贱避贵,少避老,轻避重,去避来)〔(唐)李林甫等撰《唐六典》卷 4《礼部》,陈仲夫点校,北京:中华书局,1992 年,第 115—116 页〕

是否依法判案:否,从重判处。内园栽接使李敬寔(802—860)恃宠,遇宰臣郑朗不避马,依律当笞五十。本案中,李敬寔被配南衙使役,仅一年有余便病逝。

大中十二年(858)

144. 都将石再顺等逐湖南观察使韩琮、杀都押牙王桂直被斩案

案例辑录

公讳弘简,字长卿,卫州汲郡人也。……洎大中十二年选授朝议郎,行道州长史。到任未几,又属南昌小寇石再顺逐帅据城,郡

邑拟结蜂聚。公遂发号施令,靡不克从。月云未期,元丑枭戮。道郡百姓,歌颂仡今。寻兼知江华县事。(昭武校尉前守京兆府甘谷折冲施谊撰:《大唐故道州长史汲郡尚府君(弘简)墓志铭并序》,《唐代墓志汇编续集》,咸通041,第1066页)

〔大中十二年五月〕庚辰,湖南军乱,逐其观察使韩琮。(《新唐书》卷8《宣宗本纪》,第252页)

上励精理天下,一纪之内,欲臻升平。自大中十二年后,藩镇继有叛乱。宣州都将康全泰逐出观察使郑薰,湖南都将石再顺逐出观察使韩琮,广州都将王令寰逐出节度使杨发,江西都将毛鹤逐出观察使郑宪。上赫怒,命淮南节度使、检校左仆射、平章事崔铉兼领宣、池、歙三州观察使,以宋州刺史温璋为宣州刺史,以右金吾将军蔡袭为湖南观察使,以泾原节度使李承勋为广州节度使,以光禄卿韦宙为江西观察使,只取邻道兵送赴任,凶渠如期授首,皆不劳师,斩定诛锄,尽副圣旨。[(唐)裴庭裕撰:《东观奏记》下卷,田廷柱点校,北京:中华书局,1994年,第127页]

〔大中十二年五月〕是日,湖南军乱,都将石载顺等逐湖南观察使韩悰,杀都押牙王桂直。悰待将士不以礼,故及于难。(《资治通鉴》卷249,唐宣宗大中十二年五月,第8192页)

案例解析

案情分析:大中十二年(858)五月,湖南(治湖南长沙)都将石再顺(一作载顺)逐出湖南观察使[1]韩琮(一作韩悰),杀都押牙王桂直,自据其城,郡邑拟结蜂聚。唐宣宗以右金吾将军蔡袭为湖南

---

[1] 据《旧唐书》卷38《地理志一》,湖南观察使。治潭州,管潭、衡、彬、连、道、永、邵等州。第1392页。

观察使进行讨伐,道州长史尚弘简发号施令,平其乱,石再顺被杀。

适用条款:《唐律疏议》卷 17《贼盗律》总 251 条,参见 001 工部尚书独孤怀恩率众谋叛投靠刘武周案适用条款。

是否依法判案:是。湖南都将石再顺逐出观察使韩琮,自据其城,依律:谋杀制使,若本属府主、刺史、县令,及吏卒谋杀本部五品以上官长者,流二千里,已杀者,皆斩。本案中,石再顺被杀,属于依法判案。

大中十三年(859)

145. 长安炼师韩孝恭为盗所害案

案例辑录

炼师讳孝恭,字行先,莫详其祖考。……元和中,中书令韩许公节制大梁,选求近侍,闻其干用,俾居左右。……后诣龙兴观,邓尊师延康传授法箓。……惜乎,慢藏为海盗之资,怀璧乃□害之本。中散形解,孰验其默仙;□□寿登,竟遭其横祸。以大中十三年二月廿日于务本里私第为暴贼所害,享年七十有一。子敬徽,不幸早丧,一女适登仕郎、行内侍省宫教博士张文通,淑德柔范,自他有耀,闻丧号慕,殆不胜哀。右羽林将军兼殿中侍御史韩公,绍先祖之勋业,以季父之礼事之,常给其供须。及遇盗之日,举族悲骇,驰往视之。但睹其僵仆于地,莫知肷箧之数及时之早晚也,遽以事状告于有司,有司覆视而达于宸听,诏许瘗送,仍令捕寇。(文林郎前守灵州仓曹参军陆植撰:《唐故颍川韩炼师(孝恭)玄堂铭并序》,《西安碑林博物馆新藏墓志汇编》下册,第 794—795 页)

案例解析

案情分析：大中十三年(859)二月,71岁的炼师韩孝恭(789—859),在长安务本里私第为盗所害。其族人将此事告官,有司因此案属夺财害命,上报朝廷,宣宗诏许瘗送,并令捕寇。故尚未及破案,当年五月,家人将韩炼师安葬。

适用条款：《唐律疏议》卷20《贼盗律》：289 诸因盗而过失杀伤人者,以斗杀伤论,至死者加役流(得财、不得财,等。财主寻逐,遇他死者,非)。疏议曰：因行窃盗而过失杀伤人者,以其本有盗意,不从过失收赎,故以斗杀伤论。其杀伤之罪,至死者加役流。注云,得财、不得财,等,谓得财与不得财,并从斗杀伤科。财主寻逐,遇他死者,非,谓财主寻逐盗物之贼,或坠马或落坑致死之类,是遇他故而死,盗者唯得盗罪,而无杀伤之坐。

其共盗临时有杀伤者,以强盗论；同行人不知杀伤情者,止依窃盗法。疏议曰：谓共行窃盗,不谋强盗,临时乃有杀伤人者,以强盗论。同行人而不知杀伤情者,止依窃盗法,谓同行元谋窃盗,不知杀伤之情,止依窃盗为首从。杀伤者,依强盗法。(《唐律疏议》,第313页)

是否依法判案：是。此案虽然最终结果不明,但因得到皇帝的关注,破案的概率较大。

懿　宗

咸通十年(869)

146. 武宁军兵七百戍桂州六岁不得代拥庞勋叛乱案

案例辑录

　　君讳棁,字卿材,陇西成纪人。……汴州司田参军悦之孙,河南府温县令赠尚书工部郎中丰之季子。君少孤,奉先夫人训教……果登进士籍……调授同州朝邑县主簿。郑太后之山陵也,礼仪使奏君守本官充修撰。……崔大夫彦曾廉问徐方,精择僚佐以自贰;及受命,捧诏书,从骑吏,拜赴君于里舍,遂以观察判官辟。奏授试大理评事兼监察御史。……无何,徐卒之戍南土者以戍久未代,其骄悍者乘众之怨,因杀主将,劫桂之甲库,相与而归。虽朝命姑容之,而阴诏崔公为剪灭之计。崔公惩绎骚之俗,威其风靡,刿嫉其溃叛,将龚行诛戮,固不密其谋。呜呼!彼叛者诚可杀也,而居者皆叛卒之宗姻骨肉,谁肯同我?果有泄其事者,遂揭旗注矣。拥军吏庞勋以乱,焚爇剽夺,宿、宋之间,罹其毒矣。从乱者益附,不三四日,徐州失守。崔公舆幕客监军使皆束缚就拘。朝廷为之旰食,征诸镇兵环其境以讨,屡折凶威。会勋之党谋将就而败,由是群盗自相疑。故崔公幕客监军使同殒于寇手,时咸通十年四月五日也,君享年五十七。前是崔公期奉中旨,人人恼惧。左右劝公□□□自免,冀脱祸乱。君曰:"……焉有利其禄而避难乎?若天将助乱,群凶犯顺,则吾死所也。……使吾死于轩裳甘腴,宁死于名节欤!"自始乱至遘祸,凡八月。仰见云天,傍触兵刃,语其危,亦危矣。而君仰扬感励,略无屈挠。去就端特,古人所难。君之配范阳卢氏,故泽州刺史子俊之女。……君既不幸……贼平致丧,忠节贞风,夫夫妇妇。君一子,乡贡进士延龟,谨卓肖似,在家有闻,亦同遇害。……粤其年九月,贼平,传命诸子奔护丧事。(度支推官朝议郎检校尚书礼部员外郎兼侍御史柱国王恦撰:《唐故徐宿濠泗观察判官试大理评事兼监察侍御史李府君(梲)墓志铭》,《唐代墓志汇编续集》,咸通062,第1081—1082页)

咸通初,〔崔铉〕移镇襄州。咸通八年,徐州戍将庞勋自桂管擅还,道途剽掠。铉时为荆南节度,闻徐州军至湖南,尽率州兵,点募丁壮,分扼江、湘要害,欲尽擒之。徐寇闻之,逾岭自江西、淮右北渡,朝议壮之。(《旧唐书》卷163《崔元略附子崔铉传》,第4262—4263页)

〔咸通〕九年,徐州戍兵庞勋自桂州擅还。七月至浙西,沿江自白沙入浊河,剽夺舟船而进。(《旧唐书》卷172《令狐楚附令狐绹传》,第4466页)

〔大中〕七年,〔崔彦曾〕检校左散骑常侍、徐州刺史、御史大夫,充武宁军节度使。彦曾通于法律,性严急,以徐军骄,命彦曾治之,长于抚养,而短于军政。用亲吏尹戡、徐行俭当要职。二人贪猥,不恤军旅,士卒怨之。先是,六年,南蛮寇五管,陷交址,诏徐州节度使孟球召募二千人赴援,分八百人戍桂州。旧三年一代,至是戍卒求代,尹戡以军帑匮乏,难以发兵,且留旧戍一年。其戍卒家人飞书桂林,戍卒怒,牙官许佶、赵可立、王幼诚、刘景、傅寂、张实、王弘立、孟敬文、姚周等九人,杀都头王仲甫,立粮料判官庞勋为都将。群伍突入监军院取兵甲,乃剽湘潭、衡山两县,虏其丁壮。乃擅回戈,沿江自浙西入淮南界,由浊河达泗口。其众千余人,每将过郡县,先令倡卒弄傀儡以观人情,虑其邀击。既离泗口,彦曾令押牙田厚简慰喻,又令都虞候元密伏兵任山馆。庞勋遣吏送状启诉,以军士思归,势不能遏,愿至府外解甲归兵,便还家。彦曾怒诛之,勋等拥众攻宿州,陷之。出官帑召募,翌日,得兵二千人,乃虏夺舟船五千余艘。步卒在船,骑军夹岸,鼓噪而进,元密发伏邀之,为贼所败。时亡命者归贼如市,彦曾驱城中丁男城守。九年九月十四日,贼逼徐州。十五日后,每旦大雾不开。十六日,彦曾并诛逆卒家口。十七日,昏雾尤甚,贼四面斩关而入。庞勋先谒汉高祖庙,便入牙城。监军张道谨相见,不交一言,乃止大彭馆。收尹戡、徐行俭及判官焦璐、李梲、崔蕴、温廷皓、韦廷乂,并杀之。翌日,贼将赵可立害彦曾,庞勋自称武宁军节度使。(《旧唐书》卷 177《崔谨由传》,第 4581—4582 页)

〔咸通〕九年〔杜审权〕罢相,检校司空,兼润州刺史、镇海军节度使、苏杭常等州观察使。时徐州戍将庞勋自桂州擅还,据徐、泗,大扰淮南。审权与淮南节度使令狐绹、荆南节度使崔铉,奉诏出师,掎角讨贼,而浙西馈运不绝,继破徐戎。贼平,召拜尚书左仆射。(《旧唐书》卷 177《杜审权传》,第 4610—4611 页)

咸通中,南诏复盗边。武宁兵七百戍桂州,六岁不得代,列校许佶、赵可立因众怒杀都将,诣监军使丐粮铠北还,不许,即擅斧库,劫战械,推粮料判官庞勋为长,勒众上道。懿宗遣中人张敬思部送,诏本道观察使崔彦曾慰安之。次潭州,监军诡夺其兵,勋畏必诛,篡舟循江下,益衰兵,招亡命,收银刀亡卒艚匦之。……勋闻徐已拔,气丧,无顾赖,众尚二万,自石山而西,所在焚掠。〔右武卫大将军、分司东都康〕承训悉兵八万逐北,沙陀将朱耶赤衷急追至宋州,勋焚南城,为刺史郑处冲所破,将南趋亳,承训兵循涣而东,贼走蕲县,官兵断桥,不及济,承训乃纵击之,斩首万级,余皆溺死。阅三日,得勋尸。斩其子于京师。吴迥守濠州,粮尽食人,驱女孺运薪塞隍,并填之,整旅而行,马士举斩以献。勋之始得徐州,赀储荡然,乃四出剽取,男子十五以上皆执兵,舒鉏钩为兵,号"霍锥",破十余州,凡二岁灭。诏擢张玄稔右骁卫大将军,承训迁检校左仆射、同中书门下平章事,徙节河东。(《新唐书》卷148《康日知附孙康承训传》,第4774、4779页)

案例解析

案情分析:武宁军(治江苏徐州)兵七百戍桂州,六岁不得代,远超三年一代的旧例。列校许佶、赵可立因众怒杀都将,诣监军使丐粮铠北还,因不被允许,即劫战械,推粮料判官庞勋为长,勒众上道。乱军据徐、泗,大扰淮南。观察使崔公、监军使、幕客徐宿濠泗观察判官兼监察侍御史李棁(813—869)及其子乡贡进士李延龟等被害。润州刺史、镇海军节度使杜审权与淮南节度使令狐绹、荆南节度使崔铉,奉诏出师,两年后将其讨平。

适用条款:《唐律疏议》卷17《贼盗律》总248条,参见002利州都督李孝常与右武卫将军刘德裕等谋反伏诛案适用条款。

是否依法判案:是。武宁兵七百戍桂州六岁不得,拥粮料判官庞勋自桂管擅还,据徐、泗,大扰淮南。此举属谋反,依律当斩。庞勋叛乱最终被讨平,当伏诛。

僖　宗

乾符时期(874—879)

147. 泽潞支使检校礼部员外郎李裔伪降泽潞留后刘广被贬随州司马案

案例辑录

　　府君讳裔,字修之,太祖景皇帝八代孙也。……祖鹏,皇寿州盛唐县令,赠太傅。见任检校司徒兼太子太师致仕、相国福之第三子也。……〔李裔〕拜秘书郎。高尚书湜镇潞,复辟君得检校礼部员外郎,充支使。到职半岁,值刘广乱。始,刘广不知何人也,来自蓟门,客于北山,常寓食将卒之家,有无良怙乱之徒,昌言于军伍中,云是刘稹之族。是时,潞土阻饥,赋入,逋负者太半。高公虽无阙政,而士卒月储、岁衣往往不足,以是承其时而动,高公竟被逐之,遂以广主留务上闻。广以羁客骤居众上,戚促不自安,乃以酷法临下。有献计于广者,莫若縻一二从事,以觊朝廷信恕。是时,乱起仓促,奔避不暇,遂自拥众请君,且以露刃胁之。君常密画覆广之计,未有以发。会此强逼,既不可规免,且思用其宠而谐其志。乃若喜于邀辟,欣然从命。始以坠马伤足为辞,后乃乘舆趋府,临事勤畏如初。广横敛以给军士,将训卒以固封境。君常语以臣下事体，言或及于苟且，君必于众中抗以忠愤，深感动之，由是一二将校始蓄从顺之谋。是时已敕四界，警备河阳，发二千人戍泽州。会有传递旧卒，贡谋于广云："泽本属郡，可厚赂以招孟人出兵，掠其壁，据大□，劫河阴，以惊周郑之郊，此乃疾雷不及掩耳，则节旄可翘足而待也。"广将从之，而咨于君，君曰："敛潞人财以饵他人，则师必兴怨，讵可俾其出疆以图胜捷，且留后宜恭顺以俟朝旨，安可动众以望恩荣。"广遂止之。广又欲恣于杀戮，延及衣冠，君皆婉辞护免。无几，李尚书系帅师至城下，安文祐时任军候，纪纲心膂，咸总统之。是夕，遂枭广首，掷城外。护军中贵人与军吏咸请君知留事。始入治所，遽命擒前传递卒，杖杀之。众方悟。若从此人之言，即潞之平，岂可如此速哉。……高公既远遣，君竟坐谪随州司马。时相国自保，鳌镇汉南，君一来归觐，俄还贬所。乾符四年九月十七日，狂寇突入郡城，君殒于锋刃，年三十有五。（再从兄将仕郎前守尚书仓部员外郎李巨撰：《唐故随州司马员外置同正赠尚书考功郎中赐绯鱼袋陇西李府君（裔）墓志铭并序》，《长安新出墓志》，第316—317页）

府君讳彬，字昭文，渤海蓚人也。……父浞，自昭义节度使兼潞州大都督府长史、检校礼部尚书，谪官□崖郡[①]司马。府君即尚书公第二子也。……属潞卒构乱，勃起狂谋，尚书公厚罹诬谮，谪官南去，留府君所亲陈氏及弟妹数人在洛邑。……以乾符四年七月廿四日终于东都陶化里私第，享年五十有六。（外兄孟怀泽等州观察支使试秘书省校书郎撰：《唐故前江南西道都团练副使朝议郎检校尚书礼部郎中兼侍御史赐绯鱼袋高府君（彬）墓志铭并序》，

---

① 当为岭南道崖州珠崖郡。

《唐代墓志汇编续集》,乾符014,第1127—1128页)

〔乾符四年〕闰〔二〕月,昭义军乱,逐其节度使高湜。(《新唐书》卷9《僖宗本纪》,第266页)

〔乾符二年〕十月,昭义军乱,大将刘广逐节度使高湜,自为留后。以左金吾大将军曹翔为昭义节度使。(《资治通鉴》卷252,唐僖宗乾符二年十月条,第8181页)

案例解析

案情分析:泽潞(治山西长治市)大将刘广逐昭义节度使①兼潞州大都督府长史高湜自为留后,自拥众请泽潞支使、检校礼部员外郎李裔,以露刃胁之。李裔伪降刘广,覆传递旧卒之谋,减少刘广之杀戮,平乱有功。刘广之乱被平叛后,仅被贬随州司马,高湜亦远谴为崖州司马。

适用条款:《唐律疏议》卷17《贼盗律》总251条,参见001工部尚书独孤怀恩率众谋叛投靠刘武周案适用条款。

《唐律疏议》卷1《名例律》:7 八议:疏议曰:《周礼》云:"八辟丽邦法。"今之八议,周之八辟也。《礼》云:"刑不上大夫。"犯法则在八议,轻重不在刑书也。其应议之人,或分液天潢,或宿侍旒扆,或多才多艺,或立事立功,简在帝心,勋书王府。若犯死罪,议定奏裁,皆须取决宸衷,曹司不敢与夺。此谓重亲贤,敦故旧,尊宾贵,尚功能也。以此八议之人犯死罪,皆先奏请,议其所犯,故曰八议。……五曰议功(谓有大功勋)。疏议曰:谓能斩将搴旗,摧锋万里,或率众归化,宁济一时,匡救艰难,铭功太常者。(《唐律疏

---

① 据《旧唐书》卷38《地理志一》,治潞州,领潞、泽、邢、洺、磁五州。第1390页。

议》,第16—17页)

是否依法判案:是。李裔伪降自为留后的泽潞大将刘广,触犯贼盗律,依律当斩,但因其为伪降,平叛有功,刘广之乱平叛后,被贬随州司马。基本属于依法判案。

中和三年(883)

148. 群盗犯太原富室祁家祁振误抵锋刃案

案例辑录

公讳振,字慕高,太原祁人也。……年未弱冠,词艺出群,就试明庭,入贡殊等,三造礼部,九霄下窥。所忌者,要害权门,千变万化,争名趣利,山高海深。是以鹠退丘园,卷舒人事,纬经咏史,不出户庭,十数年间,致猗顿之富,习游夏之流。……天下大乱,家业不散,守道自固,居丧服勤。才未外除,丁太夫人忧制,又多泣血,再罹祸殃,宅兆送终,光耀邻里。不幸俨然在忧服之内,值群盗犯其家,昏黑仓皇,误抵锋刃,举家莫救,哀号动天。长兄坦,以孝行绝伦,义勇无比,自抱冤大哭于营门,诉于都统使诸葛公。公大异其事,立致擒获,群盗徒党,应时诛锄,阖邑晏然,赖其功也。居守、仆射崔公安潜以坦有出人惊众之材,特授鄞州司户,荣耀亲友,无所伦比。……夫人会稽袁氏,即校书佾之女也。……即以中和三年十月二日,归葬于巩县孝义乡义堂村,祔于大茔,礼也。享年四十有六。(乡贡进士赵玼述:《唐故太原祁府君(振)墓志铭并序》,《大唐西市博物馆藏墓志》下册,第1024—1025页)

案例解析

案情分析：太原祁振（838—883）不乐仕宦，经商十余年成为富室。中和三年（883），丁太夫人忧期间，群盗来犯祁家，祁振误抵锋刃而死。其长兄祁坦上诉于都统使诸葛公，公擒获群盗徒党，并予诛锄。祁坦还被仆射崔安潜赏识，被提拔为郢州（湖北钟祥市）司户。

适用条款：《唐律疏议》卷20《贼盗律》总289条，参见145长安炼师韩孝恭为盗所害案适用条款。

是否依法判案：否，从重判处。群盗犯太原富户祁家，祁振误抵锋刃而死。依律，共盗，临时有杀伤者，以强盗论，即杀人者斩。群盗中伤死祁振者当处斩。其余共盗，依窃盗法而量刑，即依据所盗财物多寡而量刑。本案中，都统使诸葛公非常重视此案，擒获群盗徒党，予以诛锄，属于重判。

149. 左后院军副将兼云麾将军董可方之弟董元庆被狂徒刑戮案

案例辑录

原夫开辟之初，因封邦而有董（下阙）为屯留县北廿五里贯粟村西北置（下阙）府君讳春，应世间生，才高携彦。……享年七十有九，以咸通六年（下阙）于私第。府君乃娶常山郡栗氏之女为妻……享年八十（下阙）以中和四年正月八日终于私室。嗣子可方，属左后院军副将并带剑，兼云麾将军。次子元庆，年卅五，以中和三年八月三日于府西被狂寇刑戮。魂飞魄散，尸卧荒榛。惊骇彷徨，寻之不及。孤孙山福等，号天罔极，触地无容。貌瘦形羸，故而能起。（《唐故董府（春）墓志（下阙）》《西安碑林博物馆新藏墓

志汇编》下册,第 911—912 页)

案例解析

案情分析:中和三年(883)八月,左后院军副将兼云麾将军(从三品,武散官)董可方之弟董元庆被狂徒刑戮,但却寻盗不及,次年初董元庆下葬。从其父董春安葬于潞州屯留县(山西屯留县)来看,此案很可能发生于屯留县。

适用条款:《唐律疏议》卷 20《贼盗律》总 289 条,参见 145 长安炼师韩孝恭为盗所害案适用条款。

是否依法判案:否。唐末动乱,董元庆为盗所杀,寻盗不及,于次年安葬。该案件没有破案,杀人者也没有得到惩处。

中和四年(884)

150. 群盗剽掠乡贡进士卢岳吉西别业并杀人案

案例辑录

府君讳岳,字子川,范阳人。曾祖讳迈,皇中书侍郎、平章事,赠太子太傅。祖讳纪,皇检校尚书户部郎中,知盐铁山阳院事。烈考讳延嗣,皇汝州叶县尉。……洎大盗移国,天下崩离,形影相依,靡不经历。迩(尔)后府君以笃于仁义,志切讨论,数年之间,多游外地。中和四年二月十四日,自孟津归于吉西别业。支离既久,悲喜交并,陟岗之恋顿释,友于之情弥切。无何,三月一日夜,群盗暴至,剽劫都尽,皆仅以身免。翌日,府君相慰谕曰:"一掠之后,无负乘之虞耳,不必他避。"皆以为然。不幸后前两夕,凶徒再来,所获不称其旨,府君遂罹横祸。……时属兵戈方盛,途路艰危,未及袝于先茔,爰及蓍龟,权占卜宅,乃于河南县平乐乡朱阳村瀍之西原,曰吉兆也。即以其年其月廿一日安厝。(仲弟将仕郎前守河南府参军卢膺撰:《唐故乡贡进士范阳卢府君(岳)墓志铭并序》,《大唐西市博物馆藏墓志》下册,第 1026—1027 页)

案例解析

案例内容:唐末社会动乱,德宗朝中书侍郎平章事卢迈(?—798)[①]曾孙卢岳(?—884)数年游于外地,中和四年(884)二月方返回吉西别业。三月一日夜,别业遭到群盗剽劫,卢岳仅以身免。两天后,群盗再至别业,因所获甚少而杀害卢岳。因当时兵戈方盛,途路艰危,不及祔于范阳先茔,安葬于河南县平乐乡朱阳村。

适用条款:《唐律疏议》卷 20《贼盗律》总 289 条,参见 145 长安炼师韩孝恭为盗所害案适用条款。

是否符合唐律规定:否。群盗初次抢掠卢岳吉西别业,剽劫都尽,卢岳仅以身免,并未报案。群盗第二次来时,卢岳惨遭杀害。依律,共盗,临时有杀伤者,以强盗论,即杀人者斩;同行人不知杀伤情者,止依窃盗法,得财绢一尺杖六十,一匹加一等;五匹徒一年,五匹加一等,五十匹加役流。本案例中,卢岳家人很可能因唐末动荡,当时兵戈方盛,途路艰危,并未报案。群盗杀人劫财逍遥法外,严重违反唐律规定。

[①] 据《旧唐书》卷 13《德宗本纪下》,贞元九年五月甲辰,以义成军节度使、检校右仆射贾耽为左仆射、同中书门下平章事,以尚书左丞卢迈本官同平章事。贞元十四年六月癸卯,太子宾客卢迈卒。可知,卢迈任相是在德宗贞元朝,卒于贞元十四年(798)。

昭　宗

大顺二年(891)

151. 前潞州潞城县主簿李勋负笈求知遇盗中途而亡案

案例辑录

　　府君姓李氏，讳勋，字道平，陇西狄道人也。……曾祖□，弱冠勤学，明经及第。调授汉州参军，迁潞府士曹，因家上党。祖业，临漳府折冲都尉、赏绯鱼袋。父殊，将仕郎、吏部常选。……戎府作□，〔李勋〕擢授节度法直。纪纲大振，威惠克彰。连帅司徒东平侯康公奖善擢才，特拜潞县主簿。官政□肃，声誉尤高。罢秩之后，赖有遗爱。大顺二年正月十二日将游怀益，负笈求知。遇盗中途，遽兹苍卒，享年五十二。嗟乎，积善何托，仁人酷终。(《唐故潞州潞城县主簿陇西郡李府君(勋)合祔墓志铭并序》,《西安碑林博物馆新藏墓志汇编》下册，第 924—925 页)

案例解析

　　案情分析：大顺二年(891)正月，罢秩后的潞州潞城(治山西潞城市)县主簿李勋(840—891)，负笈至怀益求知，遇盗中途而亡。

　　适用条款：《唐律疏议》卷 20《贼盗律》总 289 条，参见 145 长安炼师韩孝恭为盗所害案适用条款。

是否依法判案：否。唐末动乱,李勍罢潞城县主簿后,赴怀益求知,途中为盗所害。该案件当很难告破。

天复时期(901—904)

152. 沙州百姓龙神力诉亡兄坟田被郎神达放水侵害案

案例辑录

〔前缺〕

1　　　　　〔前缺〕□□□□□

2 右神力去前件回鹘贼来之时,不幸家兄阵上身亡。

3 缘是血腥之丧,其灰骨将入积代坟墓不得。伏且

4 亡兄只有女三人,更无腹生之男,遂则神力兼侄女,依

5 故曹僧宜面上,出价买得地半亩,安置亡兄灰骨。后

6 经二十余年,　故尚书阿郎再制户状之时,其曹僧

7 宜承户地,被押衙朗神达请将。况此墓田之后,亦无言语。

8 直至

9 司空前任之时,曹僧宜死后,其朗神达便论前件半

10 亩坟地。当时依　衙陈状,蒙　判鞫寻三件,两件凭

11 由见在,稍似休停。后至京中　尚书到来,又是浇却(交却?),再

12 亦争论。兼状申陈,　判凭见在,不许校(搅)挠,更无啾唧。

13 昨来甚事不知,其此墓田被朗神达放水澜浇,连根耕

14 却。堂子灰骨,本末不残。如此欺死劫生,至甚受屈。凡为

15 破坟怀（坏）墓，亦有明条。况此不遵判凭，便是白地天子。
16 浇来五件，此度全耕，搅乱幽魂，拟害生众。伏望
17 司空仁恩照察，请检前后　凭由，特赐详理。兼
18 前状，仅连　呈过，伏听　裁下　处分。
19 牒件状如前，仅牒。
20　　　　　　天复〔后缺〕
21 付都□〔后缺〕
　〔后缺〕

（P.4974《天复年间沙州龙神力墓地诉讼状》，《法藏敦煌西域文献》第33册，上海：上海古籍出版社，2005年，第325页。录文见唐耕耦主编：《中国珍稀法律典籍集成》甲编第3册《敦煌法制文书》，第455—456页；王震亚、赵荧：《敦煌残卷争讼文牒集释》，第21—32页）

案例解析

案情分析：此件为坟田被侵占的案件，发生在归义军统治敦煌时期。沙州（甘肃敦煌）百姓龙神力的兄长在与回鹘作战中阵亡，因是血腥之丧，不能埋入祖坟，龙神力遂从曹僧宜处买得半亩土地安葬兄长的灰骨。20余年后，归义军节度使张淮深清查土地时，曹僧宜的土地被押衙朗神达申请得到，朗神达对这半亩坟地并无异议。至节度使索勋在任时，在曹僧宜死后，朗神达就其所申请土地内的半亩坟地的问题与龙神力产生争议，判案官员进行了审理，双方达成和解。后来张承奉成为归义军节度使，朗神达放水浇灌龙神力兄长坟地，并破坏坟墓，将其变成耕地。朗神达破坏坟墓的行为已触犯法律，且他不遵守前此判决，因此，龙神力再次申诉。

适用条款：《唐律疏议》卷18《贼盗律》：266 诸残害死尸（谓焚烧、支解之类）及弃尸水中者,各减斗杀罪一等（缌麻以上尊长不减）。疏议曰：残害死尸,谓支解形骸,割绝骨体及焚烧之类,及弃尸水中者,各减斗杀罪一等,谓合死者,死上减一等；应流者,流上减一等之类。

弃而不失及髡发若伤者,各又减一等。即子孙于祖父母、父母,部曲、奴婢于主者,各不减（皆谓意在于恶者）。疏议曰：弃尸水中,还得不失。……各又减一等,谓凡人各减斗杀罪二等。（《唐律疏议》,第290—291页）

是否依法判案：唐末天复时期,朗神达放水浇灌龙神力兄长坟地,并破坏坟墓,将其变成耕地。依律,其行为当减斗杀罪一等治罪。据文书内容推测,依法判案的可能性较大。

研究信息：李功国主编：《敦煌莫高窟法律文献和法律故事》,兰州：甘肃文化出版社,2011年,第150—151页。

唐后期（756—907）

153. 留守都防御要籍将仕郎试太常寺奉礼郎张汉璋始生而奉命出嗣诸父案

案例辑录

敦煌张氏将祔葬其先于河南府河南县平乐乡王寇村之原,凡葬必志其墓,惧陵谷之变也。后代相习,撰录其行,以文于石。惟小子①不造,始生而奉命出嗣诸父之后,未几而孤,又漂在异县,公

---

① "小子",笔者按：指墓志撰者张汉璋。

之丧不果奔命。……父载,皇城都府双流县尉讳梁,娶河南元氏,公其长子也。世代相承。考讳进,字正德,一子为命,一命为杭州於潜县尉,又命为睦州桐庐县丞,三命泉州仙游县长官,兼学究周易。东都德懋坊傯舍,享年八十八。常对百僚,朱紫来宾,上知天闻,下者柔和。运命至大中十二年五月廿日,殁于易。(犹子留守都防御要籍将仕郎试太常寺奉礼郎张汉璋撰:《唐故泉州仙游县长官张府君及巨鹿魏氏夫人祔葬墓志》,《唐代墓志汇编》,大中142,第2362页)

案例解析

案例内容: 张汉璋始生,即奉命出嗣诸父,不久,其养父病逝,自己漂泊异乡,亲生父亲张氏(? —858)逝世,他为留守都防御要籍将仕郎试太常寺奉礼郎,赶回奔丧,并撰写了墓志。

适用条款:《唐律疏议》卷12《户婚律》总157条,参见068赠绵州刺史曹元裕以外甥康惠琳为嗣案适用条款。

是否符合唐律规定: 是。张汉璋始生,即奉命出嗣诸父,属同宗于昭穆相当者,符合唐律收养养子的规定。

研究信息: 罗彤华:《唐代养子的类型及其礼法地位》,《台大历史学报》第52期,2013年。

唐代(618—907)

154. 西州支女赃罪案

案例辑录

1 丈肆尺伍寸,据赃不满〔后缺〕

2 讫放。其粟既是彼此俱罪☐准例合没官。别牒

3 交河县，即征支女粟叁☐送州，请供修甲

4 仗，仍牒兵曹检纳处分。其☐所告支女剩取粟

5 既是实，准《斗讼律》"若告二罪☐重事实☐数事等，但一

6 事实除其罪"，请从免者。☐准状故牒。

　　　［后缺］

［1972 年吐鲁番阿斯塔那墓 223 号出土，编号为 72TAM223∶47(a)。《唐为处分支女赃罪牒》，国家文物局古文献研究室、新疆维吾尔自治区博物馆、武汉大学历史系编：《吐鲁番出土文书》第 8 册，第 274 页。吴震主编：《吐鲁番出土法律文献》，第 456—457 页］

案例解析

案情分析：西州（新疆吐鲁番市）支女剩取粟，法曹对于其科罪、征赃及对告发者准斗讼律除罪，并判牒下某县。

适用条款：具体不详，可以肯定是赃罪相关条款。

是否依法判案：文书内容中该案虽然不甚完整，但基本犯罪事实及对其惩处措施基本清晰，当属依法判案。

研究信息：刘俊文：《敦煌吐鲁番唐代法制文书考释》，第 496 页。郑显文：《现存的〈唐律疏议〉为〈永徽律疏〉之新证——以敦煌吐鲁番出土的唐律、律疏残卷为中心》，《华东政法大学》，2006 年 6 期。

155. 西州王庆盗物计赃科罪案

案例辑录

〔前缺〕

1　〔前缺〕　　财□□□□
2　一匹杖六十，一匹加一等。王庆
3　计□(赃)不满壹匹，合杖六
4　十。□案咨"决讫，放"。其
5　钱征到，分赴来宾取
6　领　□陪(赔)赃。牒征送。咨。仁
7　赞白。
8　　　　　十一日
9　盗物获赃，然可科罪。

〔中缺〕

10〔前缺〕款□□□□匪实□□□□

〔后缺〕

[吐鲁番阿斯塔那墓194号出土文书，编号为72TAM194：27(a)。《唐盗物计赃科罪牒》，国家文物局古文献研究室、新疆维吾尔自治区博物馆、武汉大学历史系编：《吐鲁番出土文书》第8册，北京：文物出版社，1987年，第107—108页；《唐王庆盗物计赃科罪牒》，吴震主编：《中国珍稀法律典籍集成》甲编第4册《吐鲁番出土法律文献》，第428—429页〕

案例解析

　　案情分析：西州(新疆吐鲁番市)王庆盗物不满壹匹，以查获的赃物为物证,计赃科罪,对王庆进行定罪,杖六十。

适用条款:《唐律疏议》卷 19《贼盗律》总 282 条,参见 056 同州奉先县邑人发古冢盗古物案适用条款。

《唐律疏议》卷 2《名例律》: 18 诸犯十恶、故杀人、反逆缘坐(本应缘坐,老、疾免者亦同),狱成者,虽会赦犹除名(狱成,谓赃、状露验,及尚书省断讫未奏者)。即监临、主守于所监守内犯奸、盗、略人若受财而枉法者,亦除名(奸,谓犯良人。盗及枉法,谓赃一匹者);狱成会赦者,免所居官(会降者,同免官法)。(《唐律疏议》,第 34—36 页)

是否依法判案:是。王庆盗物,依律,计赃科罪,一尺杖六十,一匹加一等,合杖七十。本案中,因王庆盗物不满壹匹,杖六十。

研究信息:陈玺:《唐代刑事证据制度考略》,《证据科学》2009 年第 5 期,第 598 页。

附 表

表一：上编碑志文书中唐代依法判案案例简表（依案件发生顺序排列）

序号	编号	时间	地点	案例①	适用唐律条款	主要参考文献②
1	001	武德三年（620）	蒲州	工部尚书独孤怀恩率众谋叛投靠刘武周	《贼盗律》总251条	《唐俭墓志》，《旧·独孤怀恩传》，两《唐书·唐俭传》，两《唐书·刘世让传》，《旧·高祖本纪》
2	002	贞观元年（627）	长安	○利州都督李孝常与右武卫将军刘德裕等谋反伏诛案	《贼盗律》总248条	《姬揔持墓志》，《刘默墓志》，《通鉴》卷192，两《唐书·长孙皇后传》，《册府》卷922，《旧》卷2，卷51

① 案例前标注＊者，表示据文献推测为依法判案，涉及案例中，有5件为部分依法判案，既有依法判案，又有违法判案，在本表及表二中均有说明，涉及案例012、013、065、066、071、145、152、154。上编155件案例中，依犯罪主体不同，两表分别侧重说明其依法判案、违法判案的部分，故表格中"案例"一列所列名称有所不同，在案例名称前均标注○的符号。
② 在参考文献部分，列出案例所出的墓志名（一般直接以墓志主名字命名，如墓主名字不明，则以其身份命名，例如某某夫人墓志等），敦煌或吐鲁番文书名及相关的传统文献②。其中，《资治通鉴》简称《通鉴》，《册府元龟》简称《册府》，《唐会要》简称《会要》，《旧唐书》简称《旧》，《新唐书》简称《新》，《旧唐书》《新唐书》并称，则标称为两《唐书》。

上编　碑志文书中的唐代法律案例辑录与解析　357

（续表）

序号	编号	时　间	地　点	案　例	适用唐律条款	主要参考文献
3	005	贞观廿二年（648）	洛州河南县	洛州河南县张元隆、索法惠诉租德琮典宅不付宅价案	《杂律》总398、399	吐鲁番阿斯塔那204号墓72TAM204:18号文书
4	008	永徽二年（651）	——	田智未经父母同意私自休妻，诈病以逃避王羂令案（拟判）	《诈伪律》总381、《唐令拾遗·户令第九》	敦煌文书伯希和3813号背《唐[公元七世纪后期?]判集》
5	009	永徽四年（653）	睦州、婺州	睦州女子陈硕真与妹夫章叔胤举兵谋反被斩案	《贼盗律》总248、268	《崔玄籍墓志》、《两唐书·崔义玄传》、《通鉴》卷199、《新·高宗本纪》、《新·天文志二》、《册府》卷136
6	012	麟德二年（665）	西州高昌县	*西州高昌县某曹主麹运贞用睡海员牛践麦案	《职制律》总143	吐鲁番阿斯塔纳墓61号文书66TAM61:20(a)
7	013	麟德二年（665）	伊州	*伊州镇人元孝仁、魏大帅造伪印等案	《诈伪律》总363、《捕亡律》总462、458	敦煌文书伯希和2754号《麟德安西判集残卷》
8	014	麟德年间（664—665）	安西都护府	安西都护府屯官鄂微因私咨垯有情被笞四十案	《杂律》总450	敦煌文书伯希和2754号《麟德安西判集残卷》

(续表)

序号	编号	时间	地点	案例	适用唐律条款	主要参考文献
9	016	乾封年间(666—668)	齐州祝阿县	齐州祝阿县某奴犯十恶案	《捕亡律》总468	《薛士通夫人张氏墓志》
10	017	总章二年(669)	沙州至伊州途中	沙州敦煌县赵师惠等五人被派送伊州违期案	《职制律》总132	敦煌文书伯希和3714号背《乾封二年至总章二年传马坊牒案卷》
11	018	咸亨五年(674)	西州高昌县	西州高昌县人王文欢诉肃州酒泉人张尾仁贷钱不还案	《杂律》总398	吐鲁番阿斯塔那墓文书64TAM19：36，64TAM19：45，46号
12	020	高宗咸亨四年前(650—673)	安西都护府	长安胡商曹禄山诉汉人李绍谨归还其兄曹炎延绢本息等案	《杂律》总398	吐鲁番阿斯塔那墓文书66TAM61：17(b)，66TAM61：23（b），27/2，27/1（b），66TAM61：22(b)，66TAM61：26（b），66TAM61：27/5（b），66TAM61：24(b)，66TAM61：16(b)，66TAM61：25
13	023	光宅元年(684)	扬州	柳州司马徐敬业扬州谋反案	《贼盗律》总248条	《刘濬墓志》，《卢元衡墓志》《旧·则天皇后本纪》，《旧·淮安王神通传》，《新·徐敬业传》，两《唐书·徐敬业传》，《新·骆宾王传》，刘延佑《新·徐有功传》，《封氏闻见记》卷4

（续表）

序号	编号	时间	地点	案例	适用唐律条款	主要参考文献
14	025	垂拱元年（685）	长安	太子中舍人刘濬违命不上劾进表长流岭南案	《名例律》总 6、《职制律》总 122、《断狱律》总 499	《刘濬墓志》、《新·刘仁轨传》
15	026	垂拱二年（686）	长安	凤阁侍郎刘祎之对捍制使肃州刺史王本立被赐死案	《名例律》总 6、《职制律》总 122、《断狱律》总 499	《刘祎之墓志》、两《唐书·刘祎之传》、《旧·则天皇后本纪》、《会要》卷 54
16	027	垂拱四年（688）	蔡州	蔡州刺史、越王李贞谋反被杀案	《贼盗律》总 248	《李贞墓志》、两《唐书·越王贞传》、《通鉴》卷 204、《旧·狄仁杰传》
17	029	垂拱四年（688）	博州	博州长史萧某参与博州刺史琅邪王李冲谋反案	《贼盗律》总 248	《萧瞖墓志》、《新·则天皇后本纪》
18	030	武太后时期（685—689）	——	平阳人郭思谟因母有疾值禁屠月不能屠宰案	《断狱律》总 496	《郭思谟墓志》
19	036	圣历二年（699）	吉州	吉州司户杜审言之子杜并怀刃刺吉州司马周季重死以救父案	《贼盗律》总 256	《杜并墓志》、《大唐新语》卷 5、《新·杜审言传》
20	037	武周晚期（697—704）	岐州岐山县	张履贞岐山谋乱案	《贼盗律》总 248	《李孟德墓志》

(续表)

序号	编号	时间	地点	案例	适用唐律条款	主要参考文献
21	041	武周时期(690—704)	长安	右屯卫将军杨知庆迫其女寿无量改嫁胡氏案	—	《澶州刺史广平公夫人杨氏墓志》
22	043	武周时期(690—704)	代州	左金吾将军、平狄军大使阎庚福以救援不接坐免官案	《擅兴律》总231	《阎庚福墓志》
23	045	神龙元年(705)	—	卢正道除洛州新安县令以县名犯父讳更任荥阳县令案	《职制律》总121	《卢正道神道碑》、《卢正道墓志》
24	047	神龙三年(707)	长安	节愍太子李重俊矫制发兵杀武三思父子案	《贼盗律》总248	《李璡墓志》、《李千里墓志》、《旧·李千里传》、两《唐书·节愍太子重俊传》、《旧·中宗本纪》、《旧·李多祚传》、《旧·魏元忠传》
25	048	中宗景龙元年前(705—707)	长安	忠武将军守右武卫将军员外置同正员乙速孤行俨命昆弟之子乙速令从为嗣案	《户婚律》总157	《乙速行俨碑铭》

上编　碑志文书中的唐代法律案例辑录与解析　　361

（续表）

序号	编号	时　间	地　点	案　　例	适用唐律条款	主要参考文献
26	049	景龙三年（709）	西州高昌县	西州高昌县宁昌乡董毊头受太平乡竹甄连死退常田案	民事纠纷	吐鲁番阿斯塔那文书75TAM239：9号
27	051	长安年间至睿宗时期（701—712）	长安万年县	宗正少卿、襄州都督韦令仪之妻在女婿卢某死后逼其女韦嘉娘改嫁案	《户婚律》总184	《韦嘉娘墓志》
28	053	高宗至玄宗开元初（650—713）	—	同宿主人加药闷乱豆其谷遂盗窃其资案（拟判）	《贼盗律》总281，《名例律》总30—33	敦煌文书伯希和3813号背《判文》
29	054	高宗至玄宗开元初（650—713）	—	折冲杨师身年七十不请致仕案（拟判）	《唐令拾遗·选举令第十一》	
30	055	武周至玄宗开元初（690—713）	长安	右金吾将军独孤庄次女独孤氏丈夫亡后本宗欲夺其志将其再嫁案	《户婚律》总184	《鹰扬卫兵曹琅琊王府君夫人河南独孤氏墓志》
31	057	开元初（约713年或稍后）	东都洛阳	都苑总监姬隆范之子姬义以姓声同唐玄宗李隆基讳改姓为周案	《职制律》总115	《周义墓志》

(续表)

序号	编号	时 间	地 点	案 例	适用唐律条款	主要参考文献
32	058	开元七年(719)	西州	西州镇人盖嘉顺诉郡伏憙负钱案	《户婚律》总398	《新获吐鲁番出土文献》
33	060	开元十年(722)	长安	京兆人权梁山(伪称襄王李重茂之子自称光帝与左右屯营官谋反案	《贼盗律》总248	《宋璟神道碑铭》,两《唐书·玄宗本纪》、《唐书·王志愔传》、《旧·权万纪传》,两《唐书·宋璟传》、《通鉴》212,两《唐书·宋璟传》
34	062	开元中期(723—732)	长安	尚乘奉御卢全操讦邠州别驾以父名卢汾改泽州别驾案	《职制律》总121	《卢全操墓志》
35	063	开元二十年(732)	幽州	幽州长史赵含章盗用库物被赐驾死案	《贼盗律》总283	《杜孚墓志》、《旧·玄宗本纪上》、《册府》卷152,《通鉴》卷213
36	064	开元二十四年(736)	岐州郿县	岐州郿县朱智侵夺在官私田案	《户婚律》总167、《诈伪律》总368	敦煌文书伯希和2979号《唐开元二十四年岐州郿县县尉判集》
37	065	开元二十四年(736)	岐州郿县	*岐州郿县宋本被诬谍上台使案	《斗讼律》总342	
38	066	开元二十四年(736)	岐州郿县	*岐州郿县防丁诉衣资不充欲取济官役案	请求纠纷案	

(续表)

序号	编号	时 间	地 点	案 例	适用唐律条款	主要参考文献
39	069	开元时期（713—741）	西州	西州都督府处分阿梁诉卜安玺租佃其葡萄园违契寒冻不覆盖案	民事纠纷	吐鲁番哈拉和卓墓出土文书
40	071	开元时期（713—741）	西州	*西州都督府牒为张悊先田苗被悟那违法出卖案	《户婚律》总166	吐鲁番哈拉和卓旧城出土文书
41	073	天宝二年（743）	西州	氾忠敏侵占仓物案	《贼盗律》总283	吐鲁番阿斯塔那3号墓出土文书 Ast. Ⅲ. 3.015, Ast. Ⅲ. 3.022, Ast. Ⅲ. 3.033, Ast. Ⅲ. 3.032, Ast. Ⅲ. 3.014, Ast. Ⅲ. 3.030, Ast. Ⅲ. 3.016, 号（Ma265—Ma271）
42	074	天宝三载（744）	长安	长安令柳升坐赃被杀其举荐者高平太守韩朝宗被贬吴兴别驾案	《职制律》总92	《韩朝宗墓志》，《旧·王铁传》
43	082	至德二年（757）	武威郡	武威郡胡商安门物等昭武九姓叛乱案	《贼盗律》总251	《周晓墓志》，《旧·肃宗本纪》，《通鉴》卷219

(续表)

序号	编号	时间	地点	案例	适用唐律条款	主要参考文献
44	084	至德二年(757)	蜀郡	蜀郡健儿郭千仞谋逆伏诛案	《贼盗律》总248	《秦朝俭墓志》，两《唐书·肃宗本纪》《旧·李暐传》《新·郇林王㻞传》《新·和政公主传》
45	085	乾元二年(759)	交河郡	交河郡赵小相立限纳负浆钱案	《户婚律》总398、399	吐鲁番阿斯塔那19号墓文书73TAM506：4/34号
46	088	上元二年(761)	剑南东川	剑南东川节度兵马使、梓州刺史段子璋谋叛案	《贼盗律》总251	《徐秀神道碑铭》，两《唐书·肃宗本纪》《旧·崔光远传》《旧·李巨传》《旧·高适传》
47	089	宝应元年(762)	西州高昌县	西州高昌县行客斯嗔奴扶车人康失芬行车伤人案	《杂律》总392、《斗讼律》总307	吐鲁番阿斯塔那509号墓文书73TAM509：8/1(a)、8/2(a)号
48	091	永泰元年(765)	——	殿中侍御史李钓、京兆府法曹参军李锷等兄弟母不养、母改不时举案	《职制律》总120、《职制律》总348、《户婚律》总155、《名例律》总45	《嗣曹王墓志铭》，《册府》卷152、卷923、卷695，《新唐书·曹王明传》
49	093	永泰时期(765—766)	凉州	○张璆诈称河西节度使案	《诈伪律》总370、《名例律》总35	敦煌文书伯希和2942号《唐永泰年间河西巡抚使判集》

（续表）

序号	编号	时间	地点	案例	适用唐律条款	主要参考文献
50	094	大历七年（772）	沙州	敦煌客尼三空请追征李朝进、翘惠忠负麦案	《户婚律》总398	敦煌文书3854背1《大历七年客尼三空征李朝进负麦牒》
51	095	大历前期（766—772）	黎州永康县	○黎州永康县奸吏杜泚赂州将阎伯玙左右请其解救案	《职制律》总136	《吕谓墓志》
52	098	大历时期（766—779）	长安	左龙武军大将军知军事陈守礼妻知方吏逸毁案	《斗讼律》总342	《陈守礼墓志》
53	102	贞元四年（788）	陕州	○陕州观察使户岳妻裴氏诉正妻分财不及已子而侍御史穆赞不许御史中丞户诏重治裴氏罪被侍御史杜伦诬告受裴氏金案	《户婚律》总162、《职制律》总136、《斗讼律》总342	《柳镇神道表》、两《唐书·穆赞传》《册府》卷337，卷636
54	104	贞元七年前（786—790）	黎州吴房县	黎州吴房县令郑丹假蓄贾家钱百万不能偿被起诉案	《职制律》总142、《杂律》总389、《职制律》总140	《石解墓志》

(续表)

序号	编号	时间	地点	案例	适用唐律条款	主要参考文献
55	111	元和五年（810）	潭州	河北营粮料使董溪、于皋谟盗军货流封州中途赐死案	《贼盗律》总283、总282	《董溪墓志》《薛君妻崔踣规墓志》《册府》卷511，两《唐书·窦群传》《旧·崔邠传》，《新唐书·权德舆传》《全唐文》卷486
56	112	元和元年至元和六年间（806—810）	京兆府	羽林长上万国俊夺京兆府兴平县民田案	《户婚律》总167	《李惟简墓志》《新·李宝臣传》
57	113	元和七年（812）	连州	永州刺史崔简因赃罪长流驩州案	《职制律》总140	《薛君妻崔踣规墓志》《柳宗元集》卷35，《册府》卷522
58	115	元和十三年（818）	京兆府	京兆尹崔元略在渭南县令柏元封劝说下上报旱灾案	《户婚律》总169	《柏元封墓志》
59	118	元和时期（806—820）	京兆府鄠县	京兆府鄠县邑民杀妻案	《贼盗律》总256	《杨汉公墓志》
60	119	长庆元年（821）	宿州	○宿州刺史李直臣以货数百万厚赂中贵人案	《职制律》总136、总145	《牛僧孺神道碑》《通鉴》卷242，两《唐书·牛僧孺传》

(续表)

序号	编号	时 间	地 点	案 例	适用唐律条款	主要参考文献
61	120	长庆二年(822)	润州	镇海军将王国清谋乱伏诛案	《贼盗律》总248	《董晏墓志》,两《唐书·窦易直传》,两《唐书·穆宗本纪》
62	122	长庆四年(824)	长安	内染坊紫草人张韶与卜者苏玄明谋反案	《贼盗律》总248	《张叔遵墓志》,《何文哲墓志》,两《唐书·敬宗本纪》《册府》卷128,卷460,卷665,卷406,《旧·天文志下》,《旧·五行志》,《新·马存亮传》,《太平御览》卷114,《通鉴》卷243,两《唐书·高钅丕传》,《新·康日知》
63	124	宝历元年(825)	青州	韦揆命仲子韦行宫为其弟青州户曹参军韦挺反嗣案	《户婚律》总157	《韦挺墓志》
64	126	大和初(827—829)	高平郡	高平郡太守孙公乂迁吉州刺史受馈不纳案	《职制律》总147	《孙公乂墓志》
65	127	大和四年(830)	京兆府高陵县	高陵人李仕清等63人诣县请金石刻高陵令刘仁师遗爱碑案	《职制律》总134	《刘仁师遗爱碑》

(续表)

序号	编号	时　间	地　点	案　　例	适用唐律条款	主要参考文献
66	128	大和四年(830)	兴元府	兴元监军杨叔元以赐物薄激乱兴元军致节度使李绛被害案	《贼盗律》总248	《杨汉公墓志》,《旧·文宗本纪下》,《旧·崔珙传》,两《唐书·李绛传》,《册府》卷669、卷667,《新·赵隐传》,《旧·赵隐传》,《通鉴》卷244
67	129	大和七年(833)	虢州	虢州刺史崔玄亮命幼子听继绝承祧从祖弟崔仁亮案	《户婚律》总157	《崔玄亮墓志》
68	139	约文宗、武宗时期(828—846)	长安	长安某驿使李侵夺邮亭案	《杂律》总450	《崔琴墓志》
69	140	大中元年(847)	明州	监察御史李俊素按劾明州百姓争田产案	《户婚律》总166	《李俊素墓志》
70	144	大中十二年(858)	湖南	都将石再顺等逐湖南观察使韩琮,杀都押牙王桂直被斩案	《贼盗律》总251	《尚弘简墓志》,《东观奏记》下卷、《通鉴》卷249
71	145	大中十三年(859)	长安	*长安陈师韩孝恭为盗所害案	《贼盗律》总289	《韩孝恭玄堂铭》

（续表）

序号	编号	时间	地点	案例	适用唐律条款	主要参考文献
72	146	咸通十年（869）	桂州	武宁兵七百戍桂州六岁不得代拥庞勋叛乱案	《贼盗律》总248	《李税墓志》《新·康日知传》、《旧·崔元略传》、《旧·令狐楚传》、《旧》卷177《崔谨由传》
73	147	乾符年间（874—879）	潞州	检校礼部员外郎李裔伪降泽潞留刘仁恭后被贬随州司马案	《贼盗律》总251、《名例律》总7	《李裔墓志》、《高彬墓志》、《通鉴》卷252、《新·僖宗本纪》
74	152	天复时期（901—904）	沙州	＊沙州百姓龙神力诉亡兄玫田被郎神达故水侵害案	《贼盗律》总266	敦煌文书伯希和4974号《天复年间沙州龙神力墓地诉讼状》
75	153	唐后期（756—907）	——	留守都防御要籍将仕郎试太常寺奉礼郎张汉章始生而奉命出嗣诸父案	《户婚律》总157	《泉州仙游县长官张府君及巨鹿魏氏夫人袝葬墓志》
76	154	唐代（618—907）	西州	＊西州支女赃罪案	赃罪相关条款，具体不详	吐鲁番阿斯塔那223号文书72TAM223：47(a)号
77	155	唐代（618—907）	西州	西州王庆盗物计赃科罪案	《贼盗律》总282、《名例律》总18	吐鲁番阿斯塔那194号文书72TAM194：27(a)号

表二：上编碑志文书中唐代未依法判案案例简表（以违律原因作为分类依据）

违律判案原因	序号	编号	案　例①	时间/地点	违律条款	违律表现	主要参考文献②
社会风气或习惯	1	003	唐高宗堂舅长孙无傲娶唐高宗表姐窦胡娘案	贞观三年(629)/——	《户婚律》总182	——	《长孙无傲墓志》、《窦胡娘墓志》
社会风气或习惯	2	015	歙州刺史崔万石之女14岁出嫁婺州金华县丞郭偘案	乾封二年(667)/——	唐太宗《令有司劝勉庶人婚聘及时诏》	早婚	《崔上尊墓志》
社会风气或习惯	3	021	南阳白水人处士张潜两妻案	太宗、高宗在位时期（627—683）/洛阳	《户婚律》总177	有妻更娶	《张潜墓志》
社会风气或习惯	4	022	朝散大夫张良在己子陪戎校尉张师卒后命儿媳晋氏改嫁孙氏案	高宗中后期(664—683)/——	《户婚律》总184	强嫁	《张师墓志》

① 上编155件案例中，有五例为部分依法判案，在本表及表一中均有说明，涉及案例002、094、095、102、119。本表中，依犯罪主体不同，"案例"一列所列名称有所不同，在案例名称前均标注○符号。
② 在参考文献部分，列出本案例所出的墓志名（一般直接以墓主名字命名，如墓主名字不明，则以其身份命名，例如某某夫人墓志等），敦煌或吐鲁番文书名及相关的传统文献名。其中，《资治通鉴》简称《通鉴》，《册府元龟》简称《册府》，《唐会要》简称《会要》，《旧唐书》简称《旧》，《新唐书》简称《新》，《旧唐书》并称，则标为两《唐书》。

（续表）

违律判案原因	序号	编号	时间/地点	案　例	违律条款	违律表现	主要参考文献
社会风气或习惯	5	024	垂拱元年(685)/——	杭州於潜宰王基之女王婉12岁出嫁大理评事郭海案	唐太宗《令有司劝勉庶人婚聘及时诏》	早嫁	《王婉墓志》
	6	031	永昌元年(689)/长安	同中书门下三品韦待价孙女韦嘉娘14岁出嫁范阳卢某处士案	唐太宗《令有司劝勉庶人婚聘及时诏》	早婚	《韦嘉娘墓志》
	7	035	证圣元年(695)/——	饶州乐平县令郑崇季女14岁嫁绛郡太守宋某案	唐太宗《令有司劝勉庶人婚聘及时诏》	早婚	《绛郡太守宋府君夫人荥阳郡君郑氏墓志》
	8	040	武周时期(690—704)/——	阆府君寡妻郭氏叔父夺其志将其更醮张门案	《户婚律》总184	强嫁	《中郎将献陵使张府君夫人郭氏临淄县君墓志》
	9	068	开元后期(728—741)/——	赠绍州刺史曹元珣以外甥康惠琳为嗣案	《户婚律》总157	以外甥为后嗣	《曹惠琳墓版文》
	10	078	天宝十五载(756)/——	尚书左丞崔伦季女崔绩11岁出嫁河南府司录卢公案	《唐令拾遗·户令第九》	早婚	《崔绩墓志》

(续表)

违律判案原因	序号	编号	时间/地点	案例	违律条款	违律表现	主要参考文献
社会风气或习惯	11	096	大历十一年(776)/—	江州司士参军郑光绍之女郑正11岁出嫁河南少尹崔徽之子案	《唐令拾遗·户令》第九	早婚	《大常少卿清河崔公夫人荥阳郑正合祔墓志》
	12	099	肃代之际(756—779)/河北道	洛州司兵郑叔向长女12岁出嫁怀州刺史太子左庶子崔朝之子崔程案	《唐令拾遗·户令》第九	早婚	《崔程墓志》
	13	133	开成时期(836—840)/河北道	檀州刺史周元长外生男姜景异为嗣案	《户婚律》总157	以外生男为嗣	《周元长墓志》
	14	138	会昌时期(841—846)/—	博陵崔君以内堂弟李愿裕之子李成相为嗣子案	《户婚律》总157	以非同宗昭穆相当者	《李老彭之女崔君夫人李氏墓志》
以敕改法	15	006	贞观廿二年(648)/西州交河县	西州交河县三卫犯私罪纳课违番案	《卫禁律》总75	三卫犯私罪纳课违番，依朝廷下达兵部的敕旨判处	吐鲁番阿斯塔那221号墓文书73TAM221: 55(a), 56(a), 57(a), 58(a)文书

（续表）

违律判案原因	序号	编号	时间/地点	案　例	违律条款	违律表现	主要参考文献
以敕改法	16	039	武周时期（690—704）/长安	李勋孙女、右玉钤卫郎将王勖寡妻李氏迫于严旨改嫁潞州屯留县令温炜案	《户婚律》总184	皇帝逼寡妇令改嫁	《潞州屯留县令温府君妻李夫人墓志》、《旧·则天皇后本纪》
	17	103	贞元二年至贞元七年间（786—791）/洛阳	东都留守崔纵密构洛阳令韦泂谗言案	《斗讼律》总342	冤案	《韦泂墓志》
权臣重臣佑或求情	18	007	永徽元年（650）/长安	中书令褚遂良抑买中书译语人史诃耽(担)宅案	《职制律》总142、《断狱律》总487	轻判（以外贬代替刑罚）	《李爽墓志》、《史诃耽墓志》、《册府》卷61、《会要》卷515、卷915、卷520上、两《唐书·韦思谦传》
	19	042	武周时期（690—704）/洛阳	右台侍御史魏玄诬告兖州龚丘县令程思义赃污十万案	《斗讼律》总342、《杂律》总389	诬告者未受法律制裁	《程思义墓志》
	20	081	至德元年（756）/—	李白从江淮兵马都督、扬州节度大使永王李璘谋反案	《贼盗律》总248、《名例律》总25	参与谋叛者由斩刑改为长流	《李白墓碑》、两《唐书·李白传》

（续表）

违律案原因	序号	编号	时间/地点	案　例	违律条款	违律表现	主要参考文献
	21	010	永徽四年（653）/长安	太尉同中书门下三品长孙无忌诬告吴王李恪参与房遗爱谋反案	《斗讼律》总341诬告谋反及大逆	冤案（无罪被诛）	《李恪墓志》，《旧·吴王恪传》，《新·高宗本纪》
	22	011	显庆五年（660）/长安	右卫大将军慕容宝节爱妾投毒害死右屯卫将军杨思训案	《贼盗律》总263	重判（由流放岭表改为斩刑）	《慕容燕国墓志》，两《唐书·杨恭仁传》
政治斗争的影响	23	019	永隆元年（680）/长安	左卫将军高真行、户部侍郎高审行以刃杀太子典膳丞高岐案	《贼盗律》总253	轻判（当处绞刑，仅贬为外州刺史）	《高真行墓志》，两《唐书·高士廉传》，《通鉴》卷202，《册府》卷941
	24	130	大和九年（835）/长安	郑注与李训诬告京兆尹杨虞卿家人制造妖言案	《斗讼律》总342	冤案（因诬告获罪）	《杨汉公墓志铭》，两《唐书·杨虞卿传》《旧·文宗本纪下》，《册府》卷945、卷875

（续表）

违律判案原因	序号	编号	时间/地点	案 例	违律条款	违律表现	主要参考文献
	25	032	永昌元年（689）/—	酷吏周兴等诬构怀远军经略扬将军黑齿常之使黑齿常之与鹰扬将军赵怀节等谋反案	《斗讼律》总341	冤案	《黑齿常之墓志》，两《唐书·黑齿常之传》，《新·泉男生墓志》，《新·泉献诚传》，《通鉴》卷205
犯罪者是皇帝宠臣、权贵之家或专权势	26	033	天授二年（691）/长安	酷吏来俊臣求金于左卫大将军泉献诚不成诬其谋反案	《职制律》总148、《斗讼律》总341	冤案	《泉男生墓志》、《新·泉献诚传》、《通鉴》卷205
	27	046	神龙二年（706）/长安	驸马都尉、光禄卿王同皎召集壮士张仲之、祖延庆等谋于武后灵驾发日射杀武三思未遂案	《斗讼律》总341条	重判（王同皎等杀人未果，当处斩，却被斩、全家籍没；武三思政治冤案）构陷范（王同皎）已，张仲之知情不报，御史杨璆一与王同皎有宿亲被贬外州，远地为官案	《王同皎墓志》，两《唐书·杨执一墓志铭》，《旧·王同皎传》208，《新·旧·姚绍之传》，《新·旧·宋之问传》，《大唐新语》卷12，《朝野佥载》，《旧·桓彦范传》

(续表)

违律判案原因	序号	编号	时间/地点	案　例	违律条款	违律表现	主要参考文献
犯罪者是皇帝宠臣、权势之家或专权任势	28	086	上元元年(760)/湖南	道士、谏议大夫申泰芝诬湖南防御使庞承鼎谋反案	《斗讼律》总341、《名例律》总53	冤案	《元结表墓碑铭》、《旧·吕諲传》、《新·严郢传》、《册府》卷521
	29	123	长庆时期(821—824)/泾州泾阳县	泾州泾阳县权幸家占据白渠上游溉田案	《唐开元二十五年水部式》、《杂律》总450	有罪未罚	《刘仁师遗爱碑》
	30	114	元和九年(814)/华州下邽县	宣徽五坊小使诬构华州下邽令裴寰大不恭案	《斗讼律》总342、《名例律》总6、《职制律》总122	诬告者未受法律制裁	《孔戣墓志》、《新·裴度传》、《会要》卷52
皇帝袒护	31	119	长庆元年(821)/长安	□中贵人受宿州刺史李直臣货数百万为其赃罪申理案	《职制律》总136、总138	受人财而为请求	《牛僧孺神道碑》、《通鉴》卷242、两《唐书·牛僧孺传》

（续表）

违律案判原因	序号	编号	时间/地点	案 例	违律条款	违律表现	主要参考文献
有司失职不察	32	061	开元十三年前（713—725）/长安	京兆少尹奏守一诬告殿中侍御史敬昭道致其被贬汴州尉氏县令案	《斗讼律》总342	冤案	《敬昭道墓志》
	33	134	开成时期（836—840）/长安	金州判司刘方老遣妾妇诬告知金州事韦识子长安案	《斗讼律》总342、《名例律》总53	冤案	《韦识墓志》
从具体实际出发灵活处理	34	038	武周圣历以后（698—704年）/长安	宫闱令兼谒者监高延福以岭南冯盎曾孙为养子改其姓为高案	《户婚律》总157	因无人祭祀以异姓非亲属为养子	《高延福墓志》、《高力士墓志》
	35	044	武周晚期至中宗神龙初（698—705）/—	康随风诈病避军役案（拟判）	《诈伪律》总381、《擅兴律》总236	轻判（当处杖刑，仅被判入军）	吐鲁番阿斯塔那墓文书73TAM193：38(a)
	36	052	高宗至玄宗开元初（650—713）/—	扬州祖籍末里仁兄弟养母案	《唐令拾遗·户令第九》	兄弟均属边贯人军，判均回原籍侍养	敦煌文书伯希和3813背《判文》

（续表）

违律案判原因	序号	编号	时间/地点	案例	违律条款	违律表现	主要参考文献
从具体实际出发灵活处理	37	079	天宝时期（742—756）/敦煌郡敦煌县	敦煌郡敦煌县龙勒乡卫士武骑尉程思楚、翊卫程什住等年中老男一夫多妻案	《户婚律》总177	有妻更娶	敦煌文书伯希和3354号《唐天宝六载敦煌郡敦煌县龙勒乡都乡里籍》
	38	092	永泰时期（765—766）/沙州	沙州刺史王怀亮擅破官物充使料案	《厩库律》总222、《杂律》总389	轻判（擅破官物当依坐赃罪论处，却仅"征半放生"）	敦煌文书伯希和2942号《唐永泰年间河西巡抚使判集》
	39	109	元和元年（806）/—	华阴郡太守崔群为妹婿江南西道都团练副使郑高选李元余为嗣案	《户婚律》总157	因朝廷无祭祀以非同宗异姓子为后嗣	《郑高合祔墓志》
	40	110	元和四年（809）/镇州	潞将卢从史持二心阴与镇帅王贞留后王承宗勾结案	《贼盗律》总251	因朝廷无对抗叛镇实力，对谋叛者姑息纵容	《柏元封墓志》，《唐书·裴垍传》，《旧·卢从史传》，两《唐书·王承宗本纪》

（续表）

违律判案原因	序号	编号	时间/地点	案例	违律条款	违律表现	主要参考文献
从具体实际出发灵活处理	41	131	开成元年（836）/福州	闽人萧本诈称萧太后弟得任右赞善大夫、卫尉卿，金吾将军流放爱州案	《诈伪律》总388		《孙简墓志》，两《唐书·穆宗贞献萧皇后传》，《册府》卷924，《新·刘从谏传》，《通鉴》卷245，《新·韦博传》，《旧·文宗本纪下》，《新·欧阳詹传》
特殊情况、特殊成因	42	141	大中三年（849）/长安	尚药奉御段文绚遗言以任前右内率府兵曹参军段璘承嗣案	《户婚律》总158	因亲生嫡子尚在褪裸立其任为嗣	《段文绚墓志》
难时期灵活处理	43	072	开元时期（713—741）/沧州	*沧州刺史张之辅任内水灾后擅自开仓救济饥民案	《厩库律》总212	擅自开仓赈济饥民	《张之辅墓志》
	44	075	天宝七载或之前几年（742—748）/东平郡巨野县	东平郡巨野县令李璀岁凶袞发廪擅赈贷案	《厩库律》总212，《贼盗律》总282	擅自开仓赈贷	《李璀墓志铭》

(续表)

违律判案原因	序号	编号	时间/地点	案 例	违律条款	违律表现	主要参考文献
特殊情况、特殊原因或难时期灵活处理	45	087	上元年（760）/温州	温州长史李皋擅发仓廪数十万石赈饿者案	《厩库律》总212、《贼盗律》总282	擅自开仓赈济饥民	《嗣曹王墓铭》、《曹成王碑》、《唐书·李皋传》
	46	093	永泰时期（765—766）/肃州	〇肃州刺史王崇正错用张瑗伪官衔河西节度使案	《诈伪律》总370、《名例律》总35	轻判（当流2 000里，却被免予用责，仅子经济处罚）	敦煌文书伯希和2942号《唐永泰年间河西巡抚使判集》
	47	137	会昌时期（841—846）/长安	驾部郎中萧僖因其母儹横为妊盗所伤弃官捕逐降授太子右谕德案	《职制律》总95	以贬官代替刑罚	《萧僖墓志》
因私或为移己之祸而陷害他人	48	067	开元二十八年（740）前后/淮南道	淮南道采访使李知柔以私怨匿和州水灾案	《户婚律》总169	冤案	《张无择神道碑铭》
	49	080	天宝时期（742—756）/洛阳	河南尹严迥仇与贱通杀仇籍其家案	《斗讼律》总342、《名例律》总53	冤案	《卢于陵墓志》
	50	106	贞元十六年（800）/—	平吴少诚粮料使薛义运粮不理移祸于判官张正则案	《斗讼律》总342	冤案	《张正则及夫人赠陇西县太君李氏祔葬墓志》

（续表）

违律判案原因	序号	编号	时间/地点	案例	违律条款	违律表现	主要参考文献
唐末动乱导致政府职能缺位	51	149	中和三年(883)/潞州屯留县	左后院军副将兼云麾将军董可方之弟董元庆被狂徒刑戮案	《贼盗律》总289	案件未破（寻之不及）	《董元庆之父董府君墓志》
	52	150	中和四年(884)/—	群盗剽掠乡贡进士卢岳吉西别业并杀人案	《贼盗律》总289	案件未破（很可能未报案）	《卢岳墓志》
	53	151	大顺二年(891)/潞州潞城县至怀益途中	前潞州潞城县主簿李勋负发求知遇盗中途所亡案	《贼盗律》总289	案件未破	《李勋墓志》
以情改法	54	002	总章元年(668)/长安	○右武卫将军刘德裕等谋反其孙刘默奉高宗救任官案	《贼盗律》总248条	轻判（由奴奉救为官）	《姬总持墓志》、《刘默墓志》、《通鉴》卷192，两《唐书·长孙皇后传》、《册府》卷922，《旧》卷2，卷51
	55	004	太宗贞观十四年至二十三年间(640—649)/洋州洋源县	洋州洋源县令盖伯文坐事当死后敕配流高昌案	不明	轻判（由死刑改为配流）	《盖蕃墓志》

(续表)

违律判案原因	序号	编号	时间/地点	案例	违律条款	违律表现	主要参考文献
以德化民的政治思想	56	050	中宗时期（705—710）/宣州	汝州武兴县主簿敬昭道被使宣州讨贼释放妖讹贼钟大日等案	《捕亡律》总466、总465	纵囚却未予惩罚	《敬昭道墓志》
法外用刑	57	083	至德二年（757）/河南府	河南尹达奚珣任安史政权左相被辞腰斩案	《贼盗律》总251	谋叛者最高判斩刑，却被腰斩	《卢奕墓志》、《达奚珣墓志》、《旧唐书·肃宗本纪》、《两唐书·刑法志》、《通鉴》卷220
谋求要官	58	100	建中初（780）/长安	御史大夫浙西观察使李涵以父名少康辞太子少傅充代宗山陵副使被贬为检校工部尚书兼光禄卿案	《职制律》总121、《职制律》总115	以非正当理由拒绝皇帝任命官职	《吕渭墓志》、《新·吕渭传》、《旧·李涵传》、《册府》卷69、卷863
法不责众	59	076	天宝十五载（756）/河南府	左领军卫冑曹参军王伷任燕政权伪授官案	《贼盗律》总248	出仕伪政权当斩，但因法不责众，又有立功表现，伪授任官	《王伷墓志铭》

（续表）

违律判案原因	序号	编号	时间/地点	案　例	违律条款	违律表现	主要参考文献
法不责众	60	077	天宝十五载（756）/河南府寿安县	河南府寿安县主簿寇锡受安史伪职被贬于虔州案	《贼盗律》总248	出仕伪政权当斩，但因法不责众，只是依例被贬外官	《寇锡墓志铭》，《旧·李峘附弟岘传》
法不责众	61	090	宝应二年（763）/河北道	安史叛军云麾将军、守左金吾卫大将军曹闰国归顺本朝改授试光禄卿守镇恒岳案	《贼盗律》总251	谋叛者当处斩，却未降官品仍然为官	《曹闰国墓志》
法不责众	62	101	贞元元年至三年间（785—788）/江州	江州刺史韦应物拒绝廉使非法赋敛案	《户婚律》总173，《杂律》总389	非法赋敛	《韦应物墓志》
法不责众	63	105	贞元九年前（785—793）/衢州	衢州贫民卖儿鬻女案	《贼盗律》总292，总294	百姓因贫困破产和卖子女	《裴郾墓志铭》
法官希上级之意	64	102	贞元四年（788）/洛阳	○御史台传御史中丞卢伦希御史中丞卢伦希御史中丞卢伦之意诞告同僚传御史穆赞受陕州观察使卢岳妾裴氏金案	《户婚律》总162，《职制律》总136，《斗讼律》总342	诬告者未受法律制裁	《柳镇神道表》，《唐书·穆赞传》，《册府》卷337，卷636

(续表)

违律判案原因	序号	编号	时间/地点	案 例	违律条款	违律表现	主要参考文献
游荡异土	65	116	元和时期(806—820)/长安	兴元府户曹参军韦府君夫人李氏三子不奉养老母案	《斗讼律》总348、《职制律》总121、《名例律》总45	弃母不养，母丧不时举	《兴元府户曹参军寺府君故夫人陇西李氏墓志》
出于某种重要考虑而重判严惩	66	117	元和时期(806—820)/濮州	濮州僧道岔苦行惑民骗财案	《诈伪律》总373、《贼盗律》总282	为释民惑和消民害而重判(犯罪者最高被判加役流，却被杖杀)	《柏元封墓志》
	67	136	会昌三年(843)/潞州	泽潞节度使刘从谏之子刘稹谋反案	《贼盗律》总251	朝廷为宣示对藩镇的主权而重判	《韦炼权眉墓记》，两《唐书·武宗本纪》，《旧·刘䢷传》，《通鉴》卷248，两《唐书·刘悟传》《旧·刘䢷传》，《册府》卷616，《新·欧阳詹传》
	68	148	中和三年(883)/太原	群盗犯太原富室祁家祁振误报锋刃案	《贼盗律》总289	因官员重视而从重判处	《祁振墓志》

上编　碑志文书中的唐代法律案例辑录与解析　385

（续表）

违律判案原因	序号	编号	时间/地点	案　例	违律条款	违律表现	主要参考文献
宦官干涉司法	69	125	元和至宝历时期（806—827）/同州冯翊县	同州冯翊尉刘行余答部下名籍禁军之不法百姓被贬道州延唐尉案	不明	无辜被贬	《刘行余墓志》
未判	70	028	垂拱四年（688）/泽州	太尉、泽州刺史、韩王李元嘉参与越王李贞谋反其妻女被贬庶人案	《贼盗律》总248	从轻判处（谋反者妻女仅被贬为庶人）	《南海县主李氏墓志》、两《唐书·韩王元嘉传》、《新·高宗则天武皇后传》
轻判	71	034	如意元年（692）/长安	长安至相寺尼法澄将扶汝南王谋反被没掖庭案	《贼盗律》总248条	轻判（当处斩刑,仅被没人掖庭）	《兴圣寺主尼法澄塔铭》
不详	72	056	开元初（约713年或稍后）/同州奉先县	同州奉先县邑人发古冢盗古物案	《贼盗律》总277、总282	盗冢者未受罚	《先府君（茪）玄堂刻石记》
	73	095	大历前期（766—772）/黎州	○黎州将阎伯玙左右受赂解救永康县奸吏杜沈案	《职制律》总136	受赂者未受惩罚	《吕渭墓志》

(续表)

违律判案原因	序号	编号	时间/地点	案　例	违律条款	违律表现	主要参考文献
轻判不判	74	121	长庆三年(823)/长安	嗣鄂王李千牛卫将军李佑坐安传綝中谮于崖州安置案	《职制律》总109	以贬为地方官代替徒刑	《李佑墓志》、《旧·穆宗本纪》、《旧·敬宗本纪》
	75	132	开成四年(839)/长安	某京兆尹贿赂贵人授节梓潼案	《职制律》总138,《杂律》总389	犯罪者未受到法律惩罚	《陈君赏墓志》
未详	76	142	大中九年(855)/洛阳	权判吏部铨东铨右丞卢懿铨管失实案	《职制律》总92	以贬官代替徒刑	《李朋墓志》
	77	059	高宗后期至玄宗前期(677—719)/—	海州司马李君会双妻案	《户婚律》总177	有妻更娶	《李君会墓志》
违律聚妻妾	78	070	开元时期(713—741)/怀州河内县	怀州河内县令王升为子前乡贡明经王蔡娶河内人范如莲花怀为妾案	《户婚律》总186,总194	诸监临之官为其子娶所监临女为妾	《范如莲花怀墓志》
	79	097	大历时期(766—779)/河北道	试光禄卿曹国国三妻案	《户婚律》总177	有妻更娶	《曹国国墓志》

（续表）

违律案判原因	序号	编号	时间/地点	案　例	违律条款	违律表现	主要参考文献
违律娶妻	80	107	贞元时期（785—805）/淮南道	淮南节度使杜佑以嬖姬李氏为正嫡案	《户婚律》总178	以妾为妻	《密国夫人陇西李氏墓志》、两《唐书·杜佑传》、《旧唐书·李正己传》、《桂苑丛谈·史遗》
未详	81	108	贞元时期（785—805）/南方地区	盐铁支局卢侠为从祖兄鸣冤而反遭诬告缘坐受谴案	《斗讼律》总341	冤案	《卢侠墓志》
重判	82	135	开成时期（836—840）/同州	同州长春营田耗折官米案	《厩库律》总214、《杂律》总389	从重处罚	《孙简墓志》
冤案	83	143	大中十一年(857)/长安	内园栽接使李敬实恃宠遇宰臣郑朗不避马被配南衙役案	《杂律》总449	从重判处	《李敬实墓志》、《新·宣宗本纪》、《新·郑朗传》、《东观奏记》下卷、《通鉴》卷249

下 编

唐代社会司法运作实况及其法治化程度

本编对碑志、敦煌吐鲁番文书中的唐代法律案例进行综合研究，考察唐代司法运作实况，从法律实践角度阐释唐代社会的法治化程度和特点。首先，结合历史背景，考察某些案例未能依法判案的原因与影响因素。其次，从法律实施的角度，探讨唐代社会不同时期、不同地区的法治水平，揭示唐代法治化的动态轮廓，对唐代社会法律贯彻实施的情况予以客观评述。

第一节　唐代司法运作实况——对违律判案原因的探讨

关于唐代司法运作实况的考察，张建一较早对唐律实施的具体情况进行实证考察，《〈唐律〉具文考述》以贞观元年至元和十五年（627—820）为限，对唐代社会中的某些案例不依唐律规定处罚的几种原因进行了详细分析，包括立法上的倾向性与部分律文的实际可执行性的差距、以诏敕为代表的其他法律形式影响到律文效力的实施、从"一准乎礼"到"告朔饩羊"（即敷衍以对）的转变、社会现实对依法判案的冲击、司法实际中有法不依导致律成具文。并结合不少案例，从礼、诏敕、社会现实、司法审判等方面对不依法判案的影响进行了分析；[1]《唐律实施考述》则从部分律文的实际可行性、诏敕对律文效力的影响、礼对律文效力的影响、社会变迁对律文效力的影响（社会变迁包括社会经济制度的变化、社会政治状态）、司法实践中有法不依对律文效力的影响五方面，考察了唐

---

[1]　张建一：《〈唐律〉具文考述》，收入叶孝信、郭建主编《中国法律史研究》，上海：学林出版社，2003年，第40—94页。

律条文与具体实施之间存在差异的原因,所引史料以贞观元年至元和十五年(627—820)为限。① 另外,尤韶华、②刘希烈③对唐律的实施问题也进行了探讨,刘俊文对唐后期法制的变化及其原因进行了分析,④彭炳金对宰相对唐代司法的干预和赦宥对唐代司法的影响作了一定探讨,⑤陈玺《唐代刑事诉讼惯例研究》⑥及其相关系列论文,⑦陈登武《从内律到王法:唐代僧人的法律规范》就唐代僧人侵害国家、社会个人法益的犯罪及围绕寺院财产所产生的诉讼纠纷等问题进行了讨论。⑧ 总体而言,对唐律具体实施情况的考察仍有进行进一步深入探讨的空间,特别是对于碑刻墓志中的法律案例资料,只是偶尔涉及,并未给予充分关注;对于敦煌吐鲁番文书中的法律文书部分的研究较为丰富,讨论范围也比较广

---

① 张建一:《唐律实施考述》,收入杨一凡、尤韶华主编《中国法制史考证》甲编第4卷《历代法制考·隋唐法制考》,北京:中国社会科学出版社,2003年,第111—168页。
② 尤韶华《隋唐法制考证举要》(收入《中国法制史考证》甲编第4卷《历代法制考·隋唐法制考》,第482—487页)在"唐律实施考辨"部分,对唐代政治和社会生活中,许多处罚同唐律律文规定有较大差异的问题,列举了若干史料进行说明;并对王立民《唐律实施问题探究》(《法学》1990年10期)考述唐律实施情况进行了说明。唐朝案例的实际惩处与唐律律文规定存在较大差异问题,可参和马长林《〈唐律〉实施问题辨析》,《学术月刊》1985年5期。
③ 刘希烈《唐律实施论析》(吉林大学硕士学位论文,2006年)从律文本身、体制因素、个人因素、经济政治环境因素四方面,对唐律的实施情况进行分析。
④ 刘俊文:《论唐后期法制的变化》,《北京大学学报》1986年2期。
⑤ 彭炳金:《唐代官吏职务犯罪研究》,北京:中国社会科学出版社,2008年,第280—284、294—298页。
⑥ 北京:科学出版社,2017年。
⑦ 代表作如陈玺:《唐代惩禁妖妄犯罪规则之现代省思》,《法学》2015年4期,第151—159页;《唐代奴仆告主现象考论》,《法律科学(西北政法大学学报)》2012年5期,第187—194页;《唐代杂治考论》,《法律科学(西北政法大学学报)》2017年2期,第193—200页;《唐代刑事证据制度考略》,《证据科学》2009年第5期,第597—607页。
⑧ 载《政大法学评论》第111期,2009年,第1—77页。

泛，但其中涉及的案例在更多情况下，或非案件，或首尾不完整。故上编主要择碑志、敦煌吐鲁番文书中的唐代法律案例中首尾完整者予以列出，并对案例内容、适用条款及其他相关情况予以说明。

根据上编所搜辑的碑志、敦煌吐鲁番出土文书中的相对完整的法律案件（包括来源于现实的拟判）155例，在上编之末列有附表一、表二以说明唐代法律案件依法判案与违法判案案件的基本情况。表一中列出唐代依法判案案例77件，除拟判3例（案例008、053、054）之外，可推测为依法判案者为8件（案例012、013、065、066、071、145、152、154），有5件为部分依法判案者（既有依法处理的部分，也有未依法处理的部分，表一仅列出该案依法判案部分，涉及案例002、094、096、103、120），完全依法判案者为61件。表二中列出唐代违法判案案例83件，除拟判1例（044）之外，有5件为部分违法判案者（表二仅列出该案违法判案部分），完全违法判案者为77件。因此，上编155件案例中，除5件部分依法部分违法判案的案例、4件拟判案例之外，唐代依法判案和可推测为依法判案的案例为69件，违法判案案例77件，可知违法判案多于依法判案。据表二，唐代违律判案的原因多种多样，仅就本书所涉及案例而言，涉及社会风气或习惯（003、015、021、022、024、031、035、040、068、078、096、099、133、138，计14例），以敕改法（006、039、103，计3例），权臣、重臣庇佑或求情（007、042、081，计3例），受政治斗争恶影响（010、011、019、130，计4例），犯罪者是皇帝宠臣、权势之家或专权任势者（032、033、046、086、123，计5例），皇帝袒护（案例114、119，计2例），有司失职不察（061、134，计2例），从具体实际出发灵活处理（038、044、052、079、092、109、110、131、141，计

9例)、特殊情况、特殊或困难时期灵活处理(072、075、087、093、137,计5例)、因私仇或为移己之祸而陷害他人(067、080、106,计3例)、唐末动乱导致政府职能缺位(149、150、151,计3例)、法不责众(076、077、090、101、105,计5例)、出于某种考虑而重判严惩(117、136、148,计3例)、以情改法(002、004,计2例)、以德化民的德政思想(050)、法外用刑(083)、谋求要官(100)、法官希上级之意(102)、游荡异土(116)、宦官干涉司法(125)各1例,其余违律判案原因不详者三类共14例(包括轻判及不判7例、重判及冤案3例、违律娶妻妾4例)。刘俊文曾对唐律条文的实施情况进行总结,指出:"唐律在唐代虽曾得到实施,但在实施过程中一直受到条格制敕的制约和君主权断的干扰;而唐前期武周酷吏政治和唐后期宦官藩镇之祸,更给唐律的实施造成严重的破坏。因此,唐律的条文并不等同于司法实际。研究唐律必须放眼唐代法制体系、唐代专制体制和唐代政治形势的全局,从运动和变化中把握活的唐律。"[①]本节对唐代碑志、敦煌吐鲁番文书所载法律案件,结合传统文献,对其中显示的案件未依法判案的原因进行探讨。所讨论的案例除了上编所涉及者之外,也补充了若干具有参考价值的其他法律相关文献,包括不甚完整的案例、拟判及其他与探讨法律实施相关的案例等。

一、某些治国思路、做法与依法治国相悖

唐朝统治者的一些治国思路和做法,诸如以德化民、调解为

[①] 《唐律疏议笺解》"序论",第85页。

先,恩赦免刑,铁券免死,以杀止恶,法外用刑,春夏不决死刑、对同类事情的处理前后不一,等等,均与依法治国相矛盾,这对唐代正常的司法运作具有一些负面影响。以下结合传统文献,对碑志和文书中的一些司法案例中涉及的一些治国理念予以探析。

(一) 以德化民、调节为先

唐代儒释道三教并行,唐太宗对法治重视,对德化也很重视,这与汉武帝罢黜百家独尊儒术以来对儒家的推崇有关。黄门侍郎王珪认为:"汉世尚儒术,宰相多用经术士,故风俗淳厚;近世重文轻儒,参以法律,此治化之所以益衰也。"太宗表示同意。[①] 睿宗景云初(711),曾撰有《御史台记》的监察御史韩琬上言:"国安危在于政。政以法,暂安焉必危;以德,始不便焉终治。夫法者,智也;德者,道也。智,权宜也;道,可以久大也。故以智治国,国之贼;不以智治国,国之福。……夫巧者知忠孝为立身之阶,仁义为百行之本,托以求进,口是而心非,言同而意乖,陛下安能尽察哉! 贪冒者谓能,清贞者谓孤,浮沉者为黠,刚正者为愚。位下而骄,家贫而奢。岁月渐渍,不救其弊,何由变浮之淳哉? 不务省事而务捉搦。夫捉搦者,法也。法设而滋章,滋章则盗贼多矣。法而益国,设之可也。比法令数改,或行未见益,止未知损。譬弈者一棋为善,而复之者愈善,故曰设法不如息事,事息则巧不生。"[②]二人均认为德治重于法治,但睿宗对后者的意见予以搁置。

河南缑氏人敬昭道是唐代奉行以德化民的代表人物之一。上编案例 050 中,中宗时期,敬昭道(673—725)释褐为汝州武兴县

---
① 《资治通鉴》卷 193,唐太宗贞观二年九月条,第 6170 页。
② 《新唐书》卷 112《韩思彦附韩琬传》,第 4164—4165 页。

(河南宝丰县)主簿,后奉命出使宣州(安徽宣城市)讨击妖讹贼钟大日等。敬昭道对钟大日等恩威并用,手释囚侣,使归乡别亲,然后他赴扬州等诸人伏法。诸贼感其恩德,及期皆来伏罪。此举明显有违唐律故纵囚徒的相关条款,敬昭道当以钟大日等罪人之罪减一等治罪,即处以徒刑。实际上,敬昭道私释囚徒不仅对其仕途未产生任何不良影响,还被视作其以德化民、实行慈惠之政的体现,敬昭道寻秩满调选,转怀州获嘉(河南获嘉县)县尉。其墓志云其"深谟远略,随事变通,玄关幽键,与时开合"。① 对其进行了高度评价。我们可以将此案与两《唐书·吕元膺传》所载唐后期蕲州刺史吕元膺录囚纵囚案进行对比。贞元时期(785—805),郓州东平(山东东平县)人吕元膺出为蕲州(湖北蕲春县)刺史。尝岁终阅郡狱囚,囚有自告者曰:"父母在,明日岁旦不得省为恨。"因泣下。元膺悯焉,尽脱其械纵之,而戒还期。守吏曰:"贼不可纵。"答曰:"吾以信待人,人岂我违?"及期,如期而至,无后到者。自是群盗感愧,悉避境去。② 蕲州刺史吕元膺录囚时,对在岁旦不得省父母表示很遗憾的囚徒起了怜悯之心,将囚徒释械归之,并戒其还期。其行为与武兴县主簿敬昭道被使宣州讨贼时,释放妖讹贼钟大日等的做法如出一辙。虽然该囚徒可能不同于钟大日等是犯私罪,但同是受儒家以德化民思想的影响。两案的结果相同,囚徒均如期而还,作为释囚者的敬昭道、吕元膺有违《唐律·捕亡律》故纵囚徒的相关条款,依律当以钟大日等及省亲囚徒之罪减一等罪之,但均

---

① 《唐故太子舍人敬府君(昭道)墓志铭并序》,《唐代墓志汇编》,开元 222,第 1310 页。
② 《新唐书》卷 162《吕元膺传》,第 4998 页;《旧唐书》卷 154《吕元膺传》,第 4103—4104 页。

未受到任何法律惩罚。这说明，唐代对一些案例的处理，会在依法治国与儒家感化治国两方面，更倾向于后者。

约开元末、天宝初，韩朝宗（686—750）任京兆尹。当时京师法治较为混乱，韩朝宗"耻用钩距得情，好以《春秋》辅义。奏事尽成律令，为吏饰以文儒"。① 在治国方策上，韩朝宗崇尚以儒治国，不欲用严刑峻法治理京师，而唐玄宗"悦其醇"，欲委以重任。大中中前期（847—856），②都官员外郎范阳人卢缄闻兄疾，奏不俟报，驰归洛阳以觇，被解任，却因此而名声大噪，为人所称，也反映了唐朝对德政的重视。卢缄为殿中侍御史卢澶之孙、阳翟县丞卢逾之子。据《卢缄墓志铭》载，其时，他"入为都官员外郎，仍佐邦计。时方诏在位者，不得辄以他事请告。公闻兄疾在洛，奏不俟报，驰归以觇。坐是解任，服名教者称之"。故相国魏谟"佩丞相印绶，出镇西蜀，盛选宾从"，在朝堂上盛赞卢缄，乞为节度判官，授检校驾部郎中、兼侍御史、赐绯鱼袋。但因"人惜其去"，未及行，便拜左司员外郎。③ 虽然都官员外郎卢缄因闻兄疾驰归以觇违反敕令被解任，却因此声誉大增，仕途更加通畅，魏谟以宰相出镇西蜀时，乞卢缄为其节度判官。这条墓志材料也显示出唐朝在处理案件时，会充分考虑德化、德治的重要性。唐代奉行以德化民是具有历史渊源

---

① 王维撰：《大唐吴兴郡别驾前荆州大都督府长史山南东道采访使京兆尹韩公（朝宗）墓志铭》，《全唐文》卷327，第3315—3316页。
② 据田廷柱对（唐）裴庭裕撰、田廷柱点校《东观奏记》（北京：中华书局，1994年，第155—156页）附录二"裴庭裕生平事迹考辨"的考证，魏谟大中五年（851）十月为相，大中十一年（857）出为西川节度使，卢缄（804—861）欲任西川节度使魏谟节度判官的时间为大中十一年。由此可知，卢缄擅自归洛看望其兄，当发生在此前的大中时期。
③ 表甥孙朝议郎守尚书考功郎中柱国赐绯鱼袋李蔚撰：《唐故朝议郎守京兆少尹柱国赐绯鱼袋范阳卢府君（缄）夫人清河崔氏合祔墓志铭并序》，《新中国出土墓志·河南〔叁〕·千唐志斋〔壹〕》上册，第330页；下册，第249页。

的,法律的实施以调解为先是中国古代的传统和特色。萧㶄(781—856)任大理评事(从八品下)时,"详究法律,参酌得中。议谳之时,每以济活为事",给事中裴寅认为其做法"深得慎刑恤隐之道"。① 法官议刑慎重,也是德政的一种体现。

(二) 恩赦免刑

在唐代,一些罪犯可以因恩赦免刑。睿宗延和元年(712),大理评事敬昭道(673—725)援赦文免沂州(山东临沂)谋反错误连坐者400余人。《大唐新语·持法》载:"延和中,沂州人有反者,诖误坐者四百余人,将隶于司农,未即路,系州狱。大理评事敬昭道援赦文刊而免之。时宰相切责大理:奈何免反者家口。大理卿及正等失色,引昭道以见执政,执政怒而责之。昭道曰:'赦云"见禁囚徒"。沂州反者家口并系在州狱,此即见禁也。'反覆诘对,至于五六,执政无以夺之。诖误者悉免。昭道迁监察御史。"② 敬昭道墓志不载此事,但提到敬昭道办案是遵行以德化民的思路,与《大唐新语》所载并不矛盾。同时,其墓志还记录了玄宗即位初期敬昭道迁任监察御史时,奉命前往邺郡(河南安阳)督查当地妖贼聚众一案。"时邺郡妖贼□聚千余,俘臧黎人,郡县不之禁,朝廷特使公杖斧锧而督其罪焉。公以过误所犯虽大□宥赦其支党,但诛其元恶,余一切奏免。恩诏许之。"当时舆评其"深仁及于黎庶"、"阴德洽其高门"、"俄迁殿中侍御史"。③

---

① 朝议大夫守给事中上柱国裴寅撰:《唐故光禄卿赠右散骑常侍萧府君(㶄)墓志铭并序》,《大唐西市博物馆藏墓志》下册,第 932—934 页。
② 《大唐新语》卷 4《持法第七》,第 62 页。
③ 《唐故太子舍人敬府君(昭道)墓志铭并序》,《唐代墓志汇编》,开元 222,第 1310 页。

再如假设发生于唐高宗至唐玄宗开元初的宋玉与黄门缪贤之妇阿毛通奸生子争夺儿子抚养权案。① 见法藏敦煌文书伯希和3813号背的判文,内容如下:

101 奉判:黄门缪贤,先聘毛君女为妇。娶经三载,便诞一男。后五年,即逢恩赦。

102 乃有西邻宋玉追理其男,云与阿毛私通,遂生此子。依追毛问,乃承相许

103 未奸。验儿酷似缪贤,论妇状,似奸宋玉。未知儿合归谁族?

104 阿毛宦者之妻,久积标梅之欢。春情易感,水情难留,眷彼芳年,

105 能无怨旷? 夜闻琴调,思托志于相如;朝望危垣,遂留心于宋玉。因

106 兹结念,夫复何疑。况玉住在西邻,连瓦接栋,水火交贸,盖其是常。日

107 久月深,自堪稠密。贤乃家风浅薄,本阙防闲。恣彼往来,素无闺禁。

108 玉有悦毛之志,毛怀许玉之心。彼此既自相贪,偶合谁其限约。所款虽

109 言未合,当是惧此风声。妇人唯恶奸名,公府岂疑披露。未奸之语,实

---

① 刘俊文《敦煌吐鲁番唐代法制文书考释》认为:此组判词写作上限为唐高宗永徽四年,下限为唐玄宗开元初年。又据"宋里仁判"有"文明御历"一句,判断此组判词出自唐睿宗文明年间,故将其命名为《文明判集》,第450—451页。

110　此之由。相许之言,足堪明白。贤既身为宦者,理绝阴阳。妻诞一男,明非己

111　胤。设令酷似,似亦何妨。今若相似者例许为儿,不似者既同行路,便恐

112　家家有父,人人是男,诉儿竞父,此喧何已。宋玉承奸是实,毛亦奸状分

113　明,奸罪并从赦原,生子理须归父。儿还宋玉,妇归缪贤。毛宋往来,

114　即宜断绝。①

该案虽为拟判,但在很大程度上反映了唐代前期的社会状况。② 此案例中,宦者缪贤娶妇阿毛三年后生一子。五年后,遇朝廷恩赦,西邻宋玉诉称与阿毛通奸生子,索要儿子的抚养权,最后判决

---

① P.3813V《判文》,《法藏敦煌西域文献》28 册,第 154 页。该判文,不少中外学者曾予以释录,见于《P.3813 文明判集残卷》,刘俊文:《敦煌吐鲁番唐代法制文书考释》,第 443—444 页;《唐[公元七世纪后期?]判集》(伯 3813 号背),唐耕耦、陆宏基编:《敦煌社会经济文献真迹释录》第二辑,北京:全国图书馆文献缩微复制中心,1990 年,第 604 页;《唐[公元七世纪后期?]判集》(伯 3813 号背),唐耕耦主编:《敦煌法制文书》,《中国珍稀法律典籍集成》甲编第三册,第 291—292 页;池田温《敦煌本判集三种·唐判集》,载《中国法制史考证》丙编第二卷《魏晋南北朝隋唐卷》,北京:中国社会科学出版社,2003 年,第 505—506 页;陈尚君辑校:《全唐文补编》卷 130,北京:中华书局,2005 年,第 1599 页;王裴弘:《敦煌法论》,北京:法律出版社,2008 年,第 222—223 页,等等。
② 齐陈骏《读伯 3813 号〈唐判集〉札记》(《敦煌学辑刊》1996 年 1 期)考察了此文书的年代以及所反映的唐代判案特点和内容等问题。指出该件文书里保存的十九道判词,是为写判案文书者作参考之用的范文,因为案中所涉及的人名,多为人们所熟悉的古代名人,有的案件只讲事例而没有具体的当事人,故可认为不是实际判案的文书。陈永胜《敦煌吐鲁番唐代法制文书研究》认为 P.3813 号《文明判集残卷》可能取材于现实,又加以虚拟润色而成。兰州:甘肃民族出版社,2000 年,第 183—185 页。

将阿毛所生子归宋玉所有。宋玉与黄门缪贤之妇阿毛通奸,违反唐律总 410 条杂律奸罪相关条款。据《唐律疏议》卷 26《杂律》,"诸奸者,徒一年半;有夫者,徒二年。疏议曰:和奸者,男女各徒一年半;有夫者,徒二年。"[①]依律,宋玉当处徒刑一年半,毛君女当处徒刑二年。此案中,宋玉之所以敢于上诉要求儿子的抚养权,在于正好遇到朝廷有恩赦可以赦免其罪,故判决结果为:阿毛所生子依情理归宋玉所有,阿毛仍为缪贤之妇,但因为恩赦对二人通奸行为免予刑责。

又如案例 081,安禄山谋反后,李白在宣州谒见江淮兵马都督、扬州节度大使永王李璘,得辟僚佐,因此牵连到其后的永王璘谋反案中,后来李白因大赦才得以从长流之地返还。肃宗即位于灵武后,永王璘不可避免牵连到玄宗父子对唐朝政权的争夺之中,后被迫起兵。兵败之后,李白以其幕府从事的身份"坐长流夜郎。后遇赦得还"。[②]根据陈俊强的研究,李白是因上元二年(761)九月二十一日,肃宗去上元年号大赦,蒙恩赦免,在黔中道的夜郎(贵州正安县)长流三年。[③]

传统文献中亦有因恩赦免于刑责的记载。宝历二年(826)六月,山南道郢州长寿县尉马洪沼告郢州刺史冯定(?—846)[④]强夺人妻及将阙官职田禄粟入己费用,敬宗诏令监察御史李顾行鞫此案。经推问,狱具上闻,冯定"无入己赃私,所告罚钱,又皆公用"。

[①] 岳纯之点校:《唐律疏议》,第 421 页。
[②] 《旧唐书》卷 190 中《文苑中·李白传》,第 5053—5054 页。
[③] 陈俊强:《从唐代法律的角度看李白长流夜郎》,《台湾师大历史学报》第 42 期,2009 年,第 21—50 页。
[④] 据《旧唐书》卷 18 上《武宗本纪》,会昌六年正月丁巳,左散骑常侍致仕冯定卒,赠工部尚书,第 609 页。

但他于"长吏之体,颇涉无仪,刑赏或乖,宴游不节"。只是"缘经恩赦,难更科书",最后敬宗下制停其见任,罢其郡符,以平公议。但寻除冯定国子司业、河南少尹。① 据此,冯定并未将阙官职田禄粟入为己用,但制书谓其"长吏之体,颇涉无仪",则冯定被诉强抢他人之妇未必是假,而且他还有"刑赏或乖,宴游不节"等问题。而之所以未详追冯定之罪,是因"缘经恩赦",仅为平息公论,将其停职一段时间。文宗时期(827—840)发生的左藏史盗度支缣帛案也是这方面的代表性案例。左藏史盗度支缣帛,依《唐律疏议·贼盗律》283条规定:监临、主守自盗及盗所监临财物者,加凡盗二等,三十匹绞。该左藏史当依所盗数量科罪,文宗以经赦诏勿治,免其长官并该左藏史之罪。给事中狄兼谟封还诏书,认为"典史犯赃,不可免"。文宗强调"朕已赦其长官,吏亦宜宥,与其失信,宁失罪人"。② 又如韩愈弟子刘义"少放肆为侠行,因酒杀人亡命。会赦,出,更折节读书,能为歌诗"。③

(三) 法外用刑

唐代后期法制的其中一项变化,就是法外刑取代法内刑,滥用决杖是其突出现象。④ 这方面的案例在唐代并不鲜见。如案例083肃宗时期河南尹达奚珣任伪燕左相被腰斩案。安史叛乱中,东都洛阳陷于安禄山之手,河南尹达奚珣任伪燕政权左相,卢巽墓

---

① 《旧唐书》卷168《冯宿附弟冯定传》,第4391页。《册府元龟》卷153《帝王部·明罚二》所载略同,第1857页。"颇涉无仪",《册府元龟》作"有涉非议"。
② 《新唐书》卷115《狄兼谟传》,第4214—4215页。
③ 《新唐书》卷176《韩愈传》,第5268—5269页。
④ 刘俊文:《论唐后期法制的变化》,收入氏著:《唐代法制研究》,台北:文津出版社,1999年,第268—270页。

志提到:"达奚珣伪授宰相,寔于征缰,人惧法网,莫敢谒问。"卢巽在弱冠明经及第后,因时任礼部侍郎的达奚珣"特赏书判",得以授汝阳县(河南汝南县)主簿。因感念达奚珣旧恩,时为京兆府云阳(陕西泾阳县云阳镇)县令的卢巽亲自上门谒问,"叙以艰厄,赠之以缟纻"。① 后来,唐朝在回纥帮助下收复两京。达奚珣任安史伪职,犯谋叛罪,罪当斩首,却于至德二载(757)十二月,在子城之西被处以早已废弃的腰斩之刑,属于法外用刑。究其原因,一是他被处死是在安史之乱发生后仅两年,二是达奚珣在唐朝任河南尹属要官,却担任大燕宰相这一高官,朝廷认为其罪大恶极,必须杀一儆百。

传统文献所载高阳公主与浮屠辩机通奸,辩机被腰斩,也是法外用刑的典型代表。高阳公主本为唐太宗爱女,出嫁贞观名相房玄龄次子右卫将军房遗爱,但因高阳公主教夫婿夺房遗直所继承的爵位,与之异财,被唐太宗深责,失去父亲的宠爱。在怏怏失意之下,公主与玄奘高徒僧辩机偶然相识于自己的封地,二人通奸,高阳还将金宝神枕赐予辩机。其后因宝枕失窃,二人奸情暴露。高阳公主与玄奘徒弟和尚辩机私通,依《唐律疏议》卷 26《杂律》410 条规定:"诸奸者,徒一年半;有夫者,徒二年。"辩机当处徒刑。尽管辩机曾协助玄奘撰写《大唐西域记》,事发后,仍被唐太宗下令腰斩。这很可能是因为公主与高僧通奸,极大地损伤了皇室颜面,辩机此举违犯僧律。高阳公主虽然未受惩罚,但太宗杀了公主府十余位奴婢,父女二人的关系直至太宗薨逝都未能改善。

除上述三种与依法治国理念相悖的三种做法外,当然还有其

---

① 外甥前河南县尉杜贤述:《大唐故京兆府云阳县令卢府君(巽)墓志铭并序》,《洛阳流散唐代墓志汇编》下册,第 462 页。

他做法,例如断案判文参以经义,唐人赵匡所撰《选人条例》第二条从高到低列出了官员判文的四个等级标准,其中第一等和第二等判文的标准为:"其有既依律文,又约经义,文理宏雅,超然出群,为第一等。其断以法理,参以经史,无所亏失,粲然可观,为第二等。"①均要参考经义,即唐人认为优秀的判文必须满足这一条件。

二、皇帝、法官等官员的人为因素

(一) 皇帝以敕改法

在唐代,皇帝发出的"敕",本身就是法律,具有不容置疑的法律效力,法律对皇帝没有任何制约。② "格后敕"还在中唐以后成为唐代法律体系的一个重要组成部分。③ 较早研究唐代法制史的台湾学者陈登武指出其原因在于:"对中国古代而言,法的最根本意义是维护国家政权的稳定,所以皇帝本身是法的根源,也是法律的最终裁断者。法律的来源出自皇帝,最后还是回归皇帝去裁决。"④皇帝因个人态度不同影响到法律实施的情况表现在因个人好恶喜怒以敕改法、因政治问题以敕改法、皇帝袒护犯罪者等方面。

首先,皇帝因个人好恶喜怒以敕改法是比较常见的,这是古代以人治为主不可避免的结果,即使唐代明君李世民也不例外。太

---

① 赵匡:《举人条例》,《全唐文》卷355,第3605页。
② 黄正建:《唐代"法治"刍议》,《光明日报》2016年1月16日第11版。
③ 张径真:《法律视角下的隋唐佛教管理研究》,北京:中国社会科学出版社,2018年,第20页。
④ 舒砚:《法史经验谈:学术历程与研究旨趣——陈登武先生访问录》,陈景良、郑祝君主编:《中西法律传统》第11卷,北京:中国政法大学出版社,2015年,第58页。

宗在位中期已经发生了"取舍在于爱憎,轻重由乎喜怒"[①]的现象。太宗因怒而以敕改法在吏部尚书唐俭与太宗下棋争道一事上的表现具有代表性。君臣二人下棋时,太宗因唐俭没有礼让自己而大怒,将其贬至潭州(湖南长沙市)。还欲杀唐俭,并让尉迟敬德为自己作证:"唐俭轻我,我欲杀之,卿为我证验有怨言指斥。"[②]太宗欲以大不敬之罪治唐俭,依《唐律疏议》卷10《职制律》总122条:"指斥乘舆,情理切害者(言议政事乖失而涉乘舆者,上请),斩;非切害者,徒二年。"[③]最终,尉迟敬德不同意作证,唐太宗亦接受纳谏,选择了依法行事。但李唐后代皇帝以敕改法之事屡屡发生。另一典型案例为文宗以一时之喜怒而杀宫官案。唐末段安节所撰《乐府杂录》载:大和时期(827—835),宫官郑中丞善弹胡琴,常弹奏内库中的琵琶"小忽雷"。一次因琵琶送去赵家维修,她无法依命为文宗弹奏,文宗命人将其缢杀,投入河中。时有权相旧吏梁厚本,有庄在渭南县(陕西渭南市),临渭水。在其垂钓之际,看到其棺流过,命其家童接上岸。发现内中尚未断气的郑中丞,"将养经旬,渐能言"。梁厚本得知其身份及死因后纳其为妻。时正值郑注之乱,他"潜赂乐匠",将小忽雷从赵家赎回。其后,因酒酣弹奏数曲,被路过放鹞子的黄门听出弹奏者为郑中丞。郑中丞因此被文宗召入宫,梁厚本私娶宫女之罪亦未予追究。[④] 文宗随个人心情好恶而任意杀人在此事上表现非常明显。

---

① (唐)吴兢撰:《贞观政要》卷5《诚信第十七》,谢保成集校,北京:中华书局,2010年,第294—295页。
② 《朝野佥载·补辑》,第173页。
③ 岳纯之点校:《唐律疏议》,第171页。
④ 《太平预览》卷583《太平御览·乐部二十一·琵琶》,第2628页。

相较传统文献,碑志文书对唐代皇帝以敕改法之事记载较少,上编案例006、039是这方面的代表性案例。案例006中,贞观廿二年(648)西州交河县三卫犯私罪纳课违番,出土于吐鲁番阿斯塔那221号墓文书。依《唐律·卫禁律》总75条的规定,"诸宿卫人,应上番不到及因假而违者,一日笞四十,三日加一等;过杖一百,五日加一等,罪止徒二年。"[①]三卫犯私罪纳课违番,依上番不到的时间长短,可处以笞刑、杖刑和徒刑,最高可徒二年。根据规定,三卫违番者,征资1 500文,仍勒陪番,有故者,免征资。此案中,太宗敕旨令相关三卫远配西州交河县(新疆吐鲁番市)上番,交河县司法史张守洛具牒执行朝廷下达兵部的敕旨,景弘(疑为县令)命将敕符存档,属于以敕改法。刘俊文认为这是应对贞观晚期西州戍守士兵不足的临时措施。[②]

案例039中,李勣孙女李氏的墓志则留下了武则天因政治问题以敕改法的例证。武周时期(690—704),李勣孙女右玉钤卫郎将王勖之妻李氏(654—716),于孀居期间,即迫于武则天严旨,改嫁易州司马温瓒之子潞州屯留县令温炜。此案是这方面的典型案件。武则天光宅元年(684),在其兄弟徐敬业扬州起兵反唐时,李氏劝夫君王勖起兵匡复王室。徐敬业之乱被平定后,王勖被杀,李氏遂孀居。其后,因父母亡故,"逼先后严旨",改嫁屯留县令温炜。李氏迫于严旨的巨大压力而改嫁,似是出于朝廷意旨,故不得不再嫁。作为于扬州起兵反周的徐敬业之姊妹,李氏的夫君右玉钤卫郎将王勖参与其兄弟迎庐陵王匡复王室的行动,在王勖被杀孀居后,被逼再嫁。这其实是蕴含深刻的政治考虑的。虽然李氏可以

---

① 岳纯之点校:《唐律疏议》,第133页。
② 《敦煌吐鲁番法制文书考释》,第404—407页。

不受兄弟连累,得到宽恕,但前提是必须接受武则天提出的改嫁要求,以此方式宣布与王勖旳义绝,通过离开王家以表明其择周而从的政治立场。依《唐律疏议》卷 14《户婚律》总 184 条,诸夫丧服除而欲守志,非女之祖父母、父母而强嫁之者,徒一年;期亲嫁者,减二等。各离之,女追归前家,娶者不坐。此例再嫁案例,属于朝廷以敕改法,并不符合唐律夫丧服除而欲守志的相关条款,但一旦涉及政治问题,帝王意旨即是最高原则。其后夫温炜卒于睿宗太极元年(712)。李氏再次孀居,晚年去看望任沧州刺史的季弟,最终死于沧州官舍。可能李氏在 63 岁临终之前回顾自己的人生,一直不能摆脱家庭的连累,先是其兄弟、其前夫参与反唐,她本人也支持;在反唐失败后,被迫改嫁温家,不幸又第二次成为寡妇。这样的人生际遇,很可能是李氏在临终之前选择出家的原因:"常以惠定加行,贪慕真如,临终乃建说一乘,分别三教,谈不增不减,以寂灭为乐,意乐出家,遂帔缁服,如如永诀,非复常情。"而且,最后的归葬之地,她没有选择与丈夫合葬,而是遗命归葬洛阳河阴乡北原先人旧茔左右。[①] 在李氏人生的最后,她终于自己做出了出家的选择,起码在此事上遵从了个人的心愿。此例再嫁案例属于朝廷以敕改法的典型案例之一,主要还是涉及政治立场问题。李氏本姓徐,其祖父本来的姓名是徐世勣,后来被赐姓李氏,[②]但她临终以李姓下葬,也是其选择的政治立场的体现。

皇帝干预司法,除了表现为以敕改法外,还表现皇帝对犯罪者

---

① 《故潞州屯留县令温府君李夫人墓志铭并序》,《唐代墓志汇编》,开元 047,第 1186—1187 页。
② 《旧唐书》卷 67《李勣传》载:李勣,曹州离狐人也。隋末,徙居滑州之卫南。本姓徐氏,名世勣,永徽中,以犯太宗讳,单名勣焉。第 2483 页。

的祖护,如案例114、119。前案中,元和九年(814),宣徽五坊小使诬构华州下邽令裴寰大不恭,最终无罪被释放。依唐律,诬告人者,各反坐。对小使慢言,触犯《唐律疏议》卷10《职制律》总122条,诸指斥乘舆,情理切害者,斩;非切害者,徒二年。对捍制使而无人臣之礼者,绞。则该小使至少当徒二年,甚至处以死刑。但宪宗仅对身陷诏狱的裴寰予以释放,并未处罚宣徽五坊小使,反映了宪宗对五坊小使的袒护。案例119中,长庆元年(821),宿州刺史李直臣豪夺聚敛,坐赃当死,中贵人受其厚赂为之申理。该贵人构成受人财为之请求罪,依律坐赃论加二等,最高可处流刑2 500里。因御史中丞牛僧孺进言,请诛之,穆宗最终诛杀了犯赃罪的李直臣,但中贵人未受任何惩罚,严重违律。有时,皇帝在处理大臣举报案件时,则未履行司法程序,直接进行处理。案例103是出于皇帝不遵守程序导致的冤案。贞元前期,宰相韦安石之孙韦汭(735—810)任洛阳令,东都留守崔纵密构其逸言,韦汭被德宗黜归州(治湖北秭归县)为官,后又移郢州(治湖北钟祥市)。依《唐律疏议》卷23《斗讼律》总342条,诬告者当反坐其罪,但因崔纵诬告为密奏,德宗直接将韦汭贬为远州外官,并未交给有司调查处理,使此案成为冤案。

(二) 权臣、重臣干预司法

权臣、重臣干预司法,一是表现为权臣、重臣为犯罪者提供庇佑、求情,二是犯罪者本身是皇帝宠臣、权势之家或专权任势者,他们凭借其身份或权势,使其案成为冤案,令当事人逍遥法外。

上编案例007、042、081,均是第一种情形的反映。案例007中,粟特人史诃耽(正史作"担",584—669)担任中书译语人,家资巨富,宅第奢华。永徽元年(650),作为其长官的中书令褚遂良贱市史诃担之宅。依《唐律疏议》卷 29《断狱律》总 487 条,褚遂良当依贷所监临财物有剩利论罪,计利准枉法论,依剩利多少,褚遂良最低杖一百,最高可处绞刑。最终,褚遂良被从轻判处,仅贬为同州刺史。褚遂良与权臣兼皇舅长孙无忌同为太宗留给高宗的顾命大臣,当得其庇佑。案例 042 中,武周时期(690—704),右台侍御史魏探玄诬告兖州龚丘县令程思义(629—703)赃污十万,依《唐律疏议》卷 23《斗讼律》总 342 条,魏探玄当反坐其诬告程思义的赃罪。但该案中,因魏探玄是"宰辅之重戚",[①]得到亲戚庇护,未受任何惩罚,而程思义则久絷囹圄,推鞫无状,最终冤情得雪时已是风疾弥留之际。案例 081 中,安禄山谋反后,李白在宣州谒见江淮兵马都督、扬州节度大使永王李璘,得辟僚佐。肃宗即位于灵武后,永王璘不可避免牵连到玄宗父子对唐朝政权的争夺之中,后被迫起兵。因此,李白牵涉到永王璘谋反案中,因李璘兵败,李白当诛。之前,李白游历并州(山西太原)时,对当时在行伍间的郭子仪非常赏识,曾"为免脱其刑责而奖重之"。[②] 故对郭子仪有知遇兼救护之恩。这时,郭子仪已经成长为安史之乱中的平叛将领,为报李白旧恩,不惜解官以赎李白之罪。故肃宗下诏长流李白于夜郎(贵州正安县),后来遇赦得还。此案中,虽说郭子仪对李白是出于报恩的心理,但其举毕竟仍是作为名将大臣干预司法的表现。

案例 032、033、046、086、123,均是第二种情形的反映。案例 032、案例 033 亦属于酷吏政治制造政治冤案,详见后文相关部分

---

① 《唐故朝议大夫行兖州龚丘县令上柱国程府君(思义)墓志并序》,《唐代墓志汇编》,长安 030,第 1012 页。
② 裴敬:《翰林学士李公(白)墓碑》,《全唐文》卷 764,第 7946 页。

的分析，此不赘述。案例046中，中宗神龙二年（706），光禄卿、驸马都尉王同皎以武三思与唐中宗韦皇后奸通，召集壮士张仲之、宋之逊、祖延庆等，欲于武后灵驾发日伏弩射杀武三思，但因事泄而未遂。依《唐律疏议》卷17《贼盗律》总256条，谋杀人未果，最高徒三年。本案中，武三思诬告其行动的动机在于欲废韦皇后。侍中杨再思与吏部尚书李峤、刑部尚书韦巨源受制考按其狱。故王同皎与若干同谋者被杀，全家籍没，只是王同皎之妻中宗之女安定公主改嫁韦皇后从祖弟韦濯，未受株连，显然对王同皎等属于重惩。武三思还趁机诬构桓彦范、敬晖、袁恕己、崔玄暐、张柬之知情不报，五人均被贬为边远外州官。又潜晋州刺史杨执一与王同皎图废韦氏，致其被贬为沁州刺史。此案中，武三思利用其权势身份，翻手为云，使此案成为一件典型的冤案。案例086中，肃宗上元元年（760），道士、谏议大夫申泰芝以方术得幸，遨游湖、衡间，以妖幻诡众，奸赃巨万，潭州刺史、湖南防御使庞承鼎对其加以按治。申泰芝反而诬告庞承鼎谋反，肃宗令荆南府按问庞承鼎的诬罔之罪。依《唐律疏议》卷23《斗讼律》总341条，申泰芝当处斩刑。但该案中，庞承鼎、判官吴子宜等蒙冤被杀。申泰芝利用自己身为肃宗宠臣的身份，颠倒黑白，使此案成为冤案。至唐代宗即位后，申泰芝才坐妖妄不道被诛。案例123中，泾水位于京兆府境内，西北自云阳界（陕西泾阳县云阳镇）流入，经泾阳县（陕西泾阳县）南七里，东南入高陵县（陕西高陵县）界。穆宗长庆时期（821—824），泾阳县权幸家占据白渠上游泉水溉田，使得泉水不及下游的高陵县，并千方百计阻止高陵县令刘仁师修新渠之举。泾阳权幸家有违唐代水部式关于用水的规定，但却并未受到科罚，是与他们的身份背景有很大关系的。直至敬宗宝历元年（825），渠成，处于白渠下游的高陵县田地得以灌溉。

(三) 法官因各种原因曲法判案

法官对案件是否重视,是否用审慎的态度对待案件的审理和复查均非常重要,这关系到案件是否会得到公正的处理。"法官的生存环境以及法律的实施,因时因地有所不同。"[①]中宗神龙时期,大理正王志愔提及:"大理官僚,多不奉法,以纵罪为宽恕,以守文为苛刻。"[②]在这种宽纵的法治环境下,中宗朝呈现乱象不可避免。德宗贞元时期,扬州六合(江苏南京市六合区)县尉卢侠(？—802)"有从祖之兄,奉职于其帅庭,帅或衔他不合者以绳之"。因卢侠"尝雅为其兄所举",决心为其从祖兄伸冤,"乃超大江,共求其所以明白者"。此举"触上官之怒,为并治之。诬章列上,缘坐受谴",被贬为昭州平乐(广西平乐县)县尉。[③] 此案中,上级官员面对诉冤者不仅未对该案引起应有的关注,反而对其加以诬告,是对案件不审慎、不重视的一个典型代表。

从出土墓志资料中可见唐代诸种法官种类,包括中央的刑部官员、大理寺官员、御史台官员,以及地方的法曹参军、覆囚使、幕府推官等。县尉虽不能说是法官,但却是县里参与断案的主要官员。但唐代法官一直在法官系统升迁的很少,往往是中央各部门以及中央和地方互相迁转。[④] 中央的法官刑部、御史台、大理寺官

---

① 黄正建:《出土唐代墓志与法律资料》,《中国古代法律文献研究》第 11 辑,2017 年,第 187 页。
② 《旧唐书》卷 100《郑惟忠传》,第 3118 页。
③ 朝散郎行河南府河南县尉崔玙撰:《唐故昭州平乐县尉卢府君(侠)墓志铭并序》,《新中国出土墓志·河南〔叁〕·千唐志斋〔壹〕》下册,第 214 页。
④ 黄正建:《出土唐代墓志与法律资料》,《中国古代法律文献研究》第 11 辑,2017 年,第 181 页。

员的级别有高有低,地方法官的级别并不高,法曹参军事(诸京兆府、河南府、太原府品阶为正七品下),诸都督府的法曹参军事(上、中、下都督府品阶分别为正七品下、从七品上、从七品下),各州司法参军事(上、中、下州品阶分别为从七品下、正八品下、从八品下),诸县尉(万年、长安、河南、洛阳、奉先、太原、晋阳七县尉品阶为从八品下,京兆府、河南府、太原府诸辖县品阶为正九品下,上县尉品阶为从九品上,中、下县品阶均为从九品下)等。① 法官曲法判案表现为法官畏惧权臣而曲法、法官为维护统治阶级眼前利益而曲法、因人情而曲法等若干方面。

首先,法官畏惧权臣而曲法判案。案例007中,永徽元年(650)中书令褚遂良抑买中书译语人史诃担宅案是这方面的典型案件。该案中,褚遂良为监察御史韦思谦所弹劾,大理丞张山寿断以遂良征铜20斤,大理少卿张叡册以为非当,估宜从轻。最终,褚遂良被贬为同州刺史,大理少卿张叡册被贬为循州(广东惠州市)刺史。守司刑太常伯李爽(593—668)墓志记载此案:"君以天资刚直,权豪惧惮,中书令褚遂良贸易之间,交涉财贿,既挥霜简,因触时蠹,遂良出为同州。"②中书令褚遂良贱市下属译语人史诃担宅,违反《唐律·职制律》卖买有剩利条款规定。据《唐律疏议》卷11《职制律》总142条规定,诸贷所监临财物者,坐赃论。若卖买有剩利者,计利以乞取监临财物论。强市者,笞五十;有剩利者,计利准枉法论。褚遂良买卖房产有剩利,当计利准枉法论,最高可处以绞

---

① 《唐六典》卷30《三府都护州县官吏》,第740—753页。
② 兰台侍郎崔行功撰:《□□故银青光禄大夫守司刑太常伯李公(爽)墓志铭并序》,《唐代墓志汇编》,总章020,第494页。又见《全唐文补遗》第1辑,第47页。

刑。实际上,褚遂良被贬为同州刺史,属轻判。而大理少卿张叡册附下罔上,以为价当官估,准估无罪,属断罪失于出,触犯《断狱律》相关条款:即断罪失于入者,各减三等;失于出者,各减五等。① 即当减褚遂良罪五等治罪,而张叡册亦被贬官为循州刺史,受到了应有的惩罚。②

案例 102 中,法官侍御史杜伦因畏惧权臣,而希上级御史中丞卢佋之意,造成曲法判案。贞元四年(788),陕虢观察使卢岳卒,其妾裴氏有子,但卢岳正妻分财不及庶子,依《唐律疏议》卷12《户婚律》总 162 条规定,应分田宅及财物者,兄弟均分,故裴氏诉于官。因陕州当地拒接此案,最终由东都御史台受理。御史中丞卢佋欲重卢岳妾裴氏之罪,侍御史穆赞持平不许。卢佋恃与宰臣窦参善,怒部下穆赞以小事不受指使,另一侍御史杜伦希其上级卢佋之意,诬其穆赞受裴氏金,鞭其走使以成狱。穆赞被逮捕下狱。依律,杜伦诬告同僚穆赞受人财许为嘱请,当反坐其罪。据《唐律疏议》卷11《职制律》总 136 条,诸受人财而为请求者,坐赃论加二等,最高可处流 2 500 里。之后,穆赞之弟穆赏诣阙挝登闻鼓,为其兄穆赞成功申冤,窦参终被出为郴州(湖南郴州市)刺史,但侍御史杜伦当时似未受法律制裁。

在法官因畏惧权臣而曲法判案中,博陵崔皑(632—705)的经历非常典型。从其人生际遇可以看出法官畏惧权臣而曲法判案之普遍。崔皑墓志载:

---

① 岳纯之点校:《唐律疏议》,第 477—480 页。
② 谢红星:《唐代受贿罪研究——基于现代刑罚的视角》,北京:中国政法大学出版社,2011 年,第 139、184 页。

伊博陵崔公讳晊,岁十有八,以门胄齿太学。……首拜雍州参军事,次左骁卫兵曹,次蒲州司法。……帝有恤人之命,特除公为喜安令。月给都苑,大走关辀,邮蚲无留,赋讼咸理,使畿教不辱,故人颂石而德之。有后宰杜玄演及继演者皆嫉我惠能,戕我图箓,举邑号护,诃怒骤挞而不能禁焉。会江介郡县,吏多贪愿,潭州司马乐孝初、永州司马夏侯彪之,暴滑之魁,黩贿无纪,宪训累发,皆不敢劾。公以刚直受命,南辄按罪,亲数二墨于朝,咸伏其咎。奸禄者因悝公严正故直,徙为醴泉令。而县之义仓,旧多积谷,朝贵与州吏协谋僦忾,以倾我敖廪。公正言于朝,多所评忤,遂左为钱唐令。故老怀爱而愤冤,号诉而守阙者千有余人。期而得直,复为旧党所构,卒以是免。闭门十年,寝食蓬藋,终不自列,久乃事白,授相州内黄令,迁洛州陆浑令。南山有银冶之利,而临鼓者不率,公董之,复为矿氏所罔,免归。人吏奔诉,而又获理焉。登除渑池令,迁润州司马,加朝散大夫。……神龙元年,公七十有四,秋七月季旬有八日,终于东都履道里之私第。公病之革也,命二子曰:吾所著书,未及缮削,可成吾志。伯殒季血,敢守遗简。乃于箴笥中奉春之遗令曰:吾家尚素薄,身殁之后,敛以时服。吾死在今岁,不敢先言,汝知之。[①]

据其墓志,崔晊出身大族,一生为官正直,即使仕途坎坷亦不为之改易,赢得了所治理地方百姓和守法官吏的爱戴。咸通(亨)之岁(670),关辅阻饥,崔晊夫妇善待呱呱待哺的群甥,几乎阖门毕毙。

[①] 《有唐朝散大夫守汝州长史上柱国安平县开国男赠卫尉少卿崔公(晊)墓志》,《唐代墓志汇编》,大历 062,第 1802 页。

朝廷嘉之,38岁的崔晛升迁尚书库部员外郎。因唐高宗有恤人之命,特除崔晛为定州喜安(当作安喜,河北定州市)[①]令。但之后,其仕途一直不甚顺畅。他任安喜县令期间政绩突出,"邮斩无留,赋讼咸理"。但也因此遭后宰杜玄演及继演者嫉恨其"惠能",幸亏"举邑号护",并不能禁。遇潭州(湖南长沙市)司马乐孝初、永州(湖南永州市)司马夏侯彪之"黩贿无纪,宪训累发,皆不敢劾"。因崔晛有正直之名,朝廷命其按二人贪墨之罪,他"亲数二墨于朝,咸伏其咎"。因江介郡县,吏多贪愍,崔晛的严正之举引起奸禄者的畏惮,在他们的活动之下,崔晛被徙为雍州醴泉令。在醴泉(陕西礼县)县令任上,遇"朝贵与州吏协谋儳忾,以倾我敖廪"。朝官与州吏合谋侵夺该县义仓积谷。崔晛不避权贵,上言于朝,对权贵多所评忤,故被左迁为杭州钱唐令。但因"故老怀爱而愤冤",千余人"号诉而守阙",故一年后崔晛左迁案得以真相大白。但旋即"复为旧党所构,卒以是免"。此后,崔晛"闭门十年,寝食蓬藿,终不自列"。后"久乃事白",授相州内黄(河南内黄县)令,又迁洛州陆浑令。陆浑县(河南嵩县)南山有银矿,因"临鼓者不率,公董之,复为矿氏所罔,免归"。崔晛董理该矿,得罪了该县银矿既得利益者的利益,被银矿主管者诬告,而法官不为之申,被罢归。这次的罢免又因人吏为之奔走诉冤而得雪。后登除洛州渑池(河南渑池县)令,迁润州司马,加朝散大夫。后来,张昌期莅临此州,[②]此人为武则天男宠张易之的弟弟,唐人《朝野佥载》云其"恃宠骄贵,酷暴群

[①] 查《新唐书》卷39《地理志三》,唐代无喜安县,而定州有安喜县,为紧县。第1018页。故墓志中喜安县,当为安喜县之误。
[②] 据《新唐书》卷4《则天顺圣武皇后本纪》,武周长安五年正月,汴州刺史张昌期等伏诛,第105页。

僚"。① 崔晊自言"安能折腰于此竖乎？"遂抗疏而归。② 崔晊一直到晚年，都没有改变自己疾恶如仇和一身正气的特点，仕途历经唐高宗和武周朝，虽然坎坷却得以善终。在其墓志中，并未明言法官如何因畏惧权臣而曲法判案，但在每件令崔晊蒙冤的案例之后，曲法判案法官的身影都隐隐若现。

当然，传统文献对于法官畏惧权臣而曲法判案也有反映。武周时期，酷吏来俊臣构陷狄仁杰、李嗣真、裴宣礼等三家，奏请诛之，武则天使给事中李峤与大理少卿张德裕、侍御史刘宪覆其狱，张德裕、刘宪"虽知其枉，惧罪，并从俊臣所奏"。只是因李峤说："岂有知其枉滥而不为申明哉！"在其带领下，张德裕等列其枉状。但李峤因此举忤旨，被贬润州（江苏镇江市）司马。③

第二，有的法官为维护统治阶级的眼前利益而曲法判案。敦煌变文中的一则以唐玄宗开元末至天宝初④为背景的民事案件黄雀占夺燕子巢窟，是这方面的一则典型案例。这则变文虽以寓言故事的形式来表现案件的发生、审判及结局，但却真实地反映了当时社会法律执行的情况。⑤ 燕子建好巢窟后，黄雀趁燕子外出，强夺其巢，并加以恐吓，云："明敕括客，标入正格。阿你逋逃落籍，不

---

① 《朝野佥载》卷4，第99页。
② 《有唐朝散大夫守汝州长史上柱国安平县开国男赠卫尉少卿崔公（晊）墓志》，《唐代墓志汇编》，大历062，第1802页。
③ 《旧唐书》卷94《李峤传》，第2992页。
④ 对于此事记载时代，参考付俊琏《两篇风格迥异的〈燕子赋〉》的判断，《社科纵横》2005年2期。
⑤ 陈登武著《从人间世到幽冥界：唐代的法制、社会与国家》认为："《燕子赋》虽然以寓言方式写作，但却实实在在地写一个发生在唐代现实环境下的司法案件。"在第二章中，作者透过该赋所反映的司法案件，对唐代司法运作，尤其是其诉讼制度进行了探讨。北京：北京大学出版社，2007年，第45—49页。

曾见你膺王役。终遣官人棒脊,流向儋、崖、象、白。"云:"野鹊是我表丈人,鹁鸠是我家伯。州县长官,瓜罗亲戚。是你下牒言我,恐你到头无益。火急离我门前,少时终须吃掴。"燕子不分,以理从索。遂被撮头拖拽,捉衣扯擘,撩乱尊拳,交横秃刷。父子数人,共相殴击。燕子被打,伤毛堕翮,起止不能,命垂朝夕。伏乞检验,见有青赤。不胜冤屈,请王科责。黄雀的行为反映了唐代政府为搜捕逃匿赋税的逃户所展开的"括户"行动。① 黄雀的行为违反唐律恐喝取人财物的相关条款,据《唐律·贼盗律》总285条:"诸恐喝取人财物者(口恐喝亦是),准盗论加一等。虽不足畏忌,财主惧而自与,亦同。"疏议曰:"计赃,准盗论加一等,谓一尺杖七十,一匹加一等,五匹徒一年半,五匹加一等,三十五匹流三千里。虽不足畏忌,但财主惧而自与财者,亦同恐喝之罪。"②依财物多寡,黄雀最低杖七十,五匹徒一年半,最高可处流三千里。燕子上诉后,凤凰以百鸟之王的身份加以审判,并责令黄雀将巢窟还给燕子。但当黄雀拿出攻打辽东时因功所得上柱国勋告身时,当即以上柱国勋收赎,宣布释放黄雀。对于本案的判决,凤凰开始执法还是比较秉持公正的,不为黄雀的巧言所动,但最终同意黄雀以其上柱国勋赎罪、当庭释放黄雀的判决:"雀儿秃刷,强夺燕屋。推问根由,元无臣伏。既有上柱国勋收赎,不可久留在狱。宜即适(释)放,勿烦案责。"这反映出其不能脱离其阶级属性的特点。据赋文所云,黄雀的上柱国勋载于《山海经》:"但雀儿去贞观十九年,大将军征讨辽东。雀儿投募充僆,当时配入先锋。身不骑马,手不弯弓。口衔艾火,送着上风。高丽遂灭,因此立功。一例蒙上柱国,见有勋告数

---

① 《从人间世到幽冥界:唐代的法制、社会与国家》,第47页。
② 岳纯之点校:《唐律疏议》,第307页。

通。必其欲得磨勘,请检《山海经》中。"①因上柱国勋为正二品,符合收赎条件,因此凤凰对本案的判决还是符合法律规定的。虽然这是一例以文学形式表现的案件,但由此案的发生及其审理,可以发现阶级社会中法官执法的一些共同特点。

第三,法官还会因为人情因素而曲法判案。据凉州长史赵持满之孙赵有孚墓志,约天宝初,赵有孚(684—749)任大理寺丞(从六品上),职责为"断罪不当,则以法正之"。② 但其上级大理卿裴纯及"兵部奸吏","皆以意度,而欲情求"。因赵有孚"志在简孚,耻于锻炼"。故他"以宽见责",被贬为灵昌郡(治河南滑县)员外司功。③ 从其例可以看出,唐代曲法判案的情形并不在少数。另外,法官也有因受贿而曲法判案者。虽然未见于碑志文书,但正史中有其例。武周时期,有富商倪氏于御史台理其私债,御史中丞来俊臣受其货财,断出义仓米数千石以给之。左武卫大将军薛仁贵之子蓝田令薛讷认为这样做是"绝众人之命,以资一家之产",予以反对。后因"俊臣得罪,其事乃不行"。④

(四) 宦官专权干涉司法

唐前期宦官地位很低,唐中后期皇帝逐渐重用宦官,导致了宦官干权问题。宦官专权导致唐后期司法程序不能正常运转。有学

---

① P. 2653《燕子赋一卷》,上海古籍出版社、法国国家图书馆编:《法藏敦煌西域文献》17 册,上海:上海古籍出版社,2001 年,第 107—109 页。(《燕子赋(一)》,并以 P. 2491、P. 3666、P. 3757、S. 6267、S. 214、S. 5540 参校)。
② 《旧唐书》卷 44《职官志三》,第 1884 页。
③ 给事中卢奕撰:《大唐故弋阳郡司马赵府君(有孚)墓志铭》,《珍稀墓志百品》,第 142—143 页。
④ 《旧唐书》卷 93《薛讷传》,第 2982 页。

者指出：唐后期宦官侵夺司法权的表现，一是干预司法机关的正常活动，二是宦官通过设立神策军狱和内侍狱，直接掌握司法审判权。① 由于神策狱与内侍狱破坏了唐朝的司法制度，侵犯了御史台、大理寺及京兆府的司法权，因此一直受到南衙的抵制。但由于有皇帝的支持，两狱在唐后期始终存在。

9世纪初期，宦官控制的禁军干涉司法之事多有发生。案例125中，同州冯翊县（陕西大荔县）百姓有名籍禁军作不法者，县尉刘行余（777—850）立答之。尽管这只是唐律中的最轻处罚，但刘行余却因此被远贬为道州延唐（湖南宁远县）尉。② 这种处理结果，显系禁军干涉的结果，隶名禁军的不法百姓因宦官庇佑而得以减轻刑罚。宦官专权以唐文宗时期的表现最为典型。大和末、开成初（835—836），崔敬本由京兆府咸阳令迁为昭应（陕西西安临潼区）县令，"其县多中贵人，居侍势力，扰害民物者率以为常"。崔敬本上任后，决心"悉革是弊，挫是人"。对于"邑民有藉党于中人家者"，果断予以惩罚。这引起"其徒不乐"，上任仅十月，便被以其名"与时尹之讳同"的名义罢官，"居京师凡二十月不得仕"，其后被起用为外官，文宗任命其为泉州刺史。③ 刘行余、崔敬本正常依法处理宦官管理的禁军名下之县民，或者中贵人之同乡，结果，刘行余被远贬，崔敬本罢官停职一年多，都是宦官干涉司法的结果。正史记载可以与之相印证。元和时期（806—820），"中官领禁兵，数乱

---

① 彭炳金著：《唐代官吏职务犯罪研究》，北京：中国社会科学出版社，2008年，第334—337页。
② 朝散郎右拾遗遣内供奉沈枢撰：《唐故朝议郎国子毛诗博士上柱国刘君（行余）墓志铭并序》，《洛阳流散唐代墓志汇编》下册，第601页。
③ 《（上阕）崔府君（□伯）墓志铭并序》，《新中国出土墓志·河南〔叁〕·千唐志斋〔壹〕》，第225页。

法,捕台府吏属系军中"。① 王播任京兆尹之前,盗贼得以隐匿于禁军之中,"禁屯列畿内者,出入属鞬佩剑,奸人冒之以剽劫,又勋戚家驰猎近郊"。② 以直谏知名的王源中(？—838)曾上言宪宗:"台宪者,纪纲地,府县责成之所。设吏有罪,宜归有司,无令北军乱南衙,麾下重于仗内。"③宝历中④刘栖楚任京兆尹之前,"诸恶少窜名北军,凌藉衣冠,有罪则逃军中,无敢捕"。⑤ 其上任后,"峻诛罚,不避权豪"。⑥ "事无大小,必设钩钜"。⑦ 长庆四年(824),侍御史萧澈弹劾京兆尹兼御史大夫崔元略"误征畿甸经赦免放缗钱万七千贯"。敬宗诏令刑部郎中赵元亮、大理正丞从质、侍御史温造充三司覆理此案。但因崔元略"有中助,止于削兼大夫"。⑧ 所谓"中助",即有中人宦官之助。

宦官不仅干涉司法,还会直接违法行事。代宗朝,郭子仪因平安史之功而声望甚高,其子郭暧娶升平公主为妻。两人在婚后两年发生争吵,郭暧曰:"汝倚乃父为天子邪？我父薄天子不为!"面对女儿的告状,代宗"慰谕令归"。⑨ 大历二年(767)十二月,权宦鱼朝恩因害郭子仪之功,与之产生嫌隙,遣盗发郭子仪之父泗州刺

---

① 《新唐书》卷164《卢景亮传》,第5044页。
② 《新唐书》卷167《王播传》,第5115页。
③ 《新唐书》卷164《卢景亮传》,第5044页。
④ 据《册府元龟》卷696《牧守部·抑豪强》,刘栖楚为京兆尹是在敬宗宝历中,第8309页。
⑤ 《新唐书》卷175《刘栖楚传》,第5246页。
⑥ 《新唐书》卷175《刘栖楚传》,第5246页。
⑦ 《册府元龟》卷690《牧守部·强明》,第8231页。
⑧ 《旧唐书》卷163《崔元略传》,第4260—4261页。
⑨ 《资治通鉴》卷224,唐代宗大历二年二月,第7313—7314页。

史、赠太保郭敬之冢。① 盗贼还未被捕获,郭子仪入朝,他从大局出发,以"天谴"自解,②对此事未予追究,此案遂不了了之。可以想见,如果盗贼背后没有强硬后台的维护,郭子仪作为中兴名臣,面对父墓被盗这种大事,绝不会放弃追查此案。

宦官敢于干预司法、违律行事,究其根源,是因皇帝默许和袒护。因玄宗"在位既久,崇重宫禁,中官稍称旨者,即授三品左右监门将军,得门施棨戟"。③ 故玄宗在位时期宦官品阶、人数渐众。肃宗灵武即位后,即重用宦官李辅国,其后他在任太子詹事期间,利用"宣口敕处分"的机会,以皇帝之名,肆意干涉司法,"御史台、大理寺重囚,或推断未毕,辅国追诣银台,一时纵之。三司、府、县鞫狱,皆先诣辅国咨禀,轻重随意,称制敕行之,莫敢违者"。④ 但宦官的这些权力都是依附于皇权的。代宗即位后,李辅国与程元振倚恃有定策之功,愈加恣横,代宗怒李辅国之不逊,欲将其铲除,但碍于其掌握禁军,先尊其为尚父,将其升至高位,加司空、中书令,引致程李矛盾争权,然后代宗因程元振之请求,罢李辅国判元帅行军事,既而罢其中书令。在将其权力解除后,十月十八日夜,遣盗杀之。⑤ 尽管李辅国在肃宗时期大权独揽,但代宗在几个月内就将其权力解除,并暗中将其杀害,充分说明宦官的权势来源于

---

① 《资治通鉴》卷224,唐代宗大历二年十二月,第7312页。参见《新唐书》卷137《郭子仪传》,第4608页。据《旧唐书》卷120《郭子仪传》,郭子仪,华州郑县人。父敬之,历绥、渭、桂、寿、泗五州刺史,以子仪贵,赠太保,追封祁国公。第3449页。
② 《资治通鉴》卷224,唐代宗大历二年十二月,第7312页。参见《新唐书》卷207《宦者上·鱼朝恩传》,第5865页。
③ 《旧唐书》卷184《宦官列传》序,第4754页。
④ 《资治通鉴》卷221,唐肃宗乾元二年四月条,第7193页。
⑤ 《旧唐书》卷184《宦官·李辅国传》,第4761页。

皇帝,其权势大小与皇帝的支持有很大关系。

(五) 为私仇或免除己祸而嫁祸他人

因私仇而嫁祸他人见于案例 080。此案中,天宝时期(742—756),河南尹诬仇家与贼通,并杀仇人,籍其家。韩愈姐夫范阳卢氏之卢于陵(771—807)的墓志记录了东都洛阳发生的这件冤案。卢于陵之父卢贻为河南法曹参军时,"河南尹与人有仇,诬仇与贼通,收掠取服"。经手此案的卢贻明确表示反对,并以死相争。结果,河南尹怒,命卒捽之,连同卢贻一并收监,"竟奏杀仇,籍其家",才将卢贻释放。该河南尹不仅因私仇陷害他人一族,而且还间接害死了秉公执法的部下河南法曹参军卢贻。年纪方轻的卢贻出狱后,因气愤不食,呕血而死。[①] 此案无疑为一冤案。

案件当事人为免除己祸而暗中嫁祸于他人,见于案例 067、106。案例 067 中,约开元二十八年(740),淮南道采访使李知柔以私怨匿和州水灾。依唐律《户婚律》总 169 条规定,李知柔至少当杖七十,最重可徒三年。但李知柔密疏诬奏张无择上言灾害为附下之举,导致此案成为冤案,不仅灾民不获蠲免,张无择亦被贬为苏州别驾,李知柔却未受任何法律制裁。而案例 106 中,贞元十六年(800),朝廷平吴少诚叛时,粮料使薛义运粮不理,事后朝廷追究责任,薛义为脱罪责,嫁祸于判官张正则,致其被贬为恩州阳江县尉。而实际上,运粮不续事发时张正则还没有在判官任上,这种长官暗中运用手段嫁祸于人,比之公报私仇更加令人难以接受,最后张正则因愤积不平 45 岁便死于贬所。

---

① 韩愈:《处士卢君(于陵)墓志铭》,《韩愈文集汇校笺注》卷 24,第 2649 页。

案例 130 中,工部尚书、翰林侍讲学士郑注及礼部侍郎、同平章事李训诬告京兆尹杨虞卿造谣,是典型的此类案例。大和九年(835),京师讹言郑注剔小儿肝心为皇帝治丹药,民间大受惊扰,文宗不悦。郑注内心不安,因他与京兆尹杨虞卿有怨,即约李训奏言语出杨虞卿家,因京兆差役而传布京师。文宗大怒,下虞卿诏狱。杨氏子弟自囚,于阙下称冤,杨虞卿虽得释,却被贬虔州(江西赣州市)司户参军,死于贬所。① 此案明显为冤案,既体现了政治斗争的复杂性,也是郑注与李训为移己之祸而嫁祸于人。其发生的背景为文宗大和末,当时文宗苦于宦官专权,却身居"九重深处,难与将相明言",②而皇族后裔进士擢第的李训辞敏智捷、善揣人意,与始以药术游长安权豪之门的绛州翼城(山西翼城县)人郑注"二人相洽,日侍君侧,讲贯太平之术,以为朝夕可致升平"。故文宗惑于其说,"是时,训、注之权,赫于天下。既得行其志,生平恩仇,丝毫必报。因杨虞卿之狱,挟忌李宗闵、李德裕,心所恶者,目为二人之党。朝士相继斥逐,班列为之一空,人人惴慄,若崩厥角"。③

(六) 地方官员奉行慈惠之政

史载地方官员因主张奉行慈惠之政而违律判案不乏其例。据传统文献所载,唐高宗统治时期奉行慈惠之政的官员较多。唐德宗贞元时期(785—805)则是另一实行宽政的时期。唐朝在安史之乱后步入后期,经历了肃代之际的过渡期,又经过兴元年间的朱泚之乱,德宗朝社会亟须稳定。因此,上编案例 105 中,刺史裴郾对

---

① 《新唐书》卷 175《杨虞卿传》,第 5249 页。
② 《旧唐书》卷 169《李训传》,第 4396 页。
③ 《旧唐书》卷 169《郑注传》,第 4400 页。

衢州（浙江衢州）被迫卖儿鬻女的百姓不予惩罚。因前任宰守征收夏布时中饱私囊，衢州贫困破产的百姓不乏卖儿鬻女者。因百姓也是迫不得已，法不责众，无法予以追究。裴郾接任衢州刺史后，抓获 300 余名赃污者，并为贫民赎子。其行为使得"未期而襁负归之者如市"。① 衢州贫民卖儿鬻女，触犯《唐律·贼盗律》诸总 294 条略卖期亲以下卑幼为奴婢条的相关规定，衢州贫困百姓和卖子女，当依斗殴杀法减一等定罪，当徒一年半。此案例中，不论出于何种原因，衢州因贫困卖子女百姓却未受到任何法律惩罚，并不符合唐律和卖子孙的相关规定。而之所以如此，就在于裴郾奉行慈惠之政，不欲重法治民。地方官员奉行慈惠之政，是唐代以儒家礼法治国施政理念的体现，较多地体现出柔的一面。

三、特殊政治和军事环境导致曲法判案

特殊政治和军事环境导致曲法判案主要包括政治斗争影响判案、酷吏政治制造冤案、朝廷姑息跋扈藩镇、政局动荡及战争等导致政府职能缺位等若干情形。

（一）政治斗争影响判案

一些官员案件的曝光是源于政敌的揭露，这意味着若非有政治竞争对手的存在，可能有些案件会淹没于历史之中。户部侍郎崔元略在长庆四年（824）前任京兆尹日为桥道使造东渭桥时，被本典郑位、判官郑复虚长物价，抬估给用，不还人工价直，率敛工匠破

---

① 朝议郎守尚书吏部郎中赐绯鱼袋李墉撰：《唐故衢州刺史河东裴公（郾）墓铭并序》，《大唐西市博物馆藏墓志》下册，第 722—723 页。

用,计赃 21 709 贯。至宝历二年(826)四月案发,唐敬宗下敕:崔元略"不能检下,有涉慢官",罚其一月俸料。此事的关键人物是敬宗时任京兆尹的刘栖楚(？—827)。刘栖楚有觊觎相位之意,而崔元略是其竞争对手,又多游裴度门,刘栖楚恐其"碍己,以计摧之",寻其问题,才按举其前事"以污之"。① 但刘栖楚亦未能如愿,几个月后,便因其"恃权宠,常以词气凌宰相韦处厚",被贬为桂州观察使。② 此事揭示出政治斗争的复杂性,权臣利用和制造冤案以夺权和稳定权力之事时有发生。

政治斗争影响司法实践的典型案例如案例 010 长孙无忌诬告吴王李恪参与房遗爱谋反案。李恪(619—653)是唐太宗和隋炀帝之女杨妃所生,"有文武才,太宗常称其类己。既名望素高,甚为物情所向"。唐太宗一度欲立其为太子。故辅立高宗李治的长孙无忌,在高宗统治初期,借房遗爱谋反案将其诛杀,"以绝众望,海内冤之"。其四子亦被流放。③ 李恪在"永徽四年二月六日,罄于有司之别舍",年仅 35 岁。当时唐高宗下诏:"恪等性各凶愚,识皆庸鄙,苞祸心于睥睨,彰逆节于家国。"④说明当时是以谋反罪处死其异母兄长的。长孙无忌诬告李恪谋反以维护高宗的帝位和自身权势,却毫发无损。此案是一件典型的受制于政治斗争影响的冤案。此后,高宗将立武昭仪为皇后,长孙无忌屡言不可,许敬宗诬奏长孙无忌谋反,武曌成功封后。此案并未遵循正常的司法审判程序,牵连甚广,是许敬宗等迎合唐高宗、武则天掌权的需要故意制造的

---

① 《旧唐书》卷 163《崔元略传》,第 4261—4262 页。
② 《旧唐书》卷 154《刘栖楚传》,第 4107 页。
③ 《旧唐书》卷 76《太宗诸子列传·吴王恪传》,第 2650 页。
④ 《大唐故恪墓志铭并序》,《长安新出墓志》,第 62—63 页。

冤狱。据《唐律疏议·斗讼律》341条规定：诸诬告谋反及大逆者，斩；从者，绞。许敬宗等当处斩刑，但因其代表了后来当权者的利益，故反而高升。

从袁公瑜墓志，也可见政治立场、政治斗争对长孙无忌一案的影响。袁公瑜（613—685），陈郡扶乐（河南太康县）人，太宗、高宗时期曾任法官。贞观时期，"时以寺狱未清"，授通事舍人袁公瑜为大理司直。因太宗东征，特授其并州晋阳县令，"寻迁大理寺丞。宰剧有声，恤刑无讼，人赖厥训，朝廷嘉焉"。得迁都官员外郎，后历任兵部、都官二员外，兵部郎中，中书舍人。① 袁公瑜在高宗废王皇后立武昭仪的问题上，选择站队武后。显庆四年（659），中书令许敬宗遣人上封事，称监察御史李巢与长孙无忌交通谋反，高宗令许敬宗与侍中辛茂将鞫之。许敬宗后与吏部尚书李义府遣大理正（从五品下）袁公瑜②就黔州（重庆彭水县）重鞫长孙无忌反状，袁公瑜逼令自缢，籍没其家。③ 袁公瑜后任御史中丞（正五品上），与李义府、许敬宗等"相推毂，济其奸，诛弃骨鲠大臣，故后得肆志攘取威柄，天子敛衽矣"。④ 迁任西台舍人（正四品上），因"儒宗"、"忠慎"被推重，高宗时迁司刑少常伯（正三品）。因"君素多鲠直，志不苟容"。其后一直出任地方官，先后任代州长史、西州长史、庭州刺史，迁安西都护府，"忠而获谤，信而见疑"，流于振州（海南省三亚市崖城镇），久之遇赦，徙居白州（广西博白县），武曌以太后临

---

① 河北道安抚大使狄仁杰撰：《大周故相州刺史袁府君（公瑜）墓志铭并序》，《全唐文补遗》第1辑，第80—81页。
② 据《唐六典》卷18《大理寺》，大理正，从五品下，"掌参议刑狱、详正科条之事。凡六丞断罪有不者，则以法正之。……凡有犯，据其本状，以正刑名"。第502—503页。
③ 《旧唐书》卷65《长孙无忌传》，第2456页。
④ 《新唐书》卷223上《李义府传》，第6340页。

朝称制初卒。至武周如意初年(692)，追赠为相州刺史。① 总的来看，袁公瑜在贞观时期为大理司直、大理寺丞，可能是因其业务能力较强、断狱公允。但在高宗时期，他任大理正、御史中丞、司刑少常伯等法官，在对待长孙无忌谋叛一案上，并未秉持公心、依法判案。

案例011、019、130的判案结果也是受政治斗争的影响所致。案例011中，显庆五年(660)，右卫大将军慕容宝节爱妾投毒害死右屯卫将军杨思训，依当时法律，慕容宝节被流岭表。其后，杨思训妻诣阙称冤，唐高宗遣使追斩慕容宝节，并诏以置毒人者重其法。实际上，根据黄楼依《新唐书·杨思训传》与慕容宝节之女长孙燕国(626—705)墓志的研究，慕容宝节和杨思训欲谋乱反对武则天，但因杨思训不够坚定，故采取非常举措，冒险鸩杀慕容宝节，并抛出侍妾顶罪，试图掩盖真相。慕容宝节"谋乱"事被武则天视为"谋乱"，开元时慕容宝节被玄宗视为忠臣，获得平反，追赠户部尚书。基本可以断定，此案虽然是以毒药药人对慕容宝节予以治罪的，但实际上却是一件政治案件。此案事发于高宗时期，反对武则天可定性为谋反，但于李唐而言，慕容宝节则不构成犯罪，还可称是李唐的功臣。案例019中，永隆元年(680)，太子典膳丞高岐事涉太子李贤谋反案，高宗责令其父左卫将军高真行对其予以训责。高岐若事涉谋反，依唐律《贼盗律》总248条规定：诸谋反及大逆者，皆斩。家人中，除80岁以上男子及笃疾者、60岁以上老

---

① 河北道安抚大使狄仁杰撰：《大周故相州刺史袁府君(瑜)墓志铭并序》，《全唐文补遗》第1辑，第80—81页。《旧唐书》卷82《李义府传》载袁公瑜被追赠的原因是"在永徽中有翊赞之功"，但载被追赠之官为江州刺史，第2770页。从其墓志来看，笔者倾向于认为追赠之官为相州刺史。

妇及废疾者予以免罪之外,其余男性或绞刑或流放,女眷没官,资财、田宅并没官。为了使整个家族不受谋反案的牵连,高真行与兄长及侄子合谋杀死高岐。高岐回家后,高真行与其兄户部侍郎高审行用佩刀分别刺其喉、腹,堂兄弟高璇断其首,弃之道中。其后,高真行被贬为睦州刺史,高审行为渝州刺史,其家族得以保全。案例130中,大和九年(835),京师讹言郑注为文宗治丹,剔小儿肝心用之,引起社会恐慌。为转移视线,郑注与李训诬告京兆尹杨虞卿家人制造妖言,杨虞卿最终被贬虔州(江西赣州)司户参军卒。此冤案的发生源于文宗嫉恶朋党,郑注与杨虞卿有怨,故利用杨虞卿与李宗闵朋党,诬告妖言出自其家人,而素嫉虞卿朋党的御史大夫李固言从而附会,此案充分显示了政治斗争的复杂性。懿宗咸通年间(861—874)和州刺史崔雍被赐死,则与宰相路岩有关。据徐宿濠泗观察判官李悦墓志,当时"徐卒之戍南土者以戍久未代,其骄悍者乘众之怨,因杀主将,劫桂之甲库,相与而归"。① 武宁兵七百戍桂州六岁不得代,遂拥粮料判官庞勋自桂管擅还,诸士兵据徐泗,大扰淮南。咸通六年(865),庞勋以兵劫乌江,和州刺史崔雍阳遣人持牛酒犒劳,暗中向朝廷密表其状。但不知情的百姓将其诉之于朝,宰相路岩素不平于崔雍,傅其罪,崔雍被赐死于宣州(安徽宣城市)。② 此案中,和州刺史崔雍之死,主要源于宰相路岩因平时矛盾而故意落井下石所致。当然,有些案件则是由政治斗争引起的,属于政治性案件,不属于正常的法律制裁,故不作为本书探

---

① 度支推官朝议郎检校尚书礼部员外郎兼侍御史柱国王愷撰:《唐故徐宿濠泗观察判官试大理评事兼监察侍御史李府君(悦)墓志铭》,《唐代墓志汇编续集》,咸通062,第1081—1082页。
② 《新唐书》卷159《崔戎传》,第4963页。

(二) 酷吏政治制造冤案

武曌以女主临朝、称帝,"对朝臣贵族的既得利益构成严重威胁,更从根本上动摇了持续数千年之纲常名教,以致宗室未附,海内怨望"。① 光宅元年(684),徐敬业及越王李贞起兵反对武曌,她"恐人心动摇,欲以威制天下,渐引酷吏,务令深文,以案刑狱"。② 为了稳定统治,武曌开始实行酷吏政治,③当时"王公卿士多以言语不慎密为酷吏周兴、来俊臣等所陷"。④ "周兴荣贯廷尉,业擅生杀,鬻新开之诏狱,袭乱常之遗噍,虐甚脱踝,文繁次骨,公卿侧足,行路掩首。"⑤

案例 032、案例 033,发生在实行酷吏政治期间。案例 032 中,永昌元年(689),酷吏周兴等诬构怀远军经略大使黑齿常之与右鹰扬将军赵怀节等谋反,黑齿常之在狱中自缢而死。来俊臣受武则天宠信,破家无数。在案例 033 中,天授二年(691),来俊臣密于左卫大将军泉献诚处求金帛宝物,属于因官挟势及豪强之人乞索,依《唐律·职制律》总 148 条,当依坐赃数量量刑,最高可科以徒三年。来俊臣的要求被泉献诚拒绝,遂反咬一口,诬告对方谋反,致

---

① 陈玺:《从〈皇甫文备墓志〉看武周酷吏政治》,《社会科学辑刊》2008 年 6 期,第 131—132 页。
② 《旧唐书》卷 50《刑法志》,第 2143 页。
③ 陈俊强《唐代前期流放官人的研究》(《中国古代法律文献研究》第 8 辑,2014 年,第 182 页)认为"酷吏只是专制帝王诛锄政敌的爪牙"。陈玺《从〈皇甫文备墓志〉看武周酷吏政治》(《社会科学辑刊》2008 年 6 期,第 131—132 页)认为武曌以酷吏政治维护自己统治,是"封建时代帝王权术极端发挥的曲折反映"。
④ 《旧唐书》卷 94《徐彦伯传》,第 3004 页。
⑤ 《唐故朝议大夫行兖州龚丘县令上柱国程府君(思义)墓志并序》,《唐代墓志汇编》,长安 030,第 1012 页。

使泉献诚次年初在狱中被缢杀。两案均为武周酷吏政治时期制造的冤案。依《唐律疏议》卷 23《斗讼律》总 341 条,周兴、来俊臣均当反坐谋反罪,但二人作为武则天的宠臣,均未受任何惩罚。"来俊臣、周兴等诬陷良善,冀图爵赏,因缘籍没者数百家。"①周兴死于天授二年(691),与丘神勣同下狱,当诛,武则天予以特免,徙其于岭表。在道为仇人所杀。② 来俊臣后来因"将罗告武氏诸王及太平公主、张易之等",诸武及太平公主因恐惧而联手反击,"共发其罪",被弃市。③ 从武则天对周兴的赦免和对来俊臣的维护来看,武则天并未打算放弃他们。直至武周末年,崔玄暐迁凤阁侍郎知政事后,"固陈其枉状",武则天"乃感悟,咸从雪免"。④ 当然,史书上对武周时期的记载也可能存在酷吏扩大化的情况,⑤但酷吏政治是肯定存在的,只是数量多少问题。

(三) 朝廷姑息跋扈藩镇

朝廷姑息跋扈藩镇方面的典型案例是案例 110 元和四年潞将卢从史持二心阴与成德军节度使王士贞(一作王士真)子王承宗相结案。此案两《唐书》多有记载,《柏元封墓志》亦有较为详细的文字记录。元和四年(809)三月,成德军节度使王士贞卒,其子承宗

---

① 《旧唐书》卷 91《崔玄暐传》,第 2935 页。
② 《旧唐书》卷 186 上《酷吏上·周兴传》,第 4842 页。
③ 《旧唐书》卷 186 上《酷吏上·周兴传》,第 4840 页。
④ 《旧唐书》卷 91《崔玄暐传》,第 2935 页。
⑤ 陈玺《从〈皇甫文备墓志〉看武周酷吏政治》据武瞾当政时期的司刑正、秋官郎中、司刑少卿、司刑卿皇甫文备墓志指出,"伴随武周覆灭,李唐反正,在中宗、玄宗朝清算酷吏罪恶之际,凡曾与衣冠贵胄交恶者皆有位列酷吏名册的可能"。《社会科学辑刊》2008 年 6 期,第 134 页。

自称留后。① 唐宪宗欲通过征讨,将该藩镇收归朝廷管辖,命宦官吐突承璀为镇州行营招讨使,诏昭义节度使卢从史合兵而进。而卢从史持有二心,阴与王承宗相结。次年四月,承璀讨伐无功,仅将卢从史擒送阙廷。宪宗释其罪,诏承璀还师。而魏将田季安倔强不顺,亦内与王承宗相合。承璀还师时,甚至不敢以兵出魏境,欲绕道太原而返。② 卢从史后被贬骧州司马。该案中,王承宗和卢从史均属谋叛,依律当斩,但宪宗复念及王承宗祖父有破朱滔安社稷之勋,主要是朝廷此时尚无实力征讨叛镇,只好采取姑息之策,不仅释免了王承宗之罪,卢从史也仅被贬为地方官,将其子卢继宗等四人皆贬至岭外。

传统文献对朝廷姑息跋扈藩镇有更多记载。例如:元和七年(812)六月,镇州(治河北正定)甲仗库火,延烧 13 间,兵器皆尽。③ 依唐律《杂律》总 431 条规定,诸于官府廨院及仓库内失火者,徒二年。而久蓄叛谋的镇州节度使王承宗杀主守,坐死者百余人。镇州跋扈,"王承宗恣意滥杀,不遵法律约束",④ 而朝廷亦不予追究。再如:太和初期,新任幽州留后杨志诚掘发故帅李载义范阳母冢,李载义后来借机杀杨志诚妻儿,也表现出朝廷对幽州的姑息。太和五年(831)正月,幽州(北京城区西南)军乱,逐其帅守太保、同平章事、卢龙军节度使李载义(788—837),立后院副兵马使杨志诚为

---

① 据《新唐书》卷 7《宪宗皇帝》,第 310 页。
② 承务郎守监察御史里行骁骑尉郭捐之撰:《唐故中散大夫守卫尉卿上柱国赐紫金鱼袋赠左散骑常侍魏郡柏公(元封,768—832)墓志铭》,《唐代墓志汇编续集》,大和 038,第 909—910 页。
③ 《唐会要》卷 44《火》,第 787 页。
④ 《唐律疏议笺解》,第 1899 页。

留后。李载义入朝为相。① 大和八年(834),杨志诚为三军所逐,取道太原逃走,李载义"躬自殴击,遂欲杀之"以偿母怨,赖从事救解以免。于是杀杨志诚之妻孥及将卒以泄愤。而"朝廷录其功,屈法不问"。② 李载义故牙将杨志诚掘发李母之墓,依《唐律疏议·贼盗律》277条规定,杨志诚至少当处加役流,若开棺椁当处绞刑。李载义杀杨志诚妻儿及士卒,依律当斩。但文宗对二人之罪均未予追究,史云李载义"天资骄暴云,帝屈法弗劾也"。③

朝廷之所以姑息藩镇,当是总结历史教训的结果。这里举宣武节度副大使知节度事董晋、军司马陆长源治理汴州之例来说明。贞元八年(792)四月,④宣武军长史刘士宁以擅袭其父刘玄佐之任,"物议不可",朝廷"不得已而授"其为汴州刺史、宣武节度使。⑤ 汴州(河南开封)"自刘士宁以来,军益骄",⑥"汴士素骄怙乱"。贞元十一年(795)八月,⑦宣武军节度使李万荣病逝,邓惟恭总其军,欲取代李万荣。但朝廷任命东都留守董晋(724—799)以检校尚书左仆射、同中书门下平章事为宣武节度副大使知节度事。董晋已至汴州(河南开封市)之郊,邓惟恭"始出迎谒",董晋明知其不逊,仍"委以军政,无所改更",但罢之前"介勇士伏幕下,早暮番休"的做法。及邓惟恭结大将相里重晏等谋乱,已有防备的董晋及时觉察,平息了谋乱。宣武军司马陆长源则性刚,"持法峭刻,数欲更张

---

① 《旧唐书》卷17下《文宗本纪下》,第540页。
② 《旧唐书》卷180《李载义传》,第4675页。
③ 《新唐书》卷212《李载义传》,第5979页。
④ 据《旧唐书》卷13《德宗本纪下》,第374页。
⑤ 《旧唐书》卷123《李巽传》,第3522页。
⑥ 《新唐书》卷158《韩弘传》,第4944页。
⑦ 据《旧唐书》卷145《刘玄佐传》,第3934页。

旧事",董晋"悉罢不用"。正因"晋谦愿俭简,事多循仍,故军粗安"。在汴州五年后,董晋76岁卒。[①] 贞元十九年(799)司马陆长源总留后事,以法治军,以扭转汴州"将士久慢"之风。仅八日,陆长源便因军乱被杀。[②] 虽然董晋任宣武节度使时已年过古稀,且性格"儒偄",[③]但是他对汴州的情势比较清楚,而陆长源一味以"峻法绳骄兵",[④]迅速激化了矛盾,反而送了性命。

(四) 政局动荡、战争等导致政府职能缺位

政局动荡、战争等特殊时期司法实践的典型案例,可举盛唐、晚唐和唐末发生的三件案例予以说明。案例079中,据法藏敦煌文书P.3354号,天宝时期,敦煌郡敦煌县龙勒乡都乡里中卫士武骑尉程思楚、翊卫程什住、翊卫程仁贞、上柱国程大忠、武骑尉程大庆、卫士飞骑尉程智意等老年男子均一夫多妻。[⑤] 男子有妻更娶,犯重婚罪,依《唐律·户婚律》总177条,诸有妻更娶妻者,徒一年;女家,减一等。各离之。程思楚、程什住等人当徒一年,并与原配妻子外之妻离婚。但显然他们并未与后娶之妻离婚,也并未受任何法律惩处。这可能是因敦煌地处边疆,战事较多导致男子远少于女子,故而造成不同于内地的特殊婚姻状况。

案例134中,唐文宗开成末山南道金州判司刘方老遭妾妇诬告录金州事韦识于长安案。开成四年(839),李宏庆任金州刺史,

[①]《新唐书》卷151《董晋传》,第4820—4821页。
[②]《新唐书》卷151《陆长源传》,第4823页。
[③]《新唐书》卷151《董晋传》,第4821页。
[④]《新唐书》卷151《陆长源传》,第4823页。
[⑤] P.3354号《唐天宝六载敦煌郡敦煌县龙勒乡都乡里籍》,上海古籍出版社、法国国家图书馆编:《法国国家图书馆藏敦煌西域文献》第23册,上海:上海古籍出版社,2002年,第307—311页。

他疾殁后,金州(陕西安康市)暂无上佐,期间,录金州事韦识(799—853)知州事。韦识"少年气高,以直道自认"。遂"按豪猾,嫉奸党,悉用刺史事"。但在姚宏庆任刺史之初,韦识曾判纠绳司刘方老所为不法事,刘方老遂暗中派遣妾妇,以数十事诬告韦识于长安。唐文宗初遣使鞠验,无状,后刘方老复遣妾妇决耳街卧,诉于时相。三劾后,理未辨之际,"会逆乱事,刑政大紊",韦识蒙冤被贬福州(福建福州市)。未至,又移吉州(江西省吉安市)。约一年后的唐武宗会昌初年大赦,韦识方复其资,授凤翔参军事。① 此案中,金州判司刘方老诬告他人,触犯《唐律疏议·斗讼律》总342条,诸诬告人者,各反坐。依律刘方老当反坐,以韦识之罪受罚,但该案中,刘方老未受到任何法律惩罚,而韦识蒙冤被贬,显系冤案。

案例150中,唐僖宗中和年间,群盗剽掠乡贡进士卢岳吉西别业,并杀死卢岳,是唐末社会状况混乱时期发生的一件典型案例。由于唐末社会动乱,范阳人卢岳数年游于外地,中和四年(884)二月方返回其吉西别业。三月一日夜,别业遭到群盗剽劫。两天后,再次至卢岳别业,因所获甚少,而杀害卢岳。因当时兵戈方盛,途路艰危,不及祔于范阳先茔,安葬于河南县平乐乡朱阳村。② 唐末卢岳为前来其吉西别业剽劫的群盗所杀,卢岳家人可能因当时兵戈方盛,途路艰危,并未报案。依《唐律·贼盗》总289条,其共盗,临时有杀伤者,以强盗论。群盗杀人劫财,罪当处死,却仍然逍遥法外,严重违律。之所以如此,是由于唐末社会动乱不稳,路途极

---

① 犹子乡贡进士韦沼撰:《唐故兴元府城固县丞京兆韦府君(识)墓志铭并序》,《西安碑林博物馆新藏墓志汇编》下册,第782—783页。
② 《唐故乡贡进士范阳卢府君(岳)墓志铭并序》,《大唐西市博物馆藏墓志》下册,第1026—1027页。

不安全,杀人越货之事常见,官府亦无暇顾及,故此案并未起诉。案例149中和三年(883)董元庆被狂徒刑戮案、案例150大顺二年(891)潞州潞城县主簿李勋罢秩后负笈赴怀益求知遇盗中途而亡案,与此案类似,案件也均未破获,主要是唐末动乱导致政府职能缺位所致。

传统文献所载光启元年(885)发生的河中王重荣伪造诏书示李克用案也是一则典型案例。宦者田令孜与河中王重荣有隙,徙王重荣为兖州节度使,以定州王处存为河中节度使。僖宗诏李克用以兵护王处存赴镇。王重荣伪造诏书以取得李克用的信任,借助太原军击退田令孜、朱玫等人的进讨,并进犯长安,僖宗也被迫逃往兴元。① 王重荣伪造诏书,依律当处绞刑,实际上却未受到任何法律制裁。有研究者认为:从整个事件来看,战乱及政局的不稳定,易造成国家运作失常,皇帝威仪不再及《唐律》无法制裁的情形。②

四、合理的非主观因素导致的不合律现象

(一) 原告未予追究

因原告未予追究导致不合律的典型案例,如案例116元和时期兴元府户曹参军韦府君夫人李氏(740—815)三子不奉养老母案。陇西李氏夫人为县令李滑季女,有三子。韦府君逝后,因其三

---

① (宋)欧阳修撰:《新五代史》卷4《唐庄宗纪上》,北京:中华书局,1974年,第34页。
② 郑裕书:《唐代诈伪罪之研究——以侵害皇权为中心》,台湾师范大学历史学系硕士论文,2013年7月,第42页。

子均"游荡异土",对李氏不管不顾,贞元中(785—805),其女儿将母亲接到夫君欧阳伋任官的蜀中居住了数年。李氏因担心自己老死于南方而不能返乡,故"扶持"北返,元和四年(809)到达长安,直至元和十年(815)五月逝世。期间,李氏身边没有子女在侧,其彭氏妹之子彭充符及充符友人京兆于方对她十分照顾,丧事也由于方办理,李氏女婿欧阳伋还拜托表姐,请其找人撰写李氏墓志。李氏三子不奉养老母,也未参与料理母丧,李好古在墓志铭中强烈谴责了这种不孝行为,云三子"违亲弃养","天壤之间容此徒,伤风败俗无人诛"。①

依《唐律疏议》卷24《斗讼律》总348条诸子孙违犯教令及供养有阙条,兴元府户曹参军韦府君夫人李氏三子当徒二年,依敕当流。该案中,因其母亲李氏并未上告官府,他人也并未揭发,三子并未受到法律制裁,但李氏三子受到了当时的舆论谴责,并被刻入李氏墓志铭中。这当是李氏女儿、女婿及李氏的彭氏妹之子彭充符及充符友人京兆于方,对李氏三子不孝行为态度的一种反映。

(二) 法律不完善,未有明确禁止

因法律规定不完善所致的典型案例,如案例003贞观三年(629)李治堂舅长孙无傲娶唐太宗外甥女窦胡娘为妻。右勋卫郎将长孙无傲及其妻窦胡娘墓志2014年出土,墓志反映出:与长孙皇后(601—636)拥有同一祖父的其堂兄右勋卫郎将长孙无傲(601—672,字义庄。长孙皇后及长孙无忌的堂兄弟),娶唐太宗的外甥女窦胡娘(617—637,唐高祖第二女襄阳公主与驸马都尉窦诞

---

① 乡贡进士李好古撰:《唐故兴元府户曹参军韦府君故夫人陇西李氏墓志铭并序》,《大唐西市博物馆藏墓志》下册,第782—783页。

之女)为妻,属近亲异辈成婚。尽管这桩唐室婚姻"违道任情",却因"寖以成俗",①当时并无人反对,得以顺利缔结婚姻。

传世文献中也有类似案例,即前述唐代社会的法治化程度部分曾提及的唐高宗永徽初郑道宣聘堂姨为妻案。《通典》卷60《礼二十》"外属无服尊卑不通婚议"条、《唐会要》卷83《嫁娶》、《册府元龟》卷616《刑法部·议谳三》对此案均有明确记载,据之可恢复此案的大致面貌。郑州人郑宣道先聘少府监主簿李玄义妹为妇,即宣道堂姨。玄义初始"执迷",许其姻媾,后以"情礼不合,请与罢婚"。郑宣道其时已纳聘礼,遂"经省陈诉,省以法无此禁,判许成亲"。② 案件至此完结,郑道宣最终娶堂姨为妻。③ 可以说对此案的处理,是符合当时的唐律的。前述唐高宗堂舅长孙无傲娶唐高宗表姐窦胡娘为妻,与此案例最终结果相同,只是未有悔婚过程。但也正因为少府监主簿李玄义中途欲悔婚之事,促进了唐律的进一步完善。唐高宗令将外姻无服尊卑不得为婚姻修入唐律。此即《唐律疏议》卷14《户婚律》总182条:诸同姓为婚者,各徒二年;缌麻以上,以奸论。若外姻有服属而尊卑共为婚姻,及娶同母异父姊妹若妻前夫之女者(谓妻所生者),亦各以奸论。其父母之姑、舅、两姨姊妹及姨若堂姨、母之姑、堂姑、己之堂姨及再从姨、堂外甥女,女婿姊妹,并不得为婚姻,违者各杖一百,并离之。④ 也就是,依照新修订的唐律,长孙无傲作为堂舅父,娶自己的堂外甥女为

---

① (唐)杜佑撰:《通典》卷60《礼二十·沿革二十·嘉礼五》"外属无服尊卑不通婚议"条,王文锦、王永兴等点校,北京:中华书局,1998年,第1703—1704页。
② 《通典》卷60《礼二十·沿革二十·嘉礼五》"外属无服尊卑不通婚议"条,第1703—1704页。
③ 郑显文《律令体制下的唐代民事诉讼制度研究》对此案有分析,樊崇义主编:《诉讼法学研究》第8卷,北京:中国检察出版社,2005年,第448页。
④ 岳纯之点校:《唐律疏议》,第221页。

妻,郑道宣娶自己堂姨为妻,两件案例均违反户婚律的相关规定,依律当各杖一百,并处离婚。郑道宣聘堂姨为妻事,《通典》记于永徽元年,《唐会要》记于永徽二年九月,但无论哪种记载,都在唐高宗即位之初,当时唐高宗也认为外服亲属异辈之间通婚不符伦常,下令禁止。但即使如此,仅仅四五年之后,永徽六年(655),唐高宗就废王皇后而立武宸妃为皇后。[1] 将其父唐太宗的才人武媚娘升为自己的皇后。显然,唐律无法限制皇帝,皇帝个人意志即是法律。

五、对案件灵活处理的需要

(一) 特殊时期或特殊情况朝廷对案件的灵活处理

上编中的案例072、075、087、093、137,均为特殊时期或特殊情况朝廷进行灵活处理的案件。案例094中,永泰年间,在安史乱后的河西混乱的特殊时期,发生了肃州刺史王崇正错用张璙伪官衔、瓜州别驾杨颜犯罪案。当时,张璙诈称河西节度使,肃州刺史王崇正用张璙伪官衔。判文判处罚王崇正军粮一百石。当时,河西处于艰难的混乱时期,前任节度使杨志烈已死,后任节度使杨休明还没有就任,肃州刺史王崇正用诈称节度使的张璙伪官衔。[2] 这一做法违反《唐律疏议》卷25《诈伪律》总370条诈假官的相关条款:诸诈假官,假与人官及受假者,流二千里。但判文认为王崇

---

[1] 《旧唐书》卷6《则天皇后本纪》,第115页。
[2] 录文见P.2942号《唐永泰年代(七六五—七六六)河西巡抚使判集》,唐耕耦主编:《敦煌法制文书》,《中国珍稀法律典籍集成》甲编第三册,北京:科学出版社,1994年,第335、341页。

正知错能改，可以免予刑责，最终处以罚军粮一百石的经济惩罚。有学者认为"处理政务的人出于时局的需要，选择对当时最为有利的处罚方式，即罚粮，粮食是当时所最紧缺者"。① 这一看法是有道理的，这也反映了朝廷对此案的灵活处理。对于瓜州别驾杨颜犯罪一案，同样采取了灵活的处理办法。其案件内容为：

> 瓜州别驾杨颜犯罪，出斛斗三百石赎罪。
> 杨颜所犯，罪过极多。纵不累科，事亦不少。既愿纳物，以用赎刑。正属艰难，打杀何益，虽即屈法，理贵适时，犯在瓜州，纳合彼处。事从发断，义不可移。既有保人，任出输纳。②

从上述判文，可以很明显地发现，瓜州别驾杨颜犯罪颇多且重，但因时局"正属艰难，打杀何益，虽即屈法，理贵适时"，遂在有保人担保的情况下，令其出斛斗三百石赎罪。显然，此时对粮食的需求很大，杨颜可以输粮抵罪，得益于此。这是统治者在危急时期变通运用法令的一种表现，以解决河西艰难时期的巨大经济压力。③

对于水旱等自然灾害发生后，地方官员擅自开仓赈济饥民之事，朝廷也不时给予灵活处理，一些官员不受惩罚，甚至还会得到赏赐和奖励。案例072、075、087就是这方面的代表性案例，均为地方官员在面临灾荒困境之时，违反《唐律疏议》卷15《厩库律》总

---

① 僧海霞：《从P.2942文书看河西陷蕃前后变通运用律令的问题》，《西藏民族学院学报》2006年5期，第43页。
② P.2942号《唐永泰年代（七六五—七六六）河西巡抚使判集》，唐耕耦主编：《敦煌法制文书》，《中国珍稀法律典籍集成》甲编第三册，第338页。
③ 僧海霞：《从P.2942文书看河西陷蕃前后变通运用律令的问题》，《西藏民族学院学报》2006年5期，第44页。

212条规定,擅自开仓赈贷饥民。其中涉及沧州刺史张之辅、东平郡巨野县令李瓘、温州长史摄行州事李皋等。依律,监临、主守以官物私自贷准盗论,处以从笞至加役流,五匹徒一年,五十匹加役流。因是开仓赈济灾民,擅贷粮食数量必不会少,至少当处徒以上刑,但在开元时期,张之辅受到玄宗下诏褒奖,并将其从地方官迁为太子少詹事;在天宝时期,玄宗对李瓘仅未予惩罚而已;上元元年(760),肃宗对李皋不仅未予治罪,反而升其为少府监。对他们都采取了灵活的处理方式,张之辅和李皋还从地方官升为朝官。传统文献中,类似的官员擅自开仓赈济饥民案例更多,救灾如救火,限于时效,有些官员不惜以身试法,先开仓赈民而后奏报朝廷。如:唐高宗时,梁府仓曹参军韩思复,"会大旱,辄开仓赈民",州劾责,对曰:"人穷则滥,不如因而活之,无趣为盗贼。"州不能诎,转汴州司户。① 蜀地大饥,韩思彦开仓赈民,然后闻奏,唐高宗下玺书褒美。② 总体来看,此类案例以唐前期为多,对相关案件的灵活处理体现了大唐前期生命力的旺盛。③ 但官员敢这样做需要较大勇气和责任感,上述三例中的沧州刺史张之辅为兵部尚书、同中书门下三品张仁愿之子;温州长史摄行州事李皋,为棣王友李戢之子;巨野县令李瓘为尚书刑部员外郎李文礼之孙,他们均出身官宦,家庭环境对他们的行为应该产生了良好影响。

另外,案例 137 中,武宗会昌时期(841—846),驾部郎中萧僎因其母松槚为狂盗所伤,弃官捕逐,依《唐律疏议》卷9《职制律》总

---

① 《新唐书》卷118《韩思复传》,第 4271—4272 页。
② 《新唐书》卷112《韩思彦传》,第 4163 页。
③ 拙著:《唐代自然灾害及其社会应对》,上海:上海古籍出版社,2014 年,第 264 页。

95条规定,若请假逾期不归,25日合杖一百,35日徒一年,45日徒一年半。即据离职天数,最高可处徒一年半。该案中,很可能考虑到事发突然,且萧赞是出于对母亲的孝心,也可能弃官逐捕天数不长,武宗只是将萧赞从具有实权部门的兵部降授为不具有实权的东宫属官太子右谕德,属于变通性做法,以此对其予以警诫。

(二) 根据现实的具体需要对案件灵活处理

唐朝在不少时候,会根据现实的具体需要,对案件进行灵活处理。上编中的案例044、052、079、092、110、131,是这方面的典型案例。案例052中,唐前期,祖籍扬州宋里仁兄弟各自分散,均入军为边贯,而母亲则一直在原籍贯扬州生活。后因母老疾,不堪运致,申省户部。依唐开元户令:诸先有两贯,从边州为定。户部出于方便侍奉老母,同时无亏户口,不损王徭的目的,判三兄弟回原籍,与法律规定并不符合。案例079中,据敦煌文书3354号,天宝时期(742—756),敦煌郡敦煌县龙勒乡卫士武骑尉程思楚、翊卫程什住各有三妻,翊卫程仁贞、上柱国程大忠、武骑尉程大庆、飞骑尉程智意各有两妻,属于有妻更娶,违反《唐律疏议》卷13《户婚律》总177条的规定,诸程当徒一年,与后娶之妻离婚,但诸程并未受任何惩罚。时属安史之乱前的盛唐,敦煌陷蕃之前,很可能是因敦煌地处边疆,战事较多导致男子远少于女子,故对这种特殊的婚姻状况均不予追究。案例092中,永泰时期(765—766),沙州刺史王怀亮擅破官物充使料,违反《唐律疏议》卷15《厩库律》总222条相关条款,当依据擅用官物数量以坐赃罪论处,最高可处徒三年。本案中,在河西危急时期,对于王怀亮擅破官物的行为,采取了"征半放半"的科罚,属于特殊时期从轻权宜判处。案例131中,闽人萧本诈称萧太后弟,得任右赞善大夫、卫尉卿、金吾将军,《唐律疏议》卷25《诈伪律》总388条,诸诈、冒官司以有所求,最高可处死刑。而文宗为了能寻找到萧太后真弟,仅将其流放爱州(越南清化省清化市),充分考虑了解决现实问题的需要。案例110中,元和四年(809),潞将卢从史持二心,阴与镇帅王士贞男留后王承宗勾结,依《唐律疏议》卷17《贼盗律》总251条,谋叛者当处死刑,但当时因朝廷无对抗叛镇的实力,故对谋叛者姑息纵容,卢从史未受任何处罚。案例044武周康随风诈病避军役一案,为拟判,但也在很大程度上反映了社会现实。康随风身隶军籍,诈病逃避军役,使人将其"放从丁例"。依《唐律疏议》卷25《诈伪律》总381条,当杖一百,并仍入军。该案中,康随风和使人知过,且"未废事",因发现早,并未造成实际影响,判康随风和使人"并合入军"。

  唐朝对同类问题的态度,有时前后并不一致,在养子、立嗣问题上的表现尤其突出,这些都是有违唐律《户婚律》规定而进行的灵活处理。案例038中,武周时期宫闱令兼谒者监高延福以岭南冯盎曾孙为养子,改其姓为高,是因宦官无人祭祀,故以异姓非亲属为养子,这在唐代是被允许的。案例109中,元和元年(806),华阴郡太守崔群为妹婿江南西道都团练副使郑高因郑高无人祭祀,以非同宗异姓子李元余为其后嗣,以主祭祀。案例141中,大中三年(849),尚药奉御段文绚遗言以侄前右内率府兵曹参军段璲承嗣,是因为其亲生嫡子尚在襁褓,恐其不能成年,故立其侄为嗣。

  根据现实需要灵活一些处理案件,还有一种情况表现在做官方面。案例045中,据卢正道墓志和神道碑,神龙元年(705),59岁的卢正道(647—726)除洛州新安(河南新安县)县令,以县名犯父绵州长史卢安寿讳,更任郑州荥阳县(河南荥阳市)令。据《唐律疏议》卷10《职制律》总121条规定,诸府号、官称犯祖、父名,而冒荣居之,当徒一年。这种做法是符合唐律规定的。高宗乾封年间(666—668),①江王府兵曹参军事尔朱旻(621—673)授定州司户参军事,他以父亲尔朱义琛时任定州刺史而求改职,结果获上级同意,被更授为宋州录事参军事。②查其父尔朱义琛(592—676)是在高宗时期由详刑正卿而除定州刺史,其后授银青光禄大夫致仕,85岁卒于高宗上元三年(676)。可知尔朱义琛任定州刺史时已经70余岁。③但细读《尔朱旻墓志》,他要求改任他官的实质原因很可能在于定州难于治理。作为"燕南旧壤,赵北余甿",定州(河北定州)"俗称傲法,人多辩诈"。故尔朱旻感觉"盘根虽固,不足以尽云飞;堆案实繁,□可□其□器"。因此才选择了到"俗传文□,人实豪雄"的宋州(河南商丘市)为官。尔朱旻对定州的看法很可能是来源于其父定州刺史尔朱义琛,故提出改任的要求,所提出的表面原因则是父子不宜为上下级在同地为官。

从传统文献的记载来看,唐朝对父子、兄弟在同地同时任官的态度是比较务实的,很多时候并不会过分拘泥于此。《大唐新语》载唐玄宗以工部侍郎苏颋为中书侍郎知制诰,"俄而弟诜为给事中",苏颋上表陈让。玄宗以"古来有内举不避亲者"为言,且云:"近日即父子犹同中书,兄弟有何不得?卿言非至公也。"④玄宗站在举贤任能的角度,希望能人尽其用,故对苏颋在中书省任中书侍

---

① 此案例发生时间据赖瑞和《唐代中层文官》,北京:中华书局,2011年,第321页。
② 《唐故宋州录事尔朱府君(旻)墓志铭并序》,《唐代墓志汇编》,垂拱012,第737页。
③ 《大唐故银青光禄大夫定州刺史上柱国尔朱府君(义琛)墓志》,《唐代墓志汇编》,上元036,第618—619页。
④ 《大唐新语》卷6《举贤第十三》,第98页。

郎、其弟苏诜在门下省任给事中,并不持反对态度,而且从其言可知当时还有父子同在中书省为官者。只是从苏颋上表陈让来看,这类现象应该比较少见,应该需要皇帝的特别允许方可。

六、社会风习或惯例的影响

在上编中,源于社会风习或习惯而违律的唐代法律案例有 14 例,是笔者搜集的碑志文书中违律原因居首者。其中对结婚年龄规定的违反较多,但却因社会风习之故较少受到惩罚。14 例中,因早婚违律有 7 例,占一半,具体见上编末所列表二。贞观元年(627)正月,唐太宗下《令有司劝勉庶人婚聘及时诏》:"男年二十,女年十五以上","须申以媒媾"。① 但案例 024 中,武则天垂拱元年(685),杭州於潜宰王基之女王婉(673—746)12 岁出嫁大理评事郭诲。到唐中期,又颁布法令,降低了男女婚龄。唐玄宗开元二十五年(737)户令规定:诸男年十五,女年十三以上,并听嫁娶。② 但案例 099 中,约肃代之际,洺州司兵郑叔向长女 12 岁出嫁怀州刺史、太子左庶子崔朝之子崔程,婚后八九年的时间里,生一男二女,20 岁便亡故了。③ 案例 096 中,大历十一年(776),御史中丞卢弈外甥女、江州司士参军郑光绍之女郑正 11 岁出嫁崔隐甫之孙,两位郑氏均 11 岁便出嫁,后者还出身门第之家。她们早于唐代户

---

① (宋)宋敏求编:《唐大诏令集》卷 110《政事》,北京:商务印书馆,1959 年,第 569 页。
② [日]仁井田升原著,栗劲、霍村福等编译:《唐令拾遗》,长春:长春出版社,1989 年,第 158 页。
③ 《唐故河南府河南县主簿崔公(程)墓志铭并序》,《唐代墓志汇编》,贞元 096,第 1906 页。

令所规定婚龄两三岁,但出于社会风习和习惯,并未受到任何法律惩罚。

唐代还多有收养异姓之男为养子立嗣之例,大多为社会所默认,并不曾受到法律惩罚。在源于社会风习或习惯而违律的 14 例案例中,以外甥为后嗣有两例,以内堂弟之子为嗣有一例。案例 068 中,开元后期,赠绵州刺史曹元裕初无子,以未龆龀的外甥康惠琳(726—779)为后嗣,将其改姓曹氏。后自有子,惠琳复归康氏本族。案例 133 中,檀州刺史周元长(774—837)无子,有四女,晚年以外甥姜景异为嗣,当时,姜景异自愿过继给舅氏,"衣缞绖以嗣之"。案例 138 中,会昌三年(843),博陵崔君与夫人赵郡李氏无子,以内堂弟之子李成相为嗣子。以上三例,均违反唐律户婚律的相关规定,依律,养异姓男者,徒一年;与者,笞五十。但崔君与李成相均并未受到任何法律惩罚,反映出唐朝对此种现象有时并不深究。

在唐代,守寡妇女被家长夺志改嫁,也常常不会被法律惩罚。在源于社会风习或习惯而违律的 14 例案例中,强嫁之例有二。在案例 022 中,高宗中后期(664—683),张师(637—664)28 岁卒,其父朝散大夫张良夺儿媳晋氏之志,迫其再嫁孙氏。因孙氏信道,反对合葬,可能因其子张太忠的原因,晋氏逝后与前夫张师合葬。张良在己子张师卒后,将晋氏强嫁孙氏。依唐律《户婚律》总 184 条,夫丧服除而欲守志,非女之祖父母、父母而强嫁之者,徒一年。该案中,张良强嫁儿媳,但并未受到任何法律惩罚,晋氏亦未与孙氏离婚。晋氏卒后,与前夫张师合葬。案例 040 中,武周时期(690—704),邻山郡太守郭虔友次女郭氏(679—751)之夫阎府君中年早逝,郭氏的叔父夺其志,将其更嫁张家。依律,郭氏叔父当杖90，郭氏与张某离婚。但郭氏叔父未受惩罚，郭氏与张某亦未离婚。

除了上述违反结婚年龄结婚、收养异姓、非同昭穆之男为子、强嫁之外，上编还有两例因社会风习或惯例而违律的案例。案例003中，贞观三年(629)，唐高宗堂舅长孙无傲(600—671)娶唐高宗表姐窦胡娘(617—637)，男方长女方17岁，违反《户婚律》总182条规定：其父母之姑、舅、两姨姊妹及姨若堂姨、母之姑、堂姑、己之堂姨及再从姨、堂外甥女，女婿姊妹，并不得为婚姻，违者各杖一百，并离之。但实际上，夫妻二人并未受到惩罚，而且直至去世亦未离婚。案例021中，唐前期，处士张潜娶了两房妻室，属于有妻更娶，违反《户婚律》总177条规定：诸有妻更娶妻者，徒一年；女家，减一等。若欺妄而娶者，徒一年半，女家不坐。各离之。但实际上，诸人均未受法律惩处。安禄山亦有康氏和段氏两妻，天宝六载(747)，范阳、平卢节度使安禄山兼御史大夫时，[1]"封两妻康氏、段氏并为国夫人"。[2]

以上违反结婚年龄结婚、收养异姓、非同昭穆之男为子，强嫁均事关社会风俗，但因社会惯例或习惯违法，并不仅仅限于这方面。比如：唐晚期吏治之败坏，州县长官离任时往往要由官府备大笔钱作为行程费用，这种陋规实际上是变相贪污，[3]但也成为一种通行的惯例。约大和(827—835)初，孙公乂任吉州刺史，离任时拒绝行费铜缗五百万。孙公乂墓志载：

---

[1] 《资治通鉴》卷215，唐玄宗天宝六载正月条，第6995页。
[2] (唐)姚汝能撰：《安禄山事迹》卷上，上海：上海古籍出版社，1983年，第5页。
[3] 彭炳金著：《唐代官吏职务犯罪研究》，北京：中国社会科学出版社，2008年，第349—350页。

每太守更代,官辄供铜缗五百万资其行费,州使相沿,以为故事。先是主吏者具其事以闻。公曰:"吾月有俸,季有粟,天子所以优吾理人之赐也。今违是州里,别是吏民,而反厚敛以赂我,是将竭公用困后来之政也。且私吾于不法,是何故事之为?"即时召长吏与主事者语其状,却复其财而去。时为政者难之。①

正因为这种惯例成为通行做法,廉使敬昕闻之,密以孙公乂清白状闻于宰相,还未及阙,公孙乂于道改除饶州刺史。而汝州刺史吴人陆长源,是天宝时期太子詹事陆余庆之孙,他离开汝州(河南汝州市)赴任宣武军司马时,被"送车二乘",陆长源曰:"吾祖罢魏州,有车一乘,而图书半之,吾愧不及先人。"史书作者认为这是其以"清白自将"的表现,②即认为这是特殊情况,而官员离任接受馈赠才是惯例。

七、其 他 因 素

(一) 因人情以礼改法

唐朝礼法结合,中书侍郎、同中书门下平章事萧华之孙萧僎(781—856)唐后期任太常博士(从七品上)时,"时论以为此官掌辨

---

① 前东都畿汝等州都防御推官朝请郎试大理评事冯牢撰:《唐故银青光禄大夫工部尚书致仕上柱国乐安县开国男食邑五百户孙府君(公乂)墓志铭》,《唐代墓志汇编》,大中054,第2290页。
② 《新唐书》卷151《陆长源传》,第4822页。

五礼之仪用,本先王之法制,适变而损益焉"。①《唐六典》所载太常寺太常博士的职责与此完全相同。② 统治者经常在以礼治国和以法治国之间出现矛盾,很多情况下会出于对人情因素的考量而以礼改法。案例 004 中,贞观后期,洋州洋源县令鲁郡泗水人盖伯文坐事当死,其弟盖蕃(589—669)虽已过继给其从叔,但为其兄泣血伸冤,左仆射房玄龄特为奏请,盖伯文得以减死配流高昌。③ 而开元年间(713—741),郓州参军陈望之有大戾当死,经其异母妹颍川长社人陈照营救而得活。陈照(698—745)乃陈后主叔宝之玄孙,三原县令卢全善之妻,获封颍川郡夫人。她徒跣被发,诣阙号诉,连祍营救,使得左右宠臣哀愍其情,其兄望之得以减死。④ 对此案的处置有违唐律,属于以礼改法。在案例 002 中,太宗即位初,右武卫将军刘德裕与利州都督李孝常谋反,被太宗所诛,其妻亦没入后宫为奴,年幼的儿子刘藏随母入宫。贞观二年(628)六月,李治诞生,刘德裕之妻被选为其保姆。刘德裕谋反,依律,其子处绞,其孙当没官。但李治在总章元年(668),敕齐国夫人之孙慎言事豫王,很可能是因其祖母为其保姆之故,高宗照顾其孙,刘默少年时得以摆脱奴籍,侍奉豫王李旦,并在高宗仪凤三年(678)任雍州参军,永淳二年(683)授太常寺郊社署令,武后垂拱元年(685)授尚乘局直长,其年拟始州(四川剑阁县)司士。武周时,先后任同

---

① 朝议大夫守给事中上柱国裴寅撰:《唐故光禄卿赠右散骑常侍萧府君(僙)墓志铭并序》,《大唐西市博物馆藏墓志》下册,第 932—934 页。
② 《唐六典》卷 14《太常寺》,第 396 页。
③ 《唐故曹州离狐县丞盖府君(蕃)墓志铭》,《唐代墓志汇编》,咸亨 015,第 519 页。
④ 荥阳郡荥泽县主簿博陵崔藏曜撰铭:《大唐颍川郡夫人三原县令卢全善故夫人陈氏墓志铭并序》,《唐代墓志汇编》,天宝 074,第 1383 页。

州蒲城(陕西蒲城县)县令、绛州翼城(陕西翼城县)县令,万岁通天二年(697)官至宜州美原(陕西富平县美原镇)县令。

在因人情因素而影响判案的案例中,有一部分是因为子女请代父死而减其父之刑者。从唐人拟判中可发现人情因素对判案的影响。据敦煌文书伯希和 3813 号背《判文》,唐高宗至唐玄宗开元初,①康莫鼻因向邻居长安县富商史婆陀借衣被拒绝而举报史婆陀房屋、衣服逾制违法。② 依《唐律·杂律》总 403 条,诸营造舍宅、车服、器物及坟茔、石兽之属,于令有违者,杖一百。虽会赦,皆令改去之(坟则不改)。③ 此则敦煌拟判中,判决依法科罚,将违式衣服没官;屋宇过制之处,依照法令修改。但其中牵连到与史婆陀久已别居异籍的亲弟颉利,史婆陀家资巨富,但颉利却家贫壁立,史婆陀亦不对弟弟加以救济。按理,兄弟分居,于法不应再析分,④但判决考虑到兄弟间的人情血属关系,责令史婆陀要对已经和其别居的弟弟颉利予以接济。P. 3813 号背另一则拟判载,郭泰、李膺同船共济,因遭风浪,所乘坐之船被覆。共得一桅,因郭泰力强而争得,李膺则落水身死。李膺之妻宋氏状告郭泰致其夫死。

---

① 刘俊文《敦煌吐鲁番唐代法制文书考释》认为:此组判词写作上限为唐高宗永徽四年,下限为唐玄宗开元元年。并据判文中"方今文明御历"一语,判断判集当系初唐之作,有可能作于文明之时。第 450—451 页。
② 详见 P. 3813V《判文》,《法藏敦煌西域文献》28 册,第 154—155 页。齐陈骏《读伯 3813 号〈唐判集〉札记》(《敦煌学辑刊》1996 年 1 期)考察了此文书的年代以及所反映的唐代判案特点和内容等问题。指出该件文书里保存的十九道判词,是为写判案文书者作参考之用的范文,因为案中所涉及的人名,多为人们所熟悉的古代名人,有的案件只讲事例而没有具体的当事人,故可认为不是实际判案的文书。
③ 岳纯之点校:《唐律疏议》,第 416—417 页。
④ 李淑媛著《争财竞产——唐宋的家产与法律》指出:兄弟分居,于法不应再析分,然本案情有可原,遂使主判官法外开恩,将其部分资产救济贫弟。北京:北京大学出版社,2007 年,第 17—18 页。

判文判定李膺是因天灾而死,并非因郭泰。①依《唐律·斗讼律》总342条的相关规定,诸诬告人者,各反坐。②宋氏当处以流刑,但判决时,考虑到宋氏与李膺的伉俪情深,诉讼是出于对李膺的担心,故没有对其加以反坐。这显然是人情因素的影响所致。

传统文献中因人情以礼改法之例更多。例如:长庆二年(822),云阳(陕西省泾阳县云阳镇)角抵力人张莅欠羽林官骑康宪钱米,在康宪索要过程中,张莅乘醉拉康宪,致其气息将绝。康宪男康买得,年仅十四,为救父亲,将木锸击张莅首见血,致其三日后死亡。康买德被处以流刑。③依《唐律疏议》卷23《斗讼律》总335条,父母为人所殴击,子孙即殴击之,非折伤者勿论。至死者,依常律。④所谓常律,即《唐律疏议·贼盗律》总256条:谋诸杀人者,徒三年;已伤者,绞;已杀者,斩。康买得14岁犯罪,但因所犯为流罪以上,不得收赎,当处斩刑。⑤但法司因康买得少年孝顺,特请穆宗宽减其刑,皇帝特予减死罪一等,即处以流刑。这是礼法冲突,礼冲击法的体现。⑥

---

① 详见P.3813V《判文》,《法藏敦煌西域文献》28册,第155页。
② 岳纯之点校:《唐律疏议》,第367—368页。
③ 《旧唐书》卷16《穆宗本纪》,第497页;《旧唐书》卷50《刑法志》,第2155页;《唐会要》卷39《议刑轻重》,第712页。
④ 《唐律疏议》,第360—361页。
⑤ 据《唐律疏议》卷4《名例律》总30条:诸年七十以上、十五以下及废疾,犯流罪以下,收赎(犯加役流、反逆缘坐流、会赦犹流者,不用此律,至配所免居作)。第62—63页。
⑥ 桂齐逊:《我国固有律对于"礼""法"冲突的因应之策》,韩金科主编:《'98法门寺唐文化国际学术讨论会论文集》,西安:陕西人民出版社,2000年,第635页。桂齐逊《国法与家礼之间——唐律有关家族伦理的立法规范》认为穆宗的裁断,并未完全依据唐律规范定罪,台北:龙文出版社股份有限公司2007年,第177页。

(二) 有司失职不察

因有司失职不察导致案件违律判处,唐前期典型案例如案例061。唐玄宗开元前期,京兆少尹秦守一诬告殿中侍御史敬昭道,致其被贬汴州尉氏令。据《敬昭道墓志》记载,因京兆少尹秦守一有不正于家,殿中侍御史敬昭道(673—725)因职责所在,欲加纠劾。而秦守一为了自保,诣阙先奏,诬告敬昭道。因所司不察,敬昭道被左迁为汴州尉氏县令,由清要的御史台官员被贬为地方县令。① 京兆少尹秦守一不检讨己身之不正而诬告他人,殿中侍御史敬昭道由京官贬至外地,其行为有违《唐律·斗讼律》总342诬告人条,当反坐所诬告之罪,但有司失职不察,使此案成为一件冤案。再如:关中茂族冯翊郡督邮韦冰(774—827)为其祖父左赞善大夫韦怡然成功伸冤,之前也是因为有司不察误判。据《韦冰墓志》,韦怡然因"持纲诖误,坐贬建溪"。太子正字"固辞旨命",愿侍祖父南行,但迫于其父绛州录事参军韦巡,"遏留守任"。于是,韦冰利用在京师任职的机会,"日诣天门,引文陈恳,誓雪沉冤"。不论"雨晦风飘",天气如何,韦冰"初鼓则至,沥血启词",坚持了30天后,"执政始为信览",特徙韦怡然荥阳郡司户。从韦冰坚持一个月申冤,执政也将被贬的韦怡然徙官来看,之前有司对其的判案应有不妥之处。惜未等到韦冰与弟弟安邑县主簿韦凝迎回,韦怡然便去世了。② 唐后期的此类案件如案例134,开成时期(836—840)金州判司刘方老遭妾妇诬告知金州事韦识于长安,也属于政局动

---

① 《唐故太子舍人敬府君墓志铭并序》,《唐代墓志汇编》,开元222,第1310页。
② 西岳处士崔中规撰:《唐故同州录事参军京兆韦府君(冰)墓志铭并序》,《唐代墓志汇编续集》,大和002,第880—881页。

荡导致政府职能缺位,详见本节特殊政治和军事环境导致曲法判案的相关部分。

因有司失职不察而成为冤案的案件,传统文献中也有记载,如武德时期安抚大使盛彦师无罪被赐死案。徐圆朗谋反时,唐高祖李渊所派遣的盛彦师为安抚大使,因战争而没于徐圆朗处。徐圆朗对之厚礼相待,令盛彦师作书报其弟,让其举城降己。盛彦师却修书于弟曰:"吾奉使无状,被贼所擒,为臣不忠,誓之以死。汝宜善侍老母,勿以吾为念。"徐圆朗大怒,盛彦师泰然自若。徐圆朗钦佩其有壮节,依旧厚礼相待。待徐圆郎之乱被平定,唐朝对盛彦师的行为不察,以其为降敌,故将其赐死。① 有司在处理有关案件时失职不察,是使案件成为冤案的重要原因之一。

(三) 法不责众

因法不责众而从轻或免予判处,见于案例 076、078、090、101、105。前三例案件,均为唐朝官员在安史之乱后出任安史伪官,依唐律,谋叛当处斩刑,但因法不责众,回归唐朝后依然得以任官。案例 076 中,天宝十五载(756),左领军卫胄曹参军王伷任燕政权河南道宣慰判官,其后,又先后出任安庆绪、史思明伪官。曾暗中阻史思明攻唐之谋,唐朝平定安史之乱后,代宗拜其为襄王友,又除侍御史。案例 077 中,河南府寿安县主簿寇锡受安史伪职,因法不责众,寇锡仅依例被贬远州外官。案例 090 中,宝应元年(762),安史叛军云麾将军、守左金吾卫大将军曹闰国归顺本朝,改授试光禄卿,镇守恒岳。曹闰国属于未降官品仍然为官。其原因在于,肃

---

① 《旧唐书》卷 69《盛彦师传》,第 2521 页。

宗严惩出任安史伪官者,曾腰斩河南尹达奚珣等,以致"河北叛人畏诛不降,兵连不解,朝廷屡起大狱"。到代宗时"常以至德以来用刑为戒。及河、洛平,下诏河北、河南吏民任伪官者,一切不问。得史朝义将士妻子四百余人,皆赦之。仆固怀恩反,免其家,不缘坐"。① 代宗之所以有此转变,并非源于本性仁恕,而是出于维护唐朝统治的考虑。

案例 101 中,贞元初期,廉使在江州(江西九江市)有非法赋敛,刺史韦应物以调非明诏,悉无所供,被有司调查。真相调查清楚后,德宗优诏赐封韦应物扶风县开国男,食邑三百户。依《唐律疏议》卷 13《户婚律》总 173 条,廉使非法而擅赋敛,赃重入官当计所擅坐赃论,最高可处徒三年。该案中,廉使的违法行为未受任何惩罚,而江州刺史韦应物仅是正常履行自己的职责,却受到德宗的奖赏,说明德宗时期不少官员非法赋敛,因法不责众,反而需要奖赏少数的未非法赋敛官员。案例 105 中,贞元时期(785—805)不少衢州贫民因宰守征收赋税时贪污而被迫卖儿鬻女,裴郿任衢州刺史后,抓获 300 余名赃污者,为贫民赎子。在裴郿墓志中,此举被当作地方官员奉行慈惠之政的表现,但前任宰守的结局未予提及,很可能并未受到惩罚。

(四) 出于某种重要考虑而重判严惩

这种情况体现于案例 117、136、148。案例 117 中,元和时期(806—820),濮州(治山东鄄城县)僧道峦属火于顶,加钳于颈,以苦行惑民,骗取大量钱财。依《唐律疏议》卷 25《诈伪律》总 373 条

---

① 《新唐书》卷 56《刑法志》,第 1416 页。

规定,当准盗论,最高被判加役流。道峦最终被杖杀,当是出于为释民惑和消民害的考虑而重判。案例136中,会昌三年(843),泽潞节度使刘从谏之子刘稹据泽潞镇谋叛,大将郭谊斩刘稹首,泽、潞平。依《唐律疏议》卷17《贼盗律》总251条,刘稹家族15岁以下及母女、妻妾、祖孙、兄弟、姊妹若部曲、资财、田宅并没官。本案中,刘稹族属昆仲九人,皆诛;刘从谏亡,其宅没官;刘稹之母裴氏妹,因参与谋反,伏诛,均合乎法律规定。而刘稹之妹四娘、五娘合当没官,却被处斩,不符合唐律缘坐规定,属于重判,可能朝廷为宣示对藩镇的主权而对其此案予以重判。案例148中,中和三年(883),太原祁家丁母忧期间,群盗犯祁家,祁振误抵锋刃而死。依《唐律疏议》卷20《贼盗律》总289条规定,共盗,临时有杀伤者,以强盗论,即杀人者斩。其余共盗,当依所盗财物多寡而量刑。该案中,祁振长兄祁坦上诉于都统使诸葛公,使此案受到高度重视。很可能为对其他群盗起到震慑作用,擒获群盗徒党后,都统使对之均予诛锄,属于重判。

以上,在其他因素中列举了四种违律原因,加上前七大类违律原因,一共涉及11种违律原因。不论何种违法判案,都有其主客观原因,找出违法的诸多因素及其间关联与关键点,才有可能在依法治国的道路上走得更稳更远。

第二节 唐代社会的法治化程度

黄正建曾对唐代"法治"情况予以考察,认为:虽然唐朝皇帝凌驾于法律之上,但在一定程度上实行了"依法治国"。唐朝人的

"依法治国",不仅指依律,更重要更普遍的是指依令、依式。唐朝的"法治"体现在三方面:一些皇帝提倡法治,这是实施法律的基本保证;百官必须依法行政;[①]百官和庶民在社会生活的主要方面,均需依据法律行事。[②] 据书稿后所附表一、二据唐代碑志、敦煌吐鲁番出土文书中相对完整的法律案件(包括来源于现实的拟判)而统计出的唐代判案的基本情况,我们可以认为唐代依法判案与违法判案的比例大体相当,违法判案案例还稍多于依法判案案例。唐代违法判案的比例是相当高的。

一、唐律随着社会的发展而逐渐完善

一些案件的发生也会促使当政者完善法律条款。案例011中,高宗时期,右卫大将军慕容宝节爱妾投毒害死右屯卫将军杨思训案的发生,使原有适用法律得到修改。右卫大将军慕容宝节别宅爱妾,因愤怒于右屯卫将军杨思训深责宝节与其妻隔绝,妾以毒药置酒中,害死杨思训,慕容宝节被流岭表。杨思训妻诣阙称冤,慕容宝节至龙门,唐高宗遣使追斩慕容保节,并诏以置毒人者重其法。此案发生后,唐律贼盗条款有所修改,将以毒药杀人之罪科从重法。刘俊文根据《旧唐书·杨思训传》推测,"永徽律原规定以毒药杀人科流三千里,显庆中始改为死刑。今本唐律以毒药杀人条:

---

① 《册府元龟》卷508《邦计部·俸禄四》载宣宗大中四年正月敕:"设官分局,各有主张,其于公,责办斯切。诸州府及县官到任后,多请远假,或称周亲疾病,或言将赴婚姻。令式既有假名,长吏难为止遏,遂使本曹公务并委北厅。"第6095页。据此,长官对官员按法令请假亦无可奈何。
② 黄正建:《唐代"法治"刍议》,《光明日报》2016年1月16日第11版。

'诸以毒药杀人及卖者绞。'即是此次所改律文。"①此案发生时,依当时法律规定,慕容宝节罪不至死,故唐高宗判处其流刑。但高宗旋即加重惩罚,将慕容宝节处斩,修入《唐律·贼盗律》。此即今本唐律以毒药杀人条所规定的:"诸以毒药杀人及卖者绞。"虽然从此案立即执行新律这一做法有不妥,但发现问题后及时对法律进行修订是积极的做法。

传统文献中也有通过社会实践来完善法律的例证。唐文宗王德妃所生子李永,大和六年(832)立为皇太子。至开成时期,"太子稍事燕豫,不能壹循法,保傅戒告,愁不纳。又母爱弛,杨贤妃方幸,数潛之"。文宗一度欲废其位,后诏其"还少阳院,以中人护视,诛幸昵数十人"。其后,李永暴薨,唐文宗悔之。次年,下诏以陈王为太子,置酒殿中庆贺,有"俳儿缘橦,父畏其颠,环走橦下"。文宗为自己不能全已子而感泣,取坊工刘楚才等短毁太子者数人付京兆府榜杀之,毙禁中女倡 10 人于永巷。宰相杨嗣复等不及知,上言:"楚才等罪当诛,京兆杀之,不覆奏,敢以请。"翌日,诏京兆后有决死敕不覆者,亦许如故事以闻。②

法律的完善除了增加和补充条款,还包括删定律令。据王植墓志,王植(603—662)字文端,邢州柏人县令王兴之子。他"博综典坟,特好九章之书,尤精五听之术。历代沿革,因时轻重,若视诸掌,悉究其源"。武德八年(625),在 23 岁时,"雍州贡明法,省试擢第,授大理寺录事,丹笔无冤,黄沙绝滞"。得迁长安县尉,"目览耳听,片言折狱"。其后应诏举,"迁魏州武阳县令,仍在京删定律

---

① 《唐律疏议笺解》"序论",第 19 页。
② 《新唐书》卷 82《文宗诸子列传·庄恪太子永传》,第 3633—3634 页。

令"。贞观律令修订完成,他受到嘉奖,"赐帛五十匹,授尚书省都事"。之后,还担任过太府寺丞、司农寺丞,并在51岁时参与审理了永徽四年(653)驸马都尉房遗爱谋反事件,其墓志言其"推逆人房遗爱等处事平反,诏以明习典宪,授大理寺丞"。① 高宗永徽初,王植任太府寺丞,还参与了永徽律令格式的修撰,"旧制不便者,皆随删改。遂分格为两部:曹司常务为《留司格》,天下所共者为《散颁格》"。② 从王植永徽初任太府寺丞,可以确认他之前任魏州武阳县令"在京删定律令"是在贞观时期。③

武曌建立武周后,因女主当政曾任用酷吏刊定隋唐律。司刑丞黄元彻长子黄君(634—704),弱冠国子明经擢第,后应八科举及第,在唐高宗和武则天时期曾任司刑丞、司刑少卿等法官,官至洪州刺史卒。其墓志载:"有制以公早历刑官,深闲宪典,除□□□□□□官郎中,寻迁司刑少卿。"天授二年(691),以当时法律"或废在宽弛,或失之淫滥,乃命公为详审使,兼命刊定隋唐已来律文"。黄君斟酌轻重,"括囊数百年,笔削千余道。张汤之定法令,务除苛虐;郭躬□□□□,□□□□。损益咸中,朝廷评能"。④ 正因为黄君具有法官经历,熟悉宪典,故被武则天任命为详审使,审订案件,兼命刊定隋唐已来律文,以使法律更加完善。

传统文献中还对御史巡察、按察地方州县有记载。武周时期,朝廷初置右御史台,巡按天下,"察吏人善恶,观风俗得失"。万岁

---

① 《大唐故司宗寺丞上骑都尉王君(植)墓志铭并序》,陕西省古籍整理整理办公室编,吴钢主编:《全唐文补遗》第3辑,第379页。
② 《旧唐书》卷50《刑法志》,第2141页。
③ 黄正建《出土唐代墓志与法律资料》认为王植所修可能是贞观律令,《中国古代法律文献研究》第11辑,2017年,第185页。个人认为这是可以确定的。
④ 《黄君墓志》,陕西省古籍整理办公室编,吴钢主编:《全唐文补遗》第7辑,西安:三秦出版社,2000年,第339—340页。

通天元年(696),凤阁舍人李峤上疏陈其得失,一方面肯定"斯政途之纲纪,礼法之准绳",另一方面也认为其"犹有未折衷"之处,法令偏烦杂、禁纲嫌苛碎,应本着"禁纲尚疏,法令宜简"的原则,如此则法令易行。并指出:"垂拱二年诸道巡察使所奏科目,凡有四十四件,至于别准格敕令察访者,又有三十余条。而巡察使率是三月已后出都,十一月终奏事,时限迫促,簿书填委,昼夜奔逐,以赴限期。而每道所察文武官,多至二千余人,少者一千已下,皆须品量才行,褒贬得失,欲令曲尽行能,则皆不暇。"他认为造成这种问题,"此非敢坠于职而慢于官也,实才有限而力不及耳"。并提出解决对策:"量其功程,与其节制,使器周于用,力济于时。"可收"进退可以责成,得失可以精核"。武则天善之,下制分天下为20道,简择堪为使者。只不过"会有沮议者,竟不行"。后来李峤"寻知天官侍郎事,迁麟台少监",①也不便进一步跟进此事,但这也说明法律的每一步完善都是根据实践不断完善的结果。另外,《新唐书》载:"故事,三司监院官带御史者,号'外台',得察风俗,举不法。"元和时期,李夷简因请按察本道州县,"后益不职"。文宗时期,御史中丞高元裕"请监院御史隶本台,得专督察",诏可。② 外台监察地方也是在御史台监察两京基础上的发展。

二、不同阶段的唐代法治情况

无论任何社会的治理,法治应该是首选。中国古代社会是君

---

① 《旧唐书》卷94《李峤传》,第2993页。李峤上疏的具体时间,据《唐会要》卷77《巡察按察巡抚等使》,第1414页。
② 《新唐书》卷177《高元裕传》,第5286页。据《旧唐书》卷171《高元裕传》,高元裕于开成四年"改御史中丞,风望峻整。"第4452页。

主专制社会,人治始终占有主导地位。但法治的成分和影响在当时仍是不容忽视的。彭炳金《唐代官吏职务犯罪研究》[①]末章曾分阶段对唐代前、后期惩治官吏职务犯罪与唐代的兴衰进行探讨和总结,也适用于对唐代不同阶段唐律执行情况的探讨。以下对唐代法律执行情况的阶段性特征予以考察。

(一) 从上编案例发生时间看唐代不同时期的法治状况

上编末表一所列案例计77件,除拟判案例(008、053、054),发生时间不明确、至少不能确定在位皇帝的案例(051、055、139、153、154、155)合计9例之外,据上编末的表一对其余68件案例中的发生时间予以统计,见下表1。

表1. 表一案例发生时间统计表

在位皇帝	案例及其发生时间	案例数量
高祖李渊	武德三年(001)	1
太宗李世民	贞观元年(002)、贞观廿二年(005)	2
高宗李治	永徽四年(009)、麟德二年(012、013)、麟德年间(014)、乾封年间(016)、总章二年(017)、咸亨五年(018)、高宗咸亨四年前(020)	8
太后武曌	光宅元年(023)、垂拱元年(025)、垂拱二年(026)、垂拱四年(027、029)、武太后时期(030)	6
女皇武曌	圣历二年(036)、武周晚期(037)、武周时期(041、043)	4
中宗李显	神龙元年(045)、神龙三年(047)、中宗景龙元年前(048)、景龙三年(049)	4

---

① 北京:中国社会科学出版社,2008年,第299—350页。

(续表)

在位皇帝	案例及其发生时间	案例数量
玄宗李隆基	开元初（057）、开元七年（058）、开元十年（060）、开元中期（062）、开元二十年（063）、开元二十四年（064、065、066）、开元时期（069、071）、天宝二年（073）、天宝三载（074）	12
肃宗李亨	至德二年（082、084）、乾元二年（085）、上元二年（088）	4
代宗李豫	宝应元年（089）、永泰元年（091）、永泰时期（093）、大历七年（094）、大历前期（095）、大历时期（098）	6
德宗李适	贞元四年（102）、贞元七年前（104）	2
宪宗李纯	元和五年（111）、元和元年至六年间（112）、元和七年（113）、元和十三年（115）、元和时期（118）	5
穆宗李恒	长庆元年（119）、长庆二年（120）、长庆四年（122）	3
敬宗李湛	宝历元年（124）	1
文宗李昂	大和初（126）、大和四年（127、128）、大和七年（129）	4
宣宗李忱	大中元年（140）、大中十二年（144）、大中十三年（145）	3
懿宗李漼	咸通十年（146）	1
僖宗李儇	乾符时期（147）	1
昭宗李晔	天复时期（152）	1

上编末表二所列案例计 83 件，除拟判（044），发生时间不明确、至少不能确定在位皇帝的案例（021、052、059、099、125），合计

6例之外,据上编末的表二对其余77件案例中的发生时间予以统计,见下表2。

表 2. 表二案例发生时间统计表

在位皇帝	案例及其发生时间	案例数量
太宗李世民	贞观元年(002)、贞观三年(003)、贞观十四年至贞观二十三年(004)、贞观廿二年(006)	4
高宗李治	永徽元年(007)、永徽四年(010)、显庆五年(011)、乾封二年(015)、永隆元年(019)、高宗中后期(022)	6
太后武曌	垂拱元年(024)、垂拱四年(027)、永昌元年(031、032)	4
女皇武曌	天授二年(033)、如意元年(034)、证圣元年(035)、武周圣历以后(038)、武周时期(039、040、042)	7
中宗李显	神龙二年(046)、中宗时期(050)	2
玄宗李隆基	开元初(056)、开元十三年前(061)、开元二十八年前后(067)、开元后期(068)、开元时期(070、072)、天宝七载或之前几年(075)、天宝十五载(076、077、078)、天宝时期(079、080)	12
肃宗李亨	至德元年(081)、至德二年(083)、上元元年(086、087)	4
代宗李豫	宝应二年(090)、永泰时期(092、093)、大历前期(095)、大历十一年(096)、大历时期(097)	6
德宗李适	建中初(100)、贞元元年至三年间(101)、贞元四年(102)、贞元二年至贞元七年间(103)、贞元九年前(105)、贞元十六年(106)、贞元时期(107、108)	8
宪宗李纯	元和元年(109)、元和四年(110)、元和九年(114)、元和时期(116、117)	5

(续表)

在位皇帝	案例及其发生时间	案例数量
穆宗李恒	长庆元年(119)、长庆三年(121)、长庆时期(123)	3
文宗李昂	大和九年(130)、开成元年(131)、开成四年(132)、开成时期(133、134、135)	6
武宗李炎	会昌三年(136)、会昌时期(137、138)	3
宣宗李忱	大中三年(141)、大中九年(142)、大中十一年(143)	3
僖宗李儇	中和三年(148、149)、中和四年(150)	3
昭宗李晔	大顺二年(151)	1

对照以上表1和表2,唐前期,太宗时期依法判案与违法判案的案例数量分别为2和3;高宗时期两者数量分别为8和7;武曌做太后临朝称制时期二者数量分别为6和4,称帝建周时期二者数量分别为4和7;中宗朝二者数量分别为4和2;玄宗时期二者数量分别为13和12(开元时期二者数量分别为10和6,天宝时期二者数量分别为3和6)。到唐后期,肃宗时依法与违法判案的案例数量均为4;代宗时期二者数量均为6;德宗时期,二者数量分别2和8,宪宗时期二者数量均为5;穆宗时期,二者数量均为3;文宗时期,二者数量分别为4和6;武宗时期,依法判案案例未收入,但违法判案案例数量则为3;宣宗时期二者数量均为3;僖宗时期二者数量分别为1和3。

尽管书稿中选取的均为碑志文书中的案例,但这一对比仍然是具有一定价值的。从同一皇帝统治时期依法与违法判案的数量之比可以大致看出唐朝不同时期的法治状况。太宗在位23年期间,法治情况较好,违法与依法判案的数量差别不大;高宗在位的30余年,违法与依法判案的数量差别亦不大,其时法治状况还是比较好的。武曌当政时期,她做太后临朝的5年多内,依法判案数量超过违法判案数量;她称帝的14年间,违法判案数量则远超依法判案的数量,这应该与她以酷吏政治维护女主统治有很大关系。玄宗统治的43年,从开元、天宝时期两组数量的对比,可以发现开天时期依法判案数量远大于违法判案数量,而在天宝时期,玄宗统治的后1/4时间则相反。德、文、武、僖四帝在位时期违法判案数量均多于依法判案数量,特别是德宗朝,违法判案更多。中宗朝依法判案数量多于违法判案数量,肃、代、宪、穆在位时期,违法与依法判案的数量相同,未能反映出其朝法治的实况,可参考下文以其他文献所作的补充说明。可以发现,唐后期同一皇帝在位时期的违法判案数量多于依法判案的数量。同时,若以安史之乱发生的天宝十四载(755)为界将唐朝分为前后两期,表1中唐前期依法判案案例为37例,唐后期依法判案案例为31例;表2中,除发生于天宝时期的案例079、080不能判定发生于前期还是后期之外,唐前期违法判案案例为33例,唐后期违法判案案例为42例。明显可见,唐前期依法判案多、违法判案少,而唐后期的则相反。因此,政治走向衰落也往往伴随着法治的破坏。

(二) 其他文献反映出的唐代不同时期的法治状况

1. 唐前期(618—712)的法治

高祖武德时期(618—626),重在除旧布新,及受禅,高祖"诏纳言刘文静与当朝通识之士,因开皇律令而损益之,尽削大业所由烦峻之法"。又制五十三条格,务在宽简,取便于时,其后又令宰臣在开皇律的基础上撰定新的律令,并于武德七年(624)颁行。① 但此时期属于唐朝初建、完成全国统一的时期,因戎马倥偬之际,法律并不能得到有效的执行。

贞观时期,因唐太宗勇于纳谏,唐律实施效果较好,他"以宽仁治天下,而于刑法尤慎",②出现了著名的贞观之治。究其原因,这与唐太宗善于纳谏、从善如流是分不开的。据胡宝华对唐代弹劾的研究,太宗在位时期,弹劾成功率始终很高。③ 另一重要原因则是唐太宗对法治的重视,他对于案件十分留意。这就在较大程度上对人治的弊端有所弥补。唐高宗的再从叔李文举(632—671)曾任定州唐(河北唐县)县令、尚食直长、尚食奉御、尚乘奉御。其墓志载有他与唐太宗的一段对话:

> 先君王尝不寐达曙,微有忧色,家老府寮,莫测其旨,[李文举]纵(从)容言曰:"惟王雅性仁爱,刑必恤慎,今者不怿,无乃有疑狱乎?"王闻,召而问之,对曰:"自先昝繇,理狱明审,得情勿喜,有疑必忧,今君王近之矣。"王大悦,曰:"疑则若何?"对曰:"昔鸱夷视璧,恭己前闻,罪疑惟轻,伏请留意。"王乃嗟叹者久之,而言曰:"此子凤表岐嶷,材敏绝伦。天假之寿,吾家千里也。"④

---

① 《旧唐书》卷50《刑法志》,第2133—2134页。
② 《新唐书》卷56《刑法志》,第1412页。
③ 胡宝华著《唐代监察制度研究》第二章唐代弹劾制度的演变中,共搜集了唐太宗时期35例弹劾事件,除去弹劾结果不明的8例,弹劾成功者为22件,占有明确弹劾结果的27例弹劾事例的81.5%。北京:商务印书馆,第46—47页。
④ 《大唐故中散大夫行尚承奉御李君(文举)墓志铭并序》,《西安碑林博物馆新藏墓志续编》上册,第157—159页。

这位唐太宗的同辈因体察细微,猜出皇帝是因疑狱而忧虑,因此有了君臣的这段默契对话。唐太宗亲自召见李文举,聆听他对疑狱的建议。很可能太宗所担心的疑狱具体有所指,而且是一件棘手的要案,并非笼统的担忧,否则李文举也不能猜出。亦很可能因事涉细微,墓志不便亦不必要点明。李文举建议太宗一定要对疑狱留意和重视,对疑狱要从轻处理,以防冤狱,太宗表示赞赏。两人对该疑狱应该是心有默契的,太宗因此大悦和赞赏李文举。太宗重视法治,曾对自己决事不能皆如律令,对侍臣表示:"朕比来决事或不能皆如律令,公辈以为事小,不复执奏。夫事无不由小而致大,此乃危亡之端也。"①可以说,贞观之治的出现离不开太宗对法治的重视,对于死刑,太宗较为审慎,诏"死刑虽令即决,皆三覆奏",改兄弟连坐俱死为配没之刑,命法官"失出入者皆如律"。②应该指出,唐太宗因通过玄武门政变上台,为标榜孝道,对涉及孝道的复仇一般予以轻判。

高宗在位时期(650—683),重视法治和法官,其统治时期出现了一些父子或祖孙几代都出任法官的家族,③并令其舅辅政大臣长孙无忌等重臣编纂了对当时世界及以后朝代影响深远的《唐律疏议》。但高宗时的法律执行情况并不尽如人意,仍较贞观时期有所不足。至仪凤二年(677)十一月,因"承平既久……事繁则诈起,法弊则奸生。……百姓虽事披论,官司不能正断。及为三司陈诉,不为究寻。向者告言,又却付州"。以致"财物相侵、婚田交争",

---

① 《资治通鉴》卷194,唐太宗贞观六年十二月,第6212—6213页。
② 《新唐书》卷56《刑法志》,第1409—1410、1412页。
③ 黄正建:《唐代司法参军的若干问题——以墓志资料为主》,载柳立言主编:《近世中国之变与不变》,台北:中研院,2013年,第139页。

"经历台省,往来州县,动淹年岁,曾无与夺"。唐高宗令朝散大夫守御史中丞崔谧、朝散大夫守给事中刘景先、朝请郎、守中书舍人裴敬彝等,于南衙门下外省,共理见在京诉讼人冤屈。并云"所有诉讼,随状为其勘当,有理者速即奏闻,无理者示语发遣"。限于当年十二月内使了。① 另外,为从父亲唐太宗留给自己的辅政大臣长孙无忌、褚遂良等人手中夺得实权,李治利用了一些主动投靠皇后武则天的小人臣子。典型案例如永徽六年(655)的中书侍郎李义府迫大理寺丞毕正义枉法出囚妇淳于氏案。② 同时,限于时效,官员擅自开仓赈济饥民案例较多。多数情况下,朝廷未追究其罪,有时唐高宗还对涉事官员加以表彰,对相关案件进行了灵活处理,以弥补硬性的法律规定之不足。但这一做法终究是对法律的破坏。

女皇武则天当政时期(685—704),徐敬业于扬州起兵后,实行酷吏政治,以使朝臣听命于己,制造了很多冤案。程思义(629—703)墓志载:"杨豫作逆,祅氛未殄,王侯将相,连头下狱,伤痍诛斩,不可胜数。周兴荣贯廷尉,业擅生杀,嚣新开之诏狱,袭乱常之遗噍,虐甚脱踝,文繁次骨,公卿侧足,行路掩首。"③ 此时期,"来俊

---

① 唐高宗:《申理冤屈制》,(宋)宋敏求编:《唐大诏令集》卷82,北京:中华书局,2008年,第472页。
② 《新唐书》卷223上《奸臣上·李义府传》载有该案例详情。洛州女子淳于以奸系大理狱,李义府闻其美,属寺丞毕正义出之,纳以为妾。毕正义依其意枉法出淳于氏,为大理卿段实玄以状上闻。唐高宗令给事中刘仁轨、侍御史张伦鞫治,李义府逼毕正义自缢狱中以灭口。侍御史王义方廷劾李义府,极陈其恶,但因高宗因李义府有立武后之功,阴德李义府,特贷其罪不问,并为其抑王义方,将其外逐。第6340页。
③ 《唐故朝议大夫行兖州龚丘县令上柱国程府君(思义)墓志并序》,《唐代墓志汇编》上,长安030,第1012页。

臣、侯思止等枉挠刑法,诬陷忠良,人皆慑惧"。① "时御史中丞来俊臣常以飞祸陷良善,自侯王将相被其罗织受戮者不可胜计"。②夏官侍郎姚崇曾对武则天说:"自垂拱后,被告者类自诬。当是时,以告言为功,故天下号曰'罗织',甚于汉之钩党。"③酷吏政治的实施,制造了很多冤案,武周晚期在唐代专门"掌邦国刑宪、典章之政令,以肃正朝列"④的中央机构御史台狱之旁建精舍,即佛堂,据说,其为御史台官员集资所建。⑤ 此举"欲令见者勇发道惠,勤探妙根,悟有漏之缘,证菠罗之果"。⑥ 即希望以佛法教化因禁于台狱的获罪高官。长安初(701),崔湜自左补阙(从七品上)拜殿中侍御史(从七品上),由门下省搬至御史台办公,至止之日,精舍"其构适就",故撰写《大唐御史台精舍碑铭并序》一文,记述御史建立精舍的原因、过程和其建筑情况。至唐玄宗开元十一年(723),刻其文于碑铭,碑阴则刻从武则天时代到唐玄宗时期的御史台官员近1 000人的题名,该碑目前收藏于西安碑林博物馆。精舍的建立说明,武则天晚年在法治方面,由前期任用酷吏巩固自己的统治,转而倾向于以佛法感化获罪官吏。

中宗神龙时期(705—707),法治宽疏,大理寺法官判案宽纵成风,"大理官僚,多不奉法,以纵罪为宽恕,以守文为苛刻"。进士擢

---

① 《旧唐书》卷87《李昭德传》,第2855页。
② 《旧唐书》卷90《王及善传》,第2910页。
③ 《新唐书》卷124《姚崇传》,第4381—4382页。
④ 《唐六典》卷13《御史台》,第378页。
⑤ 刘淑芬著:《慈悲清净——佛教与中古社会生活》,北京:商务印书馆,2017年,第117页。
⑥ 殿中侍御史崔湜撰:《大唐御史台精舍碑铭并序》,赵力光主编:《石墨镌华:西安碑林书法艺术》,西安:陕西师范大学出版总社有限公司,2016年,第112页。

第的博州聊城人王志愔,在神龙时期累除御史台左台御史,以执法刚正著称,以致百僚畏惮,人称"皂雕"。寻迁大理正,针对同僚多不严守法律的问题,奏言:"法令者,人之堤防,堤防不立,则人无所禁。"当严守刑典,并表上所著《应正论》于中宗。① 惜中宗昏庸,并不能真正认识到法治的重要性并有能力去践行。中宗复位后,因受昭容上官婉儿影响,"引武三思入宫中,升御床",与韦后为双陆博戏。中宗引狼入室,还为二人点筹,即掷骰子,"丑声日闻于外"。② 神龙二年(706),安定公主驸马光禄卿王同皎"以武三思与韦氏奸通,潜谋诛之"。③ 事泄,武三思告王同皎将废韦皇后,王同皎被杀。正因为遇事不明,即位仅三年多,中宗便"遇毒暴崩",议者将之归罪于颇闲医药的散骑常侍马秦客和安乐公主。④

《旧唐书·刑法志》云:"自明庆至先天六十年间,高宗宽仁,政归宫阃。则天女主猜忌,果于杀戮,宗枝大臣,锻于酷吏,至于移易宗社,几亡李氏。神龙之后,后族干政。景云继立,归妹怙权。开元之际,刑政赏罚,断于宸极,四十余年,可谓太平矣。"⑤大致概括出了高宗—武则天—中宗—睿宗时期的法制情况。

2. 唐中期(713—805)的法治情况

玄宗在位(713—756)四十余年,前三十年励精图治,注重吏治,实现了开元盛世。史言:"玄宗自初即位,励精政事,常自选太守、县令,告戒以言。而良吏布州县,民获安乐。二十年间,号称治

---

① 《旧唐书》卷100《王志愔传》,第3118、3122页。
② 《旧唐书》卷51《后妃上·中宗韦庶人传》,第2172页。
③ 《旧唐书》卷91《桓彦范传》,第2930—2931页。
④ 《旧唐书》卷51《后妃上·中宗韦庶人传》,第2174页。
⑤ 《旧唐书》卷50《刑法志》,第2151页。

平,衣食富足,人罕犯法。"①法治状况较好。后十余年则未能善始善终,天宝时期,玄宗怠于政事,宠幸杨贵妃,委政李林甫、杨国忠等人,违律案件较多。

肃、代时期,为唐朝平叛安史之乱及拨乱反正的阶段,于法律"无所改造",②事有权宜,法不责众,加之一些不走正道的奸佞之徒受宠,多有违律案件发生。肃宗时期,致力于平安史之乱,治安混乱,"京师多盗贼,有通衢杀人置沟中者"。③宦官李辅国还趁机不顾"皇朝置南北衙,文武区分,以相伺察"的考虑,请求"选羽林骑士五百人以备巡检"。④宦官专权加重了法治混乱的局面。梁州都督、山南西道观察使李勉,"以故吏前密县尉王晬勤干,俾摄南郑令,俄有诏处死"。李勉获知其为权幸所诬,"停诏拘晬,飞表上闻,晬遂获宥"。但李勉因此为执政所非,夺其权,追入为大理少卿。⑤若非李勉冒险停诏,飞表上闻,王晬应该已经身死。肃宗严惩出任安史伪官者,曾腰斩河南尹达奚珣等,导致"河北叛人畏诛不降,兵连不解,朝廷屡起大狱"。代宗"常以至德以来用刑为戒。及河、洛平,下诏河北、河南吏民任伪官者,一切不问"。即位五年,府县寺狱无重囚。⑥之所以有此转变,并非主要源于代宗本性仁恕,而是出于维护唐朝统治的考虑。

德宗"性猜忌少恩",为政苛细,奸人当道,唐律的实施受到影响。案例101 廉使于江州非法赋敛,而刺史韦应物上任后以调非

---

① 《新唐书》卷56《刑法志》,第1415页。
② 《新唐书》卷56《刑法志》,第1413页。
③ 《旧唐书》卷126《李揆传》,第3560页。
④ 《新唐书》卷150《李揆传》,第4808页。
⑤ 《旧唐书》卷131《李勉传》,第3634页。
⑥ 《新唐书》卷56《刑法志》,第1416—1417页。

明诏,悉无所供。此事因此被有司调查。真相大白后,韦应物受到德宗的奖赏,廉使却并未受罚,足证当时非法赋敛之风盛行。

3. 唐后期(806—907)的法治情况

元和时期(806—820)是唐后期的中兴时期,朝政较之前有明显好转,但宪宗承德宗朝之余绪,重用宦官,而"用刑喜宽仁",①不少死刑被废,地方或朝廷官员经常贿赂权阉、权幸以求升官,很多官员得偿所愿。② 故一些政治弊端积重难返,宪宗时期法制环境似乎并不很理想,法治化程度依然不高。吴士平(762—809),右金吾卫大将军吴溆第三子,曾任京兆府高陵县尉,改大理评事(从八品下),迁大理司直(从六品上)。元和五年(810),他任大理司直时,"天鸡四鸣,奸人希恩,小吏舞文,天下刑狱岁系大理寺者千数"。③ 由墓志可知,宪宗初期大理寺案件数量多达数千件,大理寺法官的工作十分繁剧。同在元和时期,"盐铁、转运诸院擅系囚,笞掠严楚,人多死"。后来给事中穆质奏请诸院与州县吏参决,"自是不冤"。④

长庆时期(821—824)党派纷争,穆宗为长于深宫的少年皇帝,

---

① 《新唐书》卷56《刑法志》,第1417页。
② 如:《册府元龟》卷153《帝王部·明罚二》(第1709页)载:金吾卫大将军伊慎以钱三千万,赂右神策军护军中尉第五从直,求为河中节度使;《新唐书》卷172《于顿传》(第5200页)载:太常丞于敏赂宦官梁正言,求其父宰相于顿出镇;《新唐书》卷141《高霞寓传》(第4662页)载:归州刺史高霞寓厚赂权宦得为右卫大将军;《新唐书》卷118《韩思复传》(第4274页)提到:"桂管之豪猾厚进贿使者,求为县令";《册府元龟》卷669《内臣部·贪货》(第8000页)载:泗州刺史薛謇赂中贵人薛盈珍,得迁福建观察使。
③ 前乡贡进士陈鸿撰:《唐故朝议郎行大理司直临濮县开国男吴君(士平)墓志铭并序》,陕西省古籍整理办公室编,吴钢主编:《全唐文补遗》第七辑,西安:三秦出版社,2000年,第82—83页。
④ 《新唐书》卷163《穆宁附子穆质传》,第5016页。

朝政很不理想,科举请托现象极为严重。随后的敬宗宝历时期(825—827),朝堂同样混乱,甚至发生了染坊作人张韶与卜者苏玄明于柴草车中载兵器入宫作乱案。虽然张韶等作乱者37人,为禁军所诛。以张韶染坊役夫故,流染坊使田晟、段政直天德,但染坊作人、卜者这类身份之人不能安守本分,存在非分之想,还得以入宫,足以说明当时政治状况不堪,才能给人以可乘之机。长庆年间,①江南道江州(江西九江市)"有盗劫贡船",当时"捕吏取滨江恶少年二百人系狱讯问",可知当时法治环境较差。后来江州刺史钱徽于舒州(安徽潜山市)查获真盗。②

文宗"好治,恭自谨畏"。③ 大和时期(827—835),"初,盐铁度支使属官悉得以罪人系在所狱,或私置牢院,而州县不闻知,岁千百数,不时决"。直至开成元年(836),殷侑为刑部尚书,"奏许州县纠列所系,申本道观察使,并具狱上闻"。文宗许之。④ 大和四年(830)六月,文宗诏书提到:"诸司刑狱例多停滞。"⑤文宗"曾先后十次委派御史监察京畿诸司司法审判活动"。⑥ 约文宗时期,进士敬晦辟山南东道节度府,与马曙联舍。其时,山南东道因"帅不政"而"法制陵颓",马曙引大吏廷责之。而该大吏"负兼军职,不引咎,走诉诸府牙将且十辈,方杂语以申吏枉"。该大吏冒军名以行不

---

① 据《旧唐书》卷16《穆宗本纪》,长庆元年夏四月,贬礼部侍郎钱徽为江州刺史。第488页。
② 《新唐书》卷177《钱徽传》,第5272页。
③ 《新唐书》卷56《刑法志》,第1418页。
④ 《新唐书》卷164《殷侑传》,第5054页。
⑤ 《旧唐书》卷17下《文宗本纪下》,第537—538页。
⑥ 陈玺:《唐京畿地区司法监察系统的严谨与发达》,《兰台世界》2011年7月下旬,第4页。

法,诸将"反引与为伍",①显然并非正常。

鉴于"民情迫于饥寒",武宗之前窃盗无死罪。至会昌时期(841—846),因武宗"性严刻",对盗窃犯予以严惩,"赃满千钱者死",直至"宣宗乃罢之"。但宣宗仍"喜刑名","少仁恩",常曰:"犯我法,虽子弟不宥也。"②可知唐宣宗朝实行法治较为彻底。宣宗还常常阅读法律书籍,故其时法治环境相对较好。大理卿孙公义之子御史中丞孙璚墓志载:"今上(宣宗)以慈恕母天下,尤注意于三尺法。"宣宗擢司封正郎孙璚为御史中丞。他"虔操国章,事简法严。吏不鬻情,狱无滥系。上每坐便殿,必亲阅刑书。欲桎梏不加,宪纲疏略"。③ 中国古代法治离不开皇帝的重视,因皇帝的喜好直接关系到政治的实施和政策偏重。在宣宗朝,法律的编纂比较多,④可以证实这一点。

僖宗乾符时期(874—888)"选滥,吏多奸,岁调四千员",敬、文两朝宰相牛僧孺之孙吏部员外郎牛徽,"治以刚明,柅杜干请,法度复振"。⑤ 其时,"中外权臣,遣人治第京师。因其乱后,多侵犯居人,百姓告诉相继"。右仆射、检校司空、御史大夫、权京兆尹王徽(?—890)不避权豪,平之以法,残民得以安业,自己却被权幸所恶,以其党薛杞为京兆少尹,知府事,以分其权。⑥ 选人是治政之

---

① 《新唐书》卷177《敬晦传》,第5289页。
② 《新唐书》卷56《刑法志》,第1418页。
③ 朝请大夫、守左散骑常侍、赐紫金鱼袋、上柱国李都撰:《唐故御史中丞、汀州刺史孙公(璚)墓志铭并序》,陕西省古籍整理办公室编,吴钢主编:《全唐文补遗》第五辑,西安:三秦出版社,第46—47页。
④ 大中时期,刑部侍郎奉敕修撰《大中刑法总要格后敕》60卷,左卫率仓曹参军张戣进《大中刑法统类》12卷。参见《旧唐书》卷50《刑法志》,第2156页。
⑤ 《新唐书》卷174《牛僧孺附孙牛徽传》,第5227—5228页。
⑥ 《旧唐书》卷178《王徽传》。参考《新唐书》卷185《王徽传》,第5409页。

关键,上层守法,下民才能人赖以安。由此例可知唐末政事、法治之败坏。

三、不同地区的唐代法治状况

唐朝作为中国中古的大统一王朝,不同地区的法律环境和法治状况是不同的。以下对唐人碑志和墓志中所反映的唐朝法治状况予以说明,包括但不限于上编中的案例。

(一) 从上编案例发生地点看唐代不同地区的法治状况

上编末表一所列案例计77件,除拟判案例(008、053、054)、发生地点不明或不需考虑发生地点的案例(030、045、091、153)计7例之外,我们据上编末的表一对其余70件案例中的发生地点予以统计,见表3。

表 3. 表一案例发生地点统计表

道 名	发 生 地 点	案例数量
河东道	蒲州(001)、泽州高平郡(126)、潞州(147)、代州(043)	4
关内道	长安(002、025、029、041、047、048、055、060、062、074、098、122、139、145)、长安万年县(051)、岐州岐山县(037)、岐州郿县(064、065、066)、京兆府(112、115)、京兆府鄠县(118)、京兆府高陵县(127)	23
河南道	洛州河南县(005)、齐州祝阿县(016)、蔡州(026)、洛阳(057)、陕州(102)、蔡州吴房县(104)、宿州(119)、青州(124)、虢州(129)	9

(续表)

道 名	发 生 地 点	案例数量
江南道	睦州(009)、婺州(009)、吉州(036)、婺州永康县(095)、潭州(111)、润州(120)、明州(140)、湖南(144)	7
陇右道	西州高昌县(012、018、049、089)、伊州(013)、安西都护府(014、020)、沙州至伊州途中(017)、西州交河郡(058、069、071、073、085、154、155)、沙州(094、152)、凉州武威郡(082、093)	19
淮南道	扬州(023)	1
河北道	博州(028)、幽州(063)	2
剑南道	蜀郡(084)、剑南东川(088)	2
山南道	兴元府汉中郡(128)	1
岭南道	连州(113)、桂州(146)	2

上编末表二所列案例计83件,除发生地点不明确或范围过大的案例(003、015、022、024、032、035、040、044、052、059、068、078、081、096、097、106、108、138、150、151)20例之外,我们据上编末的表一对其余63件案例中的发生地点予以统计,见表4。

表4. 表二案例发生地点统计

道 名	发 生 地 点	案例数量
河南道	洛阳(021、042、080、102、103、142)、东平郡巨野县(075)、河南府(076、083)、河南府寿安县(077)、濮州(117)	11
河东道	泽州(028)、潞州上党郡(136)、太原(148)、潞州屯留县(149)	4

（续表）

道　名	发　生　地　点	案例数量
关内道	长安（002、007、010、011、019、031、033、034、038、039、046、061、100、116、119、121、130、132、134、137、141、143）、同州奉先县（056）、华州下邽县（114）、泾州泾阳县（123）、同州冯翊县（125）、同州（135）	27
河北道	怀州河内县（070）、沧州（072）、河北道（090、097、099、133）、镇州（110）	7
陇右道	西州交河县（006）、敦煌郡敦煌县（079）、沙州（092）、肃州（093）	4
江南道	宣州（050）、湖南（086）、温州（087）、婺州（095）、江州（101）、衢州（105）、福州（131）	7
淮南道	淮南道（067、107）	2
山南道	洋州洋源县（004）	1

尽管上编所选取的案例并非全部，但仍可以反映出一定的问题。对照表3和表4，表3中唐代依法判案案例可以明确地点者涉及了贞观时期划分的全部十道，表4中唐代违法判案案例则涉及八道，少了岭南、剑南二道。这两表中，关内道依法判案与违法判案的数量均是最高的，两者数量分别为23和27，违法判案数量略多于依法判案的数量。表3中，陇右道依法判案数量位居第二，达19。而表4中，陇右道的违法判案数量仅为4，这可能与安史之乱之后，肃、代、德三帝时期西平、武都、合川、怀道等郡，秦、渭、洮、临、河、兰、岷、廓等州，安西、北廷等都护府相继陷落于吐蕃之手导致陇右道面积大大缩减有很大关系，[①]同时也说明该道法治情况

---

① 《新唐书》卷40《地理志四》，第1040页。

相对较好。另一个变化较大的道为河北道。两表显示,该道依法判案数量与违法判案数量分别为 2 和 7,违法判案比例是依法判案比例的 3 倍多,这与安史之乱后河北藩镇独立于中央朝廷有关。表 3 和表 4 中,河南道依法判案数量为 9,违法判案数量为 11,相差不大;江南道依法判案数量与违法判案数量均为 7,河东道依法判案数量与违法判案数量均为 4,山南道依法判案数量与违法判案数量均为 1,是持平的。

另外,上编 155 件案例中,出于敦煌、吐鲁番文书中的案例合计 30 例(出于敦煌和吐鲁番者各 15 例)。其中,出于敦煌文书的案例中,依法判案者为 8 例(008、014、017、053、054、064、066、094),有 3 例(案例 013、065、152)为据推测依法判案,有 1 例(案例 093)为部分依法判案、部分违法判案;违法判案者为 3 例(052、079、092)。出于吐鲁番文书的案例中,其中依法判案者为 13 例(005、012、018、020、049、058、069、071、073、085、089、154、155),违法判案者有 2 例(006、044)。单从这一结论来看,敦煌、吐鲁番地区依法判案的比例还是比较高的,而吐鲁番地区依法判案的比例还略高于敦煌地区。

(二) 其他墓志反映出的地方法治状况

唐人墓志较多,一些地方的法治情况在其中有所反映。首先,雍州京兆府及所属县的治安状况似并不太好。[①] 邢州任县主簿王君之妻宋尼子(627—691)的父亲宋正名,约在高宗时任雍州始平(陕西兴平市)县尉。该县"地实京畿,邑惟近县,杂五方之豪俦,揔

---

① [日]室永芳三《唐都长安城の坊制と治安维持》(上、下)曾探讨唐代长安城的治安情况,载《九州大学东洋史论集》第 4 号,1975 年。

三辅之轻薄"。因地近长安,豪俊轻薄之士甚多。① 萧璿(652—717),广州都督、华州刺史萧龄之之孙,右金吾将军萧德昭之子,明经出身,因官徙家为长安人。约玄宗即位初期,除京兆尹。这一任命的原因之一是京师豪俊太多,难于治理。萧璿墓志云:"京畿辇毂,豪俊夸侈。四方取则,万国承流。或投巩通情,或设拒追诈,古称难理,其畴离之。"②陈登曾利用传统文献探讨京畿治安与犯罪问题,认为:"唐代京师经常盗贼充斥,严重影响治安。"并指出,宪宗以后唐京畿治安恶化的原因,除了"王公子弟非法携带武器"之外,更重要的原因在于"宦官势力的扩张"。③ 宦官掌控的北军军纪败坏,还与长安恶少年交接为恶,对京畿治安构成最大的威胁。

即使京师治理难度颇大,中宗时期(705—710)衡守直(654—718)任长安县令期间,"仙台立议,侠窟惩奸,事以闲达,理郡尤最"。④ 约玄宗开元末、天宝初,韩朝宗(686—750)任京兆尹,当时京师法治较为混乱,"外家公主,敢纵苍头庐儿;黠吏恶少,自擅赭

---

① 《唐故邢州任县主簿王君夫人宋氏(尼子)之墓志铭并序》,《唐代墓志汇编》,长寿011,第839—840页。又见陕西省古籍整理办公室编,吴钢主编:《全唐文补遗》第二辑,西安:三秦出版社,1995年,第322页。并见毛汉光撰:《唐代墓志铭汇编附考》第12册,1992年,台北:台湾商务印书馆、台湾学生书局,第149、155页。
② 秘书监上柱国常山县开国公兼昭文馆学士马怀素撰:《唐故河南尹上柱国鄴县开国男萧公(璿)墓志铭》,《西安碑林博物馆新藏墓志续编》上册,第244—246页。
③ 陈登武著《从人间世到幽冥界:唐代的法制、社会与国家》第三章第四节利用传统文献,对京畿治安与犯罪问题进行了探讨,北京:北京大学出版社,2007年,第143、148页。
④ 礼部尚书苏颋撰:《大唐故仙州刺史衡府君(守直)墓志铭并序》,吴钢主编:《全唐文补遗·千唐志斋专辑》,西安:三秦出版社,2006年,第135—136页。

衣偷长。"①韦羽(743—806)由太原府司录调任京兆府法曹,"长安浩穰,迫于权势,事不由正,狱讼多门。掾吏颠仆者,接迹比肩"。韦羽"执法不阿,中立仗正,用阐皇度,人不自冤"。② 在韦羽等执法公正的法官、地方官的治理下,长安的治安状况得到一定程度扭转。

其次,安史之乱后,唐后期相对独立的割据型藩镇多不遵守唐廷法制。在此以守监察御史里行郭捐之所撰《守卫尉卿柏元封(768—832)墓志》所涉及的李师古、李师道兄弟所据天平军境和淮西吴少诚家族为例进行说明。"天平自李师古不率法度,朝廷之制,不行于军。师古死,其弟师道继其勃。"③这里的天平指天平军。据史载,天平军节度使,治郓州,管郓(山东东平)、齐(山东济南)、曹(山东曹县)、棣(山东惠民)四州。④ 李师古是高丽人李正己之孙、淄青节度使李纳之子,卒于元和元年(806),⑤其异母弟李师道元和十四年(819)为刘悟所斩。⑥ 据柏元封墓志,李师古兄弟任天平军节度使期间,即元和时期(806—815)及其之前的贞元(785—805)中后期,天平军境内基本上是不遵守朝廷法制的,处于

---

① 王维撰:《大唐吴兴郡别驾前荆州大都督府长史山南东道采访使京兆尹韩公(朝宗)墓志铭》,《全唐文》卷 327,第 3315—3316 页。
② 子婿将仕郎守越州山阴县尉郑肃撰:《唐故宣德郎检校尚书户部员外郎兼侍御史赐绯鱼袋充剑南西川南道运粮使韦公(羽)墓志铭并序》,《大唐西市博物馆藏墓志》下册,第 741—743 页。
③ 承务郎守监察御史里行骁骑尉郭捐之撰:《唐故中散大夫守卫尉卿上柱国赐紫金鱼袋赠左散骑常侍魏郡柏公(元封)墓志铭》,《唐代墓志汇编续集》,大和038,第 910 页。
④ 《旧唐书》卷 38《地理志一》,第 1389 页。
⑤ 据《旧唐书》卷 15《宪宗纪上》,元和元年闰六月壬子朔,淄青李师古卒。第417 页。
⑥ 《旧唐书》卷 124 载:元和十四年二月,刘悟"擒师道而斩其首,送于魏博"。第3540 页。

相对独立的割据状态。这与正史所载是一致的。据《旧唐书·李正己传》,元和元年(806)七月,朝廷任命李师道充平卢军及淄青节度副大使、知节度事。自李正己(733—781)、①李纳(759—792)②至李师古(？—806)、李师道(？—819)兄弟,"师道祖父弟兄,盗据青、郓,得计则潜图凶逆,失势则伪奉朝旨,向背任情,数十年矣"。③ 据有齐、鲁之地的李正己与平卢节度使侯希逸"递相胶固,联结姻好,职贡不入,法令不加,率以为常。仍皆署其子为副大使,父死子立,则以三军之请闻,亦有为大将所杀而自立者"。对于这种情形,肃宗、代宗、德宗在位时期,"朝廷多务优容,每闻擅袭,因而授之,以故六十余年,两河号为反侧之俗"。④ 这种情况一直持续至元和十四年(819)朝廷平定李师道后,河南河北两河地区才复为王土,宪宗下诏分其十二州为三节度,命马总、薛平、王遂分别镇守。⑤ 马总任天平军节度使后,"卑革其风",这种情形有所改变。马总辟署柏元封为天平节度判官、检校兵部员外郎兼侍御史,知州事。柏元封受马总"委政","嘉画密谋,内陈外施。其俗大变,其政日新"。柏元封得迁天平军节度副使。后来,他又转任蔡州刺史兼龙陂监牧使。地属淮西地区的蔡州(河南汝南县),因"地富而人强",故"有兵而无节","当吴少诚时,平〔民〕不知天子之威,师不奉朝廷之制。少诚死,少阳绍其恶,少阳死,其子元济又袭之。元济诛,始裂其地而破其号,故人心犹未知礼。军虽散而多藏刃于私

---

① 《旧唐书》卷12《德宗纪上》载建中二年八月辛卯,平卢淄青节度观察使、司徒、太子太保、同中书门下平章事李正己卒。第330页。
② 《旧唐书》卷13《德宗纪下》载:贞元八年五月癸酉,平卢淄青节度使、检校司徒、平章事李纳卒。第374页。
③ 《旧唐书》卷124李正己传之后的史臣曰,第3543页。
④ 《旧唐书》卷124《李正己传》,第3538、3541页。
⑤ 《旧唐书》卷124《李正己传》,第3541页。

家,农虽耕而少安业于垅亩。往往群聚望军门以嘘戏,叹旌旗之不见,窃语念乱,负气而骄。"①吴少诚是幽州潞县(山西长治市)人,在任申光蔡节度使时,百姓只知有吴氏,不知有皇帝,淮西不奉朝廷之制,这种状况持续了三代:吴少诚(750—809)②、吴少阳(810—815年任节度使)、吴元济(?—817,吴少阳长子)。元和十二年(817),淮西之乱被平定,十一月,"以吴元济徇两市,斩于独柳树;妻沈氏,没入掖庭;弟二人、子三人,配流,寻诛之;判官刘协等七人处斩"。③虽然吴氏一族已灭,但淮西地区的尚武之风仍然沿袭,民不安于农。柏元封(768—832)上任后,改变以往"为郡者皆惧以过时而莫能绝其萌"的状况,"以法临之,以恩养之,明君臣之道以训之,章逆顺之理以教之,不夺其利,不禁其欲"。收到了"人大和悦,军县咸化"的效果,皇帝下诏加柏元封左庶子以予奖赏。④

再次,一些唐代司法官员的墓志对某些地方的法律执行情况有所说明。琅耶郡人王基墓志反映了高宗统治后期广州南海郡新会县(治广东江门市新会区杜阮镇)、义宁县(属广东开平市)用法严苛的情况。王基卒年61岁,开元三年(715)下葬,谷州刺史王国祁之孙,弱冠明经擢第,补岗州(当作冈州)司法参军。据《新唐书·地理志七上》,武德四年(621),以南海郡之新会、义宁二县置

---

① 承务郎守监察御史里行骁骑尉郭捐之撰:《唐故中散大大守卫尉卿上柱国赐紫金鱼袋赠左散骑常侍魏郡公(元封)墓志铭》,《唐代墓志汇编续集》,大和038,第910—911页。按:"平"后当丢一字,笔者认为当增加"民"字。
② 《旧唐书》卷14《宪宗本纪上》载:元和四年十一月己巳,彰义军节度使、检校司空、同平章事吴少诚卒。第429页。
③ 《旧唐书》卷15下《宪宗本纪下》,第461页。
④ 承务郎守监察御史里行骁骑尉郭捐之撰:《唐故中散大大守卫尉卿上柱国赐紫金鱼袋赠左散骑常侍魏郡柏公(元封)墓志铭》,《唐代墓志汇编续集》,大和038,第910—911页。

冈州新会郡,至开元二十三年(735)州废,以二县属广州南海郡。①这是以古称代今称。当时"南海遐鄙,中典罕及。评刑断狱,多阙矜慎。持法作吏,屡闻峭刻"。王基上任后,为了改变冈州(治广东江门市新会区)断狱严苛的弊病,"树德斯在",以德化民,其后改任泉州录事参军。②

《吕让墓志》反映出宪宗时期海州(江苏连云港)地方没有律令,导致民众不知法制的情况。约元和时期(806—820),吕让(793—855)任海州刺史,海州(江苏连云港市)地处东海,"远皇都三千余里,承平不轨之后,人多不知法制。州无律令"。③ 吕让甫一上任,命备写而创置律令,"揭以碑铭",使连境知教。④ 据之,海州不属边远之地,但元和时期州无律令,当地人没有法律观念,原因有二:一是距离京师较远,二是"承平不轨之后"。此地原为淄青节度使李纳所据,建中二年(781)十一月,李纳将海州刺史王涉以州降。⑤ 故其地受王化不久。面对这种情况,吕让上任后,为了向州人普及王法,采取了将律令刻在碑铭上的方式,并取得了很好的效果。

另外,洺州刺史徐峤之长子徐浚(698—755),开元时期选授绛郡录事参军。其所辖夏县(山西运城)"有巨滑,颇为时蠹。讪上则

---

① 《新唐书》卷 43 上《地理志七》,第 1096 页。
② 《大唐故通直郎守武荣州南安县令王府君(基)墓志铭并序》,吴钢主编:《全唐文补遗》第 2 辑,北京:中华书局,1995 年,第 419 页。
③ 紫极宫,是对东、西二京之外的诸州玄元庙的称呼。《旧唐书》卷 24《礼仪志四》载:天宝二年正月,改西京玄元庙为太清宫,东京为太微宫,天下诸州为紫极宫。第 926 页。
④ 长男吕焕撰:《唐故中散大夫秘书监致仕上柱国赐紫金鱼袋赠左散骑常侍东平吕府君(让)墓志铭并序》,陕西省古籍整理办公室编,吴钢主编:《全唐文补遗》第 4 辑,西安:三秦出版社,1997 年,第 201 页。
⑤ 《旧唐书》卷 12《德宗本纪上》,第 331 页。

郡守不能制,附下则邑吏莫敢言"。巨滑时蠹的横行,说明当地司法受到很大的干扰。后经徐浚"密察劾问,明刑剿绝"。①

传统文献中对唐代地方法治情况也间有说明,例如:武曌在唐高宗死后临朝听政,期间山南道隆州晋安县(治四川广元)有豪族蒲氏,"纵横不法,前后官吏莫能制"。隆州参军事尹思贞受州司指定推按此案,"发其奸赃万计",论罪处死,部人刻石以纪其功,"由是知名"。其后累转京兆府明堂县令。②按:隆州为上州,参军事类官职包括录事参军事、司功参军事、司仓参军事、司户参军事、司兵参军事、司法参军事、司士参军事,官阶均为从七品,从尹思贞受州官之命按狱来看,其所担任之官最有可能是司法参军事。

在唐代,不同阶段、不同地区的社会法治化程度是不同的,较为偏远的边地对案件依法判处的比例也并不一定小于内地,例如敦煌、吐鲁番地区的依法判案的比例还是比较高的。

四、公正执法有赖于法官公正
无私和精通法律

法官对案件的处理受多种因素的影响,"法官所处环境也因时因地有所不同:有的地方没有律令,需要从基本的法律知识普及开始做起;有的地方法律严苛,特别是后期各藩镇的法律宽严不

---

① 季弟朝散大夫检校尚书金部员外郎上柱国徐浩撰:《唐故朝议郎行冯翊郡司兵参军徐府君(浚)墓志铭》,《全唐文补遗》第8辑,西安:三秦出版社,2005年,第62页。
② 《旧唐书》卷100《尹思贞传》,第3109页。《新唐书》卷128《尹思贞传》(第4459页)略同,唯对尹思贞的官职记载更详,旧书云其为隆州参军,新书云其任隆州参军事。

同,致使法官的执法也有所不同。此外如皇帝的爱好、法寺案件的多少,都影响着法律的实施。这些资料在墓志中不多,但时有发现,对我们认识唐代法律的实际执行有重要意义。"① 这里要说明的是法官本身是否遵纪守法、认真履行职责对于案件是否得到公正的审理非常重要,法官公正执法是依法判案的保证。唐代官员考课有四善二十七最,其九曰:"推鞫得情,处断平允,为法官之最。"其六曰:"决断不滞,与夺合理,为判事之最。"② 这指明了法官的职责和工作目标。判事还是对包括法官在内的官员共同的要求,原因在于唐代司法、行政不完全分开,官员均考察身言书判。唐人赵匡所撰《选人条例》第二条指出:"不习经书史,无以立身;不习法理,无以效职。人出身以后,当宜习法,其判问请皆问以时事,疑狱令约律文断决。"并据是否依律判文及判文是否有文采,列出了判文的四个等级评判标准。③ 可知唐人认为书判对唐代官员来讲是必须掌握的技能。

(一) 法官公正执法是依法判案的保证

唐朝历时近三百年,既有公正执法的官员,也有曲法判案的官员,对案件的当事人及国家会产生不同的影响,这些反过来又会对法官判案产生或好或坏的影响。法官精通法律,业务精湛,是其公正执法的前提。唐人韩琬《御史台记》载太宗时长安尉范阳卢庄道有过目成诵之能,断狱神速。"太宗将省囚徒","时系囚四百余人,

---

① 黄正建:《出土唐代墓志与法律资料》,《中国古代法律文献研究》第 11 辑, 2017 年,第 188 页。
② 《旧唐书》卷 43《职官志三》,第 1823 页。
③ 赵匡:《举人条例》,《全唐文》卷 355,第 3605 页。

俱预书状"。卢庄道悠闲自若,及太宗召囚当日,他"乃徐书状以进,引诸囚入,庄道对御评其罪状轻重,留系月日,应对如神。太宗惊叹。即日拜监察御史"。① 代宗宝历年间(825—827),侍御史卢简辞因精通法律,顺利处理了黎熚治其父故京兆尹黎幹叶县旧业一事。黎幹卒于建中(780—783)初,②至黎熚诣御史台提出治其父叶县旧业要求时,黎幹已经过世近半个世纪,故台司莫知本末,不知如何处理。卢简辞时任侍御史(从六品下),掌"纠举百僚,推鞫狱讼",③他"尤精法律,历朝簿籍,靡不经怀"。直接指出了黎幹当时因罪被诛,田产已遭籍没之事,其曰:"幹坐鱼朝恩党诛,田产籍没。大历以来,多少赦令,岂有雪朝恩、黎幹节文? 况其田产分给百姓,将及百年,而熚恃中助而冒论耶!"最终,黎幹叶县旧业准大历元年敕给百姓。④《旧唐书·黎幹传》明确记载了兵部侍郎黎幹被诛之事:"德宗初即位,幹犹以诡道求进。"暗中乘舆诣刘忠翼之第。事发,德宗下诏将二人除名长流。从长安出发时,"市里儿童数千人噪聚,怀瓦砾投击之,捕贼尉不能止,遂皆赐死于蓝田驿"。⑤ 反面之例如司刑司直陈希闵,"以非才任官,庶事凝滞"。因其常"秉笔支额,半日不下",司刑府史目之为"高手笔"。言又因"窜削至多,纸面穿穴",又号"按孔子"。⑥

---

① [唐]韩琬撰:《御史台记》,陶敏主编《全唐五代笔记》第一册,西安:三秦出版社,2012年,第90页。
② 据《旧唐书》卷118《黎幹传》,黎幹卒于德宗即位初年,第3426页。
③ 《唐六典》卷13《御史台》,第380页。
④ 《旧唐书》卷163《卢简辞传》,第4270—4271页。
⑤ 《旧唐书》卷118《黎幹传》,第3426页。
⑥ 《朝野佥载》卷6,第132页。据《唐六典》卷18《大理寺》,大理寺设司直六人,从六品上,掌覆理御史检劾事。第503页。陈希闵所任司刑司直或为大理寺司直。

据传统文献,唐代秉公执法的著名法官有:太宗时期的戴胄、高宗时期的唐临、张文瓘、狄仁杰,武周时期的徐有功等,均以断狱闻名。唐高宗即位初年,唐临为大理卿(从三品),①他公正执法,断死囚无称冤者。② 很快调任御史大夫(从三品)。③ 咸亨(670—674)后期,张文瓘为大理卿、知政事,即以大理寺长官兼任宰相,以擅长决遣疑狱,执法平恕著称。"至官旬日,决遣疑事四百余条,无不允当,自是人有抵罪者,皆无怨言。"任官仅两年,拜侍中,兼太子宾客。④ 仪凤年间(676—679),大理丞(从六品上)狄仁杰周岁断滞狱17 000人,无冤诉者,时称平恕。⑤ 武则天时期,国子博士徐文远之孙徐有功(641—702)的后半生基本上是在司法部门工作。明经及第后,徐有功累转蒲州司法参军(从七品下),载初元年(689)累迁司刑丞(即大理丞,从六品上),寻转秋官员外郎(从六品上)、秋官郎中(从五品上),后转左台侍御史(从六品下),又为尚书都省左司郎中(从五品上),累迁司刑少卿(即大理寺少卿,从四品上),武周末以司仆少卿终。⑥ 值武周酷吏政治盛行时期,他据理力争,全活无数。《大唐新语》载:"徐有功为秋官郎中、司刑少卿,历居法官,数折大狱,持平守正,不以生死易节,全活者数千百家。"⑦唐后期也有一些相关记载。例如,李晟第五子李宪(774—

---

① 据《旧唐书》卷85《唐临传》,唐临于高宗即位初年升任大理卿,并载高宗亲录囚徒。第2812页。而《大唐新语》卷4《持法第七》则载唐临是在唐太宗时升任大理卿,亲录囚徒者亦为太宗。第54页。此从前者。
② 《旧唐书》卷85《唐临传》,第2813页。
③ 《大唐新语》卷4《持法第七》,第54页。
④ 《旧唐书》卷85《张文瓘传》,第2815页。
⑤ 《旧唐书》卷89《狄仁杰传》,第2886页。参考《新唐书》卷115《狄仁杰传》,第4207页。
⑥ 《旧唐书》卷85《徐有功传》,第2817—2820页。
⑦ 《大唐新语》卷7《识量第十四》,第101页。

829)官至岭南节度使。虽然他出身于勋伐之家,"然累历事任,皆以吏能擢用,所履官秩,政绩流闻"。因"性本明恕",为政期间,"尤精律学,屡详决冤狱,活无罪者数百人"。① 精通律学的李宪屡次详决冤狱,数百无罪之人得以免于冤狱。从正史所载唐后期优秀法官较前期明显减少,说明此时期法治状况是逊于前期的。

唐人墓志中保存了不少有关唐代法官事迹的记录。对中上层法官也有记载,如唐前期的李爽、封祯、韦维。据《守司刑太常伯李爽墓志》,李爽(593—668),字乾祐,其父李伟节在隋朝官至洛阳县令,唐武德时期任通直散骑侍郎。李爽隋末出仕,贞观初授右武候仓曹、右卫录事参军,奉诏虑囚,"使还称旨",擢为殿中侍御史(从七品上),寻授奉议郎行侍御史(从六品下)。后丁忧,起复后,先后任兵部郎中、长安县令,并奉诏巡察扬州。又除御史中丞(正五品上),因"明练宪章,善谈得失,訏谟之际,光价顿华",诏授御史大夫(从三品),"天资刚直,权豪惧惮"。高宗永徽初(650),"中书令褚遂良贸易之间,交涉财贿",抑买中书译语人史诃耽宅。李爽身为御史大夫,"既挥霜简,因触时蠹",虽然褚遂良被外贬为同州刺史,他亦被"厚成诬毁","坐迁邢州刺史"。寻又除魏州刺史,又因柳奭、褚遂良一党的共谋陷害,"因被贬黜,远托瓯闽"。永徽末(655)武曌为皇后,长孙无忌、褚遂良一党彻底被打倒,至显庆初年(666),他才上言归京洛,被授朝请大夫守思州刺史。中经交州刺史、沧州刺史、太子大端尹,直至乾封二年(667),特授银青光禄大夫守司刑太常伯(正三品)。可以说他的一生以任法官为主,并深受褚遂良贸易民宅案的影响,至少 15 年远贬瓯闽。但即使如此,

---

① 《旧唐书》卷 133《李晟附子李宪传》,第 3685 页。

亦"观过知仁,亦无讥于三黜",最终以总章元年(668)七月卒于九成宫中御府之官舍。①《大理少卿封祯墓志》则记录了渤海人封祯(约640或稍前—721年前)任大理丞、大理正、尚书刑部郎中、御史中丞、刑部侍郎、大理少卿等法官的事迹。他迁任大理丞(从六品上)期间,"时有恩幸之臣,宠狎宫掖,履霜冰至,将图不轨"。封祯"案以直绳,处之严宪,犯颜固执,于再于三"。"寻而北军衵左,乘舆反正,襃公忠壮,锡以殊章,加朝散大夫,迁本寺正"。即升为大理正(从五品下)。据封祯生活时代及之后毕构任御史大夫的时间,可以推测出"乘舆反正"当指中宗在神龙政变后复为皇帝,所谓"恩幸之臣,宠狎宫掖",即张易之、张昌宗兄弟为武则天男宠,也即二张在武则天晚年欲图谋不轨。大理丞封祯至少三次犯颜直谏,要求将二张绳之以法,故在中宗复位后,封祯迁为大理正。墓志载他之后出为齐、汴二州长史,复拜刑部郎中(从五品上)。因其"休征政合"、"孝若才优"、"理识清劭"、"练习国章",睿宗景云初,②临淄王李隆基"剪除凶悖之夕",将其擢授为御史中丞(正四品下),与御史大夫东平毕构"连制夜拜明朝,急于用贤,宵分轸虑"。他"量己以进,事不辞难;穷竟四邪,宽而不纵"。故"僚辟胥惧,权豪屏息"。一年后迁刑部侍郎(正四品下),后为州都督按察山南道,累迁□、括、常三州诸军事三州刺史,以"□□善绩,入为大理少卿(从四品上)"。③《韦维墓志》则记录了神龙时期(705—707)京兆杜陵

---

① 兰台侍郎崔行功撰:《□□故银青光禄大夫守司刑太常伯李公(爽)墓志铭并序》,《唐代墓志汇编》,总章020,第493—495页。
② 据《旧唐书》卷100《毕构传》,毕构累除益州大都督府长史,景云初,召拜左御史大夫。第3113页。
③ 秘书□□会稽贺知章撰:《大唐故银青光禄大夫行大理少卿上柱国渤海县开国公封□□□并序》,《唐代墓志汇编续集》,开元045,第484—485页。

人韦维(650—716)任大理寺丞(从六品上)的事迹。因其"凤秉周礼,尤精汉律",故能"临决断而垂泣,按文簿而假寐"。因此,"疏理冤滥,全济居多"。寻迁户部员外,又转户部郎中。①

唐后期优秀中上层法官则有李朋、孙泽。工部尚书李大亮五代孙李朋(804—865),字子言,由殿中侍御史(从七品上)"迁刑部员外郎(从六品上),详奏刑狱凡数百道,辩冤谪恶,曲尽法情"。在"阁内巡对"时,"以刑律利病之源敷陈启奏"。唐宣宗"临轩奖纳,令即录奏。因上十三事,皆究时弊,其间以理见尤异者,垂为代法"。② 懿宗咸通时期(861—874),孙泽(819—872)任御史中丞(正五品上),"至于□试,虔操国章,事□法严,吏不鬻情,狱无监系"。懿宗"每坐便殿,必亲阅刑书,欲桎梏不加,宪纲疏略。公周索理本,□别重□"。因孙泽"选置寮案,必搜贞良,不为势屈",不幸"为飞语所中,谪去数千里",被贬为汀州刺史,卒于位。③

相比中上层法官,唐人墓志中保存的基层法官处理案件和疑狱之例更多,④特别是唐前期,如胡质、崔汲、高宪、徐浚、崔藏之等。《胡质墓志》载:贞观元年(627)六月,安定临泾(甘肃镇原县)人胡质(563—629)除北澧州司法参军事,"举直错枉,狱讼无冤,感

---

① 汝州刺史上柱国齐国公崔日用撰:《大唐故银青光禄大夫行右庶子上柱国南皮县开国男韦公(维)墓志铭并序》,陕西省考古研究院编,李明、刘呆运、李举纲主编:《长安高阳原新出土隋唐墓志》,北京:文物出版社,2016年,第149页。
② 中大夫守河南尹柱国赐紫金鱼袋杨知温撰:《唐故正议大夫守河南尹柱国赐紫金鱼袋赠吏部尚书武阳李公(朋)墓志铭并序》,《大唐西市博物馆藏墓志》下册,第968—970页。
③ 朝请大夫守左散骑常侍赐紫金鱼袋上柱国李都撰:《唐故御史中丞汀州刺史孙公(泽)墓志并序》,《唐代墓志汇编续集》,咸通089,第1102—1103页。
④ 可参考黄正建:《唐代司法参军的若干问题——以墓志资料为主》,载柳立言主编:《近世中国之变与不变》,台北:中研院,2013年,第105—140页。

德怀恩,吏民胥悦"。① 博陵崔汲(625—683)是隋大理司直崔世立之孙、永州祁阳(湖南祁阳县)县令崔抗之子,历任岐州郿县(陕西眉县)、蒲州安邑县(山西运城)、河南县(河南洛阳)的县尉,按典办案,有效解决积压滞狱,是唐代比较理想的县尉。其墓志载其:"预宾王对策高第,释褐岐州郿县尉。凤岭之阳,繁甿比屋;龙川之汭,滞狱盈庭。君铦铓一飞,盘根载铄。秩满,授蒲州安邑县尉。地邻虞芮,空闻推让之风;时属陶唐,犹竞锥刀之末。君恭以奉上,明以莅人。断割不谬于锱铢,弦韦雅会于程典。迁河南县尉。帝城务积,王里事殷。大族豪家,既连派于天海;朱门甲第,亦通辉于日月。君凭正恃直,顺理求通。俗有盈量之欢,牢无系留之窨。擢授雍州万年县主簿。三秦奥壤,士女盈溢于百廊;万乘攸都,车马骈阗于九市。至若牒诉繁委,稽留成忒,必资纠正,方息讼声。牍无怨怼之嫌,人有怀思之惠。迁乾封县丞,职铜神甸,佐墨中京;吏许能名,时归善政"。② 崔汲在历任三县尉之后,迁雍州万年县主簿、乾封县丞。任万年县主簿时,以能息诉闻名,高宗末年卒于任。《高宪玄堂刻石记》载:神龙时期(705—707),高宪(663—727)任万年县尉,"有妖人潜逸,大索都市,邻党尽空,莫之能见",高宪"设变诈,穷巢穴",最终"擒大猾,称为神明"。③ 洺州刺史徐峤之长子徐浚(698—755),开元时期任陈州司法,下辖太康县(河南周口市)"有小盗剽劫,逮捕飞奔,廉使急宣。州佐巧抵非辜,伏法十有余

---

① 《安定胡公(质)墓志铭》,《唐代墓志汇编》,贞观013,第18页。
② 《大唐故雍州乾封县丞博陵崔君(汲)墓志铭并序》,《唐代墓志汇编续集》,长安012,第396—397页。
③ 嗣子前乡贡进士高盖述:《先府君(高宪)玄堂刻石记》,《唐代墓志汇编》,开元264,第1338—1339页。

人"。徐浚"利刃铏锋,刚肠正色,决纲不问,释累勿疑。余活者盈庭,颂叹者织路"。① 玄宗开元后期,出身官宦世家的裴教(约706—735)为河南府法曹参军,"庭无冤人,狱生茂草"。当时有妖人韦五郎"夜欲斩关,荧惑凡党"。裴教"胁从罔理,歼厥渠魁"。因其功,升为太子司议郎。② 天宝初,扬州长史李知柔"决狱多僻,诉言载路"。因其断狱多有问题,黜陟使尚书左丞席豫召扬州大都督府兵曹参军崔藏之(694—750)按问冤狱,其"不惧长吏之威,身怀仁者之节","尽发幽冤"。经席豫上奏表誉,得入朝为太府丞知库。③

唐后期基层法官也不乏优秀者,例如王绾、韦羽、徐顼、杨峰、韦冰、萧僜、郭暄、崔镛等。王绾(741—793),字雅卿,"凡十徙官,莅政行己,始终一节"。他初以门荫入仕,"再命潞州大都督府参军,换梁州南郑县丞、京兆府鄠县尉(从九品上)、大理评事(从八品下)、陕州硖石县令"。在任期间,他"端本于清静,置人于利宜。用刑也,死者复生无怨词;听讼也,争者知让以耻格"。"廉俗陕郛"的尚书李泌表其为观察判官,迁御史台监察御史(正八品上)。④ 约德宗贞元时期,韦羽(743—806)选授京兆府法曹,在"狱讼多门"的

---

① 季弟朝散大夫检校尚书金部员外郎上柱国徐浩撰:《唐故朝议郎行冯翊郡司兵参军徐府君(浚)墓志铭并序》,吴钢主编:《全唐文补遗》第8辑,西安:三秦出版社,2005年,第62页。
② 《唐故太子右赞善大夫河东裴公(教)墓志铭并序》,乔栋、李献奇、史家珍编著:《洛阳新获墓志续编》,第120、398页。
③ 《唐故朝议大夫行尚书膳部员外郎上柱国崔府君(藏之)墓志铭并序》,《新中国出土墓志·河南〔叁〕·千唐志斋〔壹〕》上册,第173页;下册,第127页。
④ 浙江西道都团练巡官专知表奏将仕郎试右卫胄曹参军王仲周撰:《唐故左赞善大夫王府君(绾)墓志铭并序》,中国文物研究所、千唐志斋博物馆编:《新中国出土墓志·河南〔叁〕千唐志斋〔壹〕》上册,北京:文物出版社,2008年,第233页;下册,第170页。

京师重地,"公执法不阿,中立仗正,用阐皇度,人不自冤。时人荣之"。① 同时期,另一京兆府法曹徐顼(741—807)在职"弛张具举","有属县按盗,妄意良人。榜棰折骨,诬伏凶首"。徐顼奉命覆视该案,通过"盘验根株,细索丝发。不俟兼对,折于片言"。获得真凶,"□必死之魂,获已漏之党,俾全活者六人"。冤狱得以免除,京兆尹韩皋上状,拟其为三辅县令。② 杨峄(748—819),"七岁读书,究典坟之奥旨;习诸律令,得刑法之微文。悟解卓然,实逾在昔。一为高论,遐迩称奇"。因其学有专长,"大理之长有闻,特状奏为大理狱丞"。大理寺狱丞为从九品下阶,共四人,"掌率狱吏,检校囚徒,及枷杖之事"。③ 官职甚微,故其墓志称"官不称才,怏然惭耻"。长官"司刑固请",及任,"尽诸五听,恭守三章"。此后,连升三级,任金州司仓参军(从七品下)。④ 约长庆年间(821—824),韦冰(774—827)任大理评事(从八品下)时,"两衔制命,连按大狱,酌三尺而出没萧章,览片言而涵泳由也"。穆宗"天颜悦可,宰执欣遇,竟孤直道,守任三周,累假主簿,拔为院长"。⑤ 韦冰因

---

① 《唐故宣德郎检校尚书户部员外郎兼侍御史赐绯鱼袋充剑南西川南道运粮使韦公(羽)墓志铭并序》,《大唐西市博物馆藏墓志》下册,第743页。
② 外甥朝议郎行京兆府咸阳县尉襄阳罗让撰:《唐故朝散大夫京兆府三原县令余姚县开国男徐公(顼)墓志铭》,《洛阳流散唐代墓志汇编》下册,第494—495页。
③ 《旧唐书》卷44《职官志三》,第1884页。
④ 承务郎行饶州余干县尉翰林待诏郜从周撰:《唐故朝议郎卫尉寺丞上柱国弘农杨府君(峄)夫人梁氏合祔墓志铭并序》,《唐代墓志汇编续集》,长庆003,第859—860页。
⑤ 西岳处士崔中规撰:《唐故同州录事参军京兆韦府君(冰)墓志铭并序》,《唐代墓志汇编续集》,大和002,第880—881页。据之,韦冰在任大理评事后,"累假主簿,拔为院长",之后任同州录事参军,期间,徐晦由刑部侍郎出为同州刺史。而据《旧唐书》卷165《徐晦传》,徐晦"宝历元年,出为福建观察使。二年,入为工部侍郎,出为同州刺史、兼御史中丞"。第4325页。据上述推测,韦冰任大理评事约在穆宗长庆年间。

出色按察大狱,受到皇帝赏识而得以升官。中书令萧嵩曾孙萧儹(781—856),字思本,"授大理评事,详究法律,参酌得中。议谳之时,每以济活为事,深得慎刑恤隐之道也"。得擢太常博士。后"改刑部员外郎(从六品上),用法之司,必尽诚敬"。① 太原人郭暄(787—849),字方宥,"中年任廷评(即大理评事,从八品下),则刑狱详明,活当死者数辈"。后官至太子右谕德。② 博陵崔镛(798—849)按鞫滞狱,有贤能之名。初释褐参江陵府军事时,"因假务掾曹,推断刑狱",获廉使王潜叹赏。"自是重难一以委付,遂以强干藉藉于士林间"。后又调补江陵郡江陵(湖北江陵县)尉,"时云安县(属夔州,治重庆云阳县)有滞狱累年,事连台省,前后按鞫,讫不得情"。崔镛甫一上任即"尽究根本"。③

应该指出,在唐代,很多非法官的官员也要参与处理诉讼官司和判案,有时法官与非法官之间没有明显的界限。约贞观时期,支茂(576—651)除华原县户曹。"厕接京畿,实繁簿领,小大狱讼,剖决以情,莫不吏惧其威,人怀其惠"。④ 西河太守杜希望之子杜佑(735—812)初入仕任越州剡县丞时,因事谒见润州刺史韦元甫,值其"视事,有疑狱不能决"。⑤ 韦元甫试讯于杜佑,他为其"辨处契

---

① 《唐故光禄卿赠右散骑常侍萧府君(儹)墓志铭并序》,《大唐西市博物馆藏墓志》下册,第 932—933 页。
② 《唐故太子右谕德致仕郭公(暄)墓志》,《大唐西市博物馆藏墓志》下册,第 902—903 页。
③ 堂弟正议大夫守中书侍郎同中书门下平章事监修国史上柱国博陵郡开国公食邑二千户赐紫金鱼袋崔铉撰:《唐故朝议大夫行尚书度支员外郎柱国赐绯鱼袋博陵崔府君(镛)墓志铭并序》,《洛阳流散唐代墓志汇编》下册,第 596—597 页。
④ 《大唐故户曹骑都尉支君(茂)墓志铭》,《唐代墓志汇编》,永徽 016,第 140 页。
⑤ 《旧唐书》卷 147《杜佑传》,第 3978 页。

要无不尽",元甫奇之,署之司法参军。① 杜佑得以由剡县丞迁为润州司法参军,由县署迁至州署,是由于其才能突出,能决疑狱,可以想见其在司法参军任上,必然会有较好的表现。

(二) 法官公正执法可能面临的窘境

有时法官秉公执法是要付出代价的,很可能导致仕途停滞、被贬,甚至失去官职。贞元时期,京兆府法曹韦羽(743—806)"执法不阿,中立伉正,用阐皇度,人不自冤"。以致时人以之为荣。其女婿守越州山阴(浙江绍兴市)县尉郑肃认为其岳父"竟不履祸",是因为其能"正刑明诚"之故。② 从另一个角度来看,法官公正执法,很容易触犯权贵,并进而招致祸端。以下举薛颖、程思义、令狐炫之例以说明。

高宗乾封时期,齐州祝阿县令薛颖之父泉州刺史薛士通临终时,"特以经史法律付汝",且其外祖父张抱一曾任瀛洲司法参军,故他对法律较为熟悉。在所部有奴犯十恶之罪而其主故意予以藏匿的情况下,薛颖"举正其犯",并在执法后,谢病去官,在家"养羊酰酪,灌园鬻蔬"达八九年,后来经其母苦口婆心地耐心劝解,他才"感激深重,遂复选为乌江县令"。③

约高宗武后时期,敦煌人张德裕为御史,"历三院,换司刑外郎(从六品上)"。在此任上,"以雪冤死,为酷吏所排,出袁州司马"。

---

① 《新唐书》卷166《杜佑传》,第5085—5086页。
② 子婿将仕郎守越州山阴县尉郑肃撰:《唐故宣德郎检校尚书户部员外郎兼侍御史赐绯鱼袋充剑南西川南道运粮使韦公(羽)墓志铭并序》,《大唐西市博物馆藏墓志》下册,第741—743页。
③ 补阙判天官员外郎殷徵徵撰:《唐故使持节泉州诸军事泉州刺史上柱国河东薛府君夫人张氏墓志铭并序》,《洛阳新获七朝墓志》,第119页。

久之，事明，入为大理少卿（从四品上）。① 东平郡程思义（629—703），在武曌以太后身份临朝听政时期任司刑评事（从八品下）。光宅元年（684）柳州司马徐敬业于扬州谋反后，武则天任用酷吏，进行恐怖统治。正是在此期间，程思义平反太宗之孙、吴王李恪之子李琨（？—702）②冤案，而被出为兖州龚丘（山东宁阳县）县令。其墓志记载："时有吴王子琨作牧江右，来俊臣密树朋党，远加组织，令君推问，冀陷殊死。"程思义在压力之下，坚持认为李琨无罪，"情深哀敬，志重平反，宁失不经，非其罪也"。并向武则天请求尚方宝剑，断佞臣之头。但因"天高听卑，情莫之察。惜乎凶而未寯，信而见疑，谤谗盈箧，排摈长谢，出为兖州龚丘县令，十有余年"。③

大理司直（从六品上）兼判大理丞事独孤炫（667—736）多次判大狱，杜绝请托之事，以致在任职三年后的考课时，未能得到晋升，还被调为司农丞。其墓志载："后兼判丞事，屡决大狱，献于至尊。笔削无颇，天威屡□。公道则可屈，志不可移。执惟精惟一之心，杜险诐请谒之事。以兹刚操，魁然无徒。故三载考绩，莫见升用。□直指表异，当轴者不得已而屈为司农丞，由是心也"。后旋拜尚书司门郎，终于汉州刺史。临终前诫其嗣子："启予足，启予手，吾

---

① 嗣子朝议郎行侍御史上柱国赐排鱼袋张知实撰：《唐故赠著作佐郎张府君（正则）及夫人赠陇西县太君李氏祔葬墓志》，《唐代墓志汇编续集》，会昌004，第945页。
② 《旧唐书》卷76《太宗诸子·吴王恪传》载：吴王恪，太宗第三子。有子四人：仁、玮、琨、璄，并流于岭表。琨，则天朝历淄、卫、宋、郑、梁、幽六州刺史，有能名。圣历中，岭南獠反，敕琨为招慰使，安辑荒徼，甚得其宜。长安二年卒官，赠司卫卿。神龙初，赠张掖郡王。第2650—2651页。
③ 《唐故朝议大夫行兖州龚丘县令上柱国程府君（思义）墓志并序》，《唐代墓志汇编》上，长安030，第1012页。

以清白相遗。"①独孤炫一生均以清白为官,虽仕途受阻亦无悔,并希望其子继承这一品质,堪称是唐代法界的良知。

正史中也载有此类案例。例如:武则天初,怀州刺史李文暕以皇枝近属,为仇人所告,当是武则天一派对李唐宗室的迫害,监察御史杜承志推出之。依《唐律疏议·断狱律》第487条,杜承志断罪失于入者,当于所剩罪上减三等。该案中,俄而李文暕得罪,杜承志因被贬授遂州方义(四川遂宁市)令。② 京兆三原(陕西三原县)人李朝隐,"少以明法举,拜临汾尉,累授大理丞"。其人"素称清正,断狱亦甚当事"。神龙年间,功臣敬晖、桓彦范为武三思所构,讽侍御史郑愔奏请诛之,敕大理结其罪。大理丞李朝隐以敬晖等所犯"不经推穷,未可即正刑名"。而大理卿裴谈断斩,籍没其家。李朝隐公正无私,坚持己见,忤中宗旨,被贬为绛州闻喜县令。③

唐代不少非专任法官因职责所在,也会面临同样问题。河东闻喜人裴扬(636—712)任宁州(治甘肃宁县)刺史期间,恪于职守,严格守法,"贪夫黠吏解印者已十二三",在任此官时"频上表疏,固请骸骨"。虽然不知其请求致仕是否因对属下官员约束过严所致,但也不排除这种情况。最终,"天子优而许焉"。以睿宗太极元年(712)77岁寝疾,薨于东都宣教里私第,可能正因为其及早抽身,急流勇退,得以寿终。④ 徐秀(685—754)由蔡州参军任御史宋遥关内覆囚判官,"锐精鞫讯,多所全活"。宋遥找其谈话,徐秀正色

---

① 独孤乘撰:《大唐我府君故汉州刺史独孤公(炫)墓志铭并序》,《全唐文补遗》第一辑,第137—138页。
② 《旧唐书》卷98《李杜暹传》,第3075页。
③ 《旧唐书》卷100《李朝隐传》,第3125页。
④ 《大唐故通议大夫使持节宁州诸军事宁州刺史上柱国裴公(揖)墓志铭并序》,《唐代墓志汇编》,开元129,第1245—1246页。

曰:"仆从祖父司刑卿天授中详理冤狱,振雪者七十余家,今子孙犹困于襄陵,岂忍以束湿之事以自便也?"①因不忍苛酷急切地对待狱囚,徐秀宁愿辞职,也不愿做违心之事。并且说其从祖曾任司刑卿,在天授年间审理冤狱,多所存活,因此得到宋遥挽留。司刑卿,是武则天当政时期对大理卿的称呼,查史书所载此时期徐姓曾为司刑卿者,仅徐有功(641—702)一人,他在死后赠官司刑卿。徐有功名弘敏,以字行,是国子博士徐文远之孙,②而徐文远是南齐尚书令徐孝嗣之孙。③ 据徐秀墓志,其六世祖为齐太尉徐孝嗣,徐秀为徐孝嗣第六代孙。严格而言,徐有功为徐秀从曾祖父。徐有功在载初元年(689)"累迁司刑丞",在武周酷吏政治时期,"有功独存平恕,诏下大理者,有功皆议出之,前后济活数十百家"。④《旧唐书·杜景俭传》亦载:司刑丞杜景俭,"天授中,与徐有功、来俊臣、侯思止专理制狱,时人称云:'遇徐、杜者必生,遇来、侯者必死。'"⑤诸书所载徐有功事与徐秀墓志所载其从祖父之事颇合,可以确定墓志所言徐秀从祖父是徐有功。

  法官公正执法可能面临的窘境,是唐代社会法治化程度加强所要解决的难题,这是权力缺乏监督的人治社会所不可避免的尴尬。相比组织专业人士编写法律、传布律令使社会民众知晓而言,形成人人守法的社会氛围有赖于包括法官在内的社会上层,特别是权贵的全力支持。

---

① 颜真卿撰:《朝议大夫赠梁州都督上柱国徐府君(秀)神道碑铭》,《颜鲁公集》卷8《碑》,第53—55页。并见《全唐文》卷343,第3480—3482页。
② 《新唐书》卷113《徐有功传》,第4188页。
③ 《大唐新语》卷12《劝励第二十六》,第176页。
④ 《旧唐书》卷85《徐有功传》,第2818页。
⑤ 《旧唐书》卷90《杜景俭传》,第2911—2912页。

主要参考论著

古籍

（宋）王溥撰：《唐会要》，北京：中华书局，1955年；

（宋）王钦若等编：《册府元龟》，北京：中华书局，1960年；

（后晋）刘昫等撰：《旧唐书》，北京：中华书局，1975年；

（宋）欧阳修、宋祁撰：《新唐书》，北京：中华书局，1975年；

（清）王昶著：《金石萃编》，收入《石刻史料新编》第1辑，台北：新文丰出版公司，1977年；

（唐）柳宗元著：《柳宗元集》，北京：中华书局，1979年；

（唐）张鷟撰：《朝野佥载》，赵守俨点校，北京：中华书局，1979年；

（唐）李吉甫撰、贺次君点校：《元和郡县图志》，北京：中华书局，1983年，

（清）董诰等编：《全唐文》，北京：中华书局，1983年；

（唐）刘肃撰：《大唐新语》，许德楠、李鼎霞点校，北京：中华书局，1984年；

（唐）李林甫等撰：《唐六典》，陈仲夫点校，北京：中华书局，1992年；

（唐）韩愈著：《韩愈文集汇校笺注》，刘真伦、岳珍校注，北京：

中华书局，2010 年；

（宋）司马光编著：《资治通鉴》，北京：中华书局，1956 年。

现代著作

黄文弼：《吐鲁番考古记》，中国科学院考古研究所编印，1954 年；

国家文物局古文献研究室、新疆维吾尔自治区博物馆、武汉大学历史系编：《吐鲁番出土文书》第 7 册，北京：文物出版社，1986 年；

刘俊文著：《敦煌吐鲁番唐代法制文书考释》，北京：中华书局，1989 年；

［日］仁井田陞著，栗劲、霍存福等编译：《唐令拾遗》，长春：长春出版社，1989 年；

国家文物局古文献研究室、新疆维吾尔自治区博物馆、武汉大学历史系编：《吐鲁番出土文书》第 9 册，北京：文物出版社，1990 年；

唐耕耦、陆宏基编：《敦煌社会经济文献真迹释录》第 2 辑，北京：全国图书馆文献缩微复制中心，1990 年；

周绍良主编，赵超副主编：《唐代墓志汇编》，上海：上海古籍出版社，1992 年；

王震亚、赵荧：《敦煌残卷争讼文牒集释》，兰州：甘肃人民出版社，1993 年；

唐耕耦主编：《中国珍稀法律典籍集成》甲编第 3 册《敦煌法制文书》，北京：科学出版社，1994 年；

吴震主编：《中国珍稀法律典籍集成》甲编第 4 册《吐鲁番出

土法律文献》，北京：科学出版社，1994 年；

陕西省古籍整理办公室编，吴钢主编：《全唐文补遗》第 1 辑，西安：三秦出版社，1994 年；

张传玺主编：《中国历代契约会编考释》，北京：北京大学出版社，1995 年；

刘俊文撰：《唐律疏议笺解》，北京：中华书局，1996 年；

陈国灿：《斯坦因所获吐鲁番文书研究（修订本）》，武汉：武汉大学出版社，1997 年；

陈永胜著：《敦煌吐鲁番法制文书研究》，兰州：甘肃民族出版社，2000 年；

周绍良、赵超主编：《唐代墓志汇编续集》，上海：上海古籍出版社，2001 年；

郁贤皓：《唐刺史考全编》，合肥：安徽大学出版社，2000 年；

上海古籍出版社、法国国家图书馆编：《法藏敦煌西域文献》第 18 册，上海：上海古籍出版社，2001 年；

上海古籍出版社、法国国家图书馆编：《法国国家图书馆藏敦煌西域文献》第 20 册，上海：上海古籍出版社，2002 年；

《中国法制史考证》丙编第二卷《魏晋南北朝隋唐卷》，北京：中国社会科学出版社，2003 年；

上海古籍出版社、法国国家图书馆编：《法藏敦煌西域文献》第 28 册，上海：上海古籍出版社，2004 年；

陈尚君辑校：《全唐文补编》，北京：中华书局，2005 年；

西安碑林博物馆编，赵力光主编：《西安碑林博物馆新藏墓志汇编》，北京：线装书局，2007 年；

中国文物研究所、千唐志斋博物馆编：《新中国出土墓志·河南〔叁〕·千唐志斋〔壹〕》（上、下册），北京：文物出版社，2008年；

洛阳市第二文物工作队，乔栋、李献奇、史家珍编著：《洛阳新获墓志续编》，北京：科学出版社，2008年；

王斐弘：《敦煌法论》，北京：法律出版社，2008年，

李肖、孟宪实主编：《新获吐鲁番出土文献》上册，北京：中华书局，2008年；

霍存福著：《唐式辑佚》，北京：社会科学文献出版社，2009年；

西安市长安博物馆编：《长安新出墓志》，北京：文物出版社，2011年；

胡戟、荣新江主编：《大唐西市博物馆藏墓志》，北京：北京大学出版社，2012年；

齐运通编：《洛阳新获七朝墓志》，北京：中华书局，2012年；

毛阳光、余扶危主编：《洛阳流散墓志汇编》，北京：国家图书馆出版社，2013年；

岳纯之点校：《唐律疏议》，上海：上海古籍出版社，2013年；

赵力光主编：《西安碑林博物馆新藏墓志续编》，西安：陕西师范大学出版总社有限公司，2014年；

赵文成、赵君平编：《秦晋豫新出墓志搜佚续编》，北京：国家图书馆出版社，2015年；

胡戟著：《珍稀墓志百品》，西安：陕西师范大学出版社，2016年。

图书在版编目(CIP)数据

唐代法律案例研究. 碑志文书卷 / 么振华著. —上海：上海古籍出版社，2020.3(2023.4 重印)
ISBN 978-7-5325-9650-8

Ⅰ.①唐… Ⅱ.①么… Ⅲ.①法制史－研究－中国－唐代②法律文书－研究－中国－唐代 Ⅳ.①D909.242

中国版本图书馆 CIP 数据核字(2020)第 093056 号

唐代法律案例研究(碑志文书卷)
么振华 著
上海古籍出版社出版发行
(上海市闵行区号景路 159 弄 1-5 号 A 座 5F 邮政编码 201101)
(1) 网址：www.guji.com.cn
(2) E-mail：guji1@guji.com.cn
(3) 易文网网址：www.ewen.co
上海新艺印刷有限公司印刷
开本 890×1240 1/32 印张 16.375 插页 2 字数 367,000
2020 年 3 月第 1 版 2023 年 4 月第 2 次印刷
ISBN 978-7-5325-9650-8
K·2849 定价：108.00 元
如有质量问题，请与承印公司联系